双 一 流 学 科 建 设 系 列 教 材

行政法案例研习

（第四辑）

成协中　主编

中国政法大学出版社

2023·北京

图书在版编目（ＣＩＰ）数据

行政法案例研习.第四辑/成协中主编.—北京：中国政法大学出版社，2023.1
ISBN 978-7-5764-0803-4

Ⅰ.①行…　Ⅱ.①成…　Ⅲ.①行政法－案例－研究－中国　Ⅳ.①D922.105

中国国家版本馆CIP数据核字(2023)第013519号

书　名	行政法案例研习·第四辑 XINGZHENGFA ANLI YANXI DISIJI
出版者	中国政法大学出版社
地　址	北京市海淀区西土城路 25 号
邮　箱	fadapress@163.com
网　址	http://www.cuplpress.com (网络实名：中国政法大学出版社)
电　话	010-58908466(第七编辑部) 010-58908334(邮购部)
承　印	固安华明印业有限公司
开　本	720mm×960mm　1/16
印　张	22
字　数	340 千字
版　次	2023 年 1 月第 1 版
印　次	2023 年 1 月第 1 次印刷
定　价	75.00 元

编写说明

因学科内容繁杂、概念抽象和教学课时限制，行政法成为中外法学院公认的难学难教课程。针对行政法教学问题，我国行政法学者进行了有益尝试，其中一项重要举措就是开展案例教学。案例教学将行政法原理、规范和实践予以有机结合，学生在了解行政实践和司法实务的同时，也更加注重法律规范的援引、解释和应用，论证说理能力同时获得锻炼和提升。

中国政法大学法学院行政法研究所长期致力于行政法教学方法的改良，近年来每年均召开"法治人才培养与行政法教学方法"等主题研讨会，诚邀学界各位老师齐聚一堂共同探讨行政法学的教学方法。在近年的多次研讨会中，与会专家均论及案例研习在行政法教学中的重要价值，并就案例教学方法进行系统归纳与理论总结。上述研讨成果同样促发了编者对行政法案例教学的反思。

当前市场上已有诸多行政法案例分析教材和评述作品，这些书籍为本科生及研究生行政法案例教学提供了基础和指引，但从编排和写作方式上看，都仍有一定的提升空间。首先，许多行政法案例教程在进行案件分析时，只是简单截取案件基本事实和核心观点，并未完整展示法院裁判的论证过程，学生也因此缺乏代入感，对行政法原理及其实际应用的理解也就无法深入；其次，有些教程在评述案件时，并未对涉及理论和核心学理展开系统阐释和比较梳理，这也导致行政法案例教程与行政法学教材脱节；最后，有些案例教程所选取的案件已显陈旧，不仅未顾及行政法律规范的更新，也未能体现本学科理论与实践的最新发展。

中国政法大学法学院行政法研究所一直承担着中国政法大学行政法教

学科研的基本任务，鉴于案例教学的需要和精品案例教材的匮乏，行政法研究所自 2018 年起即组织老师撰写全新的案例分析教程，迄今已出版了三辑且在业界引起广泛好评。本书为系列案例教程的第四辑。与前三辑相同，本书所选取的案例同样经过细致讨论，均具有很强的代表性。

关于本书写作与体例安排，现做如下说明：

（1）案例来源。本书选择的案例主要来自最高人民法院公布的指导性案例、最高人民法院公报案例、最高人民法院行政审判庭编写的《中国行政审判指导案例》《中国行政审判案例》，以及各大法律数据库中的已生效裁判，由此既确保了案件来源的典型可靠，也便于读者自己查找案件和分析案由。

（2）分析体例。本书创新地采用全景模式来呈现案件事实、裁判要旨和理论要点。每个案例的撰写均包括以下七个部分：案例名称、关键词、基本案情、裁判要旨、裁判理由与论证、涉及的重要理论问题、后续影响及借鉴意义。在案件事实陈述方面，要求各位撰稿人采用法院已查明的事实，避免冗长论述。在裁判理由与论证部分，则要求撰稿人细致分析法院裁判的论证过程，便于学生对此过程进行整体性理解；对裁判关键论述的引用则通过直接援引的方式，确保分析的严谨性。在涉及的重要理论问题的论述方面，要求撰稿人从理论渊源、裁判背景和关联裁判上进行系统论述，由此也使案例分析具有理论深度，每个案例的整体分析均在 15 000 字左右。

（3）适用对象。本书既适合作为本科生及研究生的案例教学和研究参考书目，又可满足包括司法部门在内的实务部门的实践需要。

本书的编写分工如下：

1. 刘琳坤：郑州市中原区豫星调味品厂诉郑州市人民政府行政处理决定案

2. 陈锦漫：向文生、荆茂英诉溆浦县人民政府行政允诺案

3. 陈雯萱：广西壮族自治区隆林各族自治县新州镇民强村民委员会江管农业经济合作社与广西壮族自治区隆林各族自治县人民政府等山林确权行政裁决及行政复议再审案

4. 王栋杰：曾宪荣诉邵东市公安局、邵阳市公安局公安行政处罚案

5. 徐振铭：寿光中石油昆仑燃气有限公司诉寿光市人民政府解除特许经营协议案

6. 刘子婧：周素梅诉武汉市汉阳区人民政府信息公开案

7. 官瑞珍：袁某等诉中华人民共和国住房和城乡建设部等信息公开案

8. 胡斌：姚新金、刘天水诉永泰县国土资源局政府信息公开案

9. 吴凤英：朱艳丽诉腾冲市人民政府信息公开案

10. 高子涵：陆红霞诉南通市发展和改革委员会政府信息公开答复案

11. 陈雨佳：金淑艳诉沈阳市浑南区人民政府房屋征收补偿决定纠纷案

12. 陈雨佳：李恩光诉长沙市芙蓉区人民政府房屋征收补偿决定纠纷案

13. 王正之：崔永超诉山东省济南市人民政府不履行法定职责案

14. 杨晓萌：孙长荣诉吉林省人民政府行政复议不予受理决定案

15. 王玉珏：张月仙诉太原市人民政府不履行法定职责案

16. 王雨婷：张习亮等91人诉贵州织金县人民政府、贵州新浙能矿业有限公司织金县绮陌乡兴荣煤矿不履行地质灾害治理法定职责纠纷案

17. 王彤：刘书平诉郑东新区管理委员会拒收国家赔偿申请行为案

感谢上述撰稿人和校对人耐心细致的工作，感谢中国政法大学出版社张琼军先生的大力支持和牛洁颖编辑的辛苦付出。

作为丛书的一册，本辑在总体延续前三辑写作体例的基础上，根据各案例所涉内容提炼了标题，并在分析阐释上做了更多创新和探索。但限于编者的水平和视野，书中分析也可能存在谬误与问题，在此也欢迎读者不吝提出宝贵批评和建议。

编者

2022 年 12 月

目 录

◆ 行 政 法 ◆

五　行政程序　/ 196

◆ 行 政 诉 讼 ◆

一　可诉性　/ 245

二　受案范围　/ 260

三　不履行法定职责　/ 287

四　国家赔偿　/ 324

行 政 法

一 行政法基本原则

案例一　郑州市中原区豫星调味品厂诉
郑州市人民政府行政处理决定案

刘琳坤[*]

【案例名称】

郑州市中原区豫星调味品厂诉郑州市人民政府行政处理决定案［最高人民法院（2014）行提字第 21 号］

【关键词】

自我纠错　依法行政　信赖利益　正当程序

【基本案情】

涉案土地原为闫垌村三组集体所有。1993 年 3 月，郑州市中原区豫星调味品厂（以下简称豫星调味品厂）经郑州市工商行政管理局中原区分局批准核发营业执照，其系弓某某个人开办的个体工厂。1995 年 11 月 25 日，闫垌村三组与豫星调味品厂向郑州市土地管理局以豫星调味品厂系闫垌村村办企业名义申请补办征地手续。其后，郑州市土地管理局下发的补偿安置方案中注明豫星调味品厂为闫垌村村办企业。1996 年 3 月 14 日，郑州市土地管理局

---

* 作者简介：刘琳坤，中国政法大学法学院宪法学与行政法学专业硕士研究生。本文的指导教师为中国政法大学法学院副教授、硕士生导师蔡乐渭。

同意补办征地手续。同年 3 月 15 日，闫垌村三组与豫星调味品厂共同向郑州市土地管理局递交的免交征地费用申请载明，豫星调味品厂是闫垌村三组新建工厂。1996 年 3 月 26 日，郑州市土地管理局向豫星调味品厂下达批复，同意该厂征用涉案土地。豫星调味品厂随后填写相关申请表，在办理土地使用证申请表（二）的"经济性质"栏填写为"个体"。1996 年 12 月 25 日，郑州市人民政府为豫星调味品厂颁发郑国用（1996）字第 3483 号国有土地使用证。

自 1999 年开始，豫星调味品厂与闫垌村三组因涉案土地权属发生争议。闫垌村三组于 2006 年 9 月 14 日又向郑州市人民政府提出要求撤销该证的申请，郑州市人民政府于 2006 年 12 月 28 日作出了"关于注销郑国用（1996）字第 3483 号国有土地使用证的决定"（郑政行政处〔2006〕4 号）（以下简称 4 号决定），以豫星调味品厂与闫垌村三组采取欺骗手段，未如实登记获颁土地使用证为由，根据《河南省实施〈土地管理法〉办法》第 11 条之规定，决定予以注销土地使用证。豫星调味品厂不服，申请行政复议，河南省人民政府复议维持了 4 号决定。豫星调味品厂仍不服，提起行政诉讼，请求撤销 4 号决定。

郑州市中级人民法院一审判决维持 4 号决定。豫星调味品厂不服，提出上诉。

河南省高级人民法院二审、复查、再审、再次再审，均维持初审法院判决的处理结果。豫星调味品厂不服，向最高人民法院申请再审，法院于 2016 年 4 月 28 日作出再审判决。

【裁判要旨】

（1）按照依法行政原则的要求，行政机关对于自己或者所属部门作出的违法行政行为，有权亦有职责加以纠正。

（2）由于被诉行政行为对错误颁证归因有误，客观上不利于豫星调味品厂主张信赖利益的保护。且涉案土地使用证从发证到被注销的时间长达十年，该厂在此期间如有合理投入，应当认定为受法律保护的信赖利益。

（3）按照正当程序的基本要求，行政机关在作出对行政管理相对人、利害关系人不利的行政决定之前，应当告知并给予其陈述和申辩的机会。

【裁判理由与论证】

一、关于豫星调味品厂获颁涉案土地使用证的资格问题

按照当时郑州市人民政府办公厅（1996）119 号文件的规定，只有属于"农村集体经济组织兴办的经济实体"，才有资格补办国有土地用地手续。豫星调味品厂的经济性质为个体工商户，而非"农村集体经济组织兴办的经济实体"，所以不具备补办违法占地用地手续的资格。此外，河南省土地管理局豫土（1996）239 号文件规定，补办用地审批手续应当以"被占地群众的生产和生活已得到依法补偿和妥善安置"为条件，豫星调味品厂并未落实安置补偿，不符合补办用地审批手续的条件。郑州市人民政府给作为个体工商户的豫星调味品厂颁发涉案国有土地使用证，属于错误颁证。

二、关于 4 号决定的合法性问题

法院认为郑州市人民政府作出的 4 号决定存在两个问题：一是事实认定有误。一方面，郑州市人民政府认定豫星调味品厂和闫垌村三组采取欺骗手段有误；另一方面没有认定行政机关审查疏漏的事实。对于闫垌村三组和豫星调味品厂，其在向郑州市土地管理局提交的申请中使用过闫垌村村办企业的名义，也曾使用过个体的名义，对该事实的认定，法院认为，"虽然申请人对经济性质的表述前后不一，但尚不构成对真实经济性质的刻意隐瞒，故 4号决定认定豫星调味品厂与闫垌村三组在登记中采取欺骗手段，证据并不充分"。并且，郑州市人民政府及郑州市土地管理局在审查国有土地使用权证申请的过程中，对豫星调味品厂不符合颁证条件、前后申请材料不一的明显情形没有发觉，自身存在过错。因此，综合上述两方面因素，"4 号决定将错误登记和颁证完全归因于豫星调味品厂和闫垌村三组的欺骗手段，却对行政机关审查不严的问题隐而不提，事实认定有误"。二是有违正当程序。正当程序要求行政机关在对行政管理相对人、利害关系人作出不利的行政决定之前，应当进行告知并听取陈述和申辩。4 号决定剥夺了豫星调味品厂的国有土地使用权，对其重大财产权益产生不利影响，但是郑州市人民政府没有履行告知、陈述、申辩的正当程序，属程序违法。

三、选择何种判决方式的问题

对于是否应当撤销 4 号决定，法院认为基于对 4 号决定合法性的分析，本应对 4 号决定予以撤销，并责令郑州市人民政府重新作出行政决定。但是，一方面，由于案件审理作出判决时涉案土地已再次出让并开发建成住宅且使用多年，判决撤销不利于保护众多的善意第三人的合法利益，不利于后续矛盾的化解。另一方面，自我纠错选择通过撤销违法颁证行为的手段也并无不当，"且豫星调味品厂确实不具备获得涉案土地使用证的条件，判决撤销亦无必要"。

然而，虽然没有必要判决撤销 4 号决定，法院认为应当对郑州市人民政府 4 号决定的违法性进行确认。最大原因在于郑州市人民政府的自我纠错行为不利于对豫星调味品厂信赖利益的保护。其一，由于前述事实认定的错误，郑州市人民政府没有保护相对人的信赖利益；其二，涉案土地使用证从发证到被注销有十年的时间，之前长时间未及时纠错，相对人在此期间如果有合理的投入应当认定为受到法律保护的信赖利益，因此，法院认为"4 号决定将涉案土地使用证一注了之，未充分考量各种因素"。此外，由于涉案土地用于房地产开发，综合权衡公共利益和个体利益，最高人民法院认为本案最为适当的判决方式就是确认 4 号决定违法但不撤销，以解决郑州市人民政府自我纠错行为引起的后续纠纷。

本案涉及的有关规定：

《河南省实施〈土地管理法〉办法》第 11 条规定，土地登记和颁发土地证书后发现有错登、漏登或有违法情节的，原登记发证机关应当依法更正，收回或注销原发土地证书，换发新的土地证书。

郑州市人民政府办公厅（1996）119 号文件《关于清理处理违法用地若干问题的通知》规定，市内 5 区 1995 年 12 月 8 日以前的违法用地，符合下列情况之一的，由用地单位写出检查，填写违法用地清查登记表，经区土地管理部门审查后到市土地管理局办理国有土地用地手续：（1）有规划用地许可证、建筑许可证或经有关部门处理过的用地项目，土地利用效益显著，与城市建设无重大矛盾的。（2）有集体土地使用证，土地利用效益显著，与城市建设无重大矛盾的。（3）农村集体经济组织兴办的经济实体，由于城市建设的发展，逐渐被包围进市区内，其土地利用效益显著，与城市建设无重大矛盾的。（4）农村集体经济组织兴办的经济实体和文化、福利事业用地，曾经市人民政府认可，土地利用效益显著，与城市建设无重大矛盾的。（5）农村集体经济组织远离市区兴办的经济实体，土地利用效益显著。

河南省土地管理局豫土（1996）239 号文件规定，补办用地审批手续的条件为"被占地群众的生产和生活已得到依法补偿和妥善安置"。

【涉及的重要理论问题】

一、违法行政行为的自我纠错

行政机关违法行政行为的自我纠错，是指行政机关通过补正、转换、撤销等手段主动对其作出的、已经生效的违法行政行为进行纠错的活动，具有事后、主动、有限性的特点。首先，行政机关的自我纠错行为在违法行政行为作出以后发生，针对违法行政行为存在的问题予以纠正。不同于行政强制措施等往往于行政行为过程中进行的活动，该自我纠错发生在行政行为过程终结之后。其次，行政机关自我纠错具有主动性的特点，行政机关可以主动纠正原行政行为，虽然相对人和利害关系人也可以向行政机关申请纠正原行政行为，但是纠错程序开启的决定权掌握在行政机关手中。最后，自我纠错行为具有有限性的特点，行政机关纠正行政行为时不可以为所欲为、恣意行使权力。

行政机关享有自我纠错权，这是行政机关的当然权力，行政机关自我纠错、根据实际情况决定采用恰当方式纠错的权力，无须单行法律具体授权。根据依法行政的要求，行政机关根据法律、法规、规章等的授权依法行使行政职权、进行行政管理，其行使行政权力必须符合法律规范的要求。行政机关因此负有确保职权合法行使的义务，如果行政机关作出的行政行为违法，作出机关应当能够对违法行政行为及时纠正，使行政行为的合法性得以恢复。与该义务相对应，行政机关当然享有自我纠错的权力，因此自我纠错权是固有的当然权力，伴随行政职权的产生而产生，并且自我纠错权与行政职权同时存在，与行政职权同时产生、同时消灭，以确保行政职权的行使效果始终处于合法、适当的状态。

在本案中，郑州市人民政府为豫星调味品厂颁发郑国用（1996）字第

3483 号国有土地使用证属违法行政行为。该颁证行为的违法之处在于豫星调味品厂不具备法定的申请资格和条件，郑州市人民政府办公厅（1996）119号文件《关于清理处理违法用地若干问题的通知》规定，农村集体经济组织兴办的经济实体符合条件的，可以就其违法用地到市土地管理局补办国有土地用地手续。村办集体企业属于文件中规定的"农村集体经济组织兴办的经济实体"，具有申请补办国有土地用地手续的资格。但是，根据其1993年获得的营业执照，豫星调味品厂的经济性质为个体工商户，故豫星调味品厂并非村办企业，不具备法律规定的获得该国有土地使用证的资格。此外，河南省土地管理局豫土（1996）239号文件规定，补办用地审批手续应当以"被占地群众的生产和生活已得到依法补偿和妥善安置"为条件，豫星调味品厂并未落实安置补偿。郑州市人民政府对不符合相关条件的豫星调味品厂颁发涉案国有土地使用证，属于错误颁证。

因此，郑州市人民政府通过作出4号决定的方式进行纠错，撤销其作出的原违法行政行为，使原行政行为自始无效。该4号决定属于行政机关对自身作出的违法行政行为的纠正，符合行政行为自我纠错的内涵。同时，法院的裁判理由清楚地肯定了行政机关享有自我纠错的权力。豫星调味品厂曾质疑郑州市人民政府无权进行自我纠错，原因是郑州市人民政府纠错所依据的《河南省实施〈土地管理法〉办法》第11条规定，系1999年修改时新增加的内容，对1996年郑州市人民政府作出的错误颁证行为没有溯及力，这种观点无疑是错误的。法院认为，首先，自我纠错权是行政机关的当然权力，而不来源于具体条文的规定，对于行政机关作出的违法行政行为，"有权亦有职责加以纠正"；其次，进行自我纠错所依据的条文仅属于纠错程序规定，具有溯及力，郑州市人民政府依据该条程序规定进行自我纠错并无不当。

二、违法行政行为自我纠错的限制考量

行政机关对违法行政行为的自我纠错具有重要意义，作为行政自我控制机制的组成部分，[1]可以有效克服外部纠错的弊端，具有独特优势。其一，违法行政行为的自我纠错有助于降低监督成本，法院纠错的严格诉讼程序和

---

[1] 参见卢护锋："行政自我控制机制研究"，载《行政论坛》2011年第3期。

"两造对抗"的诉讼构造需要大量的投入，如果行政行为的违法问题可以通过行政机关自我纠错得到解决，就不必进入外部解决渠道，节省的成本不言而喻；其二，行政机关自我纠错可以实现对违法行政行为的准确判断并采取有针对性的手段，行政机关才是专业知识和技术问题的专家，外部的纠错力量对于专业性和技术性领域的熟悉程度远不及行政机关；其三，违法行政行为的自我纠错可以减少公民与行政机关之间的隔阂与对抗，不是通过外部力量使利害关系人与行政机关形成某种对峙局面，自我纠错的方式可以使利害关系人感受到行政机关的态度、诚意，从而使行政纠纷得到快速妥善的解决。但是，行政机关对违法行政行为的自我纠错并非不受任何限制，相反，促使行政机关妥当运用违法行政行为的自我纠错权，对违法行政行为的自我纠错活动进行限制，这对监督机制的完善至关重要，其限制主要基于以下两类关系的考量。

(一) 严格法治主义与机动法治主义

严格法治主义追求法律的纯洁性，实现依法行政。一方面，行政机关应当获得法律规范的授权并严格遵从法律规范的规定，根据法律规范的要求作出行政行为，使抽象法律要求完全转化为个案中的法律关系；另一方面，当行政机关发现违法的行政行为时，应当直接予以撤销，凡是与法律规范不相符合的情形都应当"推倒重来"。这种依法行政的要求是行政法上最重要的理念，有利于保障行政管理的统一性、稳定性，并为行政监督提供统一的标准。

但是，实践中行政机关恪守这种严格法治主义，坚持所谓"有错必纠"的理念，可以对其认为违法的行政行为随意加以撤销，这由此引发了诸多问题。严格法治主义属于古典意义上的法治主义，现代机动的法治主义在法律规范之外还需要考量多种要素的影响，包括信赖利益保护原则、法的安定性原则和行政效能原则。信赖利益保护原则要求保护相对人的信赖利益，如果行政机关所实施的某项行为导致一定法律关系的发生，私人因正当地信赖该法律关系的存续而安排自己的生产生活，国家对于私人的这种信赖就应提供一定程度和形式的保护；[1]法的安定性原则要求维护现有的法律关系和法律

---

〔1〕 李洪雷："论行政法上的信赖保护原则"，载《公法研究》2005 年第 2 期。

状态；行政效能原则强调制度建构的效益最大化，[1]对收益和成本进行综合的权衡。

法的纯洁性、安定性、信赖利益保护等原则思考问题的角度并不相同，在考量过程中会存在冲突，故需要一系列机制调和多种要素之间的矛盾，通过形成手段选择、类型限制的机制对多种要素进行平衡，从而形成对违法行政行为自我纠错的限制，避免行政机关滥用自我纠错权。

（二）程序正义与实质正义

正义观是法律的评价标准，正义又可以分为实体正义和程序正义。实体正义是通过对实体权利义务的安排为社会提供秩序，在这种秩序中每个人都能够享有自由与安全。程序正义则强调通过程序设计实现纠纷解决的目标，程序正义可以促成实体正义的实现，为实体正义提供保障；此外，程序正义还具有独立的价值，经过正当程序的处理结果更易为当事人接受，减少冲突和纠纷。行政机关对违法行政行为的自我纠错也是如此，正义不仅应当被实现，还应当以看得见的方式被实现，遵从正当程序的限制。例如，在龙门县南昆山中科电站与广东省林业厅林业行政许可行政纠纷再审案中，[2]行政机关主张，撤销错误的行政许可属于自我纠错行为，因此，没有经过陈述申辩后不予纠正的可能。这种观点显然存在问题，违法行政行为的纠错不仅需要注重实体内容，还需要考虑正当程序，忽视正当程序所具有的实体价值和独立价值并不恰当。本案明确了自我纠错过程中的程序限制以及正当程序的具体适用规则，对消除自我纠错中正当程序的适用误解具有重要意义。

三、违法行政行为自我纠错的方式选择

违法行政行为的自我纠错存在多种方式，包括补正、转换、撤销和确认违法。行政效能原则与法的安定性对违法行政行为纠错方式的选择提出要求，行政机关应当审慎选择纠错方式。纠错方式的选择对于降低经济成本具有重要意义，如对于某些程序违法，行政机关在撤销后可能作出内容完全相同的行政决定，如果撤销该行政决定并重新进行行政程序，会浪费大量资源且不

---

〔1〕 沈岿："论行政法上的效能原则"，载《清华法学》2019 年第 4 期。
〔2〕 最高人民法院（2016）最高法行申 2471 号行政裁定书。

利于行政管理目标的实现。另外，与撤销原行政行为相比，选择恰当的纠错方式有利于维护法的安定性。在行政行为撤销后原有的法律状态不复存在，而补正与转换使原本应当被撤销的行政行为继续发挥作用，有利于维护法秩序和利害关系人的利益。

（一）违法行政行为的撤销

撤销是指通过使违法行政行为的效力自始消灭的方式消除原行政行为的违法性，从而纠正错误。违法行政行为的撤销源自法治主义的传统要求，根本目的在于实现依法行政。在本案中，法院同样肯定了依法行政原则对于行政行为撤销的支持，"按照依法行政原则的要求，行政机关对于自己或者所属部门作出的违法行政行为"，应当予以纠正。从实践来看，撤销是行政机关对违法行政行为自我纠错的最主要方式。

（二）违法行政行为的补正、转换、确认违法

当行政机关对违法行政行为进行纠错时，应当审慎考量，选择合适的纠错方式，如果满足相应的要件，可以采用补正或者转换的手段。对于某些程序违法但不影响实体决定的行政行为，由行政机关补（重）作相应的程序进行补正，使违法行政行为欠缺的合法要件得以完备，其违法性被治愈；当违法行政行为与拟转换行政行为具有相同目的，包含可以作出拟转换行为的程序、形式和事实要件时，可以改变违法行政行为的内容，使原违法行政行为转变为另一个合法的行政行为。而确认违法是一种特殊的纠错方式，其并没有变动行政行为的法律效果，但对原行政行为的合法性予以否定性评价，如果对公共利益造成重大损失的，或者行政决定已经履行完毕、不可能采用撤销的方式恢复原状的，也无法适用撤销，应当通过确认违法的方式进行纠错。

面对违法行政行为的多种纠错手段，郑州市人民政府应当结合实际情况作出判断。豫星调味品厂作为个体工商户，并非农村集体经济组织兴办的经济实体，并且也没有对村民进行补偿安置，不具备补办国有土地用地手续的资格，对于申请资格问题，属于已经欠缺了作出颁证行为所依据的主要事实要件。因此，郑州市人民政府没有对颁证行为进行转换的空间，显然也无法通过程序补正的方式"治愈"原行政行为的违法性。此外，本案中，如果豫星调味品厂进行了相关投入，那么撤销土地使用权证会使其利益受到损害，

但此类利益属特定相对人的信赖利益，不属于公共利益的范畴，行政机关只能选择撤销的方式自我纠错。郑州市人民政府的答辩理由中也提出，豫星调味品厂的情形不属于可以补办国有土地用地审批手续的范围，该情形不存在其他的弥补措施，所以只能撤销原国有土地使用权证。法院的裁判理由中虽然没有对此问题进行详细的论证，但对方式的选择问题有所回应，这显然支持了撤销的纠错方式。其认为豫星调味品厂"确实不具备"颁证的条件，因此"亦无必要"判决撤销4号决定，而是保持4号决定的效力，即在本案中，法院支持通过撤销的方式进行自我纠错。

四、违法行政行为自我纠错的类型限制

行政机关对违法行政行为的自我纠错活动应当受到信赖利益保护原则的限制，这要求在法的纯洁性与信赖利益之间进行衡量，依据原行政行为的不同类型作出不同衡量选择。因此，对自我纠错的限制，因原违法行政行为的性质而有所区别。通常来说，负担行政行为剥夺当事人的利益，一般不存在信赖利益，直接被撤销并无问题；而授益行政行为给予当事人某种利益，撤销授益行政行为可能会对相对人的信赖利益产生损害，对授益行政行为的撤销应受到信赖利益保护原则的限制，遵循一定的判断规则：第一，信赖基础为行政机关作出的行政行为，不论该种行为是合法还是违法的。第二，行政相对人的信赖利益值得保护。第三，与取得的公共利益相比，信赖利益更值得保护。在本案中，争议焦点主要涉及信赖利益是否值得保护、公共利益与信赖利益的衡量问题。

（一）信赖利益是否值得保护

信赖利益值得保护，要求相对人对行政行为的信赖是正当的。以下情形不属于值得保护的信赖利益：（1）行政机关的行为是基于当事人的恶意欺诈、胁迫、贿赂或者其他不正当方法作出的；（2）当事人对重要事项提供了不完全的陈述或者不正确的资料，致使行政机关依据该资料或者陈述作出行政行为；（3）当事人明知或者由于重大过失而不知原行政行为违法性的。这三种情形都要求与行政行为的违法性有直接关系，而不能仅与违法行政行为具有间接联系。在此基础上，行政相对人需要满足"有责性"要件，主观上应当

具有故意或者重大过失，特别在第一项中相对人应当具备故意的心态，不存在"过失欺诈""过失胁迫"等情形。

那么本案中的信赖利益是否值得保护？本案中，行政机关的答辩理由使用了第一项排除事由，郑州市中级人民法院、河南省高级人民法院与最高人民法院的审理也均聚焦于第一项排除事由中对于相对人主观心态的判断，讨论豫星调味品厂和闫垌村三组在补办国有土地用地手续的过程中是否刻意隐瞒经济性质、采用了欺骗手段的问题。在最高人民法院审理之前，郑州市中级人民法院、河南省高级人民法院均认为，豫星调味品厂原本属于个体工商户，但与闫垌村三组以村集体企业的名义提出申请，获得郑州市土地管理局的批复，进而获得土地使用权证。闫垌村三组与豫星调味品厂的申报与实际情况不符，属于刻意虚构村办集体企业的假象，主观上具有隐瞒真相、通过欺骗的手段获得国有土地使用权的故意。但是，最高人民法院结合案件事实作出了不同的判断，最高人民法院认为，豫星调味品厂在与闫垌村三组共同申请土地登记时曾经自称"村办企业"，亦曾在有关申请表中填写过"个体"的经济性质，申请资料中使用的名义不一致，不能够证明豫星调味品厂持故意欺骗的心理状态，申请人对于经济性质的多样表述，不能认定为故意采用欺骗手段的情形。对据以颁证的关键信息申报有误，属于重大过失，但尚不构成对于真相的隐瞒。在信赖利益是否值得保护的问题中，排除事由的第一项对于相对人主观心理状态的要求为故意，豫星调味品厂的行为并不符合第一项的内涵。

最高人民法院在陈述信赖利益的保护理由时补充道，信赖利益值得保护的排除条件均需要与颁证行为的错误有直接关系。但在本案中，与国有土地使用权证的错误颁发有直接关系的，是行政机关未尽到审慎审查义务的事实，而非豫星调味品厂和闫垌村三组多次申请中的表述问题。在接收当事人的材料之后，行政机关并不是被动地全盘接受，而是应当对申请材料的内容是否符合申请条件和事实进行审查，申请人的经济性质问题属于申请中需要重点关注的条件，但郑州市土地管理局却没有对事实进行核实，况且豫星调味品厂在多份申请材料中使用的名义并不一致，行政机关更易发现其中的问题，不予作出颁发国有土地使用权证的决定是自然而然的事情。因此豫星调味品厂的信赖利益值得保护，郑州市人民政府对错误颁证归因有误，一方面错误认定了相对人行为的性质，另一方面对行政机关审查时未尽到审慎义务只字不提，而完全归咎于相对人的"欺骗"是不合适的。

（二）公共利益与信赖利益的衡量

对公共利益和信赖利益进行衡量，判断信赖利益是否更值得保护是一个复杂的过程。由于并不存在明确的价值与利益的等级体系，公共利益和信赖利益也不能够进行量化比较，于是法官需要在个案中慎重权衡各种利益、得出结论。在本案中，郑州市中级人民法院与河南省高级人民法院否认了豫星调味品厂信赖利益值得保护的可能性，只有对信赖利益保护持支持态度的最高人民法院，就公共利益和合理信赖的衡量展开论述，在第三点裁判理由中明确列举了本案涉及的信赖利益与公共利益。

最高人民法院认为，豫星调味品厂在郑州市人民政府从错误颁证到自我纠错期间如果有合理投入，应当被认定为值得法律保护的信赖利益。与此同时，郑州市人民政府长期未发现颁证行为的违法性并及时进行自我纠错，直至十年后才对错误颁证行为作出纠错决定，豫星调味品厂在获得土地使用权证之后历经十年的时间，法律秩序趋于稳定，其有理由信赖郑州市人民政府并进行投资，这增强了信赖利益保护的正当性。郑州市人民政府没有考虑豫星调味品厂的信赖利益以及从颁证到纠错过程中的漫长时间，"4号决定将涉案土地使用证一注了之""未充分考量各种因素"。另外，最高人民法院也分析了本案涉及的公共利益，涉案土地很快用于房地产开发，啟福置业股份有限公司与郑州市国土资源局签订了以涉案土地为标的的出让合同，获得郑州市人民政府颁发的国有土地使用证以建造住宅，现住宅已经建成并投入使用多年，"为数众多的善意第三人的利益"应当予以保护。在公共利益和个人信赖利益的权衡间，法院倾向于维护行政机关自我纠错行为的效力，实现对公共利益的保护，但法院也没有完全忽视信赖利益，应当对豫星调味品厂受损的信赖利益进行弥补，以实现各方利益的平衡。

五、违法行政行为自我纠错的程序限制

对行政机关自我纠错行为的限制还包括正当程序的要求。正当程序是行政法上的一项重要原则，包括三项子原则：避免偏私原则、行政参与原则与

行政公开原则。三项原则中，最核心的是行政参与原则，行政相对人参与行政行为的形成过程中，保证行政相对人的程序参与权，这就要求行政相对人具有充分陈述和申辩的权利，并且需要行政机关向相对人充分告知决定、说明理由以保障当事人陈述、申辩权利的实现。

在我国的实践中，正当程序原则也得到承认与适用，在田永诉北京科技大学拒绝颁发毕业证、学位证案中，[1]正当程序原则虽然没有被明确提出，但其内涵被首次触及，被告应当向原告送达退学处理决定，并允许当事人进行申辩；刘燕文诉北京大学学位评定委员会不批准授予博士学位决定纠纷案，[2]对程序问题所使用的措辞和理由与田永案相似，该案的审理使正当程序的运用得到学界和公众的广泛关注；张成银诉徐州市人民政府房屋登记行政复议决定案，[3]首次明确提出了正当程序原则，正当程序要求行政机关在作出对他人不利的决定前，应当听取其意见，行政复议机关未通知张成银参加诉讼就作出行政复议决定，有违正当程序原则。在之后一系列的案例中，正当程序原则在判例中逐渐发展起来，并得到广泛承认。

对于违法行政行为的自我纠错问题，最高人民法院同样强调对正当程序中行政参与原则的遵守，公民积极参与行政是保护自身合法权益的重要手段。行政参与原则强调的告知、说明、陈述和申辩等要素应当具备，首先在郑州市人民政府撤销国有土地使用权证前，应当告知豫星调味品厂，并且说明行政行为的事实和理由，其次应当听取豫星调味品厂的陈述和申辩，并且在对违法的行政行为进行纠错后，应当告知其救济途径。闫垌村三组向郑州市人民政府申请撤销豫星调味品厂获得的土地使用权证，郑州市人民政府作出4号决定。注销土地使用权证对豫星调味品厂显然构成了重大不利，因此豫星调味品厂在决定作出前有权进行陈述和申辩。

河南省高级人民法院在二审中认为，郑州市人民政府撤销国有土地使用权证的行为属于行政处理，不是行政处罚，因此不必适用《行政处罚法》[4]

---

〔1〕 北京市第一中级人民法院（1999）一中行终字第73号行政判决书。

〔2〕 北京市海淀区人民法院（2000）海行初字第157号行政裁定书。

〔3〕 江苏省高级人民法院（2004）苏行终字第21号行政判决书。

〔4〕 为行文方便，本书中涉及的我国法律法规、部门规章直接使用简称，省去"中华人民共和国"字样，例如《中华人民共和国行政处罚法》，简称为《行政处罚法》。

规定的告知程序，4号决定不存在程序违法之处。最高人民法院否定了河南省高级人民法院再审的观点，认为在对相对人和利害关系人不利的决定作出之前，应当听取当事人的陈述和申辩，这是正当程序的要求。二审法院认为自我纠错行为不属于行政处罚，因此不必适用《行政处罚法》中规定的程序，实质上是将程序狭义地理解为法律明文规定的程序，忽视了正当程序的内涵。正如前文所述，正当程序的内涵与适用在法院的历次判决中已经得到广泛承认和明确，在裁判中本不应当成为问题；但是，由于在"自我纠错"的背景下，法院对此极易产生误解，本案明确了自我纠错过程中正当程序原则的适用。根据正当程序的内涵，自我纠错过程中对原行政行为的撤销也属于行使行政权力的过程，也会对行政相对人或利害关系人的权益产生影响，只不过相较于一般的行政行为，具有了自查自纠的功能和高效精准等优势，"自我纠错"概念本身不会为正当程序原则的排除适用提供任何辩护理由，该类行为仍然应当受到正当程序原则的拘束。

在正当程序对违法行政行为的自我纠错进行限制时，还要求告知、说明、陈述和申辩等必须充分进行。正当程序行政参与的目的在于使行政相对人参与行政机关决定的形成过程，形成一致的意思表示。一方面，双方的磋商促使行政机关全面地认定事实和适用法律，实体决策的正确性得以提高；另一方面，程序参与也可以促进双方的交流，消除误解和摩擦，增进行政行为的可接受性。那么，在行政行为作出前，行政机关与相对人要实现有效的、实质的沟通，流于形式的行政参与实质上仍然是行政机关单方面的意志表达，不利于参与目的的达成。在张爱玲与社旗县人民政府行政撤销案中，[1]法院认为，在自我纠错时，社旗县人民政府没有在听证会前告知听证事由的行为，尽管没有充分履行义务，但听证程序的履行就已经满足正当程序的要求。这种裁判理由有违正当程序的要求。本案中法院对行政机关义务的充分履行进行了阐述。

最高人民法院认为，郑州市人民政府应当充分地履行告知和说明义务，告知其即将作出的4号决定以及具体事实和理由，这是正当程序得以推进的前提，豫星调味品厂不了解郑州市人民政府即将作出的决定，其陈述和申辩

---

[1] 河南省高级人民法院（2015）豫法行终字第00521号行政判决书。

就无从谈起。虽然郑州市人民政府相关工作人员在2006年9月22日对豫星调味品厂负责人弓某某进行了口头询问并制作了调查笔录，但这不能视为对正当程序的实质履行，根据郑州市人民政府询问笔录的内容，郑州市人民政府的工作人员并未告知豫星调味品厂，拟作出注销其国有土地使用权证的决定，也未告知其涉嫌欺骗取得土地使用权证的情况，豫星调味品厂无从得知行政机关作出行政行为的具体事实、法律依据等，无法进行充分有效的、有针对性的陈述和申辩，所以不应当视为郑州市人民政府真正遵守了正当程序原则的要求。

【后续影响及借鉴意义】

对于行政机关的自我纠错，虽然没有明确的实体法规定，但已经在《行政诉讼法》、部分地方立法、单行立法中已得到体现。如《行政诉讼法》第62条规定："人民法院对行政案件宣告判决或者裁定前，原告申请撤诉的，或者被告改变其所作的行政行为，原告同意并申请撤诉的，是否准许，由人民法院裁定。"这说明在行政诉讼的过程中，行政机关可以通过改变原行政行为的方式进行自我纠错。《行政处罚法》第75条要求行政机关进行审查，主动纠正行政处罚的错误，"行政机关应当建立健全对行政处罚的监督制度……行政机关应当认真审查，发现有错误的，应当主动改正"。此外，在《湖南省行政程序规定》第158条、《山东省行政程序规定》第128条、《江苏省行政程序规定》等地方立法的规定中也涉及了行政机关自我纠错行为。如《江苏省行政程序规定》第103条要求，"行政机关行政程序行为违法的，行政机关应当依职权或者依申请自行纠正"。

在规定行政机关自我纠错行为的同时，有关法律规范也对行政机关自我纠错行为的具体规则进行了明确，但是实体法对该问题的规定是有限的。当前主要见于《行政许可法》第69条，该条采用列举的方式规定了行政行为违法的情形，考虑到对公共利益造成重大损害的，不得适用撤销的自我纠错方式；同时信赖利益也被纳入了考量范围，以欺骗贿赂等手段取得行政许可的应当予以撤销，与前文的论述相比，这显然是不全面的。在地方程序立法中虽然涉及手段选择的规定，如《山东省行政程序规定》对应当补正、撤销、确认违法等的情形作出了规定，但存在概念混淆的问题，效力层级也比较低。

本案对于行政机关自我纠错行为的限制进行了更多讨论，回应了部分学界观点，对司法审判具有指导意义。在实体方面，法院根据违法行政行为的具体情况，支持郑州市人民政府采用撤销的方式纠正原行政行为，并且在不同的违法行政行为类型的基础上，对信赖利益是否值得保护、公共利益与信赖利益的权衡进行判断；在程序方面，司法审查将正当程序纳入自我纠错审查的范围，强调保障相对人的程序参与权。

在本案之前，最高人民法院的判决对违法行政行为的自我纠错问题关注较少，直至2016年对该案的纠错问题进行阐述后，大量对"纠错"行为进行评判的裁判开始出现，对违法行政行为纠错职权、正当程序、信赖利益、手段选择等问题进行关注。如（2019）最高法行申4034号判决认为，"分别作出207号批复和225号批复的行为，系古蔺县政府对其不当行政行为依法进行纠错的行为，也是古蔺县政府依法行政的应尽职责"。（2019）最高法行申1919号判决指出，"行政行为一经作出即产生法律效力，无论是从维护行政行为的确定性，还是基于保护行政相对人信赖利益的考虑，行政机关对重开行政程序均应持谨慎态度"。（2016）最高法行再104号判决指出，"本案中，广东省林业厅在未事先告知的情况下，即作出撤销中科电站行政许可的决定，严重侵犯了中科电站依据前述法律规定享有的陈述权、申辩权，同时违反了前述法律规定的公开原则，属于严重违反法定程序"。（2018）最高法行再7号行政判决书也对手段选择问题给予关注，"在目前缺少法律明确规定的情况下，行政机关可以采取的自我纠错方式主要有撤销、补正、改变原行政行为、确认违法等方式。……行政机关应当采取足够审慎的态度，只有在该行政行为的瑕疵足以影响事实处理结果时，才采用撤销的方式进行纠错"。从中可以看到该案对后续案件审理产生的影响。

二 行政行为

案例二　向文生、荆茂英诉溆浦县人民政府行政允诺案

陈锦漫 *

【案例名称】

向文生、荆茂英诉溆浦县人民政府行政允诺案［最高人民法院（2019）最高法行申 612 号］

【关键词】

补救义务　补救判决　行政允诺　信赖利益

【基本案情】

一审法院查明：因省道 S308 线（溆浦段）公路改造项目建设，需拆迁向文生、荆茂英夫妇位于溆浦县江口镇江维街的房屋。2011 年 7 月 13 日，原溆浦县江口镇人民政府向向文生、荆茂英夫妇作出《承诺书》，内容是"因省道 S308 线改扩建，致使上街居民向文生、荆茂英夫妇房屋拆迁。为妥善安置拆迁户，江口镇人民政府郑重承诺，同意向文生、荆茂英夫妇在江口镇新街规划区享有宅基地优先购买权（只限两个门面位置，且不能转让）。承诺单位：

---

* 作者简介：陈锦漫，中国政法大学法学院宪法学与行政法学专业硕士研究生。本文的指导教师为中国政法大学法学院副教授、博士生导师张力。

江口镇人民政府二〇一一年七月十三日"，溆浦县江口镇人民政府在《承诺书》上加盖了公章，溆浦县 S308 公路改造协调指挥部于 2011 年 7 月 15 日在《承诺书》上签署意见："同意江口镇政府意见"，并加盖了公章。2014 年 11 月 14 日、2015 年 4 月 19 日，向文生以书面形式先后向原江口镇人民政府请求兑现承诺，但原江口镇人民政府未予回复。向文生、荆茂英于 2016 年 10 月 18 日提起本案诉讼，请求判令溆浦县人民政府、大江口镇人民政府履行 2011 年 7 月 13 日作出的《承诺书》。另查明，溆浦县 S308 公路改造协调指挥部系溆浦县人民政府设立的临时机构，负责省道 S308 溆浦段的公路改造项目。溆浦县人民政府和大江口镇人民政府提交的《溆浦县江口镇总体规划（2007—2020）》显示溆浦县江口镇没有"江口新城规划区"。向文生、荆茂英所称江口新城规划区即"富美新城"项目，该项目于 2013 年 5 月 28 日经溆浦县国土资源局以挂牌方式出让国有土地使用权，由湖南富美房地产有限公司，案外人彭健、蒋卫国参与挂牌出让竞买，最终湖南富美房地产有限公司竞买成功。2015 年 12 月，溆浦县乡镇区划调整，江口镇和洑水湾乡建制合并设立大江口镇。

一审法院经审理后认为：

依照《行政诉讼法》第 74 条第 2 款、第 76 条之规定，判决确认《承诺书》违法，责令溆浦县人民政府与溆浦县大江口镇人民政府采取补救措施；驳回向文生、荆茂英的诉讼请求。

向文生、荆茂英夫妇不服提起上诉，请求依法改判，责令政府兑现承诺。二审法院认为：涉案《承诺书》符合行政允诺的全部要件，且条件已经成就。承诺事项未超出溆浦县人民政府的职权范围，但承诺向文生夫妇享有土地优先购买权的承诺内容违法。作为相对方的向文生夫妇没有过错，政府方应当采取相应的补救措施。具体的补救措施可先由双方相互协商确定；协商不成，溆浦县人民政府、大江口镇人民政府在本判决生效后 60 日内按照《国有土地上房屋征收与补偿条例》及当地实施办法的规定，参照本案判决时溆浦县签订国有土地上房屋征收补偿协议并搬迁腾空房屋的最高奖励标准和一次性每户奖励，对向文生夫妇房屋拆迁进行一次性的货币补偿。依照《行政诉讼法》第 89 条第 1 款第 1 项的规定，判决驳回上诉，维持一审判决。

溆浦县人民政府不服二审判决，向最高人民法院申请再审。

【裁判要旨】

一、针对不明确的行政允诺条件应作出有利于行政行为相对方的解释

当条件描述不具体时，如何审查判断条件成立与否，法律没有明确的规定。由于行政允诺往往是行政主体为了履行行政职能而作出的授益性行政行为，通常具有奖励的内容，即有利于行政行为相对方，因此当假设条件约定不明确时，为维护政府公信力，保障公民合理范围内的期待利益，应当作出有利于行政行为相对方的解释。

二、行政主体补救义务的履行应使相对人实际获得不低于或者适当高于补偿标准的利益

"人无信不立，国无信不治"。对有利于相对人的承诺，如果行政机关可以履行，也有能力履行，就应当履行承诺；如果允诺内容违法导致履行不能，则应在尊重行政机关对违背现行法律的承诺自行纠正或不再履行的权力的同时，责令行政机关对相对人因承诺履行不能产生的信赖利益损失进行必要的弥补，使相对人实际获得的利益不低于或者适当高于补偿的标准。

【裁判理由与论证】

依照《最高人民法院关于适用〈中华人民共和国行政诉讼法〉的解释》第 116 条第 2 款的规定，最高人民法院裁定驳回湖南省溆浦县人民政府的再审申请。

在裁判理由部分，最高人民法院对二审法院维持一审判决结论且进行充分的说理、论证的做法予以认可，并对再审申请人的再审理由进行了回应。

一、本案具体补救措施的执行问题

二审判决中载明："具体的补救措施可先由双方相互协商确定；协商不成，溆浦县人民政府、大江口镇人民政府在本判决生效后 60 日内按照《国有土地上房屋征收与补偿条例》及当地实施办法的规定，参照本案判决时溆浦县签订国有土地上房屋征收补偿协议并搬迁腾空房屋的最高奖励标准和一次性每户奖励，对向文生夫妇房屋拆迁进行一次性的货币补偿。"溆浦县人民政府以二审确定的具体补救办法在实践中无法执行作为再审申请理由之一。最高人民法院在组织询问时，溆浦县人民政府表示当地并无征收国有土地上房屋的先例，没有对应的当地补偿标准。对此，最高人民法院认为，"二审法院所指的参照标准不应局限于溆浦县当地，若当地确无对应标准，溆浦县人民政府可以参考怀化市或者湖南省其他县市的标准进行。请溆浦县人民政府按照二审法院的裁判指引和裁判结论及时、充分地兑现行政允诺，用实际行动履行人民法院的生效裁判"。

二、原告的诉讼是否属于重复起诉

《最高人民法院关于适用〈中华人民共和国行政诉讼法〉的解释》第69条第1款第7项规定，撤回起诉后无正当理由再行起诉的，已经立案的，应当裁定驳回起诉。最高人民法院认为，"本案中，向文生以追加申请人为被告，溆浦县人民法院没有管辖权为由撤诉，于2016年10月18日以申请人、大江口镇人民政府为共同被告向怀化市中级人民法院起诉，不属于上述无正当理由再行起诉的情形，溆浦县人民政府提出被申请人的起诉属于重复起诉，起诉应当被驳回的主张，缺乏事实和法律根据，不能成立，本院不予支持"。

三、原告的诉讼是否超过起诉期限

《最高人民法院关于适用〈中华人民共和国行政诉讼法〉的解释》第66条规定，公民、法人或者其他组织依照《行政诉讼法》第47条第1款的规定，对行政机关不履行法定职责提起诉讼的，应当在行政机关履行法定职责期限届满之日起6个月内提出。最高人民法院认为，"本案中，涉案《承诺书》设定的义务对申请人产生羁束，未标示兑现承诺的期限。因此，溆浦县人民政府提出被申请人的起诉已超过起诉期限，起诉应当被驳回的主张亦不能成立，本院不予支持"。

【涉及的重要理论问题】

现代行政管理从原先的控制管理模式逐渐转向合作管理模式，涌现出许多新型行政行为，行政允诺便是其中一种典型代表。行政允诺因其适用面广，存在较大的行政裁量空间而得到行政机关的青睐。与此同时，行政允诺在适用中也出现了诸多问题，如诺而不践、违法允诺、事后补救义务不明确等问题。具体而言，在行政允诺的条件描述不够具体时，法院应如何对此作出解释？法院应如何适用补救判决？该判决中的补救义务如何才算履行到位？这也构成了本案要重点关注的两个理论问题。

一、行政允诺解释权的行使

行政允诺的具体内容难免因抽象的表述而缺乏明确性，关键内容的表述不明之处，便是争议存在之处。比如，不明确的行政允诺条件可能会涉及行政允诺条件是否成就的判断，此时便会出现行政机关和行政相对人各执一词的对峙。具体到本案中，也存在着针对某一描述不具体的条件是否成就的争议。

（一）行政机关行使解释权的依据

行政机关有权对行政允诺的具体适用作出相应的解释。这涉及两层关系，一层存在于行政机关与行政相对人之间，此时行政机关享有行政优益权；另一层存在于行政机关与法院之间，法院需要尊重行政机关的首次判断权。

1. 保证行政优益权

关于行政优益权的概念大体有两种代表性的定义。有学者认为，"所谓行政优益权，是指国家为保障行政主体有效地行使职权、履行职责，赋予行政主体职务上或物质上的许多优先和受益条件，行政主体享受这些优益条件（或曰优惠条件）的资格和可选择性。简言之，行政优益权就是国家为行政主体行使职权提供的行为优先条件和物质保障条件。前者称为行政优先权，它体现行政主体与行政相对方的关系；后者称为行政受益权，它体现行政主体与国家的关系"。[1]此类主张并未将行政优益权限定在特定的场域之内。而另一派观点指出，"就本质而言，行政优益权是行政机关在行政协议中所享有的特权，它是为了克服绝对契约自由的弊端而进行的国家干预"。[2]这种观点将

---

〔1〕 胡建淼主编：《行政法学》，复旦大学出版社 2003 年版，第 85-86 页。
〔2〕 陈锦波："行政机关对行政协议的单方解释权——最高人民法院第 76 号指导案例评析"，载《求索》2021 年第 1 期。

行政优益权与行政协议紧密连接在一起。两类观点主要的分歧点在于行政优益权的适用范围是否仅局限于行政协议，比较而言，第一类观点更为可取。目前，学界大多探讨的是行政协议领域的行政优益权，而在行政允诺领域，行政主体是否具有行政优益权的问题上，学界讨论寥寥并且尚未有定论。但这并不意味着行政优益权仅适用于行政协议，而不能适用于行政允诺领域。行政主体能够拥有行政优益权的正当性，在于其履行职责所追求的根本目的是实现公共利益，为了保障公共利益的实现需要给予行政主体行政优益权。各类行政职权行使的根本目的都可归结于公共利益，其中包括行政主体作出行政允诺。因此，行政优益权的研究视域应为全部的行政法领域，将其狭隘地局限于行政协议领域缺乏充分的理由。

行政优益权是为了保障行政机关实现公共利益而对个人权益进行限制。[1]行政主体针对行政允诺内容作出的对行政相对人不利的解释，可以视为行政优益权的一种表现。行政优益权往往表现为行政协议的单方变更、解除权，但实质上，行政主体作出的单方解释所起到的对个人权益限制的效果，可能不亚于单方变更、解除权所起到的效果。行政主体可以基于公共利益的需要而对行政允诺条件描述不具体之处作出单方的解释，如果是关于行政允诺条件是否成就等关键内容的解释，将会决定行政主体是否作出践诺行为，换言之，行政相对人的个人权益有可能受到限制。

本案中，行政允诺以承诺书形式作出。设立"新街规划区"是涉案《承诺书》具备法律效力的条件，《承诺书》中并没有对"新街规划区"加以明确地描述。双方当事人对该条件的理解不一致，溆浦县人民政府认为至今大江口镇城镇总体规划及控制性详细规划中均无新街规划区的相关概念，而向文生、荆茂英坚称"富美新城"项目即"新街规划区"。结合本案案情，溆浦县人民政府针对该条件的解释，即将"新街规划区"解释为具体、实际的规划设置，并非出于公共利益保护的需要，也非保障有效行使职权、履行职责之需要，所以，本案溆浦县人民政府行使的解释权不属于行政优益权，以该解释给行政相对人施加不利益缺乏正当性。

---

〔1〕 王芳："行政优益权行使的正当性及限制"，载《广西政法管理干部学院学报》2013 年第 5 期。

2. 尊重首次判断权

首次判断权理论是指法院在司法审查过程中，对行政机关优先判断和处理行政事项的权力要予以尊重，对在行政机关职权范围内但尚未予以判断和处理的事项，法院不得替代行政机关作出判断和处理，只有待行政机关判断和处理后，法院才能对判断和处理结果进行合法性审查。[1]首次判断权理论起源于日本。首先由田上穰治在课予义务诉讼和预防性不作为诉讼中提出，后由雄川一郎完善论述。[2]雄川一郎认为，行政首次判断权指的是与法院相比，行政机关在以行政行为来对某种法律关系进行调整的权限方面享有优先顺位。[3]

行政允诺是行政主体行使自由裁量权的表现形态之一。[4]行政允诺事项若属于行政主体的职权范围，那么对行政允诺的条件进行解释也属于行政主体可自由裁量的范围。根据首次判断权理论，行政主体有权首先对行政允诺的条件不明确之处进行阐明，以保证高效履行职责。法院虽同样有权对行政允诺争议条件进行解释，但不得越俎代庖。

除了将行政主体放在解释行政允诺条件的第一顺位，法院还应对行政主体的解释和判断结果予以充分的尊重。如果行政主体的解释行为，在解释内容上没有明显不合理之处，在解释程序上符合正当程序的要求，整体符合一般行政行为的成立要件和合法要素，那么即使该解释有违法院之愿，也不能在司法审查中予以否认。[5]

通说认为，充分尊重行政主体的首次判断权的理由有二：一是术业有专攻。相较于法院，行政主体在部分行政领域专业性事项的判断和处理上，有更强的专业知识背景。由行政主体先行对自己作出的行政允诺进行专业性的解释顺理成章。二是权力的分工与制衡。原则上行政权和司法权各司其职，如果司法权过早介入行政权的行使，那么将会削弱行政权的力量，使得行政

---

〔1〕 黄先雄："行政首次判断权理论及其适用"，载《行政法学研究》2017 年第 5 期。

〔2〕 参见王丹红：《日本行政诉讼类型法定化制度研究》，法律出版社 2012 年版，第 146-147 页。

〔3〕 参见王天华：《行政诉讼的构造：日本行政诉讼法研究》，法律出版社 2010 年版，第 195 页。

〔4〕 王喜珍："行政允诺行为的行政法理论透视"，载《河南省政法管理干部学院学报》2009 年第 4 期。

〔5〕 张志铭：《法律解释学》，中国人民大学出版社 2015 年版，第 79 页。

权和司法权出现力量配比失衡、界限模糊不清的状态，有违权力分立和司法谦抑原则。据此，对于产生争议的行政允诺条件，由行政主体先行解释完毕后，法院借由司法审查再行介入更具正当性。

本案法院在司法审查过程中，在解释顺位和实质审查中均尊重了行政主体的首次判断权。在解释顺位上，待行政主体优先就作为涉案《承诺书》条件之一的"新街规划区"作出解释，在此基础上作出大江口镇尚未设立新街规划区，涉案《承诺书》条件未成就的判断后，法院才对该判断结果进行审查。在实质审查阶段，法院虽最终未采取行政主体的解释，转而作出有利于行政相对人的解释，但这并不意味着法院违反了司法谦抑、尊重首次判断权的原则。

（二）行政主体行使解释权的限制

在行政允诺的作出和履行过程中，为了保护公共利益或是更好地履行职责的需要，赋予行政主体行政允诺的解释权是必要的。但在实践中，解释权被滥用的现象时常发生。某些行政主体以行使解释权的名义，任意改变允诺的事项，从而达到逃脱践诺义务的目的。例如，在崔龙书与丰县人民政府行政允诺案中，[1]丰县发改委作出《招商引资条款解释》，将"本县新增固定资产投入"限缩解释为"丰县原有企业，追加投入，扩大产能"。丰县发改委对关键性内容的限缩解释行为，意在减轻自身的义务，明显缺乏正当依据，损害了行政相对人的信赖与利益。行政主体虽有权对行政允诺的内容进行解释，但此种解释权的行使需要受到限制，才能避免行政主体随意解释，从而保护处于弱势地位的行政相对人。

正如本案中湖南省高级人民法院所指出的那样，"当条件描述不具体时，如何审查判断条件成立与否，法律没有明确的规定"。如何去行使处于合法的自由裁量范围的解释权并没有法律的明确规定，此时需要从解释方法、解释原则等隐性规定中，探寻解释权的规范行使步骤与限度，在尊重自由裁量权与保护行政相对人之间寻求平衡。

---

〔1〕 崔龙书与丰县人民政府行政允诺案，江苏省高级人民法院（2016）苏行终字第 90 号行政判决书。

1. 行使解释权的方法

在华侨搪瓷厂案中，法院认为，"行政主体的法定职责既可以源于法律、法规、规章以及其他规范性文件的规定，也可以是行政合同的约定和行政机关承诺的自我约束"。[1]据此，有学者认为行政承诺作为"作为义务的来源或依据"，并被视为商谈立法模式下的沟通合意而被纳入"法"范畴时，就可以作为行政法的不成文法源。[2]从某种程度来说，法律和行政允诺都可以作为行政主体履行职责的依据和约束，因此在解释行政允诺时可以借鉴法律解释方法。

在各类法律解释方法中，文义解释具有优先使用性。只有具备排除文义解释的理由，才能放弃文义解释。文义解释具有优先性，只要法律措辞的语义清晰明了，不会产生荒谬的结论，就应当优先按照语义进行解释。[3]在文义解释仍无法确定语义含义时，才需要借助其他解释方法，如体系解释、目的解释。本案中"新街规划区"作为不确定法律概念，在文义上发展出了两种不同的解释，一是溆浦县人民政府将其解释为城镇总体规划及控制性详细规划中具体、实际的规划设置，二是原告将其解释为富美新城项目，该项目土地已于2013年由湖南富美房地产有限公司竞买成功。按照文义解释，推导出溆浦县人民政府所作的解释似乎水到渠成，但囿于文义形式所作的解释可能会产生非正义的效果。据溆浦县人民政府在一审中辩称，原江口镇人民政府作出该承诺书时，与原告的合意中提到了规划建设新街。可见，在作出行政允诺时，原江口镇人民政府确有建设新街规划区的规划。考虑到溆浦县乡镇区划调整，江口镇和洑水湾乡成建制合并设立大江口镇，如今虽未在城镇总体规划及控制性详细规划中找到相关概念，但规划项目名称因区划调整而有所改动是常有之事。仅关注形式上项目名称的有无，而不对实质上是否有新街规划区加以考量，这种符合形式而忽视实质的文义解释有违正义，难以为行政相对人乃至社会大众所接受。如果非要在文义与正义之间进行选择，我们只能委婉地说，在一般情况下，应坚持文义解释方法优先；在特殊情况

---

[1] 最高人民法院行政审判庭编：《中国行政审判指导案例》（第2卷），中国法制出版社2011年版，第93页。

[2] 参见贾媛媛："行政承诺法源论：证成与适用"，载《政治与法律》2014年第9期。

[3] 孔祥俊：《法律解释方法与判解研究》，人民法院出版社2004年版，第325页。

下，即文义与正义发生严重背离时，文义是我们解释的出发点，而正义是我们追求的最终目标。[1]因此，"新街规划区"依照文义解释无法确定概念，嗣后可以转向目的解释。

通过目的解释的方法，探求各相关规定的目的和宗旨，以此作为裁量权行使的基础。在行政允诺领域，符合裁量权本质的做法是，如果作出允诺的目的在于保护行政相对人的法益，则以此作为缩减裁量的法律因素。[2]本案中，湖南省高级人民法院指出："由于行政允诺往往是行政主体为了履行行政职能而作出的授益性行政行为，通常具有奖励的内容，即有利于行政行为相对方。"案涉行政允诺是为了履行妥善安置拆迁户的行政职能，保护因省道改扩建而受到房屋拆迁影响的行政相对人的法益。以此目的为指引，其内容是给予原告在新街规划区享有宅基地优先购买权，暂且不论允诺内容违法与否，该内容性质是授益性的，有利于行政行为相对人。因此，通过目的解释可知，溆浦县人民政府针对《承诺书》条件所作解释的裁量权要在保护行政相对人法益的基础上行使，在此基础上，裁量空间受到缩减。然而，溆浦县人民政府所作之解释与原江口镇人民政府所作之允诺目的相背离，故湖南省高级人民法院并未采用溆浦县人民政府作出的不利于行政相对人之解释，具有一定的正当性。

2. 行使解释权的原则

行政允诺行为作为行政行为的一种形态，应当遵循行政法的一般原则。

（1）信赖利益保护原则。

信赖利益保护原则是指在现代法治国家中，为了保护人民正当权益，行政主体对其在行政过程中形成的可预期因素，其中包括行为、承诺、惯例等，必须遵守信用不得随意变更，否则将承担相应的法律责任。[3]行政主体作出行政允诺后，行政相对人对该行政允诺产生了合理的理解，并以相应的行动作为对允诺的回应，以期获得行政主体所承诺的利益，行政主体的解释不能损害当事人的合理信赖。行政允诺在一开始是行政主体的单方行为，加剧了行政主体和行政相对人天然的力量对比失衡，以信赖利益保护原则来约束解

---

[1] 陈金钊："文义解释：法律方法的优位选择"，载《文史哲》2005年第6期。

[2] 杜仪方："行政承诺不履行的法律责任"，载《法学论坛》2011年第4期。

[3] 莫于川、林鸿潮："论当代行政法上的信赖保护原则"，载《法商研究》2004年第5期。

释权力的行使可以缓解力量对比的失衡状态。

此外，信赖利益保护原则似乎还可以再往前一步。当存在多种解释时，在平衡公共利益和他人利益的前提下，应当考虑采用有利于相对人的解释。可以比照《民法典》第498条关于格式条款的规定："对格式条款的理解发生争议的，应当按照通常理解予以解释。对格式条款有两种以上解释的，应当作出不利于提供格式条款一方的解释。……"[1]

（2）诚实信用原则。

现代立法例与学说公认诚实信用原则是一项法律基本原则，所有行使权利与履行义务的活动都要遵守此原则。该原则被称为帝王条款，除了适用于民法，也适用于公法与诉讼法。[2]诚实信用原则要求行政主体在行政过程中如需对行政允诺条件进行解释，则要与其刚作出行政允诺时的真实意思保持一致。等到行政相对人请求行政主体践诺时，其不能出于逃避履行允诺义务的意图，作出违背行政允诺作出时真实意思的失信解释，这样的失信解释行为有损政府的公信力。

具体到本案，湖南省高级人民法院指出，"当假设条件约定不明确时，为维护政府公信力，保障公民合理范围内的期待利益，应当作出有利于行政行为相对方的解释"。维护政府公信力的目的，反过来要求政府贯彻诚实信用原则。保障公民合理范围内的期待利益，其实就隐含着信赖利益保护原则的影子。在没有法律明确规定的情况下，湖南省高级人民法院结合目的解释、信赖利益保护原则、诚实信用原则等对溆浦县人民政府的行政允诺条件之解释进行审查后，作出有利于行政相对人的解释："'新街规划区'泛指大江口镇城镇总体规划上新开发区的一个笼统概念，它应当也包含了富美新城项目。"

二、行政主体补救义务履行到位的判断标准

《行政诉讼法》第76条、第78条正式确定了一种新的判决形式，[3]即补

［1］何海波："具体行政行为的解释"，载《行政法学研究》2007年第4期。
［2］王泽鉴：《民法学说与判例研究》（第1册），北京大学出版社2009年版，第150页。
［3］《行政诉讼法》第76条规定："人民法院判决确认违法或者无效的，可以同时判决责令被告采取补救措施；给原告造成损失的，依法判决被告承担赔偿责任。"《行政诉讼法》第78条规定："被告不依法履行、未按照约定履行或者违法变更、解除本法第十二条第一款第十一项规定的协议的，人民法院判决被告承担继续履行、采取补救措施或者赔偿损失等责任……"

救判决。根据第 76 条和第 78 条，法院可以通过判决责令被告采取补救措施的方式，科以行政主体某种补救义务。由于法律条文规定得较为简单，补救判决在实际运用过程中产生了系列问题：何时判决被告采取补救措施？如何判断行政主体的补救义务履行到位了？补救义务履行到位的判断标准要考量哪些因素？若不对这些问题加以明确，就将很难发挥出补救判决预期的效果。因此，有必要对前述问题进行梳理。[1]

（一）制定判断标准的考量因素

判断行政主体的补救义务是否履行到位，需要借用标准来评判。由于并没有法律法规的强制性统一规定，在司法实践中关于行政主体补救义务履行到位的判断标准并不是统一的。法官通常的做法是基于补救判决的不同功能以及对补救判决的诉讼定位认知的考量制定判断标准。

1. 补救判决的功能

补救判决在形式上表现为附随于特定的主判决，如确认违法、确认无效判决的从判决。我国行政判决应发挥的功能在于扭转违法行政行为所造成的不利益状态，这是一种违法责任的评价，这种功能有别于其他判决，如确认违法判决、确认无效判决以及撤销判决所发挥的对行政行为本身的合法性、效力性的评价功能。[2]在扭转违法行政行为所造成的不利益状态的总功能统领下，因确认违法类型的不同，补救判决呈现出不同的细分功能。

（1）利益衡平。

比如，根据《行政诉讼法》第 74 条第 1 款第 1 项规定，行政行为依法应当撤销，但撤销会给国家利益、社会公共利益造成重大损害的，人民法院判决确认违法，但不撤销行政行为。同时，结合责令被诉行政机关采取相应的补救措施，造成损害的，依法判决其承担赔偿责任，学理上称此类判决为情况判决。[3]行政行为对有利害关系的人的利益造成了侵害，但基于对法的安定性、行政效力、国家和公共利益的追求，使得该本应被撤销的行为被确认违法了。此时，公共利益与个人利益并不平衡。为了衡平两者间的利益，同

---

〔1〕 限于篇幅和行政允诺的主题，本文仅围绕《行政诉讼法》第 76 条进行梳理。

〔2〕 陈思融：《行政诉讼补救判决研究》，法律出版社 2019 年版，第 28—29 页。

〔3〕 林莉红等：《行政诉讼法问题专论》，武汉大学出版社 2010 年版，第 250 页。

时达到避免公共利益严重受损与维护或弥补个人利益的效果，需要以补救判决科以行政机关采取补救措施进行纠正或补偿的义务。[1]

（2）瑕疵程序治愈。

例如，根据《行政诉讼法》第74条第1款第2项规定，行政行为程序轻微违法，但对原告权利不产生实际影响的，人民法院判决确认违法，但不撤销行政行为。

此种确认违法的情形，辅以补救判决的功能，可以从程序轻微违法的作出情形中推导出来。出于法的安定性的考虑，当与行政程序独立价值相关联的基本程序存在瑕疵，并且产生了减损相对人程序性权利、妨碍实现行政法基本原则、可能影响行政行为准确性的情况，但这样的程序瑕疵得以补救，并且补救的效果使得违法效果归于消失时，可以作出"程序轻微违法"的认定，以维持行政行为的法律效力。[2]此时期待补救判决能够发挥确保行政相对人程序性权利、行政法基本原则和行政行为准确性得到治愈的效果。

（3）危害结果消除。

例如，《行政诉讼法》第74条第2款第1项规定的确认违法判决为行政行为违法，但不具有可撤销内容的。不具有可撤销的内容包含"不可能"或"无必要"两类。"不可能"主要是指行政事实行为。在事实行为违法时，只能判决确认其违法。[3]"无必要"主要是指两类情形：一是违法的负担行政行为被执行完毕且执行后果不具有可恢复性。二是负担行政行为的效力因其他事由而消灭。[4]对于"无必要"中的第一种情形，如行政拘留15日的处分执行完毕后，因该违法结果不具有可恢复性，撤销该负担行政行为对当事人而言没有意义。有学者认为由于造成的结果不具有可恢复性，此时相对人不

---

〔1〕 张昊："行政诉讼情况判决中应明确补救措施内容"，载《佳木斯职业学院学报》2018年第5期。

〔2〕 参见罗传贤：《行政程序法基础理论》，五南图书出版公司1990年版，第261页。

〔3〕 姜明安主编：《行政法与行政诉讼法》，北京大学出版社、高等教育出版社2011年版，第523页。

〔4〕 具体事由包括因终期届至、解除条件成就或被行政主体自行撤销、变更等而失效的情形。实质上包含了《行政诉讼法》第74条第2款第2项规定的被告改变原违法行政行为的情形。陈思融：《行政诉讼补救判决研究》，法律出版社2019年版，第145页。

可能存在结果除去请求权。[1]在"不可能"和"无必要"中的第二种情形下，违法行政行为可能会造成不利于行政行为相对人的违法结果。或因事实行为，或因行政行为已经失去法律效力，行政行为相对人没有必要容忍这些违法结果，因此行政行为相对人具有结果除去请求权。[2]与结果除去请求权相对应，此时补救判决作为确认违法判决的从判决，要起到对违法行政行为所造成的危害后果予以弥补和恢复的功能。

（4）信赖利益损失弥补。

行政相对人有可能对授益性行政行为产生信赖利益，若该行政行为经有权机关确认违法或确认无效，该行政行为便无法履行或者自始不发生法律效力，信赖利益也因此受损。此时补救判决的功能在于弥补行政相对人的信赖利益损失。

该功能发挥的前提是信赖利益保护原则构成要件的成就。信赖利益保护的构成要件存在三要件说和四要件说的争议。三要件说主张，只要满足信赖基础、信赖表现、信赖利益值得保护即可构成信赖保护，四要件说在三要件说的基础上增加了个体利益与公共利益的权衡。对"个体利益与公共利益的权衡"是否有必要作为构成要件之一，学界均给予了否定的答案。[3]有学者认为，此对比关系所决定的是信赖保护方式的差别（是适用存续保护还是财产保护的问题），而非是否适用信赖利益保护原则的问题。[4]三要件说在理论层面已具备了通说地位。第一，信赖基础是指人民应当信任什么的问题，[5]有学者将该要件替换表述为信赖可能性，即社会成员对授益性行政行为存在信赖的可能性。[6]第二，信赖表现是指行政相对人具有处分性的客观行为，而非仅仅存在意思表示。第三，信赖利益值得保护，也就是应当保护的信赖

---

[1] 陈思融：《行政诉讼补救判决研究》，法律出版社 2019 年版，第 145 页。

[2] 翁岳生编：《行政法》，中国法制出版社 2009 年版，第 893 页。

[3] 参见胡若溪："行政诉讼中'信赖利益保护原则'适用——以最高人民法院公布的典型案件为例的讨论"，载《行政法学研究》2017 年第 1 期。

[4] 李春燕："行政信赖保护原则研究"，载《行政法学研究》2001 年第 3 期。

[5] 吴坤城："公法上信赖保护原则初探"，载城仲模主编：《行政法之一般法律原则》（二），三民书局 1997 年版，第 211 页。

[6] 李春燕："行政信赖保护原则研究"，载《行政法学研究》2001 年第 3 期。

利益具有正当性。有学者将判定正当的标准抽象概括为"无可归责性"[1]或"不可归责于相对人的原因"。

在本案中，补救判决所要发挥的功能即为弥补信赖利益损失。湖南省高级人民法院的判决思路隐含了三要件说的立场。首先，本案行政允诺作为一种授益性行政行为，原告对该行政允诺有存在信赖的可能性，该行政允诺构成了信赖基础。其次，原告同意拆迁，并搬迁腾空房屋为处分性的客观行为，具备信赖表现。最后，原告的信赖利益正当。具体到本案，行政允诺中承诺向文生夫妇享有土地优先购买权的内容，违反了法律的强制性规定。但原告并未认识到该行政允诺违法，并且由于其欠缺处理行政事务的专业性而无法苛责其对此应有所认识，法院在裁判中也特意指出"作为相对方的向文生夫妇没有过错"，即不可归责于原告。因此可以认为原告基于该行政允诺所产生的预期存在正当性。以及，湖南省高级人民法院未在判决中涉及个体利益与公共利益的权衡考量，在满足前述三要件后就"责令行政机关对相对人因承诺履行不能产生的信赖利益损失进行必要的弥补"。行政允诺可得兑现是正当的预期利益，该利益因行政允诺违法而受到损害，需要发挥补救判决的功能，对相关信赖利益损失予以弥补。

补救判决的功能是否发挥到位取决于补救义务的履行是否到位，该判断标准需要在信赖利益的范围上生成。信赖利益的范围不应局限于既得权，而要适当考虑私人的期待利益。依法行政原则将信赖利益和既得权的损失等同，将无法保护未来的期待利益，这只能保证行政相对人不做亏本买卖，无法促进其对国家的信赖，无形中会消灭信赖利益的规范价值。[2]具体而言，应予保护的信赖利益，一般以既得权益的损失为下限，以因行政行为的存在而获得的可得利益为上限。[3]

二审裁判中载明："责令行政机关对相对人因承诺履行不能产生的信赖利益损失进行必要的弥补。"本案特殊之处在于，原告的既得权益没有受到损

---

[1] 李春燕："行政信赖保护原则研究"，载《行政法学研究》2001年第3期。

[2] 王贵松："依法行政原则对信赖利益的保护：益民公司诉河南省周口市政府等行政行为违法案分析"，载《交大法学》2015年第1期。

[3] 参见［德］哈特穆特·毛雷尔：《行政法学总论》，高家伟译，法律出版社2000年版，第287页。

失，损失的是因行政允诺承诺而产生未来的期待利益，即土地优先购买权。可见，法院认为信赖利益的范围不局限于既得利益，进一步涵盖了期待利益。何为"必要的弥补"？结合裁判后文："使相对人实际获得的利益不低于或者适当高于补偿的标准"，"必要的弥补"应指实际给予原告不低于甚至适当高于补偿标准的利益。何为"补偿的标准"？根据法院查明："溆浦县人民政府针对向文生夫妇的房屋拆迁补偿实际上包括了两项内容，一是已履行完毕的《房屋拆迁协议书》，二是因内容违法而不能直接履行的《承诺书》。"涉案《承诺书》所承诺的土地优先购买权构成了房屋拆迁补偿的一部分，补偿的标准对标的是未来本应获得的土地优先购买权的价值，即期待利益的价值。因此，或可推导出法院在前述信赖利益的范围上再往前走了一步：应予保护的信赖利益的上限突破了因行政行为的存在而产生的期待利益。在没有既得利益受损的情形下，为保护信赖利益损失而进行的必要弥补，以行政相对人实际获得的利益不低于期待利益为下限，以适当高于期待利益为上限。至于"适当高于"的内涵，法院以"参照本案判决时溆浦县签订国有土地上房屋征收补偿协议并搬迁腾空房屋的最高奖励标准和一次性每户奖励"的方式，使补救义务履行到位的判断标准更具明确性和可操作性。

2. 补救判决的惩戒性功能构造

《国家赔偿法》第 36 条第 8 项规定："对财产权造成其他损害的，按照直接损失给予赔偿。"赔偿范围相对较窄，仅以直接损失为限。直接损失是指国家侵权行为侵占或损坏公民、法人或其他组织的财产，致使受害人现有财产价值量实际减少。[1]在司法实践中，直接损失被拓展地解释为受害人在正常征收补偿程序中，依法和依据当地征收补偿政策所应得到的利益损失。[2]不论何种做法，最多能让受害人的状态恢复至受损害之前的状态。

行政机关应为违法行政付出代价，否则违法没有成本。[3]为加大行政主

---

〔1〕 江必新、梁凤云、梁清：《国家赔偿法理论与实务》（下卷），中国社会科学出版社 2010 年版，第 879 页。

〔2〕 卢先锋诉庐江县人民政府不履行法定职责案，最高人民法院（2017）最高法行申 370 号行政裁定书。

〔3〕 江勇："关于农村集体土地征收行政诉讼的调查与思考"，载《人民司法（应用）》2019 年第 16 期。

体违法行政的成本，有不少学者提出要在国家赔偿中采用惩罚性赔偿的原则。实践中也出现了采取惩罚性赔偿的做法，如许水云诉金华市婺城区人民政府房屋行政强制及行政赔偿案确立了行政赔偿不低于补偿的原则，[1]让被征收人得到的赔偿不低于其依照征收补偿方案可以获得的征收补偿。

目前《国家赔偿法》还没有采用惩罚性赔偿的原则，受我国赔偿法定原则的约束，只有在给原告造成直接损失的情况下，法院才能判决被告承担赔偿责任。以补救判决之名，行惩罚性赔偿之实的做法或可提供一种破局思路。"为了实现规范行为之目的，有决定性意义的不是对单个受害者所受损失的准确补偿，而是让加害者对其所造成的所有损害成本埋单。因此，规范政策的重点不是受害者的补偿需要，而要向加害者提供有效的行为动力。"[2]通过构造补救判决的惩戒性功能，达到与惩罚性赔偿一致的目的，即预防和抑制行政主体作出违法行政行为的冲动。这种惩戒性功能的价值溢出了个案，扩展到在未来保障更多行政相对人的合法权益不受类似的可能侵害。[3]

本案原江口镇人民政府所作的行政允诺内容违法，且该违法行政行为的作出需要归责于具备行政领域专业知识的行政主体。为使行政主体就此付出代价，湖南省高级人民法院所确立的行政主体补救义务履行到位之标准，即使得相对人实际获得的利益不低于或适当高于补偿的标准，暗含着惩戒性的意味。在高于的情形下，实际获得利益与补偿的标准之间的差额部分，可被法院视为以行政判决的方式对行政主体作出内容违法的行政允诺进行惩戒。

3. 补救判决的定位

行政诉讼具有保护权利以及实现行政客观法秩序两个功能要素。依行政诉讼功能的取向不同，存在两种模式，分别为主观公权利保护模式和客观法秩序维护模式。主观公权利保护模式是指行政诉讼制度的核心功能在于保障人民的公权利，维护客观法秩序只是保障人民公权利范围之内所附带的功能。

---

〔1〕 许水云诉金华市婺城区人民政府房屋行政强制及行政赔偿案，最高人民法院（2017）最高法行再101号行政判决书。

〔2〕 ［德］格哈德·瓦格纳：《损害赔偿法的未来——商业化、惩罚性赔偿、集体性损害》，王程芳译，中国法制出版社2012年版，第137页。

〔3〕 章剑生："私有财产征收中的行政赔偿——许水云诉金华市婺城区人民政府房屋行政强制及行政赔偿案评析"，载《法律适用》2020年第4期。

客观法秩序维护模式是指行政诉讼制度的目的在于维护行政客观公法秩序，并且确保公法实施的有效性。[1]保障人民公权利只是维护客观法秩序的附带效果。与主观诉讼中诉判关系一致不同，在客观诉讼中，基于维护客观行政法秩序的考量，法院遵循职权主义，所作裁判可以超出当事人诉讼请求的范围，此时行政诉判关系并不一致。

在实践中，面对同样的原告诉请行政机关履行行政允诺，但行政允诺违法之情形，不同法院采取的主客观诉讼立场并不统一。在任冬梅诉襄阳市人民政府一案中，[2]二审法院在裁判中载明："本院对上诉人任冬梅要求被上诉人襄阳市人民政府继续履行行政允诺的诉讼请求不能支持。原审认定襄阳市人民政府允诺财政奖励优惠政策不合法，事实清楚，据此驳回上诉人任冬梅的诉讼请求，适用法律并无不当，应予维持。"一、二审法院严格依申请作出裁判，没有对未被申请的事项作出宣判，显然法院持主观诉讼立场。而在本案中，法院所坚持的是客观诉讼立场。一审法院作出的裁判为："一、确认原溆浦县江口镇人民政府于 2011 年 7 月 13 日向原告向文生、荆茂英作出的《承诺书》违法，责令溆浦县人民政府与溆浦县大江口镇人民政府采取补救措施；二、驳回原告向文生、荆茂英的诉讼请求。"法院在回应原告的诉讼请求的同时，超越了诉讼请求，作出了确认违法和采取补救措施的判决。出现这样的情形与在我国行政诉讼呈现出一种内错裂状态有关。即强调对个人权利的救济，但诉讼构造却以行政行为合法性审查为核心，更偏重客观诉讼。[3]

这样的"内错裂"状态也体现在补救判决的定位上。有学者认为补救判决处于主客观诉讼观念冲突的夹缝间：法院对行政行为进行合法性审查后，是否责令被告采取补救措施以及采取何种补救措施，在很大程度上受到原告诉讼请求的影响和制约，补救措施的种类和内容必须符合诉讼请求的范围。但即使法院的裁判方式"偏离"原告的诉求，也能适用补救判决。[4]也就是

---

〔1〕 邓刚宏："论我国行政诉讼功能模式及其理论价值"，载《中国法学》2009 年第 5 期。

〔2〕 任冬梅诉襄阳市人民政府行政允诺案，(2019) 鄂行终 240 号行政判决书。

〔3〕 薛刚凌、杨欣："论我国行政诉讼构造：'主观诉讼'抑或'客观诉讼'？"，载《行政法学研究》2013 年第 4 期。

〔4〕 中华人民共和国最高人民法院行政审判庭编：《行政执法与行政审判》(总第 72 集)，中国法制出版社 2018 年版，第 17 页。

说，补救判决的适用不局限于依申请，还可以依职权。因为确认违法、确认无效等判决之宗旨不是为了保护原告的合法权益，判决若仅限于此，并没有彻底解决行政争议。针对这些存在某种制度缺陷的判决，需要法院能动地在判决中进一步明确具体的补救措施。[1]

弥合"内错裂"状态可以在主观公权利保护和客观法秩序维护的价值选择中进行。这要求司法审查的路线偏离不能离原告的诉讼请求太远，或者完全将原告搁置一边而另辟蹊径，最终的诉讼结果必须充分照顾到原告的诉讼请求。[2]这样的诉判不一致是紧密围绕诉判一致的。在本案中，法院的客观诉讼立场体现在两方面：一是法院的裁判超出了原告的诉讼请求。看似法院将履职之诉置之不理，一头扎进行政行为的合法性审查中。但实际上，法院洞悉原告提起履职之诉的背后是为了得到救济。在客观上无法满足原告的诉讼请求而其权益又值得救济时，法院以补救判决充分保护原告之权益并无不当。二是补救判决中制定了"使相对人实际获得的利益不低于或者适当高于补偿的标准"这一补救义务履行到位的标准，其中的"适当高于"超出了原告诉请的未来本应获得的土地优先购买权的价值。如前文所述，"适当高于"可视为惩戒性功能的发挥，此时便带有客观诉讼的色彩。前述两个方面都没有偏离原告的诉讼请求太远，并充分照顾到了原告的诉讼请求，做到了充分救济原告，实质性解决了行政争议。

【后续影响及借鉴意义】

首先，该案明确了在法律没有明确规定的情形下，针对描述不具体的行政允诺条件要作出有利于行政行为相对人的解释。在法院、行政主体、行政行为相对人三方间寻找了一种平衡，既尊重了行政主体的首次判断权，又限制了解释权自由裁量的空间，同时保护了行政相对人的信赖利益。

其次，该案的补救判决既没有停留在实践中法院常用的"采取补救措施"这样的抽象表述上，也没有在行政主体尚有行政裁量空间的情形下，逾越行政权和司法权的分工边界，制定事无巨细的补救措施。反而是在前述补救判

---

[1] 章剑生："论利益衡量方法在行政诉讼确认违法判决中的适用"，载《法学》2004 年第 6 期。
[2] 章剑生："论利益衡量方法在行政诉讼确认违法判决中的适用"，载《法学》2004 年第 6 期。

决的两种极端形态中寻求到了一个中间点，即通过制定行政主体补救义务的履行标准，引导行政主体作出相应的补救措施，与此同时，给行政主体留下行使履行补救义务的自由裁量空间。该案的补救判决既保证了实质解决行政争议的司法效果，又尊重了行政主体的能动性与判断权。

最后，该案确立了明确的行政主体补救义务履行到位判断标准，即行政主体补救义务的履行，应使相对人实际获得不低于或者适当高于补偿标准的利益。这样的判断标准很好地回应了因补救判决的法律条文规定得较为简单而引发的适用难题，即如何判断行政主体补救义务才算履行到位。只有补救义务履行到位，行政相对人所受的不利益状态才能彻底扭转，补救判决的预期效果才能得到发挥。该判断标准由湖南省高级人民法院提出，在再审中受到最高人民法院的肯定，为今后各级人民法院审理类似的案件提供了思路。

针对"适当高于"背后的理论支撑可作多角度的解释，这些解释有助于充实补救判决的功能。如从信赖利益保护角度看，该案不仅没有将信赖利益损失等同于既得权益的损失，而且突破了信赖利益所保护的范围，以合理范围内期待的利益为上限的做法，将上限更新为"适当高于"期待利益的标准，并通过参照签订国有土地上房屋征收补偿协议和腾空搬迁房屋的最高标准，对"适当高于"的限度予以明确。这有助于保障行政相对人对行政主体的信赖利益，使信赖利益保护的规范价值得到充分的发挥。从补救判决惩戒性角度看，该案为我们展示了补救判决可能存在的惩戒性功能，可以借此增加行政主体作出违法行政行为的成本，并起到一定的预防作用。

案例三　广西壮族自治区隆林各族自治县新州镇民强村民委员会江管农业经济合作社与广西壮族自治区隆林各族自治县人民政府等山林确权行政裁决及行政复议再审案

陈雯萱 *

【案例名称】

广西壮族自治区隆林各族自治县新州镇民强村民委员会江管农业经济合作社与广西壮族自治区隆林各族自治县人民政府等山林确权行政裁决及行政复议再审案 [最高人民法院 (2019) 最高法行再 134 号]

【关键词】

行政裁决　变更判决　行政附带民事诉讼

【基本案情】

最高人民法院查明事实如下：争议地名为"可六"，面积 43.5 亩，六我社、江管农业经济合作社（以下简称江管社）对争议地全部面积主张权属，南林社对争议地中的 7.95 亩主张权属。1954 年，原隆林联合自治区政府向六我社部分村民颁发 5 份土地房产所有证。1981 年，原隆林县革命委员会向江管社颁发 NO.××35 号林权证。1990 年，广西壮族自治区政府向六我社两位村民颁发集体土地建设用地使用证，之后两位村民在争议地上各建一栋住宅楼。2000 年，隆林县新州镇民强村人民调解委员会以 NO.××35 号林权证为依据，

　　* 作者简介：陈雯萱，中国政法大学法学院宪法学与行政法学专业硕士研究生。本文的指导教师为中国政法大学法学院副教授、博士生导师张力。

作出调解书，确认争议地归江管社所有。2003年，隆林县人民政府向六我社部分村民颁发8份土地承包经营权证。2011年，新州镇人民政府组织各方当事人现场勘验，各方签字确认的现场勘验笔录记载：六我社从土地改革至今，一直在争议地内耕种。2012年，隆林县人民政府作出隆政处（2012）2号处理决定（第一次确权），将争议地确权归六我社所有，后又将该决定撤销。2013年，隆林县人民政府组织各方当事人再次现场勘验，笔录确认：（1）江管社提交的NO.××35号林权证四至范围涉及争议地。（2）六我社提交的5份土地房产所有证、8份土地承包经营权证、两位村民所建两栋住宅楼四至范围均涉及争议地。（3）南林社提交的3份土地房产所有证指认不出具体位置。后经鉴定，8份土地承包经营权证的公章用印时间与实际不符。

2014年，隆林县人民政府作出隆政处字（2014）1号处理决定（以下简称1号处理决定，即第二次确权）：争议地归江管社所有；撤销8份土地承包经营权证中涉及本案争议地的部分。百色市人民政府复议维持上述决定。六我社不服，诉至法院。隆林县人民法院认为，江管社持有的林权证要素不齐，不能作为确权依据，遂判决撤销1号处理决定。江管社不服，提起上诉。百色市中级人民法院认为，1号处理决定未将持证人列为当事人，就撤销8份土地承包经营权证，程序违法，遂判决撤销一审判决和1号处理决定，责令隆林县人民政府重新作出处理决定。

2016年10月28日，隆林县人民政府作出隆政处（2016）4号处理决定（以下简称4号处理决定，即第三次确权）：争议地归江管社所有。百色市人民政府作出百政复决字（2017）第7号复议决定（以下简称7号复议决定），维持4号处理决定。六我社不服，提起本案诉讼，请求撤销4号处理决定、7号复议决定，撤销NO.××35号林权证，责令隆林县人民政府重新处理。

一审法院认为，六我社持有的5份土地房产所有证虽涉及争议地，但已失去法律效力；8份土地承包经营权证真实性存疑。江管社以NO.××35号林权证主张权属，有事实和法律依据。4号处理决定将争议地确权归江管社所有正确，7号复议决定维持4号处理决定并无不当。依照《行政诉讼法》第69条的规定，作出（2017）桂10行初123号行政判决：驳回六我社的诉讼请求。

六我社不服，提起上诉。二审法院认为，六我社持有的5份土地房产所有证存于隆林县档案局，争议各方对其真实性无异议，且涉及争议地，应当作为本案确权依据。江管社无法证实 NO.××35 号林权证中"东香朵"地块的权属来源及颁证程序的合法性。4 号处理决定认定事实不清，适用法律不当，7 号复议决定维持 4 号处理决定错误，一审判决驳回六我社的诉讼请求错误。依照《行政诉讼法》第 70 条第 1 项、第 2 项，第 89 条第 1 款第 2 项的规定，作出（2018）桂行终 506 号行政判决：撤销一审判决、4 号处理决定、7 号复议决定，由隆林县人民政府重新作出处理决定。

江管社对二审判决不服，向最高人民法院申请再审。

【裁判要旨】

（1）《行政诉讼法》第 77 条第 1 款规定，行政行为涉及对款额的确定、认定确有错误的，人民法院可以判决变更。所谓"涉及对款额的确定、认定确有错误"主要包括两种情况：一是通常意义上，钱款的具体数字确定；二是与款额相关的权利归属认定。

（2）人民法院对民事争议本就具有完整司法裁判权，结合《行政诉讼法》第 61 条第 1 款及《最高人民法院关于适用〈中华人民共和国行政诉讼法〉的解释》第 140 条第 2 款关于行政裁决案件一并审理民事争议的规定，若自然资源确权行政裁决案件涉及对款额的确定和认定，人民法院可依法作出变更判决，直接确认争议权属。

【裁判理由与论证】

在再审判决中，最高人民法院撤销了一审、二审判决和 7 号复议决定，并直接作出变更判决：变更 4 号处理决定关于争议地权利归属的内容，确定争议地属六我社农民集体所有。在判决说理环节，最高人民法院主要论证了以下两个问题：一是行政机关处理权属纠纷的原则和依据；二是行政裁决案件如何适用变更判决。

一、行政机关处理权属纠纷的原则和依据

按照《土地权属争议调查处理办法》和《广西壮族自治区土地山林水利权属纠纷调解处理条例》的规定，行政机关处理权属纠纷，应当从实际出发，实行有利于生产生活、有利于经营管理、有利于社会和谐稳定的原则。若纠纷当事人所提出的证据不足以支持其权属主张的，市、县人民政府可以在兼顾各方利益的基础上作出确权处理决定。

在土地改革时期依法取得的权属证书、现场勘验笔录、示意图和调查笔录，亦可作为土地山林水利权属纠纷确权处理的依据。在本案中，2013 年现场勘查笔录及示意图上关于六我社持有的 5 份土地房产所有证在争议地范围内的表述，系各方当事人现场指认的确认结果，应作为确权依据；而江管社所主张的 NO. ××35 号林权证缺乏土地权属来源依据，且未提供实际长期使用争议地的证据。基于证据材料和现实的考量，争议地应当属于六我社农民集体所有。

二、行政裁决案件如何适用变更判决

最高人民法院在判决说理中分为四步完成对该问题的论证。首先，在行政裁决案件中适用变更判决存在实定法空间。"《行政诉讼法》第 77 条第 1 款规定，行政行为涉及对款额的确定、认定确有错误的，人民法院可以判决变更。所谓'涉及对款额的确定、认定确有错误的'，通常是指被诉行政行为涉及的钱款的具体数字确定，或者与款额相关联的权利归属的认定出现错误，主要包括两种情形：一是行政补偿、行政赔偿案件中，涉及补偿、赔偿具体数额的计算确有错误的；二是土地、山林、草原确权行政裁决案件中，涉及争议地中各方权利归属具体面积数额的确定确有错误的。"因此，涉及争议地具体面积数额的确权行政裁决案件亦可纳入变更判决的适用范围。

其次，《行政诉讼法》第 61 条第 1 款规定，在涉及行政机关对民事争议所作的裁决案件中，当事人申请一并解决相关民事争议的，人民法院可以一并审。《最高人民法院关于适用〈中华人民共和国行政诉讼法〉的解释》第 140 第 2 款规定："人民法院审理行政机关对民事争议所作裁决的案件，一并审理民事争议的，不另行立案。"行政裁决是指行政机关根据法律的授权，以中立者的身份遵循一定的程序，裁决平等主体之间与行政管理相关的民事纠纷的行政行为。基于行政裁决的基础法律关系原本属于民事关系，只是因行政机关的介入产生行政裁决的结果，故行政裁决引发的行政诉讼具有不同于其他行政案件的特点，即具有民事性、居间性和准司法性的特征。[1]"行政裁决案件中，当事人争议的核心是相关民事权利的归属。原告不服被诉行政裁决行为提起行政诉讼，实际上是对争议的民事权利归属提出主张，请求将争议的民事权利判归己方。在此情形下，原告对被诉行政裁决行为提起行政诉讼，其实已经包括一并解决民事争议的诉讼请求，受理行政裁决案件的人民法院，应当对相关民事争议一并作出判决。"

再次，因山林确权行政裁决案件本质属于民事争议，人民法院直接变更争议的民事权利归属，并不构成对行政权的侵犯，也非属代替行政机关作出了新的行政行为，而是司法对民事权利提供终局保障的体现。人民法院将变更判决纳入此类案件的判决方式范畴，不仅不会造成司法权和行政权的边界冲突，还有助于实现变更判决的立法价值。"民事争议原本属于人民法院传统裁判领域，法院享有包括变更权在内的完整司法裁判权。根据《行政诉讼法》第61条第1款和《最高人民法院关于适用〈中华人民共和国行政诉讼法〉的解释》第140条第2款规定，人民法院审理行政裁决案件，依法享有司法变更权，有权直接对争议的民事权利归属作出判决。"

最后，为了实质解决纠纷，减少诉累，在行政行为涉及对款额的认定确有错误的情形下，人民法院应当适用变更判决。"在符合变更判决法定适用条件的情形下，人民法院选择适用撤销重作判决，违背《行政诉讼法》关于解决行政争议的立法目的，适用法律和判决方式错误，依法应予改判。"本案中争议地43.5亩山林的权利归属问题先后经过行政机关三次确权处理决定、两次复议，法院一次撤销、一次驳回和两次撤销重作，仍无法解决。程序空转不仅浪费大量成本，还损害了司法的社会公信力和权威。本案属于变更判决的适用范围，且事实清楚、证据确凿，人民法院应直接确定争议地的权利归属。

综上，最高人民法院认为："本案一审判决驳回六我社的诉讼请求，主要事实不清、证据不足；二审依法予以纠正，原本已经作出正确的判断。而且，根据二审判决对证据和法律的分析、论证，争议地应当属六我社集体所有。在此情形下，二审判决本应适用《行政诉讼法》第77条第1款规定，直接将

---

〔1〕 郭修江、张巧云："审理山林确权类行政裁决案件可适用变更判决"，载《人民司法（案例）》2020年第11期。

争议地权属判决归六我社集体所有，但却根据《行政诉讼法》第 70 条规定，判决撤销 4 号处理决定和 7 号复议决定，责令隆林县政府重新作出处理决定。该判决违背《行政诉讼法》实质化解行政争议的立法目的，适用法律和判决方式错误，依法应予改判。"

【涉及的重要理论问题】

随着行政事务的越发复杂，实践中民行交叉案件的数量越发增多。虽然《行政诉讼法》规定了行政附带民事诉讼，但这一制度的正当性和适用范围仍存在争议，尚无法妥善解决所有民行交叉争议。以行政裁决案件为例，无论是学术界还是实务界，在处理方式上都未形成统一的观点。而基于历史变迁、社会变革等原因，确权类案件中往往争议较为复杂，涉及利益广。因此，人民法院应尽可能合理地解决纠纷，保障当事人权益。

在本案中，最高人民法院认为确权类行政裁决案件在事实清楚的前提下，人民法院应适用变更判决直接确定争议地的归属。但此种做法是否符合变更判决的立法意旨，是否适用于所有行政裁决案件，仍存在讨论空间。鉴于此，本文拟在本案的基础上，探讨行政裁决案件的司法救济路径以及在行政诉讼语境中人民法院的判决方式选择，即变更判决的适用范围。

一、行政裁决案件之司法救济路径

有关行政裁决纠纷的司法救济路径，我国相关的法律规范较为分散，不同领域在不同时段甚至会有截然不同的规定。例如，在土地管理裁决领域，1987 年发布的《最高人民法院关于人民法院审理案件如何适用〈土地管理法〉第十三条〈森林法〉第十四条规定的批复》中规定，此类案件由民事审判庭受理，而 1991 年发布的《最高人民法院关于行政机关对土地争议的处理决定生效后一方不履行另一方不应以民事侵权向法院起诉的批复》又改为通过行政诉讼模式解决。《行政诉讼法》实施后，行政裁决纠纷案件的一般司法救济路径方才确定为行政诉讼模式。由于传统的行政诉讼难以解决案件中民事争议部分，在 2014 年修法中，《行政诉讼法》增添了第 61 条规定："在涉及行政许可、登记、征收、征用和行政机关对民事争议所作的裁决的行政诉讼中，当事人申请一并解决相关民事争议的，人民法院可以一并审理。在行政诉讼中，人民法院认为行政案件的审理需以民事诉讼的裁判为依据的，可以裁定中止行政诉讼。"但学界对行政附带民事诉讼模式仍存在许多反对意见，并主张采取不同的司法救济路径。

有学者通过考察域外行政裁决诉讼路径，提出借鉴日本的形式性当事人诉讼制度。[1]所谓形式性当事人诉讼，是指将应当在当事人之间解决的纠纷，例如起业者与土地所有人之间关于补偿金的争议，根据法律的规定使其回到本来的当事人之间的纠纷。[2]这种诉讼实际上是因不服收用委员会的裁决而引起的，但形式上由私法上的法律关系当事人进行。亦有学者以行政裁决纠纷的圆满解决为支点，认为行政诉讼与民事诉讼应各归其位，限缩行政诉讼对民事问题的判断。[3]然而，这实质上也是最高人民法院在本案中所采取的裁判观点，即变更判决更有利于行政争议的实质化解，若选择适用撤销重作判决，违背了《行政诉讼法》关于解决行政争议的立法目的。可见，同样是从解决纠纷出发，在司法变更权问题上却得出了截然不同的结论。这也反映了行政裁决案件的复杂性，无论是单纯的行政诉讼，还是行政附带民事诉讼，可能都难以圆满地解决此类纠纷。

（一）行政附带民事诉讼制度必要性之探析

在探讨行政附带民事诉讼之利弊前，首要问题在于《行政诉讼法》第61条有关"一并审理"的规定是否意味着行政附带民事诉讼制度的确立？有学者认为"一并审理"仅能视作行政附带民事诉讼的一种形态，[4]"一并审理"与行政附带民事诉讼是两个性质相近而又各具特点的概念，甚至存在本质的区别。[5]本案判决所使用的也是"一并审理"这一概念，而非行政附带民事诉讼的提法。鉴于学界通说认为《行政诉讼法》第61条及相关司法解释建立了行政附带民事诉讼制度，下文仍使用行政附带民事诉讼这一措辞来代表

---

〔1〕 参见陆平辉："行政裁决诉讼的不确定性及其解决"，载《现代法学杂志》2005年第6期。

〔2〕 参见［日］南博方：《行政法》，杨建顺译，商务印书馆2020年版，第191页。

〔3〕 参见韩思阳："行政裁决纠纷的诉讼选择"，载《政法论丛》2014年第4期。

〔4〕 参见杨建顺："行政、民事争议交叉案件审理机制的困境与对策"，载《法律适用》2009年第5期。

〔5〕 参见石泉、李秀年："行政诉讼一并审理民事案件若干问题辨析"，载《人民司法》2001年第4期。

《行政诉讼法》第 61 条规定。

2000 年发布的《最高人民法院关于执行〈中华人民共和国行政诉讼法〉若干问题的解释》第 61 条规定："被告对平等主体之间民事争议所作的裁决违法，民事争议当事人要求人民法院一并解决相关民事争议的，人民法院可以一并审理。"该规定首创了行政附带民事诉讼制度，但范围较狭窄，仅限定于违法裁决。修改后的《行政诉讼法》扩大了其适用范围，并通过司法解释细化了相关审理规则。在行政裁决案件中采取行政附带民事诉讼模式，可以克服现存单一诉讼模式的局限性，一并解决行政争议和民事争议，提高审判效率，降低诉讼成本；防止民行分别诉讼可能造成的裁判冲突，及时有效解决争议。虽然多数学者主张行政附带民事诉讼制度有助于实质性化解行政、民事争议，但仍有部分学者认为行政裁决案件不宜通过此模式解决，甚至直接质疑行政附带民事诉讼制度缺乏法理基础。[1] 行政与民事诉讼在举证责任、审查标准等方面存在深刻的异质性，行政附带民事诉讼整合原有诉讼程序的程度较低，实无存在意义。[2]

行政附带民事诉讼是指人民法院基于当事人的请求，对相关联的行政诉讼和民事诉讼一并审理，分别裁判。根据附带诉讼的内涵，相关联的两种诉讼应有主次之分，两者不应颠倒。而行政裁决是为解决民事争议而产生，对其合法性审查的重点为事实认定问题，诉讼的根本目的也是解决民事争议。在行政裁决案件中，人民法院的审查主体为民事纠纷当事人之间的民事法律关系，而非行政机关与行政相对人、相关人之间的行政法律关系。《行政诉讼法》第 61 条所列举的行政附带民事诉讼适用范围，原则上属于以民事法律关系为基础的民行交叉案件，而把本为主体的民事争议作为附带问题来解决，恐有本末倒置之嫌。

事实上，人民法院对行政裁决案件的审查必然包含对民事权益的审查，此类诉讼中并不存在两种性质不同的诉讼，无须适用行政附带民事诉讼模式。行政裁决的生效，就表明行政机关对私方当事人之间的基础民事关系已进行了调整，该基础民事关系在法律上已为行政裁决法律关系所吸收，不复单独

---

〔1〕 参见陈国栋："我国不必建立行政附带民事诉讼制度——以行政权对民事争议的介入程度为切入点的反思"，载《政治与法律》2013 年第 8 期。

〔2〕 参见韩思阳："行政附带民事诉讼之难以逾越的障碍"，载《行政法学研究》2006 年第 4 期。

存在，因而无"附带"之基础。[1]将行政裁决案件纳入行政附带民事诉讼的范畴，有悖于该制度的根本性质，应通过行政诉讼程序予以处理。

从诉讼制度价值的角度出发，将行政附带民事诉讼制度适用于行政裁决案件，亦是值得商榷的。该制度建立的初衷在于将行政诉讼和民事诉讼有机结合，避免当事人循环于两种烦琐的诉讼程序中。行政附带民事诉讼的核心价值在于提高诉讼效益，降低诉讼成本。尚且不论在确权类行政裁决案件的实际审理过程中，采用行政附带民事诉讼是否提升了诉讼效率，诉讼制度选择的重点应在于其是否服务于公正价值，是否维护了当事人的合法权益。在确权类行政裁决案件中，若人民法院选择适用行政附带民事诉讼模式，对行政争议与民事争议的审理同时进行，在民事权属争议最终确认之前，人民法院不能无视行政裁决而直接作出民事判决。即使人民法院判决行政机关撤销重作，在行政机关重新作出裁决前，也无法越过行政机关而径行以民事判决的形式确定权属。因此，此种模式实质上还是将民事争议的最终决定权交予行政机关，故难谓正当。倘若人民法院和行政机关互相推诿，当事人的司法救济权将难以得到保障，该制度所追求的诉讼效率更是无法实现。

（二）行政附带民事诉讼与司法变更权

在本案中，人民法院虽然引用了《行政诉讼法》第 61 条第 1 款作为裁判依据，但在审理过程中并未适用行政附带民事诉讼模式，最后也只作出了行政判决。最高人民法院认为，依据该"一并审理"规定及《最高人民法院关于适用〈中华人民共和国行政诉讼法〉的解释》第 140 条第 2 款关于"一并审理民事争议的，不另行立案"的规定，人民法院审理行政裁决案件，依法享有司法变更权，有权直接对争议的民事权利归属作出判决。此种推论恐将单独的行政诉讼与行政附带民事诉讼制度混合在一起，糅杂了行政裁决案件的两种司法救济路径。一方面，根据"不告不理"原则，人民法院适用行政附带民事诉讼制度的前提为当事人向人民法院提出申请，而本案中当事人仅仅提出了行政诉讼请求，而未申请一并解决民事争议。虽然再审判决提及原告对被诉行政裁决行为提起行政诉讼，其实已经包括一并解决民事争议的诉

---

[1] 参见成协中："行政民事交叉争议的处理"，载《国家检察官学院学报》2014 年第 6 期。

讼请求，但从法律适用的角度出发，当事人的诉讼请求仍应由适格主体明确提出，人民法院不应由某一诉讼请求推导出另一诉讼请求。因此，在当事人未申请一并审理民事争议的前提下，本案实际上并无行政附带民事诉讼制度的适用空间，《行政诉讼法》第61条也难以作为判案依据。

另一方面，正如再审判决所述："民事争议原本属于人民法院传统裁判领域，人民法院享有变更权在内的完整司法裁判权。"虽然根据法律法规规定，当事人对行政裁决不服只能提起行政诉讼，但人民法院对基础民事纠纷所享有的完整司法裁判权，并不会因此类案件由行政庭审判而受损。换言之，即使当事人未提起行政附带民事诉讼，人民法院仍有权对基础民事争议作出实体判决，即变更判决。最高人民法院援引《行政诉讼法》第61条作为审判依据，其意旨可能在于增强判决的说理性，为证实人民法院在行政裁决案件中享有完整司法裁判权寻求实体法依据，但实质上行政附带民事诉讼制度与司法变更权，分别对应了行政裁决案件的两种司法救济路径，将两者相联系似乎有些牵强附会。

无论是采取行政诉讼与民事诉讼分别进行、行政附带民事诉讼，还是单独的行政诉讼的司法救济路径，都涉及行政权和司法权之间的关系问题。法律法规授权行政机关处理民事纠纷，在发挥行政机关专业能力、缓解司法压力的同时，也造成了行政机关和人民法院在处理民事纠纷方面的职能重合。在厘清两者在民事争议解决机制中的定位之前，可能会产生两类弊端：一是行政机关与人民法院相互推诿；二是行政机关的裁决与人民法院裁判出现矛盾，意见不统一。这两者也是部分行政裁决案件历经数次行政处理和行政诉讼仍未得到解决的原因。尤其在司法实践中，确权类行政裁决案件多由单独的行政诉讼解决，在此类处理方式上，行政权和司法权的关系更显重要。人民法院在多大范畴内享有司法变更权，在何种情况下得以适用变更判决，都直接关系到司法对当事人所提供的救济强度。

二、行政裁决案件之司法变更权

所谓司法变更权是法官在适用法律上的自由裁量权，行政诉讼中的司法变更权是指人民法院在审理行政诉讼案件时，依照法律、法规和有关的行政诉讼程序，部分或全部变更行政机关作出的行政处理决定的权力。[1]由于司法变更权直接涉及行政机关和司法机关的职权分工，学界一直存在争议，主要有否定说、肯定说、有限变更权说三种观点。[2]否定说认为，基于司法监督的性质，人民法院对行政机关的监督是两个互相独立的系统机关之间的关系，应当尊重行政机关职权的范围。[3]肯定说认为，人民法院变更行政机关的决定是纠正行政决定的错误，而非代替行政机关行使职权。鉴于肯定说和否定说都有欠全面，1989年《行政诉讼法》最终采取了有限变更权说的观点，规定"行政处罚显失公正的，可以判决变更"。学界对司法变更权的争议也从变更权之有无转移到变更权的适用范围。虽然有学者主张司法变更权的适用范围应受到严格限制，[4]但多数学者主张应扩大变更判决的适用范围，其中有观点认为应该将行政裁决案件纳入其中。[5]

（一）司法变更权之理论基础

实际上，在行政裁决案件中，赋予人民法院司法变更权并不存在理论障碍。我国《宪法》第131条规定："人民法院依照法律规定独立行使审判权，不受行政机关、社会团体和个人的干涉。"《民事诉讼法》第6条第1款规定："民事案件的审判权由人民法院行使。"这表明，民事争议原则上由人民法院主管，人民法院本就享有包括变更权在内的完整司法裁判权。鉴于行政管理范围的不断扩大，民事争议日益复杂化和专业化，部分争议涉及公共利益，法律法规将部分民事争议的裁断权转移至行政机关，此类民事争议也由此带上了行政权色彩。但这不代表人民法院行使司法变更权便逾越了行政权与司法权之间的界限。从行政裁决的产生来看，权力机关将原本专属于人民法院对民事争议的裁断权授予行政机关，这决定了行政裁决具备不同于传统行政行为的独特法律性质，即准司法性。同时，法律也规定了当事人对行政裁决

---

〔1〕 马怀德主编：《行政诉讼原理》，法律出版社2009年版，第91页。

〔2〕 参见张尚鷟主编：《走出低谷的中国行政法学——中国行政法学综述与评价》，中国政法大学出版社1991年版，第541-543页。

〔3〕 参见王名扬："我国行政诉讼立法的几个问题"，载《法学杂志》1989年第1期。

〔4〕 参见余凌云："行政诉讼上的显失公正与变更判决——对《中华人民共和国行政诉讼法》第54条第（4）项的批判性思考"，载《法商研究》2005年第5期。

〔5〕 参见杨伟东："履行判决变更判决分析"，载《政法论坛》2001年第3期；江必新："论行政争议的实质性解决"，载《人民司法》2012年第19期。

不服可以向人民法院提起行政诉讼，因此行政裁决具备非终局性。根据司法最终原则，人民法院应为当事人提供最后的法律救济，承担对民事争议作出最终处理决定的职责。另外，基于权力本质的观点，由于司法权以判断权为本质内容，是判断权，而行政权以管理权为本质内容，是管理权，[1]行政裁决案件中的司法变更问题甚至可以理解为司法权内部的问题，而非司法权约束行政权的问题。因此，以国家权力分工为由，认为人民法院行使变更权侵犯了行政权的观点是难以成立的。

赋予人民法院司法变更权亦有利于提高审判效率，符合诉讼经济原则。诉讼经济原则要求人民法院以最低的成本，最大限度地满足当事人的诉讼请求，实现公平正义等价值要求。在本案中，当事人的实质请求在于解决基础民事争议，即争议地的权属。但由于行政裁决具有非终局性，在一审和二审法院仅作出驳回和撤销重作判决的情况下，该争议地的权属纠纷在行政机关和人民法院之间循环往复。数年间，行政机关作出多次确权决定，行政机关作出多份行政判决，都未能妥善处理该行政纠纷，确定争议地权属。这既损害了司法权威，浪费了行政和司法资源，也为当事人带来了巨大的负担。倘若人民法院积极行使司法变更权，不仅有利于及时解决民事争议，化解矛盾，还实现了诉讼效益和行政效率双提升。

另外，正如再审判决所述："变更判决与撤销重作判决，均属于《行政诉讼法》规定的法定判决方式。但是，与撤销重作判决相比较，变更判决直接确定争议事项的处理结果，无需被告另行作出行政行为，更有利于行政争议的实质化解。"在此类案件中，赋予人民法院司法变更权也是行政争议实质性解决的要求。若人民法院对确权类行政裁决案件流于形式，仅仅对表面的行政争议进行合法性审查，就案论案"依法"判决，将无益于行政争议的实质性解决。有学者通过对行政争议实质性解决典型案例的考察，提出"所谓行政争议的实质性解决，是指人民法院在审查行政行为合法性的基础上，围绕行政争议产生的基础事实和起诉人真实的诉讼目的，通过依法裁判、调解和协调化解相结合并辅以其他审判机制的灵活运用，对案涉争议进行整体性、

---

[1] 参见孙笑侠："司法权的本质是判断权——司法权与行政权的十大区别"，载《法学》1998年第8期。

彻底性的一揽式解决，实现对公民、法人和其他组织正当诉求的切实有效保护"。[1]聚焦到行政裁决案件，为实质性解决行政争议，人民法院的审查不应局限于被诉行政裁决行为的合法性，而更应关注当事人的民事权利及案件涉及的民事争议，并在符合条件的情况下以变更判决直接确定争议事项的处理结果。

（二）以行政诉讼目的为宗旨

无论是从权力分工与制约角度，还是从诉讼效益角度出发，人民法院在行政裁决案件中应当享有司法变更权，但溯源至司法变更权的逻辑起点，最终应定位于行政诉讼目的——保护公民、法人和其他组织的合法权益。无论是司法权对行政权的监督还是诉讼效益的要求，本质都是为了实现对当事人权益的保护。行政诉讼目的不仅体现在行政裁决纠纷的司法救济路径上，发挥着制度构建的作用，也规范着司法变更权的运作，指导人民法院对变更判决的适用。

行政诉讼目的是国家基于对行政诉讼固有属性的认识预先设计的关于行政诉讼结果的理想模式。[2]我国《行政诉讼法》第1条规定："为保证人民法院公正、及时审理行政案件，解决行政争议，保护公民、法人和其他组织的合法权益，监督行政机关依法行使职权，根据宪法，制定本法。"该法条表明，行政诉讼的功能价值主要定位在三个方面：一是保证人民法院公正、及时审理行政案件，解决行政争议；二是保护公民、法人和其他组织的合法权益；三是监督行政机关依法行使职权。学界对行政诉讼目的的探讨也主要基于对该法条的解读，可概括为保护说、监督说、双重目的说、三重目的说等观点。[3]在法治国语境下，行政诉讼是基于对公民、法人和其他组织合法权益的保护，防止其受到行政行为的侵害而产生和发展起来的。从行政诉讼"民告官"的性质来看，行政相对人可以通过行政诉讼救济自身的合法权益。行政主体相对于行政相对人处于强势地位，即使该违法行政行为侵害了行政

---

[1] 章志远："行政争议实质性解决的法理解读"，载《中国法学》2020年第6期。

[2] 杨伟东："行政诉讼目的的探讨"，载《国家行政学院学报》2004年第3期。

[3] 参见林莉红："我国行政诉讼法学的研究状况及其发展趋势"，载《法学评论》1998年第3期。

相对人的合法权益，行政相对人仍受行政行为公定力的约束。若无行政诉讼，行政相对人将缺少救济的途径，违背了宪政的要求。因此，行政诉讼的唯一目的应为保护公民、法人和其他组织的合法权益。另外，有学者通过对行政诉讼主体关系和诉讼结构的考察，论述了行政诉讼的根本目的应落在保障行政相对人的合法权益上。[1]

以保护行政相对人的合法权益作为行政诉讼的唯一目的，并不代表否认行政诉讼解决行政争议和监督行政机关的功能。行政诉讼制度的设计应当确保诉讼功能的发挥，以实现诉讼目的。行政诉讼制度之存在意义，主要基于救济人民权利的考虑，而诉讼制度之设计及相关程序规定，不仅集中于保障人民诉权，也服务于实质化解行政争议。同时，基于依法行政原理，若行政诉讼实现了对人民权利的保障，理论上监督行政机关的功能亦能实现。换言之，功能的发挥与目的的实现应是相辅相成的。

在本案中，最高人民法院将解决行政争议作为《行政诉讼法》的立法目的，并以此论证人民法院审理行政裁决案件享有司法变更权，在符合变更判决法定适用条件的情形下，选择适用撤销重作判决属于适用法律和判决方式错误。尚且不论在《行政诉讼法》规定变更判决适用具有选择性的情况下，该观点仍存有讨论之空间，最高人民法院以解决行政争议为据，主张适用变更判决也是值得探讨的。根据前文分析，解决行政争议应视作《行政诉讼法》的功能而非目的，解决行政争议的最终目的是保障当事人的合法权益，在本案中即是明确争议地的权属，保障当事人的土地使用权。本案中的土地权属纠纷历经多次行政确权和行政诉讼都未能得到解决，原因在于当事人认为行政机关作出的确权决定侵犯了其合法的民事权利，而行政判决又未能提供实质性的救济，以明确当事人之间的民事法律关系。若人民法院在符合变更判决法定条件的情形下，反复作出撤销重作判决，虽然表现为行政争议和民事纠纷一直悬而未决，但究其根本，还是违背了保护行政相对人合法权益的行政诉讼目的。

基于行政裁决民事性、居间性和准司法性等特征，行政裁决案件的实质

---

[1] 参见谭宗泽："行政诉讼目的新论：以行政诉讼结构转换为维度"，载《现代法学》2010年第4期。

争议在于基础民事纠纷。当事人对行政裁决提起行政诉讼，目的大多为请求人民法院纠正行政机关对民事纠纷所作出的行政处理决定内容，即请求实体方面的救济而非程序方面。虽然民事法律关系已被行政裁决所产生的行政法律关系所吸收，但此类案件中实体内容仍为民事纠纷。因此，《行政诉讼法》关于解决行政争议的功能价值，在行政裁决案件中更多依赖民事争议的解决而实现。然而，行政裁决产生和发展的背景之一，即为充分发挥行政机关在解决民事争议方面的专业能力和效率优势。若将解决行政争议作为人民法院在行政裁决案件行使司法变更权的理论依据，在一定程度上会与行政裁决制度的本质产生矛盾。同样以解决民事纠纷为逻辑起点，却可能得出相反的结论。无论是授权行政机关对民事纠纷作出裁决，还是人民法院依法作出变更判决，直接确定民事权利归属，都能自圆其说、达成逻辑自洽。行政诉讼的目的是保护行政相对人的合法权益，行政裁决案件也不例外，将该诉讼目的作为人民法院适用变更判决的依据和宗旨更为妥当。

（三）司法变更权之规范依据

保护行政相对人合法权益的行政诉讼目的，为人民法院在行政裁决案件中依法行使司法变更权提供了理论支持，但在行政诉讼司法实践中，人民法院以变更判决的形式行使司法变更权，故司法变更权的行使还应具备规范依据，符合相关法律规定。我国1989年《行政诉讼法》第54条第4项规定："行政处罚显失公正的，可以判决变更。"在修法之前，由于变更判决仅适用于显失公正的行政处罚，故学术界的讨论多集中在人民法院对行政机关自由裁量权之限制，在行政行为内容的基础上对行政处罚进行修正使其更符合法律、法规的精神实质和基本要求。[1]亦有学者主张应将行政裁决纳入变更判决之适用范围，将上述条款改为："行政处罚、行政裁决显失公正的，可以判决变更。"[2]

后经修改，2014年《行政诉讼法》第77条以独立法条的形式对变更判决加以规定，并扩展了适用变更判决的范围，将"其他行政行为涉及对款额

---

[1] 参见夏锦文、刘志峰："行政诉讼司法变更的理论基础"，载《法制与社会发展》2004年第6期。

[2] 参见谢卫华："论赋予法学对行政裁决司法变更权的必要性"，载《行政法学研究》2003年第3期。

的确定、认定确有错误的"纳入其中。该规定体现了立法机关对行政处罚以外的其他行政行为较为审慎的态度，人民法院只有在对款额的确定、认定确有错误的情况下方可适用变更判决。根据全国人大法工委的解释，所谓对款额的确定，是指诸如支付抚恤金、最低生活保障费案件中对抚恤金、最低生活保障费的确定；所谓对款额的认定，主要是指对客观存在事实的肯定，如拖欠税金的案件中，税务机关对企业营业额的认定。[1]由于对款额的确定或者认定，多为技术性问题，具有明确的计算标准，行政机关的自由裁量空间较小，人民法院亦能作出正确的司法认定，因此在"确有错误"的情况下即可进行变更，而无须达到"明显不当"的程度。

2014年《行政诉讼法》所作之修订在严格限制和必要扩张司法变更权的问题上，选取了折中观点，同时也借鉴了域外有关变更判决的立法例。《德国行政法院法》第113条第2项规定："具体行政行为内容为某一钱款的确定或钱款的认定、原告请求对此更改的，法院可以确定以其他数目的钱款或以其他方式对钱款进行认定。如确定或者认定该钱款需较大精力或者花费，法院可以在变更行政行为的同时指出未公正考虑到的或者未考虑到的事实或者法律关系，以使行政机关能够根据法院判决计算出钱款的数目。行政机关应当立即将新的计算结果通知当事人，此通知的形式不限。裁判生效之后，被变更后的行政处理应当重新公布。"根据该项规定，德国行政法院撤销原处分并自行作出决定的情形仅限于钱款之核定。

2014年《行政诉讼法》第77条所规定的"对款额的确定、认定确有错误"，无论是采取文义解释、历史解释还是比较法解释的法律解释方法，都一般解释为钱款的具体数目的确定和认定。在本案中，最高人民法院提出此规定亦可解释为与款额相关联的权利归属的认定出现错误。因此，在土地、山林、草原确权行政裁决案件中，涉及争议地中各方权利归属具体面积数额的确定确有错误的，也属于变更判决的适用范围。相较于德国等国家或地区法律明确将诉讼标的限定为金钱，我国《行政诉讼法》第77条所规定的"款额"并未特指钱款，因此最高人民法院对该条规定的理解仍属于合理范围，并未脱离法条意旨。实际上，在侵权纠纷裁决案件和损害赔偿纠纷裁决案件

---

〔1〕 参见信春鹰主编：《中华人民共和国行政诉讼法释义》，法律出版社2014年版，第203页。

中，司法实践中已有法院在具备变更条件的情况下作出变更赔偿具体数额的判决。最高人民法院脱离了"对款额的确定、认定确有错误的"传统理解的约束，将与款额相关联的权利归属认定错误纳入该法条的解释空间，从而为人民法院在确权类行政裁决案件中适用变更判决提供了法定依据。这种通过对法条进行创新型解释从而最大限度地利用现有立法资源的做法，使司法救济功能得到了更大程度的发挥，值得肯定。

三、行政裁决案件中变更判决之适用

前文从理论和制度层面论证了在确权类行政裁决案件中适用变更判决的可行性，进一步的问题是人民法院应在何种情形下适用变更判决。相较于撤销重作判决，变更判决是以较为积极主动的姿态来纠正违法行政行为，直接在变更原有法律关系的基础上形成新的法律关系，故人民法院在适用变更判决时应保持较为审慎的态度，对变更判决适用情形之探讨就显得尤为重要。

（一）变更判决之适用条件

基于权力分立原则，有的国家及地区的行政法院原则上不得代替行政机关作出行政处分，另有特别规定依据的除外。例如，《德国行政法院法》第113条第2项对变更判决作出了详细的立法规定。第197条作出了类似的规定。

行政法院表面上作出了确认金额的判决，实际上隐含了撤销部分行政处分（金额过高部分）的判决，仍为一种撤销判决。[1]由于撤销诉讼以撤销行政处分之效力并恢复既存法律关系为目的，因此，原告如不请求撤销行政处分之全部，而仅单纯请求法院变更行政处分之内容者，除该变更系在限缩行政处分之规制内容，且不涉及行政处分质的变更，而"仅为量的变更或该处分具有可分性"之情形外，因其诉讼目的在于作成新法律关系，故其撤销诉讼原则不应允许，此时，原告应以课予义务诉讼请求救济。[2]而且行政法院不得依据行政机关已经不能在行政诉讼程序上"补正之理由"，据以作出代替判决，否则无异于以该代替判决作出一个行政处分。在此情形，原则上应全

---

〔1〕 李建良：《行政诉讼十讲》，元照出版有限公司2020年版，第171页。

〔2〕 刘宗德、彭凤至："行政诉讼制度"，载翁岳生编：《行政法》（下册），中国法制出版社2009年版，第1436页。

部撤销原处分，由行政机关另为适法之处分。[1]此外，系争行政处分涉及金钱或其他代替物之给付或确认，于应作出羁束处分，或应作出裁量处分，而裁量缩减为零之情形，对于事实已臻明确之个案，行政法院始可自为该唯一合法之决定。反之，系争之行政处分如为裁量处分，且并无裁量缩减为零之情事，行政法院应不得越俎代庖，自为裁量决定。[2]

综上所述，德国等国家及地区的变更判决限于金钱或财物的给付或确定，且行政机关的裁量因特殊情形而缩减为零。我国《行政诉讼法》中有关变更判决的规定，自制定之初便显现出与域外立法例不同的特征。1989 年《行政诉讼法》第 54 条第 4 项的规定主要是基于行政处罚对相对人权益的影响较大，而行政处罚实践中又确实存在诸多问题，为了发挥行政诉讼保障相对人合法权益的功能，赋予法院在行政处罚显失公正方面的司法变更权。[3]可见，原变更判决的适用是针对行政处罚裁量行为，其目的就在于控制行政机关的裁量权。2014 年《行政诉讼法》新增了"其他行政行为涉及对款额的确定、认定确有错误"的规定，有学者认为其中"确有错误"有广义和狭义之分。狭义的"确有错误"是指行政处理的"显然错误"（offenbare Unrichtigkeit），即行政处理因为书写错误、计算错误、疏漏或者自动化作业的错误等导致其所表现的内容与行政机关的意思不一致；广义的"确有错误"指所有导致行政行为款额确认错误的原因，包括事实不清和适用法律错误。其中狭义的"确有错误"更符合变更判决的本义，因为此时无论是行政机关变更还是法院变更，只存在唯一的正确结果。然而，对于我国司法实践中出现的广义"确有错误"，还是必须限定在行政机关对款额的认定、确定没有裁量和判断余地或者裁量权缩减为零的情形。[4]

---

〔1〕 Kopp，VwGO, 18. Aufl. , 2012, § 113 Rn. 152 f. 转引自陈清秀：《行政诉讼法》，法律出版社 2016 年版，第 646 页。

〔2〕 Vgl. Kopp/Schenke, VwGO14, § 113 Rdnr. 8. 转引自陈敏：《行政法总论》，新学林出版有限公司 2011 年版，第 1529 页。

〔3〕 参见江必新等编著：《新行政诉讼法导读：附新旧条文对照表及相关法律规范》，中国法制出版社 2014 年版，第 96 页。

〔4〕 参见王锴："行政诉讼中变更判决的适用条件——基于理论和案例的考察"，载《政治与法律》2018 年第 9 期。类似观点参见江必新主编：《新行政诉讼法专题讲座》，中国法制出版社 2014 年版，第 275 页。

因此，2014年《行政诉讼法》第77条规定呈现出一定的复杂性："明显不当"属于裁量瑕疵的问题，而"确有错误"却为技术性的计算问题。事实上，正是"明显不当"涉及对行政裁量的深度审查，而又缺乏明确的标准，致使变更判决在学界仍存在理解上的分歧，在司法实践中的使用率也较低。[1]因此，为了真正实现变更判决的价值，修正其被束之高阁的现状，在确权类行政裁决案件中适用变更判决应符合"确有错误"的立法初衷，即人民法院应对案件的事实认定，尤其是对款额的确定和认定形成确信的前提下适用。

将变更判决在确权类行政裁决案件的适用，尽可能地限定在没有裁量和判断余地的情形下，也是尊重行政机关确权处理的要求。我国《行政复议法》第30条第1款规定了自然资源确权类争议的行政复议前置制度："公民、法人或者其他组织认为行政机关的具体行政行为侵犯其已经依法取得的土地、矿藏、水流、森林、山岭、草原、荒地、滩涂、海域等自然资源的所有权或者使用权的，应当先申请行政复议；对行政复议决定不服的，可以依法向人民法院提起行政诉讼。"同时，现行法律对涉及土地、森林、草原权属的争议，专门规定了权属争议处理程序，如《土地管理法》第14条、[2]《森林法》第22条[3]和《草原法》第16条[4]。我国是社会主义公有制国家，平等民事主体之间的土地、森林、草原等自然资源确权类争议虽然是民事争议，但争议的解决必须考量公共利益。因此，行政机关基于法律授权对此类案件

---

〔1〕 参见何海波："论行政行为'明显不当'"，载《法学研究》2016年第3期。

〔2〕《土地管理法》第14条规定："土地所有权和使用权争议，由当事人协商解决；协商不成的，由人民政府处理。单位之间的争议，由县级以上人民政府处理；个人之间、个人与单位之间的争议，由乡级人民政府或者县级以上人民政府处理。当事人对有关人民政府的处理决定不服的，可以自接到处理决定通知之日起三十日内，向人民法院起诉。在土地所有权和使用权争议解决前，任何一方不得改变土地利用现状。"

〔3〕《森林法》第22条规定："单位之间发生的林木、林地所有权和使用权争议，由县级以上人民政府依法处理。个人之间、个人与单位之间发生的林木所有权和林地使用权争议，由乡镇人民政府或者县级以上人民政府依法处理。当事人对有关人民政府的处理决定不服的，可以自接到处理决定通知之日起三十日内，向人民法院起诉。在林木、林地权属争议解决前，除因森林防火、林业有害生物防治、国家重大基础设施建设等需要外，当事人任何一方不得砍伐有争议的林木或者改变林地现状。"

〔4〕《草原法》第16条规定："草原所有权、使用权的争议，由当事人协商解决；协商不成的，由有关人民政府处理。单位之间的争议，由县级以上人民政府处理；个人之间、个人与单位之间的争议，由乡（镇）人民政府或者县级以上人民政府处理。当事人对有关人民政府的处理决定不服的，可以依法向人民法院起诉。在草原权属争议解决前，任何一方不得改变草原利用现状，不得破坏草原和草原上的设施。"

作出行政裁决，以行政行为的方式对民事纠纷作出处理，实质是为了防止民事纠纷的处理损害公共利益，通过行政权的行使实现个人利益和公共利益的平衡。若人民法院审理确权类行政案件，可以将行政主体在作出行政裁决时未采纳的论据作为依据，变更行政主体对事实的认定，这相当于人民法院代替行政主体对事实进行判断，会架空自然资源确权类争议行政复议前置制度，行政机关所享有的处理自然资源权属争议的权力将名存实亡。

在本案中，最高人民法院认为，"隆林县政府于 2013 年 8 月 23 日制作的现场勘验笔录和示意图证明，六我社提交的××5、××1、××2、××8、××0 号土地证的四至范围均在争议地范围内。隆林县政府对江管社、六我社和南林社的村民进行调查，形成的多份调查笔录也可以证明，争议发生前的多年时间里，六我社一直耕种、管理使用争议地。江管社以××35 号林权证主张争议地权属，但该证缺乏土地权属来源依据，且江管社因离争议地较远，亦未提供长期管理使用争议地的证据"。因此，争议地属于六我社农民集体所有应是事实清楚，证据确凿。4 号处理决定和 7 号复议决定将争议地确权归江管社所有，属于认定事实不清，主要证据不足。根据对证据和法律的分析和论证，二审法院在已对争议地的权属作出正确判断的前提下，却作出撤销重作判决，这显然属于适用法律和判决方式错误。该再审判决所依据的证据在行政裁决过程中皆已被行政机关纳入考虑，最高人民法院在事实清楚、证据确凿的情况下，作出变更判决符合变更判决的法定适用条件。需要注意的是，最高人民法院认为，"在符合变更判决法定适用条件的情形下，人民法院选择适用撤销重作判决，违背《行政诉讼法》关于解决行政争议的立法目的，适用法律和判决方式错误，依法应予改判"，这似乎剥夺了我国《行政诉讼法》赋予人民法院在是否适用变更判决方式上的选择权，忽视了法院在判决方式上的司法裁量权。

（二）变更判决之适用规则

在对款额的认定和确定形成确信、基础民事法律关系明晰，证据确凿的条件下，人民法院可以在确权类行政裁决案件中适用变更判决。与德国等国家及地区立法例相似，我国《行政诉讼法》第 77 条规定人民法院"可以"变更行政行为而不是应该变更，因此变更判决的适用应与其他判决方式相衔接。

有学者通过对域外相关规定的考察，认为变更判决的存在方式有两种：一是显性变更或直接变更；二是隐性变更，即法院在判决中不直接宣告变更被诉行政行为的内容，只是在判决撤销被诉具体行政行为的同时，判令行政主体重新作出某种行政行为，并指示行政机关应如何重新作出行政行为，英国法院就采用这种做法。隐性的变更判决与撤销之诉或撤销判决相关联，是撤销判决的一种形式，类似于我国的撤销重作判决。[1]不同的是，域外变更判决或者是撤销诉讼的一种结果，或者是撤销判决的一种形式。而在我国，变更判决与撤销判决相对，是一种独立的判决形式。[2]人民法院在审理确权类行政裁决案件中，若行政行为违法，其既可能适用变更判决，也可能适用撤销重作判决。变更判决与撤销重作判决的适用范围具有一定的重叠性，人民法院在具体案件中应对各种因素予以考量，选择最有利于保护当事人合法权益的判决方式。

首先，在起诉阶段，若原告提出了撤销或变更行政行为的诉讼请求，法院可以考虑适用变更判决。正如有学者认为："有关代替判决，通常由原告特别提出声请为之，但此并非必要要件，而只要符合原告之一般的撤销诉讼之声明即可。纵然原告仅提出一个撤销声明，法院是否作出变更给付内容之代替判决，仍属于法院之裁量权范围。"[3]也有学者基于诉讼效益、行政效率以及法秩序之安定性等因素的考虑，认为法院可以依职权主动变更。[4]为了减轻当事人的诉讼负担，避免其承担诉讼请求不当造成的不利后果，应当认为只要原告提起了撤销行政裁决的诉讼请求，人民法院就可以依职权适用变更判决。若原告提起了变更行政裁决的诉讼请求，而未符合变更判决的适用条件或人民法院不愿作出变更判决，则仍可作出撤销重作判决。

其次，行政裁决作为一种具体行政行为，其合法性构成要件与其他具体行政行为基本相同，即合法性审查内容基本相同。根据《行政诉讼法》的规定，确权类行政裁决案件的合法性审查主要包括以下内容：一是行政机关是否基于法律授权具备行政裁决的主体资格；二是行政主体作出行政裁决是否

---

〔1〕 参见孔繁华："行政变更判决研究——以比较法为视角"，载《当代法学》2006年第5期。

〔2〕 参见胡肖华主编：《权利与权力的博弈》，中国法制出版社2005年版，第227页。

〔3〕 陈清秀：《行政诉讼法》，法律出版社2016年版，第646页。

〔4〕 参见张旭勇：《行政判决原论》，法律出版社2017年版，第202页。

适用法律、法规错误；三是行政裁决是否违反法定程序；四是行政裁决认定的主要事实是否明确、证据是否确凿；五是行政主体是否超越职权、滥用职权。其中，基础民事法律关系是行政行为合法构成的事实要件，人民法院应当将基础民事权属纠纷作为确权类行政裁决案件的主要事实进行审理认定。只有在被诉确权处理认定事实的主要证据确实充分，基础民事法律关系明确的前提下，变更判决方有适用之空间。[1]

人民法院在审查基础民事争议事实时，应采优势证明标准，故确权类行政裁决诉讼与民事诉讼适用相同的证明标准。由于对自然资源的权属争议以行政机关先行处理为原则，故行政机关在作出行政裁决时应已收集相关证据。行政机关在履行举证责任时应当向人民法院提交被诉行政裁决认定事实的全部证据。基于对行政机关首次判断权的尊重，只有在行政过程中已纳入考量的证据，方能被法院作为变更法律事实的证据。若原告或第三人在行政诉讼过程中，提出了新的证据，法院不得直接将其作为变更依据，而应判决撤销重作，交由行政机关审查判断。

最后，人民法院应根据具体情况作出不同的判决。在针对行政裁决所提起的不作为之诉中，在符合法定条件的情形下，法院首先应责令行政机关作出确权处理，而不能直接作出变更判决。当民事法律关系中的一方对行政裁决不服而向法院提起撤销之诉或变更之诉时，人民法院方可对行政裁决的合法性进行审查，根据被告提交的证据对行政裁决所涉及的民事法律事实进行认定。若证据确凿，行政裁决对款额的确定或认定确有错误，人民法院可以在明确民事法律关系的基础上作出变更判决，直接确定民事权利归属；若事实不清，主要证据不足，或行政诉讼中出现新的证据需要进行行政认定，法院应当作出撤销重作判决。同时，基于对当事人诉权的尊重，即使在符合变更判决法定适用条件的情形下，人民法院也可应原告请求判决撤销重作。

【后续影响及借鉴意义】

从 2012 年隆林县人民政府作出第一次确权处理到 2019 年最高人民法院

---

〔1〕 关于法院能否变更行政主体的事实认定问题，其他大陆法系国家并未一概持否定态度，如日本、德国和法国。参见涂怀艳："行政诉讼变更判决研究"，载章剑生主编：《行政诉讼判决研究》，浙江大学出版社 2010 年版，第 680 页。

作出终审判决，争议地"可六"历经数次行政确权和司法审判，终于明确了权利归属。数年中，人民法院基于各种理由，对行政机关的确权处理重复作出撤销判决，同时行政裁决的非终局性，致使争议地权属迟迟未能确定。这不仅极大地损害了司法权威，浪费了大量的行政和司法资源，还严重损害了当事人的合法权益，甚至容易引发群体性事件。事实上，此类民行交叉案件的处理方式由于制定法上的漏洞，而陷入"循环诉讼"僵局的情况并不少。在本案中，最高人民法院通过对《行政诉讼法》第77条的法律解释，为变更判决在确权类行政裁决案件中的适用寻得了规范依据，为今后各级人民法院审理此类案件提供了新的思路。此案在行政处罚、侵权纠纷和损害赔偿纠纷等传统领域之外，为变更判决开辟了新的适用空间。若变更判决的适用在确权类行政裁决案件中得到推广，将有效减少当前人民法院审理民行交叉案件所面对的困境，促进行政争议实质性化解，充分发挥行政诉讼保护公民权利的作用。

同时，此案所反映的问题也值得反思。适用变更判决确实可以高效解决此类案件中的行政争议和民事纠纷问题，但这只能是权宜之计，而非长久之计。《行政诉讼法》第77条"对款额的确定、认定确有错误"的规定仅能涵摄涉及具体面积的确权类行政裁决案件，仍有部分案件无法纳入变更判决的适用空间。这导致的结果是：同样为确权类行政裁决案件，法院在判决方式上却面临不同的选项。换言之，同类型的行政行为却面临不同的司法审查强度。那么，为何人民法院只能在涉及具体计算的确权类行政裁决案件中行使司法变更权呢？审查强度和审查标准的不统一，会导致人民法院在审理行政裁决案件时更加无所适从，本案为实质性化解行政争议所作出的努力可能会适得其反。

人民法院在审理行政裁决案件中所面临的进退两难之局面，不仅源于变更判决的适用范围之争议，究其根本，在于现阶段我国行政裁决制度及其救济存在立法上的混乱。我国缺少科学统一规范行政裁决的法律规范，现行立法更多的是从某一专业领域而非一般综合的角度解决行政裁决的救济问题。行政裁决种类繁多，涉及社会生活的方方面面，而我国多在单行法中加以规定，如《土地管理法》第14条、《森林法》第22条和《草原法》第16条。分散化立法导致：一方面，行政机关在作出行政裁决时遵循不同的程序要求，缺乏统一明确的行为准则；另一方面，人民法院在审理行政裁决案件时难以有效处理与争议相关联的民事争议、实质性化解行政争议从而保障当事人的合法权益。希望此案在缓解当前人民法院审理行政裁决案件的紧张局面外，能够继续深化对于行政裁决制度的探讨，并逐步加以完善。

案例四　曾宪荣诉邵东市公安局、邵阳市 公安局公安行政处罚案

王栋杰 *

【案例名称】

曾宪荣诉邵东市公安局、邵阳市公安局公安行政处罚案 ［湖南省邵阳市中级人民法院（2020）湘05行终66号］

【关键词】

"钓鱼执法"　明显不当　排除合理怀疑　适用法律法规错误

【基本案情】

2019 年 6 月，案外人金某某通过朋友介绍，主动联系原告曾宪荣，双方约定由曾宪荣向金某某出售烟花爆竹并运送至金某某所在地。6 月 23 日，曾宪荣驾驶货车将烟花爆竹由湖南浏阳运送至湖南邵东的约定地点。当晚 20 时，双方见面后商议，曾宪荣留在原地，金某某独自驾驶货车至其公司仓库卸货。22 时，曾宪荣见金某某迟迟不回又联系不上，认为受到诈骗，便于当晚向邵东市公安局黄陂桥派出所报案。与此同时，当晚 7 时，民警接到相识人举报，有货车运输烟花爆竹到湖南邵东，民警经相识人引导至弃车处，发现周围无人，询问后也无人认领货物，便拍照、查验后将货车与烟花爆竹运

* 作者简介：王栋杰，中国政法大学法学院宪法学与行政法学专业硕士研究生。本文的指导老师为中国政法大学法学院教授、博士生导师成协中。

至某烟花厂仓库暂存。

2019 年 6 月 24 日，案件转至邵东市公安局治安大队，经询问发现，曾宪荣未办理《烟花爆竹道路运输许可证》，其本人无危险货物运输资格，驾驶车辆无危险货物道路运输证明。邵东市公安局以曾宪荣陈述和扣押的烟花爆竹为依据向曾宪荣作出《公安行政处罚决定书》。该决定认定：2019 年 6 月 23 日 20 时许，曾宪荣驾驶一辆装有烟花爆竹的厢式货车为他人配送烟花爆竹，被查获后，经查明曾宪荣属非法运输烟花爆竹。根据《治安管理处罚法》第 30 条之规定，邵东市公安局决定对曾宪荣行政拘留 7 日。《公安行政处罚决定书》另附《收缴物品清单》，清单载明：根据《治安管理处罚法》第 11 条第 1 款，对物品持有人曾宪荣的 446 件烟花爆竹予以收缴。6 月 25 日，办案民警在派出所接警室询问了金某某，金某某声称，他驾驶货车到其公司仓库处，本打算将货物转移至其公司货车，但发现仓库周边停有陌生车辆，车上有人在拍照，因惧怕检查便关闭手机，弃车逃跑。另查明，金某某使用假名"赵总"与曾宪荣交易，其所经营的烟花店未办理烟花爆竹经营许可证。办案民警认为金某某未涉嫌诈骗，未予立案，对其购买烟花爆竹行为也未予立案。

2019 年 7 月 31 日，曾宪荣向被告邵阳市公安局申请行政复议要求撤销行政处罚，后邵阳市公安局维持行政处罚决定。11 月 29 日，曾宪荣向邵阳市北塔区人民法院提起行政诉讼，请求撤销被告邵东市公安局的《公安行政处罚决定书》与被告邵阳市公安局的《行政复议决定书》。12 月 23 日，邵阳市北塔区人民法院一审判决驳回曾宪荣的诉讼请求，随后曾宪荣对两被告提起上诉。2020 年 5 月 6 日，邵阳市中级人民法院认为，对曾宪荣所作行政拘留 7 日的行政处罚决定明显不当，附加收缴涉案烟花爆竹适用法律错误，应当撤销；行政复议决定错误应当一并撤销；原审法院未对行政决定的正当性、合法性进行全面审查，判决驳回诉讼请求错误，应当撤销并改判。2020 年 6 月 23 日，曾宪荣申请国家赔偿，请求赔偿相关损失，返还被收缴烟花爆竹对价金额及运费；8 月 21 日，邵东市公安局决定支付赔偿金 2427.5 元。10 月 22 日，曾宪荣对邵东市公安局的赔偿决定不服，提起行政赔偿诉讼，请求撤销《行政赔偿决定书》，并赔偿误工费、拘留期间误工费、交通生活费、财产损失和名誉损失等。12 月 21 日，邵阳市北塔区人民法院判决被告向原告返还涉案 446 件烟花爆竹，驳回原告的其他诉讼请求。

【裁判要旨】

（1）《行政处罚法》和《治安管理处罚法》要求行政处罚遵循公正、公开的原则。公安机关未全面调查违法事实即作出行政处罚，没有收集对行政相对人可能有利的证据，可能造成处罚结果不公正，属于明显不当；不能提交证据证明启动行政处罚程序的正当性、立案登记材料的真实性和执法过程中的真实情况，没有回应原告关于"钓鱼执法"的合理怀疑，无法确信行政处罚过程的正当性；对同案违法行为人未立案查处，亦未说明正当理由，不能排除差别执法合理怀疑，有违行政处罚的平等原则，亦属明显不当。

（2）《行政诉讼法》及相关司法解释未规定行政诉讼案件的证明标准，实践中参照民事诉讼和刑事诉讼证明标准，分别适用优势证明标准、清楚而有说服力标准与排除合理怀疑标准。公安机关行政拘留属于严重影响行政相对人权益的行政行为，通常适用排除合理怀疑标准。本案中，公安机关无法提供有效证据证明立案程序与办案过程合法，不能说明办案过程中出现的程序违法与瑕疵的原因，因此不能排除选择性、差别执法的合理怀疑。

（3）公安机关选择依据《治安管理处罚法》还是《烟花爆竹安全管理条例》作出处罚决定，属于行政裁量权的范围，法院不作评价。但烟花爆竹属于合法生产的商品而非非法财物，应当依据《烟花爆竹安全管理条例》进行没收，而非依据《治安管理处罚法》进行收缴，作出收缴决定属于适用法律错误，行政处罚行为被撤销后，应当返还原物。

【裁判理由与论证】

本案经过行政复议、行政诉讼一审与二审、国家赔偿和行政赔偿诉讼等程序。在不同阶段中，处理机关对待行政处罚决定和行政相对人的态度逐渐发生了变化，从完全认同行政处罚决定合法适当，到认为行政处罚决定明显不当、行政程序存在不正当情形以及不能排除"钓鱼执法"的合理怀疑，再到赔偿相对人的损失并返还原物。首先简要梳理不同阶段中行政机关、司法机关的基本观点以窥案件发展脉络。

行政执法机关邵东市公安局与行政复议机关邵阳市公安局认为相对人属于非法运输烟花爆竹，违反了国务院《烟花爆竹安全管理条例》中有关运输安全的规定，具有治安管理违法性，依法应当予以行政处罚；行政处罚证据确凿，程序合法，适用法律法规正确。一审法院认为，相对人违法事实清楚，证据充分；邵东市公安局进行了立案、调查、告知权利和通知家属等程序，程序合法；邵阳市公安局受理复议申请后，进行了立案、告知权利、作出决定和送达等程序，程序合法，因此驳回原告即相对人的诉讼请求。二审法院认为，上诉人即相对人违法事实成立，但案件调查过程中违反正当程序原则，行政拘留 7 日的处罚决定明显不当，附加收缴烟花爆竹适用法律错误，应当撤销行政处罚决定与行政复议决定；原审法院未全面审查行政处罚的正当性、合法性，应当撤销并改判。行政赔偿案件审理法院认为行政机关的国家赔偿金数额适当，同时判决行政机关将收缴的烟花爆竹返还相对人。

二审法院认为，该案的争议焦点有三：其一，非法运输烟花爆竹的实施人是谁，认定责任主体是否正确；其二，行政拘留处罚决定是否正当；其三，附加收缴涉案烟花爆竹，适用法律是否正确。另外，在行政赔偿诉讼中，双方争议在于被撤销的行政处罚决定如何进行国家赔偿，涉案财物如何处理。

一、行政处罚责任主体认定

在行政处罚程序中，曾宪荣报案时表明，运输车辆为其本人所有，烟花爆竹由本人购买并运送，公安机关进行告知后，曾宪荣也未提出异议与申辩。

一审中，曾宪荣改变原陈述，称本次交易是交易双方所在的花炮厂与烟花公司的合法买卖，实际运输烟花爆竹的并非其本人而是其雇用的司机，并提交了醴陵市泉塘出口花炮厂的营业执照和任职证明。一审法院认为，即使原告诉称全程均由其雇请的司机驾驶机动车属实，因雇员的行为系依照原告的指示作出，亦应当认定为雇主即原告所实施的行为。

二审中，曾宪荣主张申领运输许可证的责任应由两公司承担，其本人只是货车车主，责任主体认定错误，并补充提交了微信聊天记录。二审法院分别从证明程序和举证责任方面回应了上诉主张。根据《最高人民法院关于适用〈中华人民共和国行政诉讼法〉的解释》第 35 条第 2 款，原告或者第三人在第一审程序中无正当事由未提供而在第二审程序中提供的证据，人民法院不予接纳。聊天记录属于一审期间已经存在、无正当理由未提交的证据，因此不予接纳。曾宪荣未提供涉案烟花爆竹来源于该厂、买卖运输烟花爆竹系受公司委派所为的直接证据，亦未提供雇用司机的具体信息和驾车运输涉案烟花爆竹的相关证据。曾宪荣无法提供充分证据证明行政处罚程序所作陈述不实，依照证据规则，应当采信先前陈述，认定为个人行为，关于责任主体认定错误的上诉主张不予采信。

二、行政拘留是否存在明显不当情形

二审法院认为，处罚决定并不直接违反《行政处罚法》与《治安管理处罚法》，但不符合程序正义和平等原则等法律原则，属于明显不当的情形，因此应当认定为不合法的行政行为。在具体说理过程中，法院并未对是否存在"钓鱼执法"进行分析和论证，但从事实认定、程序规范与平等对待三个角度分别回应了上诉人的质疑。

（一）未全面调查核实违法事实即处罚

《行政处罚法》《治安管理处罚法》和《公安机关办理行政案件程序规定》均要求行政机关以事实为依据，全面收集证据，作出行政处罚应当与违法行为的性质、情节和社会危害程度相当，并规定了从轻、减轻和不予处罚的情形。这要求公安机关在办理治安行政案件时，应当全面调查包括对违法行为人有利的证据在内的案件事实，审慎把握包括对违法行为人从宽处理在内的量罚尺度，确保事实清楚、量罚适当。曾宪荣因受到诈骗而报案，车辆和财物均不知所踪，其运输烟花爆竹的行为是否存在受到欺诈的情形，违法行为是否存在从轻、减轻的事由，不能直接认定。在作出行政处罚决定前，公安机关既未询问金某某，也未作进一步的调查核实，仅凭曾宪荣一人的行为就作出处罚决定，不仅违反上述法律精神，而且可能带来不利影响，属于明显不当。

（二）实施行政处罚过程正当性不足

根据《治安管理处罚法》和《公安机关办理行政案件程序规定》，公安机关在接受举报时，应当及时、如实、准确将举报人基本信息、举报内容等登记在案，举报人要求保密的，应当在受案登记时注明，作为判断行政处罚程序启动正当性的重要依据。其中保密对象的范围应仅限于包括被举报人在内的社会公众，人民法院基于履行司法审查监督职责的需要，有权在审理案件过程中知悉包括举报人基本信息在内的报案详情，公安机关在诉讼中应当应

人民法院的要求向审判人员如实提供，以保密为由拒不提供实情的，表现为对人民法院独立审判权的不尊重，客观上妨害人民法院对行政行为正当性的全面审查判断，即使出自对保密规则的误读，亦应当承担由此带来的不利诉讼后果。本案《受案登记表》填写于 2019 年 6 月 24 日，属于事实上的办案在前、登记在后，且登记的案件来源不清、举报人信息不明，报案内容的记载有将处罚决定认定的事实"粘贴"的痕迹，不能反映举报的真实情况，不符合上述法律规定的要求。上诉人曾宪荣在诉讼中称本案来源于"金某某诈骗不成后举报"、上诉主张被上诉人邵东市公安局涉嫌"钓鱼执法"，邵东市公安局并未就此提出抗辩。在本院询问该局主办民警时，该民警陈述与举报人相识，但未如实提供举报人的基本信息和收缴烟花爆竹后的处理情况供本院审查，结合该局现场跟踪查获涉案烟花爆竹的过程，本院难以就曾宪荣的主张作出否定性评价，无从确信邵东市公安局行政处罚过程的正当性，应当认定为行政处罚程序不正当。

（三）有悖平等原则

曾宪荣作为卖方、金某某作为买方，二人共同实施了非法买卖、运输烟花爆竹的行为，公安机关应当依照上述法律规定对二人立案查处，并给予相应处罚。至于公安机关对二人的行为是定性为非法买卖还是非法运输或者非法买卖、运输，是适用《治安管理处罚法》还是适用《烟花爆竹安全管理条例》对二人给予何种处罚，或者同时适用《治安管理处罚法》《烟花爆竹安全管理条例》予以并罚，只要不违反公平正义的法律原则，就属于公安机关行使行政处罚自由裁量权的范围，人民法院应当予以尊重。邵东市公安局将本案定性为非法运输烟花爆竹，仅对曾宪荣给予处罚，对同案非法行为人金某某既未立案查处，也未说明任何正当理由，不能排除选择性、差别执法的合理怀疑。曾宪荣提出的关于金某某未受到任何处理、对其处罚不公的主张源自普通人的真实感受，合乎情理，本院予以采纳。故可以认定邵东市公安局对曾宪荣所作行政处罚决定有违行政处罚的平等原则，存在明显不当。

三、附加收缴涉案物品适用法律是否正确

《治安管理处罚法》第 11 条第 1 款规定，办理治安案件所查获的毒品、淫秽物品等违禁品，赌具、赌资，吸食、注射毒品的用具以及直接用于实施

违反治安管理行为的本人所有的工具，应当收缴，按照规定处理。收缴适用于违禁品、用具、工具三类，违禁品即法律禁止制造、买卖、储存、运输的物品。国务院《烟花爆竹安全管理条例》第 36 条第 2 款规定，对未经许可经由道路运输烟花爆竹的，由公安部门责令停止非法运输活动，处 1 万元以上 5 万元以下的罚款，并没收非法运输的物品及违法所得。烟花爆竹属于合法生产的商品而非非法财物，因其非法运输而应当予以没收，所以收缴烟花爆竹行为属于适用法律错误。《公安机关办理行政案件程序规定》第 175 条规定，行政处罚决定书中应当载明对涉案财物的处理结果，并附没收、收缴、追缴物品清单。第 193 条规定，在作出行政处理决定时，应当对涉案财物一并作出处理。据此程序规定，涉案财物应当在处罚程序中一并处理，并在决定书主文中载明，而非以附加清单方式实施收缴，因此附加收缴行为同时违反程序性规定。在二审程序中，法院向办案民警询问烟花爆竹去向，民警未予提供。在行政赔偿诉讼中，法院认为行政机关所作收缴行为实质上是没收行为，但无论是收缴行为还是没收行为，行政处罚决定已被撤销，收缴行为不具有合法性。被告当庭自认涉案烟花爆竹存放在被告处，根据《国家赔偿法》第36 条，侵犯公民、法人和其他组织财产权造成损害的，应当返还财产，因此法院判决被告将 446 件烟花爆竹返还给原告。

【涉及的重要理论问题】

一、行政诉讼中的证明标准问题

证明标准是指在诉讼过程中证明的主体对案件事实及其他待证事实的证明所应达到的程度，即当案件经过庭审举证、质证、认证后，法官按照什么样的标准形成对案件待证事实的确信。在行政诉讼中，当事人需要履行举证责任证明案件事实，包括原告证明行政诉讼的程序事实或推进行政诉讼程序，以及被告证明具体行政行为合法性。证明标准的实质是证明事实在法律上确为真实所需达到的标准，即"法律真实"。它是衡量当事人举证到何种程度才能满足举证要求的标准，又是法官据以确信案件事实以及评判法官对事实认定是否妥当的尺度，当证据无法达到证明标准的程度时，案件事实处于真伪不明的状态，法院需要引入举证责任制度作出判决。《最高人民法院关于行政诉讼证据若干问题的规定》第 53 条规定："人民法院裁判行政案件，应当以证据证明的案件事实为依据。"证据法学上的证明标准一般分为四类：优势证明标准、清楚而有说服力标准、排除合理怀疑标准以及合理证明标准。我国《行政诉讼法》及相关司法解释中没有直接规定证明标准，《行政诉讼法》第 69 条和第 89 条大致体现了证明标准的基本原则，即案件事实清楚和证据确凿充分，这与其他诉讼法的要求基本一致。在各个诉讼程序中，"清楚"和"充分"的基本要求是，定案证据确认属实，案件事实有相应证据证明，证据之间、证据与事实之间排除合理矛盾，最终形成唯一结论并排除其他可能性。[1]行政诉讼以保护相对人权益和监督行政机关行使职权为功能，举证责任和证明对象是确定的，所以证明标准也与其他诉讼程序不尽相同。在制定行政诉讼证据规定司法解释的过程中，最高人民法院一度增添了针对不同类型行政行为适用不同证明标准的内容，但最后因条件不成熟而决定暂不明确规定证明标准。[2]因此在实务中，法官与诉讼参与人只能依据经验和习惯认定证据。基于法律平等性、安定性和可预见性的要求，证明标准应当以抽象的方式确定，在规范层面予以固定化，在司法审判中直接适用并说明。根据实践的积累以及学者的归纳，行政诉讼证明标准存在分层次的多个标准，需要根据行政行为种类、性质和对当事人权益影响大小以及举证责任主体等因素，来确定具体案件的证明标准。具体来说，要在行政诉讼中，针对不同行政行为，参照举证责任制度，并适当结合诉讼阶段，确定具体的行政诉讼证明标准，既要关心当事人提供证据达到的具体程度，又要关注法官据此所形成的心证程度，进而形成多元化与体系化的行政诉讼证明标准制度。当行政行为对相对人权益影响较大或具有较强公权力的权威性或强制性时，应当适用较高的证明标准；当行政行为对相对人权益影响小或当事人具有较强自治空间时，可以适用较低的证明标准。同样地，承担说服责任的行政机关需要证明行政行为合法性，应当适用更高的证明标准；承担程序上的推进责任或一定范围内说服责任的相对人则适用较低的证明标准。参照民事诉讼与刑事诉讼的证明标准，行政诉讼中存在优势证明标准、清楚而有说服力标准以及排除合理怀疑标准。

---

〔1〕 陈一云主编：《证据学》，中国人民大学出版社 1991 年版，第 117 页。

〔2〕 最高人民法院行政审判庭编著：《最高人民法院〈关于行政诉讼证据若干问题的规定〉释义与适用》，人民法院出版社 2015 年版，第 170 页。

1. 优势证明标准

优势证明标准源自民事诉讼，指法官按照证明力占优势的一方当事人提供的证据认定案件事实，一方当事人提供证据的证明效力及其证明事实比另一方当事人所证事实更具可能性，相应的诉讼主张成立的理由更充分，则其证据证明效力更占优势。根据行政诉讼中的举证责任与举证要求，优势证明标准主要适用于以下情况：第一，在行政诉讼中，原告需要承担举证责任时，以及原告需要承担推进责任时，如行政赔偿诉讼案件中涉及对原告或第三人财产权或人身权侵害事实的证明，以及行政处罚案件中涉及处罚显失公正的证明等。另外对程序性法律事实的证明标准也应采用优势证明标准，主要包括关于原告起诉资格、回避的事实、影响采取某种强制措施的事实、违反法定程序的事实、关于耽误诉讼期限是否有不能抗拒的原因等。为行政相对人设定较低的证明标准，一是考虑到相对人的举证能力和条件有限，对其施加过高要求会阻碍行政诉讼的推进，难以实现行政诉讼的目的；二是区分行政机关与相对人的举证责任，行政机关承担证明行政行为合法性的说服责任，应适用清楚而有说服力或排除合理怀疑的较严格的证明标准，而相对人承担推进责任只需证明行政程序事实和行政诉讼程序的事实，适用较低的证明标准。在司法审判中，法官也明确区分了程序性事实与合法性认定的证明标准，例如，"一审裁定以缺乏'事实根据'为由驳回起诉，混淆了作为起诉条件的'事实根据'和作为支持实体权利主张的实体法上的'事实根据'，以后者的举证标准要求前者，提高了作为起诉条件的'事实根据'的证明标准，不利于保护原告的合法诉权"。[1]第二，涉及公民财产权或人身权的行政裁决案件。行政调解、裁决和仲裁等行政司法行为的客体是民事纠纷，行政机关以中立者身份参与解决纠纷，类似于民事诉讼程序，因此也应适用较低的证明标准。第三，行政机关适用简易程序作出的行政行为案件。这是因为适用简易程序作出的行政行为手续简便、速度快，情节简单、争议不大。第四，行政机关临时保全措施以及应急措施引起的案件。在行政执法过程中，行政机关采取强制措施具有紧迫性，收集取证的条件也受到限制，对其不宜要求过

---

〔1〕 刘全明诉天津市河东区人民政府城乡建设行政管理案，天津市高级人民法院（2021）津行终 277 号行政判决书。

高的证明标准，只需在采取强制措施前调查收集到有合理根据的证据即可。

2. 清楚而有说服力标准

清楚而有说服力标准比优势标准要求更高的盖然性，但又低于排除合理怀疑标准的要求，处于两者之间，是行政诉讼特有的也是最常用的证明标准。行政机关必须提供确凿准确的证据，具有相当的证明力并且证据之间具有清楚的逻辑关系，在行政程序中认定的事实与形成的结论具有充分的可信度与说服力，尽管可能得出其他结论或具有其他怀疑但并不做过高要求。在审判过程中，法官比较双方当事人提供的证据，认定一方当事人的证据具有较大的优势，而这个优势足以使法官确信其主张的案件事实真实存在，或更具有真实存在的可能性。而且，由于行政诉讼举证责任恒定，在适用优势证明标准时，只有行政机关提供的证据相对于行政相对人具有绝对优势的情况下，才能认定行政机关的证据合法有效。这一证明标准与行政程序所要求的证明标准基本一致，因此是行政诉讼中普遍运用的证明标准，适用于一般的行政处罚案件、行政许可案件等多数行政案件。

3. 排除合理怀疑标准

对于行政拘留、责令停产停业、吊销许可证和较大数额的罚款等严重影响行政相对人人身财产权益的行政处罚案件，适用排除合理怀疑标准。由于我国施行行政主导型的处罚体制，并且行政处罚与刑事处罚之间存在严重程度上的量化区分，一些在其他国家属于轻罪甚至是犯罪的违法行为在我国则属于行政违法行为，对于这些违法行为应当适用更严格的行政程序和证明标准以确保公正性。排除合理怀疑标准源自刑事诉讼，它是对证明程度要求最高的证明标准，通过该标准认定的案件事实也最接近于客观事实，因此当涉诉案件涉及当事人重大权益时，就应当或者说必须适用本标准，这也是对事实问题进行全面审查时适用的标准。对于排除合理怀疑的证明标准一般从四个方面来理解：一是合理怀疑意味着肯定的判断，存在错误的可能性；二是合理怀疑同时意味着否定判断，也有错误的可能性；三是合理怀疑的依据应当以相关的证据为基础；四是排除合理怀疑的证据应当足以让法官确信相对方违法事实的存在。使用该标准的主要情形包括：第一，涉及拘留等限制人身自由的行政诉讼案件。第二，较大数额罚款的行政处罚以及强制措施引发的行政诉讼。第三，责令停产停业和吊销许可证和执照等对行政相对人人身或者财产有重大影响的行政案件。在司法实践中，法官甚至会直接以涉案行政行为的类型确定相应的证明标准，以此降低或提高证明标准的释明义务。"由于公安机关对张宗凯作出的是行政拘留，7 日的限制人身自由较重，治安处罚也已执行完毕，按照行政诉讼案件的审理原则，本案应当适用排除合理怀疑的较高证明标准，对相关证据进行审查，而本案没有直接和确切的证据能够达到和满足证明喀喇沁旗公安局涉案行政处罚决定所确认之事实的程度及范围，更难以明确得出处罚决定依据的认定结论。"[1] 此外，也有人建议，经过听证程序的案件也应当适用严格证明标准，因为该类案件在争议进入诉讼前已经过辩论、质证等准诉讼程序，其证明标准也应达到排除合理怀疑标准。

在本案中，法官多次运用证明标准理论审理实体纠纷或论证裁判理由。在一审中，原告改变行政程序中的陈述，声称驾驶货车运输烟花爆竹的是其雇用的司机而非其本人，一审法院直接跳过证据认定和事实认定环节，未运用任何证明标准，就以逻辑推论否认原告的抗辩，即无论是雇用司机还是本人驾驶，都不能改变违法运输危险物质的认定结论。与此相反，在二审中，法官以证明标准否定了原告新的抗辩。根据前述理论，对行政相对人应当适用更低的证明标准，但是二审中原告的抗辩属于改变原陈述内容，并且提交了在行政程序和一审中没有提供的新证据，因此应当适用更高的证明标准。暂且不论原告是否雇用司机、是否为代理人，仅就其提供证据的证明力就足以否认其抗辩。在二审中，是否构成"钓鱼执法"成为争议焦点，但是，查明公安机关与金某某的真实关系难以实现，也不是行政诉讼的主要任务，那么针对限制人身自由并且具有"钓鱼执法"嫌疑的行政拘留行为，法官采用了排除合理怀疑的较高证明标准。办案民警不能提交举报人的信息，不能解释为何能辗转多地追踪到金某某弃车的位置；作出行政处罚决定后才填写《受案登记表》，并且登记案件来源不清、举报人信息不明、报案内容有"粘贴"痕迹；对金某某的询问也发生在作出行政处罚决定后，不能对不予立案、不认定为行政违法作出解释，没有回应原告的合理质疑。因此，最终得出的结论"不能排除选择性、差别执法的合理怀疑"。

---

[1] 张宗凯诉喀喇沁旗公安局、赤峰市公安局行政复议案，赤峰市中级人民法院（2020）内 04 行终 72 号行政判决书。

4. 证明标准的修正与调整

从近五年来的行政判决书可以发现，许多法官已经运用分层次的证明标准来论证事实认定或裁判结果的理由，而在专利、商标和劳动仲裁等涉及民事纠纷的行政诉讼中，证明标准理论更是被普遍运用。但在当前实践中形成的证明标准终究是一项原则性的惯例，亦无实体法的依据，法官同样可以基于案件具体情况修正既有证明标准理论来提高或降低证明标准。例如，当行政机关存在严重违法行为或严重失信行为时，适当提高行政机关的证明标准要求，是必要的也是正当的；或者，在实体法体现了证明标准要求时，法官可以参照实体法上对行政机关的证明要求来修正证明标准。具体来看，当事实已经难以证明，当事人已经尽力运用必要的证明方法，但仍无法达到通常情况的证明标准时，可以适当降低证明标准，如行政机关强行拆除房屋，房屋内财物确有毁损但已经无法证明具体损失，可以根据行政相对人的主张认定适当的赔偿数额。另外，在诉讼过程中可能出现证明妨碍，即因一方当事人的故意或过失使负举证责任的另一方当事人无法完成本可能完成的证明，此种情况下也可适当降低证明标准。在本案中，邵东市公安局以遵守保密要求为由拒绝向人民法院提交报案信息，被认定为"对人民法院独立审判权的不尊重，客观上妨害了人民法院对行政行为正当性的全面审查判断"，由此承担不利的诉讼后果，即更高的证明标准。修正证明标准可以由法官根据案件情况和诉讼进程作出具体调整并履行释明义务，而当实体法规定中体现行政程序的证明标准，法官应当以此作为证明标准。例如，《反垄断法》第 28 条规定："经营者集中具有或者可能具有排除、限制竞争效果的，国务院反垄断执法机构应当作出禁止经营者集中的决定。但是，经营者能够证明该集中对竞争产生的有利影响明显大于不利影响，或者符合社会公共利益的，国务院反垄断执法机构可以作出对经营者集中不予禁止的决定。"其中，"可能具有"表明降低证明标准的倾向，而"有利影响明显大于不利影响"又提高了证明标准。

行政诉讼的证据制度主要聚焦于原告和被告之间的举证责任，由于双方在行政程序中身份、地位和能力的差异而施加不同的举证责任，而这一因素以及行政诉讼证据的特殊内容，同样构成行政诉讼适用特殊证明标准的理由。法官首先根据举证责任制度要求双方提交各自应当提交的证据，随后再根据证明标准从法律上认定各自所主张的事实，当一方证据存疑或双方证据存在冲突矛盾时，就需根据证明标准在证据之间作出取舍，最后如仍存在真伪不明的待证事实，则又根据举证责任制度使其中一方承担不利的法律后果，从举证责任到证明标准，再回到举证责任，从双方各自证据再到法官根据证明标准和自由心证认定事实，最终得以形成普遍认可和具有说服力的事实认定或以此论证裁判理由。此外，行政诉讼中的书证、电子证据和现场笔录多是行政机关在执法过程中依照程序规定和内部管理规定作出的，比一般的证据更具规范性和严谨性，对其应当适用行政程序中的要求。而行政诉讼中同样存在当事人或第三人提交的证据或行政机关没有承担特殊要求时形成的证据，对于这些证据自然应当适用不同的证明标准。

二、适用法律法规错误情形的界定

适用法律法规错误，指行政主体在面对相关案件事实作出具体行政行为时，不正确地适用了法律法规，从而引起瑕疵或违法的状态。《行政复议法》第 28 条将适用依据正确或错误作为维持或撤销行政行为的理由，《行政诉讼法》第 70 条明确将"适用法律、法规错误的"作为撤销行政行为的理由。从行政复议中的合法性审查与合理性审查到行政诉讼中的合法性审查，法律适用审查依据从法律法规和规章限缩到法律法规，即根据法律、行政法规和地方性法规审查行政行为的合法性，而政府规章与规章以下规范性文件不在合法性审查依据之内。具体到本案，存在《治安管理处罚法》《烟花爆竹安全管理条例》《公安机关办理行政案件程序规定》等不同层级的法律规范。法律适用的过程包括法律适用者、案件事实和法律规范三项要素，而正确地适用法律，要求法律适用者将案件事实中的具体情形与法律规范中的构成要件相互结合，从而完整准确地联结事实与规范中的各项要素，如行政主体、行政相对人、行政职权、行政内容与方式及其法律效果等。适用法律法规错误的实质在于，行政案件事实与行政法律规范的不适当的结合，使行政机关对事实定性错误，对法律法规适用范围或效力把握错误，对法律法规的原意、本质含义或法律精神理解、解释错误，或者有意片面适用有关法律规范等。[1]这种不适当还存在

---

[1] 姜明安主编：《行政法与行政诉讼法》，北京大学出版社、高等教育出版社 2002 年版，第 380 页。

程度上的界分，以案件事实与法律规范的匹配程度为标准，轻微的适用瑕疵不影响正当程序和公正结果，可以在行政程序中自行纠正，亦不影响行政行为的效力；行政主体没有充分考虑事实与规范的关联性属于明显不当的情形，即在形式上适用正确的法律法规而忽视实质的关联性；而案件事实与法律规范存在较大出入，在实体上和程序上都未统一，则属于《行政诉讼法》中的适用法律法规错误。[1]目前，理论上对适用法律法规错误的类型进行了全面细致的划分，包括：没有适用任何法律法规；遗漏或规避应适用的法律法规；适用无效的法律法规；适用法律法规位阶错误；适用一般法或特别法错误；适用法律法规领域错误；适用法律法规条文款项错误；错误地理解或解释法律法规；法律依据与案件事实不相符合等。而根据学者统计，在《最高人民法院公报》中以"适用错误"为判决理由的案件，主要表现为未引用依据、依据效力存在问题、适用依据错误、引用不全或引用笼统以及解释错误这五类具体形态，而不同形态又可归纳为对应性、合法性和完整性这三项标准。[2]对应性指行政行为的法律依据与所认定事实具有最大限度的关联性，需要审查行政行为是否有法律依据以及依据与案件是否相对应。合法性指行政行为的法律依据不违反上位法并且能作为行政行为依据。完整性标准要求行政行为关注与事实有关的所有依据，需要审查依据是否齐全及依据之间是否具有内在逻辑关系。下面重新梳理不同分类，以形成一套分层次的适用法律法规错误情形的分类体系。

（一）法律法规位阶与门类错误适用

行政机关在作出行政决定时应当优先适用并依据上位法，在上位法与下位法对某一情形都有规定并且内容不完全一致时，行政主体有义务选择适用上位法，无论这一选择是否对行政相对人有利。行政主体本可以选择适用上位法而选择了下位法则属于适用法律法规错误。例如，在中海工程建设总局有限公司诉武穴市综合行政执法局行政处罚案中，原告认为，被告适用《建筑法》《建设工程质量管理条例》作为处罚依据属于适用法律错误，而应当适

---

〔1〕 张淑芳："行政主体适用法律法规错误研究"，载《法律科学》2013年第6期。
〔2〕 邵亚萍："类型化视野下行政行为'适用法律、法规错误'的再认识"，载《浙江大学学报（人文社会科学版）》2019年第5期。

用上位法《招标投标法》，法院支持该主张并作出了撤销判决。[1]

行政法律规范内部存在不同门类，包括行政实体法和行政程序法，以及工商、税务、文化、治安、卫生、生态环境、自然规划和社会保障等。根据目前的理论通说，在不违背管辖和职权划分的情况下，任何行政机关可以选择任何门类的行政法律规范作为法律依据，这也属于行政机关的裁量权限。但是，一起行政案件中往往包含着不同的行政法律关系，对应着不同的行政法律规范或多个门类的法律规范，这样便会出现行政机关对于门类的选择错误。在本案中，原告的行为既可以根据《治安管理处罚法》被认定为运输危险物质的违法行为，也可以根据《烟花爆竹安全管理条例》被认定为未经许可经营或运输烟花爆竹制品的行为，正确地适用相应门类法律法规属于行政裁量权的范围，而超出这一范围则属于门类适用错误。

（二）行政法原则与行政法规则错误适用

行政行为绝大部分以法律规则及其所属的具体条文作为法律依据，但行政法中也蕴含着大量的基本原则与一般原则，基本原则如依法行政和合理行政等，一般原则蕴含在行政程序法和部门行政法之中。《最高人民法院关于当前形势下做好行政审判工作的若干意见》指出，在对规范性文件选择适用和对具体行政行为进行审查时，充分考虑行政机关为应对紧急情况而在法律框架内适当采取灵活措施的必要性，既要遵循法律的具体规定，又要善于运用法律的原则和精神解决个案的法律适用问题。对于没有明确法律依据但并不与上位法和法律原则相抵触的应对举措，一般不应作出违法认定。行政机关在个案中选择适用法律原则或法律规则时应当遵循一定标准，即当法律规则没有规定行政自由裁量权时，行政主体应当依法作出羁束行为，严格依法律规则为行政相对人的行为定性，此时不要考虑相关原则。反之，当法律原则规定的内容比较具体，规则留下的裁量余地较小时则应选择法律原则。[2]那么，行政机关在决定选择法律原则或法律规则时，或选择不同的法律原则时，以及未遵循应当遵循的法律原则时，都可能构成适用法律法规错误。例如，

---

[1] 中海工程建设总局有限公司诉武穴市综合行政执法局行政处罚案，黄冈市中级人民法院（2020）鄂11行终122号行政判决书。

[2] 关保英："行政适用法律错误若干问题探讨"，载《法学》2010年第4期。

在樊九如、樊建斌诉隰县自然资源局不动产撤销案中，法院认为："'法不溯及既往'是一项基本法律原则，本案中三原告取得房屋所有权证及集体土地建设用地使用证的时间在1993年至2001年，而《房屋登记办法》自2008年7月1日起施行，故《房屋登记办法》对于在先的房屋产权及集体建设用地使用权颁证行为不具有溯及既往的效力，被告适用该办法对原告的权利登记作出撤销决定，也应认定为适用法律规范错误。"[1]

（三）行政实体法与行政程序法错误适用

除了许可法、处罚法和强制法等典型的行政程序法，我国的行政法律规范大多融合了实体规则与程序规则，而各个执法部门所在的执法机关又制定了诸多部门规章和部门规范性文件，也多为实体规则与程序规则相互交融。以本案所适用的公安部门规章为例，公安部制定了《公安机关办理行政案件程序规定》《道路交通安全违法行为处理程序规定》《吸毒成瘾认定办法》等部门规章以及指导公安部门开展工作的部门规范性文件等。行政主体作出的具体处理措施，如处罚种类、处罚方式、处罚程序和执行方式，究竟应当依据行政法规定中的程序规则，还是应当依据行政处罚法或其他具体的程序性规定，同样会出现适用法律法规错误的情形。

（四）行政法律规范内容错误适用

行政法律规范由不同的条、款、项构成，各自具有不同的含义，构成不同的行政法律关系。以《治安管理处罚法》为例，一个条文中的一款或一项即构成一个违法行为，各个违法行为具有关联性或相似性，使行政机关容易错误地认定违法行为性质。案件事实没有与法律规范构成直接对应关系，由此产生狭义的适用法律法规错误，具体包括：类推解释，在缺乏直接法律依据的情况下，超越法律规范的文义范围适用于特定案件；错误适用同一法律规范中的不同条文；错误适用不同款；错误适用不同项。本案中，公安机关适用《治安管理处罚法》对合法财物采取收缴措施，而非根据《烟花爆竹安全管理条例》没收非法运输的烟花爆竹，属于适用了错误的法律规定。而没

---

[1] 樊九如、樊建斌等诉隰县自然资源局行政撤销案，临汾市中级人民法院（2020）晋10行终43号行政判决书。

收行为应当适用《公安机关办理行政案件程序规定》第 175 条、第 193 条有关处理涉案财物的规定，在《公安行政处罚决定书》主文中载明处理情况而非以附加清单的方式决定收缴物品，对同一部法律规定中条与款的内容都存在适用错误。

【后续影响及借鉴意义】

2014 年修订的《行政诉讼法》在保持合法性审查原则的基础上，增加了明显不当的审查内容，扩大了合法性原则内涵，实现了从形式合法性审查到实质合法性审查的转变。但是，随后制定的司法解释并未说明明显不当的具体内涵、审查标准与审查方法，在理论与实务中留下了许多困惑与争议。有观点认为明显不当适用于行政裁量行为的司法审查，指结果显失公正或畸轻畸重。一般观点认为明显不当指严重违反行政合理原则而不合适、不妥当、不具有合理性，或虽未违反法律的禁止性规定，但明显不合情理或不符合公正要求，具体表现为显失公正、受不相关因素的影响、不符合惯例、不符合传统等。明显不当重在审查行政裁量结果的合理性，但也有观点认为适用于审查要件裁量、结果裁量、法律适用和程序适用等各个方面。[1]因此，明显不当标准在行政诉讼中并未得到普遍运用，即便出现在裁判文书中，法官也往往没有充分展开论证和说理。最高人民法院第 88 号指导案例中，行政相对人获得行政许可时未被明确告知行政许可的期限，事后行政机关以期限届满为由终止许可权益的，属于程序明显不当，由此确认终止行政许可行为违法。[2]在"网约车第一案"中，法院认为，本案各方受益不明并且没有证据证明，将行政处罚所针对的违法行为及其后果全部归责于相对人并作出较重处罚，处罚幅度和数额畸重，有违比例原则和过罚相当原则，属于明显不当，由此撤销处罚行为。[3]根据学者的统计和归纳，司法实践中明显不当的判断标准

---

〔1〕 参见于洋："明显不当审查标准的内涵与适用——以《行政诉讼法》第 70 条第（六）项为核心"，载《交大法学》2017 年第 3 期。

〔2〕 张道文、陶仁等诉四川省简阳市人民政府侵犯客运人力三轮车经营权案，最高人民法院第 88 号指导案例。

〔3〕 陈超诉济南市城市公共客运管理服务中心客运管理行政处罚案，济南市中级人民法院（2017）鲁 01 行终 103 号行政判决书。

多种多样。在事实认定方面，明显不当情形包括：补充提交新证据导致事实认定发生变化，继续维持行政行为明显不当；情势变更或相对人原因导致事实基础变化，维持原行政行为明显不当；作出行政行为时未全面认定案件事实；未尽全面调查导致主要证据错误或处理结果错误；基于违法民事行为而作出行政行为。在处理结果方面，导致明显不当的情形纷繁复杂，尚无明确标准，例如行政行为认定主体错误、区别对待、内容不明、履行不能、无法执行，或者行政行为不能实际解决争议、违反生效判决、同案不同判、损害第三人权益、损害公共利益、违反立法目的等。在法律适用和程序适用方面，通常情形是行政机关错误理解法律法规或违背法律程序导致行政行为明显不当。[1]在本案中，法院基于正当程序原则和平等对待原则，从事实认定、程序适用和处理结果三个方面分析了该行政处罚明显不当的情形，充分挖掘了明显不当的内涵，为进一步明确和扩展明显不当的审查标准提供了实践基础，也为法院有效运用明显不当标准提供了典型范例。在本案之后，尚未出现与本案相似的、全面运用明显不当标准并充分说理的典型案例。一个明显的趋势是，法院更加积极主动地运用明显不当标准，对行政行为进行实质合法性审查，将更多的事实要素纳入审查范围并在裁判文书中全面论证，使人信服。例如，在刘玉翠诉焦作市公安局山阳分局公安行政管理案中，法院分析了《治安管理处罚法》的立法目的，比较了违法行为与正当防卫的关系，引用了《公安机关执行〈中华人民共和国治安管理处罚法〉有关问题的解释（二）》《关于依法适用正当防卫制度的指导意见》，认定原告即被处罚人属于为了免受正在进行的违反治安管理行为的侵害而采取的制止违法侵害行为，对其进行行政处罚明显违背《治安管理处罚法》的立法目的和精神，不适当地损害了社会和他人利益，构成明显不当。[2]

我国的行政证据制度并未规定证明标准，无论是在行政执法还是行政诉讼中都面临不少的困惑。在司法审判中，法官往往根据学者的研究成果，结合习惯惯例、具体案情与自由心证，灵活而有规律地运用证明标准查明证据

---

〔1〕 参见宁凯惠、谢朗："行政判决中'明显不当'适用之实证分析"，载《江汉论坛》2020年第7期。

〔2〕 刘玉翠诉焦作市公安局山阳分局公安行政管理案，焦作市中级人民法院（2021）豫08行终46号行政判决书。

与事实。并且，许多法官已经明确认可和适用分层次的多元证明标准，作为自己选择适当证明标准的理论前提。"证据法学上一般将证明标准分为三类，即优势证明标准、清楚而有说服力的证明标准、排除合理怀疑的证明标准。在行政诉讼中，根据被诉行政行为的性质，采用不同的证明标准，如对行政裁决适用优势证明标准，对一般行政罚款采取清楚而有说服力的证明标准。限制人身自由作为治安管理领域最重的行政处罚，通常采用排除合理怀疑的证明标准审查被告提供的证据。"[1]但是，由于缺乏统一标准和典型案例以及行政程序证明标准与行政诉讼证明标准界限不清等原因，不同案例之间的证明标准存在明显不同，即便认可多元证明标准，在适用的过程中也相对谨慎和克制。例如，在一起涉及殴打他人的行政拘留案件中，法院根据优势证明标准认定行政处罚被处罚人殴打被侵害人的事实成立，因此行政拘留处罚具有正当性。其中便涉及行政程序证明标准与行政诉讼证明标准的区分与冲突，法院并未根据通说的多元证明标准选择排除合理怀疑标准，而是重在认定导致行政拘留的殴打他人事实是否成立。[2]本案的法官多次运用了行政诉讼证明标准理论认定事实和作出裁判，并结合案情进行了充分的论证和说明，反映了行政诉讼证据制度已经从单纯关注举证责任向证明标准理论扩展的趋势，为行政执法中收集证据和认定事实提供了指引，也为进一步规范行政诉讼证明标准提出了现实要求。

本案中的行政处罚案件，本是一起普通的治安案件，除了对"钓鱼执法"的质疑，原告在一审与二审过程中并未提出具有挑战性的诉讼主张。然而，本案中的法官极具现实观照与理论智慧，跳出"钓鱼执法"的罗生门，以行政诉讼的基本理论审查行政行为的合法性与正当性，以平等的要求与程序上的规则检视行政执法过程中的细节与疑问，有理有据，张弛有度。"钓鱼执法"必有线人或举报人，而对应的公安执法程序则要求登记受案信息与来源，若受案材料不规范而举报人身份又不明，则何以解释案件来源？"钓鱼执法"又会派关系人士引诱违法，而合理行政原则要求相同情况相同对待、区分具

---

〔1〕 王枫诉珠海市人民政府、珠海市公安局金湾分局公安行政管理案，珠海市中级人民法院（2020）粤04行终265号行政判决书。

〔2〕 陈阳诉北京市公安局海淀分局、北京市公安局侵犯人身权案，北京市第一中级人民法院（2021）京01行终25号行政判决书。

体情况特殊对待，不问受欺诈与否直接处罚，而具有欺诈嫌疑的第三人又开脱案外，又何以回应平等对待的要求？案外人与公安机关的实际关系以及是否存在"钓鱼执法"已不可考，但对行政机关公正执法的要求可以衡量，原告只是提出了质疑，而法官却以抽丝剥茧、条分缕析的严谨，重新审查了执法活动的方方面面，最终形成了扭转乾坤的结论，足见其审查过程中的魄力与智慧。

三 行政协议

案例五　寿光中石油昆仑燃气有限公司诉
寿光市人民政府解除特许经营协议案

徐振铭 *

【案例名称】

寿光中石油昆仑燃气有限公司诉寿光市人民政府解除特许经营协议案 [山东省高级人民法院（2017）鲁行终 191 号]

【关键词】

政府特许经营　行政协议解除　听证程序　利益衡量　确认违法判决

【基本案情】

2011 年 7 月 15 日，寿光市人民政府授权寿光市住房和城乡建设局与寿光中石油昆仑燃气有限公司（以下简称昆仑燃气公司）签订《天然气综合利用项目合作协议》，约定由昆仑燃气公司在寿光市从事城市天然气特许经营，特许经营期限为 30 年。协议签订后，昆仑燃气公司办理了部分开工手续，并对项目进行了开工建设，但一直未能完工。2014 年 7 月 10 日，寿光市住房和城乡建设局发出催告通知，告知昆仑燃气公司在收到通知后两个月内抓紧办理

* 作者简介：徐振铭，中国政法大学法学院宪法学与行政法学博士研究生。本文的指导教师为中国政法大学法学院教授、博士生导师赵宏。

天然气经营许可手续，否则将收回燃气授权经营区域。2015年6月29日，昆仑燃气公司向寿光市人民政府出具项目建设保证书，承诺在办理完相关手续后三个月内完成项目建设，否则自动退出授权经营区域。2016年4月6日，寿光市人民政府决定按违约责任解除特许经营协议并收回昆仑燃气公司的特许经营权。昆仑燃气公司不服，经复议未果，遂起诉请求确认寿光市人民政府收回其天然气特许经营权的行为违法并撤销该行政行为。

经潍坊市中级人民法院一审，山东省高级人民法院二审认为，特许经营协议在履行过程中，出现了损害社会公共利益的情形，符合协议解除的法定条件，行政机关可以单方解除特许经营协议并收回特许经营权，但该行为亦应遵循法定程序，给相对方造成损失的还应当予以补偿。本案中，寿光市人民政府多次催促昆仑燃气公司完成天然气项目建设，但昆仑燃气公司长期无法完工，致使授权经营区域内居民供气目的无法实现，损害了社会公共利益，解除特许经营协议的法定条件成立。寿光市人民政府解除特许经营协议并收回昆仑燃气公司已获得的特许经营权，应依据《市政公用事业特许经营管理办法》第25条之规定告知昆仑燃气公司享有听证的权利，但其未能履行相应的告知义务，违反法定程序。因此，被诉行政行为虽然内容合法，但程序违法。鉴于被诉行政行为涉及社会公共利益，该行为一旦撤销会影响城市发展需要和居民供气需求，故对该行为应判决确认程序违法但不予撤销。寿光市人民政府对此应采取相应的补救措施，对昆仑燃气公司的合理投入予以弥补。

【裁判要旨】

（1）特许经营协议在履行过程中，出现损害社会公共利益的情形，符合协议解除法定条件的，行政机关可以单方解除特许经营协议并收回特许经营权，但该行为亦应遵循法定程序，给相对方造成损失的，应当依法补偿。

（2）因公用事业特许经营涉及社会公共利益，当程序正当与公共利益发生冲突时，法官应运用利益衡量方法综合考量得出最优先保护的价值。在取消特许经营权行为实体正确、程序违法的情况下，判决确认违法但不撤销该行政行为，并要求行政机关采取补救措施，体现了人民法院在裁判过程中既要优先保护社会公共利益，又要依法保护行政相对人合法权益的司法价值取向。

【裁判理由与论证】

本案是最高人民法院发布的行政协议领域典型案例之一。虽然二审法院推翻了一审法院的判决，但案件争议的核心焦点始终在于行政机关解除行政协议、收回特许经营权的行为是否合法。而对于这一问题的判断，又牵连着协议解除的条件、协议解除的程序以及相对人违约与否的认定等诸多要点，而且本案的裁判方式也蕴含着法院对于公私利益平衡的价值判断。

一、作为行政协议解除前提的"迟延履行"

判断行政机关解除政府特许经营协议的行为是否违法之前，需要论证的前提性问题是：作为协议相对方的昆仑燃气公司是否存在违约行为。本案中的政府特许经营协议是寿光市人民政府与昆仑燃气公司在合意基础上签订的，内容不违反法律、行政法规的强制性规定，协议合法有效，双方应当依约履行。虽然该协议中双方未约定履行期限条款，但寿光市人民政府方多次以催告和会议纪要的形式督促昆仑燃气公司办理经营许可手续和完成配套设施建设，昆仑燃气公司也书面作出了承诺，故至 2016 年仍未完成履行内容的行为应当属于迟延履行。依据 1999 年《合同法》第 94 条第 4 项的规定，当事人一方迟延履行债务致使不能实现合同目的的，另一方可以解除合同。故寿光市人民政府有权解除政府特许经营协议。

二、行政协议解除的程序要求

基于行政协议中"行政性"之维的要求，行政机关在某些特殊的行政协议类型中需要受到超越一般"合意性"条款的特殊规则的约束，通常表现为程序要求或严格的公共利益论证。如在本案所涉的政府特许经营协议中，相关立法对行政机关解除协议的行为设置了较为严格的程序性规定，以抑制公用事业领域中行政行为的恣意。《寿光市政公用事业特许经营管理办法》第 25 条第 2 款规定，对获得特许经营权的企业取消特许经营权并实施临时监管的，必须按照有关法律、法规的规定进行，并召开听证会。所以，不能简单按照传统的要件审查模式来判断本案中解除协议行为的合法性。寿光市人民政府决定收回昆仑燃气公司的燃气经营区域授权时，应当告知其享有听证的权利，听取陈述和申辩。昆仑燃气公司要求举行听证的，寿光市人民政府应当组织听证。而寿光市人民政府未提供证据证明其已履行了相应义务，其取消特许经营权的行为不符合上述法律规定，属于程序违法。一审法院判决认定寿光市人民政府的行为系"非燃气经营许可的收回，故可以不进行听证"，这一判决思路事实上割裂了协议解除行为和取消特许经营权行为之间的紧密联系。就本案而言，解除协议和取消特许经营权是互为表里的，二者所指向的都是昆仑燃气公司所获得的特许经营权，所以解除协议行为也应当遵循法定的程序要求，履行听证程序，给相对方造成损失的还应当予以补偿。因此寿光市人民政府未召开听证会直接解除协议的行为违法。

三、协议解除程序违法时的判决类型考量

在明确行政协议解除程序违法之后，本案中二审法院的判决类型也深刻反映出司法审判中价值衡量的用意。政府特许经营作为公私合作的重要方式，广泛运用在城市基础设施建设、城市供水、供气、供热、污水处理、垃圾处理、城市公共交通等与社会公益、国计民生息息相关的特定行业，具有极强的公益导向性。一旦协议的签订或履行出现违法或履行瑕疵，将会对公民的日常生产生活带来严重影响。就本案而言，在寿光市人民政府解除协议的行为实体合法、程序违法的情形下，如果撤销该行为，将会导致行政行为的重作和特许经营程序的重启，而这一重启过程仅能修复程序的违法性伤痕，势必无法改变解除协议的最终结果。而且一旦撤销行政行为，会使公共利益再次陷入受损状态中，无法达到维护公益的目的及效果。所以，基于保护公共利益的考量，二审法院在公私益权衡之后依据《行政诉讼法》第74条第1项中"行政行为依法应当撤销，但撤销会给国家利益、社会公共利益造成重大损害的"条款，对寿光市人民政府的行为作出了确认违法判决，体现了人民法院在裁判过程中既要优先保护社会公共利益，又要依法保护行政相对人合法权益的司法价值取向。

【涉及的重要理论问题】

作为行政协议的法定类型之一，政府特许经营协议纠纷在实践中出现颇多，且争议类型复杂多样。本案的争议点存在于政府特许协议解除环节，其

中，行政机关基于后续的补充约定，以相对人的迟延履行作为条件解除协议，属于行政协议解除条件中的"依据合同的变更、解除"情形。除此之外，行政协议的变更、解除还存在基于行政机关行政优益权的解除情形。本案的一项重要意义在于，法院裁判肯定了行政机关在行政协议中的优益权，并对行政优益权的行使程序作出了限定，为后续的同案审查作出了具有可借鉴性的指引。然而，就本案中的协议解除条件而言，寿光市人民政府决定解除特许经营协议的理由是对方的违约责任，但是山东省高级人民法院在二审中以"协议履行过程中出现损害社会公共利益的情形，符合协议解除的法定条件"为由来论证解除协议的合理性，即前者主张的是基于合同约定的协议解除情形，后者论证的是基于行政优益权的解除情形。这一不同的解释取向是否属于两种情形的并存与交叉？即便是在二者存在竞合的情况下，两种情形在说理中是可以自由选择抑或有适用的先后顺序？对于这一问题的回答尚存在理论上的探讨空间。

一、行政协议的解除条件与适用顺序

行政协议"行政性"的一个重要体现就是行政机关在特定情况下享有对协议的单方变更、解除权。相较于民法规范中的合同解除权，本案终审法院所确认的行政机关的单方变更、解除权源于行政机关对于行政协议的主导地位，以及对于协议履行的监督指导权，这是设置变更、解除权的原初意涵。随着实践的发展，变更、解除权的来源也不断扩展：行政机关不仅可以出于公共利益的维护目的单方变更、解除协议，还可以依据民事法律规范行使变更、解除权，且根据权利来源不同，可将变更、解除权分为约定、商定以及法定变更、解除权三种类型。[1]也有学者将法定解除权的发生情形概括为立法规定确立的法定解除、依双方事先约定的约定解除以及由公益需要所产生的行政优益权解除三种类型，且上述三种解约情形之间并非单一的并列关系，而是存在一定交叉的。[2]除一般学理上的总结之外，司法审判中还发展出了

---

〔1〕 熊勇先："论行政机关变更、解除权的行使规则——基于司法裁判立场的考察"，载《政治与法律》2020年第12期。

〔2〕 闫尔宝："行政机关单方解约权的行使与救济检讨——以最高人民法院司法解释为分析对象"，载《行政法学研究》2020年第5期。

非基于行政优益权的单方变更、解除权，指的是出于弥补行政机关无法成为行政诉讼原告的目的，可以赋予行政机关非因行政优益权而在极个别情况下对案涉协议进行变更、撤销的权力，但是应当仅限于行政相对人存在欺诈、胁迫等主要归责于行政相对人，或者权利义务存在极度无正当理由的显失公平而严重损害国家利益和社会公共利益等情形。[1]

对行政机关行使解除权来源的区分具有重要意义。依据民事合同的变更解除权和依据行政优益权的变更解除权在适用条件上存在较大差异，首先，前者适用行政协议对解约条件的具体约定或出于合同目的不能实现，后者可适用的情形则比较多：可以因相对人缺乏足够的履约能力，或因合同起草违反法律法规，也因当地政府希望改变公共政策，甚至是出于缩减财政预算的考虑；[2]其次，两者适用的事实基础不同，前者属于在履行错误时，守约方自我救济的手段，后者是协议正常履行下为满足公益需求的特权行为；最后，这两种情形在诉讼中的审查标准、举证责任、法律适用也都存在明显不同。本案中，一审法院聚焦于对协议内容的审查，认为寿光市人民政府可以依据双方协议约定解除本案的政府特许经营协议；而二审法院则从昆仑燃气公司的违约行为将导致公共利益减损的角度论证，支持寿光市人民政府行使单方解除权，所以一、二审法院在解除权依据上的判断分歧，实际上体现出的是两种不同的论证立场。

本案一、二审法院对于解除权依据的判断各有其合理性。然而问题在于，在约定解除权和法定解除权同时存在的情况下，两者是否存在适用的先后顺序？就目前的通说观点而言，行政机关应当优先适用合同法上的解除权；若没有，才可以适用从公益维护目的出发的行政优益权。这一顺序的确定是基于行政协议的特殊形式选择所作出的判断，因为行政协议的双方合意本质，与传统行政行为之单方形成的权利义务关系有相当大的差异，行政机关既然选择以行政协议的方式来构建当事人之间的法律关系，即同时宣示着其以契

---

〔1〕 参见郭雪、杨科雄："行政协议中非基于行政优益权的单方变更权"，载《法律适用（司法案例）》2019 年第 18 期；贵州省关岭布依族苗族自治县人民政府与唐仕国房屋征收补偿纠纷再审案，最高人民法院（2018）最高法行申 8980 号行政裁定书。

〔2〕 张鲁萍："行政协议优益权行使的司法审查——基于对部分司法判决书的实证分析"，载《西南政法大学学报》2018 年第 5 期。

约方式来解决彼此间之法律问题，亦"默示"放弃以处分单方之法律形式来发生、变更或消灭彼此间之权利义务关系。[1]这样一种以合同为本位的制度理念也与德国的行政协议实践相契合，虽然德国行政程序法规定，行政机关在为避免或消除公共利益遭受严重不利的情形下可以单方解除行政合同，即承认了行政机关在履行过程中的特权行为，但又明确规定，应当优先选择以协商调整的方式解决履行争议，而不是径行采取单方解除的方式。[2]

优先采取约定解除条件的规则在我国的审判实践中也得到了确认。如在湖北草本工房饮料有限公司、荆州经济技术开发区管理委员会经贸行政管理再审审查与审判监督案中，最高人民法院认为，"一审和二审法院的裁判结果虽无不当，但其一方面认定湖北草本工房饮料有限公司的行为符合合同约定解除条件，另一方面又以行政优益权肯认荆州经济技术开发区管理委员会作出的单方终止行为，既无必要，一定程度上也存在对于行政优益权的不当理解。尤为关键的是，行政优益权是行政机关在1999年《合同法》的框架之外作出的单方处置，也就是说，行政协议本来能够依照约定继续履行，只是出于公共利益考虑才人为地予以变更或解除。如果是因为相对方违约致使合同目的不能实现，行政机关完全可以依照1999年《合同法》的规定或者合同的约定采取相应的措施，尚无行使行政优益权的必要"。[3]所以，法院在审理协议解除案件时，应当优先判断解除行为是否满足协议中的双方约定，如果符合该约定且约定合法有效，则不涉及行政优益权的行使问题；若协议中无相关约定，则进入行政优益权的判断环节。

二、行政优益权的判断与行使

为保障行政职权的有效行使，国家赋予行政机关在行政协议中的多项特权，一般将其统称为行政优益权。不同国家的行政机关享有优益权的范围和类型不同，如德国行政机关仅享有基于公益而解除行政合同的权力，而法国完全支持协议中的行政特权，并为其提供了较多的制度供给，包括单方变更

[1] 林明锵：《行政契约法研究》，翰芦图书出版有限公司2006年版，第166-168页。
[2] 应松年主编：《外国行政程序法汇编》，中国法制出版社2004年版，第104-105页。
[3] 参见最高人民法院（2017）行申3564号行政裁定书。

权、单方解除权和监督、指导权，[1]以及在相对人违约时的经济制裁、财产托管、取消合同和撤销特许经营权等。在我国，行政优益权的权力束包括协议内容的单方决定权、对协议相对人的选择权、协议履行的指挥权与检查监督权、协议单方变更权与解除权及违反协议的制裁权。[2]其中，单方变更、解除权尤为重要，也对于协议的存续影响最深，是公共服务之持续原则、公共服务之组织权不可让渡原则和公共服务之适应性原则在行政协议领域的具体化。[3]

行政优益权作为行政机关单方面行使的"强硬"特权，虽然在监督协议履行和维护公益方面起到重要作用，但其对协议相对方的权益带来极大的威胁，若行使不当将会导致缔约人的权利损害，也会加剧行政机关和相对人之间的不平衡风险。实践中大量有关行政优益权的纠纷即为明证。所以，应当对行政优益权的行使加以严格限制。除了本案确认的对行政优益权的程序性限制，还应当对优益权的实质性启动标准予以明晰。就法国的实践经验而言，法国的公用事业特许经营协议中政府部门有权单方面改变其共同签约者的责任，可使其责任增加或减少，但是必须建立在使公用事业适应新形势的基础上，而且相对人可以诉请法官宣布废除契约，此外，政府部门单方面修改契约不能试图减少原先允诺给予共同契约者的经济利益，共同签约者有权获得其承担新责任应得的补偿。[4]所以，行政优益权的启动前提应当为协议履行中出现了对公共利益的减损，而且需要对相对方的损失予以补偿，同时应当受比例原则和诚实信用原则的拘束。

而"公共利益"因概念的不确定性极易被滥用和泛化，从而成为行政机关脱逸违法性评价的理由。关于何为公共利益，学界长久以来难以总结出一个可以涵盖其范围的确定定义，只能在个案中加以判断。本案中，政府特许经营协议所涉的公用事业具有极强的公益指向性和公众必需性，如果协议履

〔1〕 李颖轶："论法国行政合同优益权的成因"，载《复旦学报（社会科学版）》2015年第6期。

〔2〕 黎学基、谭宗泽："行政合同中行政优益权的规制及其法律救济——以公共选择理论为视角"，载《南京工业大学学报（社会科学版）》2010年第2期。

〔3〕 陈淳文："论行政契约法上之单方变更权——以德、法法制之比较为中心"，载《台大法学论丛》2005年第2期。

〔4〕 [法]让·里韦罗、让·瓦利纳：《法国行政法》，鲁仁译，商务印书馆2008年版，第569-570页。

行出现瑕疵，将影响到区域内企业和居民的生产生活，所以昆仑燃气公司的行为属于对公共利益的损害。二审法院论证了昆仑燃气公司的迟延履行"致使授权经营区域内居民供气目的无法实现，损害了社会公共利益"，从而需要行政机关行使优益权解除协议。而且，公共利益的判断权应当归属于司法机关而非行政机关。因为在政府特许经营协议中，诸多类案显示行政机关经常会因规划调整、政策改变或者环境影响等理由，发布规范性文件通知相对方其需要以公共利益为由解除协议。这无疑是行政机关基于自身利益而非公共利益对协议作出的不当解除，同时也对相对人的信赖利益造成了极大损害。所以，应当由司法机关对个案中的公共利益进行最终解释和判断，并采取严格解释的立场，不能将规范性文件作为公共利益的依据，也不能使其成为行政机关单方变更、解除行政协议的依据。

三、协议解除的审理模式：行为之诉抑或关系之诉

在对行政优益权的探讨之余，从本案一、二审法院的审查重点中还延伸出另一个思考：对于解除协议纠纷采取行为之诉还是关系之诉模式审理更为妥当？按照《最高人民法院关于审理行政协议案件若干问题的规定》（以下简称《行政协议司法解释》）的规定，行政机关单方解约引发的诉讼被设定为"行为之诉"，目前我国协议解除诉讼实践中也基本按照这一思路审理，法院的判决以撤销判决为主。[1]这一模式的确定立基于我国现行的诉讼制度，就我国的行政审判传统而言，对行政行为合法性的审查处于绝对的核心地位，审理流程一般可以抽象为"发现行政行为—寻找法律依据—行为的合法性判断"的链条。然而随着行政职能和形式样态的丰富，仅着眼于传统的"具体行政行为"或者"单方行政处理"的模式暴露出了相对人权利救济上的缺憾，当聚焦于行政行为时，相对人的参与和作用不可避免地沦为"艺术上的陪衬品"，其行为手段、辅助性义务以及这些义务所针对的对象等问题，也都因此

---

〔1〕 相关案例参见：重庆市江北区住房和城乡建设委员会与重庆利兰斯机械有限公司单方解除行政协议案，重庆市第一中级人民法院（2021）渝01行终274号行政判决书；大连益普燃气发展有限公司诉大连普湾经济区管理委员会解除行政协议案，辽宁省高级人民法院（2018）辽行终1492号行政判决书；大荔县住房和城乡建设局与渭南民东新能源有限责任公司解除行政协议决定纠纷上诉案，渭南市中级人民法院（2017）陕05行终70号行政判决书等。

无法获得体察。[1]尤其是在以合意为基础的行政协议中，"合同就是当事人之间的法律"，行政机关所遵循的义务从"依法律行政义务"转变为"约定义务"，所以更直观地显现出行为审查模式的局限。

为保证行政协议纠纷能够得到妥善解决，有必要依据行政协议的特点，为其采取不同于传统行为之诉的新的审查模式。行政协议中的政府行为因合意色彩的注入而演化出不同于传统单方行政行为的精神特质，单方行政行为是指"不以自身为规范对象，且无须相对人同意，即能赋予相对人权利或义务的行政行为"，[2]而行政机关基于公益解约的行为并非纯粹的单方行政行为，其在作出时虽然违背了相对人的意志，也未经过其同意，但该行为所处分的并非相对人的权利义务，而是已经成立的行政协议法律关系，即单方解约行为是将行政机关自己和相对人都作为了处分的对象，[3]所指向的是协议法律关系的存续或消灭。所以在因协议缔结和履行所引发的约定解除情形下，采取关系之诉的模式更能够全面地审查协议双方的相互关系。[4]在具体的审查中，法院需要针对单方解约行为能否引起合同关系消灭作出判断，并就行政机关是否应承担合同履行义务或者承担赔偿责任作出判决。[5]

法院在行政协议约定解除纠纷中采取关系之诉的审理模式具有明显优势：首先，有助于法院对于协议关系的全面审查。变更、解除权的实质目的是消灭主观权利义务关系，所以对该行为的审查应当回溯到协议基础关系的判断中。关系之诉下的审查体现出完全管辖权诉讼的意味，即在当事人的诉求之外，由法官综合审查协议在订立、履行环节的合法性以及确认双方的权利义务关系，能够弥补单纯审查行政行为合法性的片面之处。其次，有助于协议纠纷的实质性化解。就判决方式角度而言，关系之诉下的判决方式一般为确

---

〔1〕 赵宏："法律关系取代行政行为的可能与困局"，载《法学家》2015年第3期。

〔2〕 陈淳文："论公法上之单方行政行为与行政契约"，载翁岳生教授祝寿论文编辑委员会编：《当代公法新论》（中），元照出版有限公司2002年版，第94页。

〔3〕 闫尔宝："行政机关单方解约权的行使与救济检讨——以最高人民法院司法解释为分析对象"，载《行政法学研究》2020年第5期。

〔4〕 参见章程："行政协议诉讼类型的区分、融合与转换"，载《行政法学研究》2021年第3期。

〔5〕 也有学者从法国的经验出发，认为应当对我国目前行政协议诉讼作广义理解，包括协议相对人提起的关系之诉和服务于合同之外的第三人的行为之诉，参见张莉："谈法国行政协议纠纷解决"，载《人民司法》2017年第31期。

认无效判决或继续履行判决，相较于目前实践中不加区分而广泛使用的撤销判决，这样一种效果导向的审查模式更有利于解决当事人之间的争议，从而保护协议相对方的合法权益，同时节约政府特许经营中双方的交易成本。

四、民事规范在行政协议案件中的准用

本案审理法院在说理部分援引了1999年《合同法》的条款判断协议的履行情况，是公私法融合的趋势下民法规范在行政法领域深嵌的表现。在行政协议案件的审理中，由于行政协议相关行政法规范立法供给不足，基于公私法的共通性和维护法秩序统一的要求，对于协议中的大量环节需要借助民事法律规范进行判断。从各国的实践来看，行政协议审理中适用民事法律规范是一种通行规则，如《联邦德国行政程序法》第62条规定协议行为可以"补充适用民法典的有关规定"，因而行政机关法定变更、解除权的行使依据包括行政法律规范和民事法律规范；在日本，履行完成、期间届满或者双方协商解除契约、单方解除契约等情形下的行政契约终止，原则上以适用民法的契约原则为妥。作为一种对协议规则的"漏洞填补"，出于平等和正义的要求，民事法律规范的适用有其必要性。[1]但并非所有的民事法律规范均可无差别地适用于行政协议的一切场景，在适用上应当明确民事规范的补充性地位，然后按照案件的特殊需要进行分类判断。

首先，行政协议诉讼中运用民事法律规范的过程应当被定性为"参照适用"。对于民事规范在行政协议中应当是直接适用还是参照适用，在立法中虽有迹可循，但表述不甚明确。《行政协议司法解释》中明文涉及民事规范适用情形的共四处，包括第12条、第18条、第25条、第27条。其中，在合同无效的判断上司法解释肯认了公法与私法具有共同法理，第12条第2款指出"人民法院可以适用民事法律规范确认行政协议无效"，意指可以"直接适用"；但作为一般性条款的第27条又指出，在诉讼法规则上可以参照适用民事诉讼的规定。"参照适用"也可以理解为"类推适用"，可能会有变通。这样一种表述的分野似乎可以解读为协议实体判断和程序判断对于民事规范具有不同程度的适用模式。但是从行政法和民法的关系出发，可以认为行政协

---

[1] 王贵松："民法规范在行政法中的适用"，载《法学家》2012年第4期。

议诉讼中对于民事规范应当属于参照适用。因为直接适用与参照适用的差别在于，前者面对的规范虽然是民法规范，但却被视为行政法本身所应有的规范，或者说两者共通的规范；而后者面对的规范则是行政法本身所没有的规范，只是在准用民法规范而已，而且还可根据行政法的特别需要修正适用。民事规范中的合同法规则原本调整的是平等主体之间的合意缔约行为，只是因为行政协议所具有的合意性才使得合同法规则在行政协议中有了适用空间，所以这一过程应当属于参照适用的过程。在行政协议中参照适用民事规范并不会违背民主原则和法的安定性原则，[1]同时也可兼顾行政协议的特性，在特殊事项上加以变通。

其次，民事规范应当在行政协议各阶段补充适用而非仅适用于履行阶段。在行政协议发展初期，理论界根据行政协议签订阶段和履行阶段法律关系的差异性，提出了用以解释行政协议的"双阶理论"，通常认为协议的签订阶段应当适用行政法规范，履行阶段应当适用民法规范，即呈现"分段适用"的特点。传统双阶理论以"行政处分+民事合同"为典型样态，后续的修正双阶理论出现"行政处分+民事合同""行政处分+行政合同"并行样态，[2]但是这对整体协议行为的机械切割，逐渐暴露出了在复杂实践面前的有限解释力，同时也不利于实质化解协议纠纷，故引起对于"分段适用"的反思和质疑。从行政协议的整体性视角观之，协议的各个阶段都可能存在行政权的因素，而且不同环节都需要行政法规范和民事规范的综合运用，所以民事规范应当在行政协议的各个环节都处于补充适用的地位。有论者指出，行政协议诉讼中的民事规范准用应遵循"行政法漏洞确认→相似民法规范查找→比照准用"三个基本步骤，同时受到行政法优位原则、法律保留原则和法律不溯及既往原则的限制。[3]

最后，在民事规范适用的事项范围上，协议的实体判断和诉讼程序规则都存在准用民事规范的空间。在行政协议的实体判断中，合同法中的合同生效条件可以适用于行政协议，[4]而且就订立、履行、变更、解除（限非基于

---

〔1〕 王贵松："民法规范在行政法中的适用"，载《法学家》2012年第4期。

〔2〕 严益州："德国行政法上的双阶理论"，载《环球法律评论》2015年第1期。

〔3〕 王春蕾："行政协议诉讼中的《民法典》准用"，载《现代法学》2021年第3期。

〔4〕 何渊："论民法规范在行政法中的适用"，载《南京社会科学》2001年第7期。

行政优益权者）行政协议等行为而言，其构成要件是否具备应当参照民事合同的规范而定。[1]行政协议中的责任制度亦可准用民事缔约过失责任、违约责任等规则，包含继续履行、违约金、合同解除、损害赔偿等；诉讼程序中对民事规范的准用以《行政协议司法解释》第 27 条为依据，其中规定"人民法院审理行政协议案件，应当适用行政诉讼法的规定；行政诉讼法没有规定的，参照适用民事诉讼法的规定"。这一准用包含以下方面：《行政协议司法解释》第 10 条按诉讼类型进行了举证责任的分配，被告原则上对行为之诉中的合法性问题负举证责任，而合约性问题的举证责任则与民事诉讼类同。对行政机关不依法履行、未按照约定履行行政协议提起诉讼的，诉讼时效参照民事法律规范确定。

五、公用事业中的国家担保责任和财务平衡原则

在此案判决尘埃落定之后，案涉的燃气基础设施如何运营以及受许方的投入如何弥补成为亟待解决的问题。本案中，寿光市人民政府收回昆仑燃气公司在三个区域的特许经营权后授权给寿光市城市基础设施建设投资管理中心，由其代表寿光市人民政府从事经营管理的行为，是公私合作中给付不中断的国家担保责任的典型体现。在给付国家的理念下，国家应当担保公民能够获得普适、便宜、及时的给付产品和给付服务。而公私合作采取的任务民营化并不意味着国家角色的"抽身"，毋宁说是国家从台前执行到幕后监管的"转身"，由此，国家担保责任理论应运而生。国家担保责任理论由公私合作制度发展较为成熟的德国提出，指的是在公私合作过程中国家的角色从公共任务的"执行者"转变为"担保者"，国家应负的责任从"履行责任"转变为"担保责任"。[2]德国学者 G. F. Schuppert 根据国家执行行政任务的密度，由强至弱依次将行政责任区分为履行、保障与网络三种类型，[3]其后，国家担保责任的类型逐渐演化为国家的管制责任、监督责任和接管责任三种。[4]

〔1〕　章程："行政协议诉讼类型的区分、融合与转换"，载《行政法学研究》2021 年第 3 期。

〔2〕　杨彬权、王周户："论我国 PPP 行政法规制框架之构建"，载《河北法学》2018 年第 3 期。

〔3〕　詹镇荣：《民营化法与管制革新》，元照出版公司 2005 年版，第 125-126 页。

〔4〕　杨彬权："论国家担保责任——担保内容、理论基础与类型化"，载《行政法学研究》2017年第 1 期。

管制责任用以解决民营化中市场主体的垄断和无序的逐利倾向，从而对公共产品的价格、质量等予以控制；监督责任侧重于在充分尊重市场主体经营自主权的基础上，由私主体定期向监管机关汇报项目运作情况、资金使用情况和相关信息披露等；接管责任则是在私主体经营不善或出现危机时的补救责任，由国家的角色归复于原初的执行责任，从而承担起最终的给付义务。国家在承担接管责任时，应当提前做好应对预案，并在收回特许经营权后及时、足额地提供公共服务，避免公众的生产生活危机进一步扩大。

而法院作出的"由寿光市人民政府对昆仑燃气公司的合理投入予以弥补"的判决，体现了公私合作中"财务平衡原则"的精神意涵。在法国的行政合同制度中，财务平衡原则是一种不依赖于合同约定产生的法定义务与责任，是从保护相对人权益的角度产生的制度设计，其最初的目的是在行政合同框架下平衡行政优益权，后成为整个行政合同制度所应履行的基本原则。它意指行政合同履行过程中，在双方均不具备法律苛责性时，行政主体必须维护相对人在"预期收益"与"现实损失"之间的经济平衡，要在"承诺给相对人的利益"与"强加给相对人的损失"之间找到一个均衡点，[1]以此达至公共利益与私人利益的平衡状态。尤其是在行政机关基于公共利益而单方解约的情形下，财务平衡原则的功能更为凸显。在行政机关和协议相对方都无过错的情况下，行政机关的单方解约权的行使前提是对相对方的实际损失以及预期损失进行赔偿。也就是说，不论基于公共利益、行政优益权或是不可抗力等因素，行政协议的履行方式可以根据现实情况灵活改变，但是财务平衡原则的落实则是刚性要求。但与理想化模型中财务平衡原则所不同的是，本案认定昆仑燃气公司存在过错，所以在对协议相对方的补偿上，还应当按照双方的过错程度综合考量补偿标准，以实现双方的利益平衡。

【后续影响及借鉴意义】

一、积极影响

本案作为行政协议审判的典型案例，对于未来的行政协议诉讼实践具有

---

[1] 李颖轶："优益权的另一面：论法国行政合同相对人保护制度"，载《苏州大学学报（哲学社会科学版）》2020年第2期。

积极的指导作用。首先，本案通过判决说理具象了行政优益权的具体形态，并明确了优益权行使的限制因素。行政优益权在理论上被讨论较多，但是具体的样态则需要在实践中予以展现。本案就为行政优益权提供了一个较为完整的样本，包含了行政优益权的行使条件、公共利益认定、优益权的行使后果等内容。关键的是，本案判决的一个重要内容是说明了优益权行使的程序性限制，即便达到优益权的行使条件，行政机关亦应当遵照特别法中的程序要求依法行使。这一内容无论对于后续的司法判决还是行政机关依法行使职权无疑都具有较强的指导作用。

其次，本案的判决结果体现了公私利益平衡的示范作用。本案的一大亮点就是判决方式上的考量。案涉的行政机关是公共利益的代表者，其建设公用基础设施是为了满足广大公民的生产生活需求。作为协议相对方的昆仑燃气公司不履行协议，损害的不仅是行政机关的利益，更是区域内的公共利益。当协议纠纷出现时，司法机关应当避免公共利益的减损，同时对于协议相对方的正当利益予以保护。本案的判决充分权衡了撤销行政机关解除行为和确认其违法但不撤销之间的利益衡量问题：若撤销该行为，则会导致协议继续处于不稳定状态，行政机关严格依照程序再行作出解除行为，势必会导致时间上的拖延以及公共利益损害的进一步扩大；而直接判决行政行为违法但不撤销，并要求行政机关采取补救措施，则在实质上既可以保全公共利益，又可以尽可能地满足原告的实质诉求，体现了法官在公私益平衡上的裁断智慧。

二、不足之处

虽然本案在以上方面对后续审判实践产生了积极影响，但是从协议相对人保障的角度考量，本案的裁判依旧存在完善空间。

首先，将约定解除和行政优益权解除混同，会导致成立要件的判断偏差。行政协议的约定解除和基于行政优益权的解除是两种不同的解除路径，具有不同的权利来源和基础，在成立要件上也差异较大，这一区分体现的是合意基础与公共利益基础的分野。所以，在判断行政机关解除协议是否合法之前，必须解决的前提性问题就是先确认协议中是否存在约定的解除情形，若没有才进入行政优益权的判断环节。但是本案的一、二审判决分别依据约定解除和优益权解除两种思路进行说理，二审法院着眼于公共利益维护的价值却忽略了合同约定条款的判断，存在优益权判断前置的风险，也不能体现对协议双方合意内容的尊重。

其次，行政优益权的行使对于协议相对人的侵害可能同样引发了信赖利益保护的危机，在协议解除之后如何切实给予协议相对人补偿，始终存在可操作性不强的缺陷。我国《行政诉讼法》第78条第2款规定，"被告变更、解除本法第十二条第一款第十一项规定的协议合法，但未依法给予补偿的，人民法院判决给予补偿"。虽然该条款赋予了行政协议一方当事人补偿请求权，但由于具体补偿标准不够明确，导致法院在补偿部分的判决较为粗疏，可执行性欠缺，容易造成案结事不了的局面。诸多案件的判例显示出了共同特点，如在河北华章热力有限公司与张北县人民政府一审案中，审理该案的人民法院判决，"一、确认被告张北县人民政府以［2012］3号张北县重点项目会议纪要形式决定收回原告河北华章热力有限公司特许经营权的行政行为违法。二、责令被告张北县人民政府于本判决生效之日起两个月内采取补救措施"；在刘树清与贵州省铜仁市碧江区人民政府再审审查与审判监督案中，审理此案的法院亦适用了同样的判决模式。在这两个案件中，法院都责令被告采取补救措施，但到底是何种补救措施并不具体。这类判决看似是原告获胜，但将如何采取补救措施的裁量权赋予了被告，无疑会为被告象征性地、非充分性地履行补救义务从而导致原告受损权益得不到恢复制造可乘之机，致使公民合法权益失去保障，同时也为新的纠纷留下隐患。

四 政府信息公开

案例六　周素梅诉武汉市汉阳区人民政府信息公开案

刘子婧 *

【案例名称】

周素梅诉武汉市汉阳区人民政府信息公开案［最高人民法院（2017）最高法行申 1310 号］

【关键词】

政府信息公开　信息公开的豁免　过程性信息　内部信息

【基本案情】

2015 年 8 月 27 日，周素梅申请武汉市汉阳区人民政府公开《鹦鹉洲项目剩余拆迁工作指挥部第 34 期会议纪要》（以下简称《第 34 期会议纪要》）。2015 年 9 月 17 日，汉阳区人民政府以申请公开的信息不属于应当公开的范围为由，拒绝了周素梅的申请。周素梅收到该答复后，认为汉阳区人民政府作出不予公开答复违法，诉至湖北省武汉市中级人民法院，请求撤销汉阳区人民政府作出的不予公开决定，并责令其限期公开相关政府信息。

---

　* 作者简介：刘子婧，中国政法大学法学院宪法学与行政法学专业硕士研究生。本文的指导教师为中国政法大学法学院副教授、硕士生导师马允。

湖北省武汉市中级人民法院一审认为，原告周素梅申请的政府信息依法不属于公开的范围，汉阳区人民政府针对周素梅的政府信息公开申请，告知其申请公开的信息属于不予公开的范围并说明了理由，其行为符合法律法规规定，并无不当，判决驳回了周素梅的诉讼请求。

周素梅对一审判决结果不服，向湖北省高级人民法院提起上诉。二审法院以汉阳区人民政府《第34期会议纪要》属于行政机关内部讨论、研究的过程性信息，不属于应公开的政府信息为由，驳回了周素梅的上诉，维持原判。

随后，周素梅向最高人民法院申请再审，再审申请称，涉案《第34期会议纪要》不涉及国家秘密、商业秘密和个人隐私，且涉案会议纪要确定了改制费用等内容，是结论性的会议纪要，属于可公开的政府信息。周素梅进一步提出，汉阳区人民政府没有提供证据证明会议纪要是内部讨论、研究的过程性信息，法院也没有写明会议纪要不予公开的法律依据，请求再审法院撤销二审判决和汉阳区人民政府不予公开决定，并判决汉阳区人民政府限期公开《第34期会议纪要》。

再审法院最高人民法院认为，会议纪要是适用于记载会议主要情况和议定事项的一种公文类型，属于行政机关内部公文，具有过程性和决策性的特点。政府信息不予公开的范围并不限于"涉及国家秘密、商业秘密、个人隐私的政府信息"，内部信息、过程信息和决策信息具有"内部性"和"非终极性"的特点，属于"意思形成"的信息，在世界范围内也通常被列为可以不公开的情形。而且过早公开此类信息可能会引起误解和混乱，或者妨碍坦率的意见交换以及正常的意思形成，从而降低政府效率。这类信息免于公开，是为了保护政府决策过程的完整性，鼓励政府官员之间的相互讨论，并防止在决定作出以前不成熟地予以公布。因此，最高人民法院以国际惯例和兼顾公开与效率为由，驳回了周素梅的再审申请。

【裁判要旨】

过程性信息指行政活动中形成的非正式、不完整、欠准确的信息，为保证行政决策独立性、决策过程完整性，行政机关在行政决策成熟前对过程性信息可以不予公开。会议纪要是适用于记载会议主要情况和议定事项的一种公文类型。内容不成熟、具有过程性和决策性特点的会议纪要属于过程性信息，可以不予公开。行政机关对于政府信息不予公开的，应当告知当事人不予公开的理由。

【裁判理由与论证】

本案发生于《政府信息公开条例》修订前，并无法律法规明确规定过程性信息可以不予公开，因此本案的争议焦点有二：第一，汉阳区人民政府《第34期会议纪要》是否属于过程性信息；第二，过程性信息是否可以不予公开。各级法院论证思路如下。

（1）湖北省武汉市中级人民法院：一审判决认为，汉阳区人民政府具有对原告周素梅提出的政府信息公开申请进行处理的行政职责，该职责具体体现为对属于公开范围的政府信息予以公开，对不属于公开范围的政府信息，应当告知申请人并说明理由。一审法院认为汉阳区人民政府针对周素梅的政府信息公开申请，告知了其申请公开的信息属于不予公开范围并说明了理由，符合法律规定，驳回了原告诉讼请求。一审法院直接采纳了行政机关对于《第34期会议纪要》不属于政府信息公开范围的认定，但并未进一步说明会议纪要的性质及其不属于公开范围的理由，因而没有达到息讼服判的效果。

（2）湖北省高级人民法院：二审判决对《第34期会议纪要》进行了性质认定，认为该会议纪要属于行政机关内部讨论、研究的过程性信息，因而不属于政府信息公开的范围，但是依然没有进一步说明对于过程性信息不予公开的理由。

（3）最高人民法院：再审裁定书在一审和二审法院的基础上，进一步论证了为何系争会议纪要属于过程性信息，以及为何过程性信息不属于政府信息公开的范围。针对系争会议纪要的定性问题，最高人民法院援引了《党政机关公文处理工作条例》第8条第15项的规定，说明会议纪要作为一种公文类型，具有过程性和决策性的特点，属于行政机关内部公文。对于为何过程性信息享有信息公开的豁免，最高人民法院从规范和法理两个层面展开了论证。在规范层面，最高人民法院对2007年《政府信息公开条例》第14条进行了解释，认为不予公开的政府信息范围不仅限于涉及国家秘密、商业秘密和个人隐私的信息，并援引国际惯例说明内部信息、过程信息和决策信息常被列为不予公开的情形。此外，最高人民法院还援引了《国务院办公厅关于做好政府信息依申请公开工作的意见》第 2 条的规定，进一步论证过程性信息不属于我国政府信息公开范畴。在法理层面，最高人民法院从兼顾效率与公平的角度对于不予公开过程性信息的合理性进行了阐述。最高人民法院认为，内部信息、过程性信息、决策信息等信息具有"内部性""非终极性"的特点，属于"意思形成"的信息，过早公开此类信息容易引起误解和混乱，或者妨碍坦率的意见交换以及正常的意思形成，从而降低行政效率。此类信息免于公开，目的是保护政府决策过程的完整性，鼓励政府官员之间的相互讨论，并防止在决定作出以前不成熟地予以公布。

【涉及的重要理论问题】

本案的争议焦点在于：第一，诉争《第 34 期会议纪要》是否属于过程性信息；第二，过程性信息是否属于政府信息豁免公开范围，过程性信息豁免公开的正当性基础是什么。其中涉及的重要理论问题分别是过程性信息界定问题和政府信息豁免公开的范围问题。

如何界定政府信息公开的范围，明确免于公开事项的判定标准，是信息公开领域的一个重要课题。首先，准确界定政府信息公开范围有利于切实保障公民知情权，构建"阳光政府"。政府信息公开下的公民知情权指"公民有权知道政府持有、保存的，与其权力行使有关的一切信息，除非法律有例外的规定"。[1]若无端缩小政府信息公开的范围，则将有悖于"以公开为常态，不公开为例外"的原则，背离保障公民知情权和监督权、提高政府工作透明度的立法目的。其次，明确政府信息公开范围，从规范层面排除不予公开事项，能贯彻落实行政效能原则。若政府信息公开范围过大，则可能使不成熟的过程性信息、繁琐的内部信息落入公开领域，影响议事的充分和中立，导致高昂的制度运行成本，造成行政资源的浪费。最后，在司法层面，清晰的政府信息公开范围可以推动政府信息公开之诉统一裁判，减少同案不同判现象的出现。

界定过程性信息的概念与内涵，是政府信息公开范围下需要解决的核心问题。2007 年 4 月 5 日公布的《政府信息公开条例》并未明确规定过程性信

---

〔1〕 参见章剑生："知情权及其保障——以《政府信息公开条例》为例"，载《中国法学》2008年第 4 期。

息界定和公开问题，仅在第 14 条明确列举了三类信息作为公开的例外，即涉及国家秘密、商业秘密、个人隐私的政府信息（"三个秘密"条款），同时第 8 条规定"行政机关公开政府信息，不得危及国家安全、公共安全、经济安全和社会稳定"（"三安全一稳定"条款）。[1]由于《政府信息公开条例》规定模糊、缺失，因此过程性信息如何界定、是否属于豁免公开的范围、在司法审查中如何进行判定等问题引发了学界广泛的讨论，[2]也成为司法实践中的重点难点问题。[3]

过程性信息概念产生较早，但直至 2019 年《政府信息公开条例》修订后才正式纳入政府信息公开的行政法规中。"过程性信息"的概念最早见于 2002 年《广州市政府信息公开规定》第 14 条的"审议、讨论过程中的政府信息"，随后 2008 年《上海市政府信息公开规定》第 10 条第 1 款也明确了不予公开的范围有"调查、讨论、处理过程中的政府信息"。虽然《政府信息公开条例专家建议稿》中提及了过程性信息，但这一建议并未被纳入 2007 年最终出台的《政府信息公开条例》中。2010 年 1 月 12 日发布的《国务院办公厅关于做好政府信息依申请公开工作的意见》第 2 条规定，行政机关在日常工作中制作或者获取的内部管理信息以及处于讨论、研究或者审查中的过程性信息，一般不属于《政府信息公开条例》所指应公开的政府信息，首次全国性地规定了"内部信息""过程性信息"作为公开的例外。但《国务院办公厅关于做好政府信息依申请公开工作的意见》并非正式法律文件，不具备法规效力，其对内部信息和过程性信息的规定能否作为政府信息公开的例外在司法裁判中援引仍受到质疑。

2019 年《政府信息公开条例》首次以行政法规的形式列举式地规定了可以免于公开的内部信息、过程性信息和执法信息。依据 2019 年《政府信息公开条例》第 16 条规定："行政机关的内部事务信息，包括人事管理、后勤管理、内部工作流程等方面的信息，可以不予公开。行政机关在履行行政管理

---

[1] 参见王敬波："政府信息公开中的公共利益衡量"，载《中国社会科学》2014 年第 9 期。

[2] 相关讨论可以参见杨小军："过程性政府信息的公开与不公开"，载《国家检察官学院学报》2012 年第 2 期；杨登峰："论过程性信息的本质——以上海市系列政府信息公开案为例"，载《法学家》2013 年第 3 期；王敬波："过程性信息公开的判定规则"，载《行政法学研究》2019 年第 4 期等。

[3] 例如本文所分析的"周素梅案"，以及后文所援引的"姚金新案"等。

职能过程中形成的讨论记录、过程稿、磋商信函、请示报告等过程性信息以及行政执法案卷信息，可以不予公开。法律、法规、规章规定上述信息应当公开的，从其规定。"该条例解决了之前《国务院办公厅关于做好政府信息依申请公开工作的意见》无权创设不公开事项的责难，将过程性信息、内部信息和行政执法案卷信息纳入相对豁免公开范围，并再次将过程性信息公开的讨论推向深入。本案虽产生于新《政府信息公开条例》颁布前，但最高人民法院依据《国务院办公厅关于做好政府信息依申请公开工作的意见》肯定了行政机关不予公开过程性信息的决定，并较为深入地论证了过程性信息不予公开的理由。

综上，本文从最高人民法院对周素梅诉武汉市汉阳区人民政府信息公开案的判决出发，分析"过程性信息"豁免公开的正当性基础和界定标准，并结合新修订《政府信息公开条例》第16条中"过程性信息可以不予公开"的规定探讨其法律适用与司法审查步骤问题，为政府信息公开之诉提供建议。

一、过程性信息豁免公开的法理基础

本案中，最高人民法院用较大篇幅说明过程性信息豁免公开的规范基础和法理基础，这是因为《政府信息公开条例》旨在保障公民知情权、监督权和参与权，鼓励政府信息应当尽可能地公开，促进政务透明，豁免公开的政府信息应当有更为坚实的正当性基础以抗衡公民知情权。过程性信息豁免公开具有如下法理基础。

（一）利益权衡原则

立法本身是利益衡量的结果，利益冲突普遍存在于各种法律关系之中，法律本质上是对利益的一种分配，政府信息公开与否是立法者利益权衡的过程，在信息公开的利益格局中，基本的利益关系存在于申请人、第三人、社会和国家之间。[1]

依据利益权衡原则，如果公开措施惠及的公共利益大于不公开，则应该对政府信息予以公开，反之亦然。新《政府信息公开条例》第14条、第15条

---

〔1〕 王敬波：《政府信息公开国际视野与中国发展》，法律出版社2016年版，第207页。

和第 16 条对于政府信息公开例外的规定集中体现了利益权衡原则，在公开与否的博弈之中，公共利益成为最主要的影响因素，并决定了政府信息公开的范围。[1]其中危害国家利益或社会利益的政府信息属于绝对不公开范畴，而涉及他人利益或属于过程性信息、内部信息和行政执法案卷信息则属于相对不公开范畴。[2]在本案中，最高人民法院判决明确了过程性信息可以不予公开的利益权衡，即"一旦过早公开，可能会引起误解和混乱，或者妨碍坦率的意见交换以及正常的意思形成，从而降低政府效率。这类信息免于公开，目的是保护政府决策过程的完整性，鼓励政府官员之间的相互讨论，并防止在决定作出以前不成熟地予以公布"。[3]换言之，一方面，过早公开尚处于讨论和形成过程之中的过程性信息，不利于行政机关内部充分的交流和中立的议事；另一方面，过程性信息与最终决策结果可能存在差异，过早公开也无助于公民知情权的实现，因而为保障行政效率和议事中立，选择豁免此类信息的公开。

(二) 成熟原则

"成熟原则"最早是由美国法院判例所确定的程序法原则，其内涵指当事人必须等到行政程序中所有的步骤进行完毕后才能寻求司法审查。[4]日本撤销诉讼中也运用了成熟原则，日本行政厅认为只要没有到达对相对人权利义务作最终决定的终局阶段，纷争便尚未成熟，而未成熟的纷争不经法院审查，该行政决定也不具备处分性。[5]成熟原则确立的理由在于保护行政机关决定或决策在发生效力前免受司法机关的干涉，以免因过早裁决而使法院卷入有关行政政策的理论争议之中。[6]程序法中的成熟原则也可迁移适用至程序性政府信息豁免公开的实体法制度之中。政府信息公开除具有保障公民知情权、打造阳光政府的功能外，公民获悉的政府信息还具备证据作用，可以在诉讼

---

〔1〕 王敬波：《政府信息公开国际视野与中国发展》，法律出版社 2016 年版，第 207 页。

〔2〕 参见梁艺："行政执法案卷信息的解释与适用——以《政府信息公开条例》第 16 条为中心的初步观察"，载《政治与法律》2020 年第 2 期。

〔3〕 最高人民法院（2017）最高法行申 1310 号行政判决书。

〔4〕 姜明安主编：《外国行政法教程》，法律出版社 1993 年版，第 301 页。

〔5〕 杨建顺：《日本行政法通论》，中国法制出版社 1998 年版，第 727-730 页。

〔6〕 《美国最高法院判例汇编》第 387 卷，第 136 页、第 148 页。转引自石佑启："在我国行政诉讼中确立'成熟原则'的思考"，载《行政法学研究》2004 年第 1 期。

或者行政程序中作为书证使用。这就要求公开的政府信息具有正式性、完整性和可用性。换言之，公开的政府信息需达到成熟状态，属于结果信息或者事实信息。尚处于斟酌、讨论和交流中的信息可以反映行政机关对于某事的意见或态度，即所谓的意见信息，但是该信息本身并不能反映最终决策结果，对行政相对人生产生活不具备指导意义，因而不具有外部效力和可用性。这类信息免于公开可以保障行政机关独立作出决策，也能防止公众产生误解。

（三）过程性信息豁免公开并非绝对豁免

过程性信息豁免公开并非绝对豁免而是相对豁免，法律、法规、规章规定，公开的过程性信息应当公开；利益权衡后公开利益大于不公开利益的过程性信息也应当公开。利益权衡原则和成熟原则不仅为过程性信息豁免公开提供了法理依据，也构成了个案中过程性信息公开与否的衡量标准。具体而言，公开过程性信息的公共利益大于不公开的公共利益且政府信息成熟时应该选择公开，反之亦然。进一步，以公益为标准进行利益衡量不仅适用于《政府信息公开条例》第16条，在第14条、第15条中也可以适用。在杨政权诉山东省肥城市房产管理局案中，[1]杨政权申请公开经适房、廉租房的分配信息并公开所有享受该住房住户的审查资料信息，肥城市房产管理局和一审法院以所属信息为个人隐私信息为由拒绝了原告的公开申请。二审法院认为"当涉及公众利益的知情权和监督权与保障性住房申请人一定范围内的个人隐私相冲突时，应首先考量保障性住房的公共属性，使获得这一公共资源的公民让渡部分个人信息，既符合比例原则，又利于社会的监督和住房保障制度的良性发展"，撤销了原审判决并要求被告限期答复。总之，在复杂多变的背景下，行政机关和法院应当考虑到在政府信息公开中公共利益这一因素的可变性和动态性，综合运用利益衡量原则和比例原则，而非"一刀切"地裁判过程性信息豁免公开。

---

〔1〕 最高人民法院："全国法院政府信息公开十大案例"，载《人民法院报》2014年9月13日，第3版。

图1　过程性信息豁免公开的法理基础及判断标准

二、过程性信息的界定标准及其与内部信息、行政执法信息的区别

本案中另一争议焦点为会议纪要是否属于过程性信息，即过程性信息的界定标准问题。此外，《政府信息公开条例》第 16 条列举的三类可以不予公开的政府信息，即内部信息、过程性信息和行政执法案卷信息之间界限并不明确，司法实践中常见混同情形，因此有必要进一步明确过程性信息的界定标准及其与其他两类信息的区别。

（一）过程性信息界定标准

本案中，最高人民法院仅指出"过程性信息……具有'内部性'和'非终极性'的特点，属于'意思形成'的信息"，并未说明其界定标准，且与内部信息概念混用，《政府信息公开条例》第 16 条则仅对过程性信息进行了类型化归纳，第 16 条第 2 款规定"行政机关在履行行政管理职能过程中形成的讨论记录、过程稿、磋商信函、请示报告等"为过程性信息，因此"过程性信息"界定标准在立法和司法实践中尚不清晰。理论界对"过程性信息"的界定可以概括为两类观点。

第一类观点以行政决策或决定的程序划分过程性信息。譬如杨小军教授认为，"从行政机关行为形成过程的角度展开分析，过程性信息处于行为开始到正式作出前的中间阶段。没有过程，就不会有过程性信息。该过程，并非指信息的形成过程，而是指信息所服务行为之形成过程"。[1]依据此类观点，处于行政过程之中的信息都属于过程性信息，该信息记录了行为的形成过程，

---

〔1〕　杨小军："过程性政府信息的公开与不公开"，载《国家检察官学院学报》2012 年第 2 期。

反映了一定事实、意见、行为过程等内容，但是由于行政行为未最终成型、成熟，因此为了排除外界影响，保持行政程序内坦诚的交流讨论而免于此类信息的公开。此类观点在司法实务中受到了较为广泛的欢迎和普遍的适用。在自然之友与中华人民共和国农业部行政复议案（以下简称"自然之友案"）中，民间环境保护组织自然之友对当时的农业部以过程性信息为由不予公开《长江上游珍稀特有鱼类国家级自然保护区范围调整的申报书》和《长江上游珍稀特有鱼类国家级自然保护区范围调整部分的综合考察报告》的行为申请行政复议，认为"综合考察报告已经不再是处于讨论、研究或者审查中的过程性信息，而转变成为阶段性结果性信息"，但农业部仍然维持了不予公开的决定。[1]可见，在"自然之友案"中，农业部潜在地以行政决策或决定的程序作为过程性信息认定标准，而未对信息本身属于"过程"还是"结果"进行实质性判断。同样，在生乳新国标会议纪要信息公开案（以下简称"生乳新国标案"）中，北京市第一中级人民法院也以系争信息"食品安全国家标准审评委员会编写的会议纪要"属于过程性信息为由拒绝了原告赵正军提出的政府信息公开的要求。[2]北京市第一中级人民法院认为，"对于在行政机关内部交换意见的政府信息，无论在行政决策过程中公开，还是在行政决策作出后公开，均可能导致在行政机关内部难以坦率地表达意见"。[3]本文讨论的周素梅案中，最高人民法院也是采取类似的观点，认为行政过程中形成的会议纪要属于过程类信息，因而排除在政府信息公开范围之外。以行政决策或决定的程序划分过程性信息的观点存在一个明显不足，即有时行政程序作为整体虽未终结，但是该过程中形成的部分信息已形成了阶段性意见或事实，属于阶段性结果信息。如果一概将其排除在信息公开范围之外，则会无端扩大政府信息公开豁免的范围，从而限缩了相对人对重大公共决策的知情权，妨碍其有效参与行政过程和行使监督权，使社会公众难以对行政决策或行政决定结果产生认同感。对此，以杨登峰教授为代表的学者们对此类观点进行了矫正，形成了第二类观点。

---

[1] 郄建荣："环保组织提请'过程性信息'合法性审查"，载《法制日报》2011年3月25日，第6版；刘世昕："政府信息公开标准谁说了算"，载《中国青年报》2011年5月13日，第5版。
[2] 安健："生乳新国标会议纪要信息公开案宣判"，载《人民法院报》2013年12月17日，第3版。
[3] 安健："生乳新国标会议纪要信息公开案宣判"，载《人民法院报》2013年12月17日，第3版。

第二类观点以信息的制作或获取状态划分过程性信息，譬如杨登峰教授认为，"政府信息的形成只取决于自身的制作或获取过程有无结束，不关乎后续以及最终的行政决策或行政决定程序是否完毕。那些信息还正在讨论研究或审查中，不能说此前制作或获取的中间性政府信息仍处于讨论、研究或审查过程"。[1]这一界定标准认为过程性信息概念核心并不在于其是否属于在行政决策或决定作出之前制作或获取的信息，而应该着眼于政府信息自身的形成状态，即是不是尚未制作完成的、非正式、不完整因而不具有使用价值的信息。概言之，杨登峰教授认为，"'过程性'这一概念并未准确反映这一信息的本质，应以'未制成'代之"。[2]前述"自然之友案""生乳新国标案"以及周素梅案中当事人均采此类观点对不予公开决定予以辩驳，认为诉争申报书、调查报告或者会议纪要虽形成于行政决定作出的过程中，但是该行政过程已告终结，或诉争信息已作为结果信息成为行政决策的依据，因而不宜再界定为过程性信息。政府信息公开案件中行政相对人的诘问逻辑为，政府信息是否属于过程性信息应以申请公开的政府信息自身的制作或者获取状态为判断基准，只要是它自身以完整正式的形式记录下来，或者行政决定或决策已作出或实施，则不再属于过程性信息。

相较于第一类观点，第二类观点以信息本身是否属于"非正式、不完整、欠准确"状态的三要件标准取缔是否"形成于行政过程中"的单一要件，从而避免了对过程性信息进行"一刀切"的处理，也释放了更多信息公开的空间。质言之，第一类观点对过程性信息进行广义解释，认为凡属行政过程终结前形成的信息均可列为过程性信息，而第二种观点进行了狭义解释，认为所谓过程性仅指信息本身状态，从而将大量行政过程中的结果性信息划出豁免范围。以信息状态界定过程性信息的观点也成为目前学界主流观点。例如王万华教授认为"过程信息是对信息状态的描述，是仍然处于研究、审查或者讨论中的政府信息"。[3]胡弘弘教授认为"过程信息只是一种阶段性信息，

---

[1] 杨登峰："论过程性信息的本质——以上海市系列政府信息公开案为例"，载《法学家》2013年第3期。

[2] 杨登峰："论过程性信息的本质——以上海市系列政府信息公开案为例"，载《法学家》2013年第3期。

[3] 王万华：《知情权与政府信息公开制度研究》，中国政法大学出版社2013年版，第180页。

一旦最终的决定作出，决策过程将不再受到保护这一观点，是判定过程性信息是否公开的关键"。[1]这一观点也逐渐被法院采纳。在 2013 年度全国法院政府信息公开十大案例"姚新金、刘天水诉福建省永泰县国土资源局案"（以下简称"姚新金案"）中，[2]一审法院认为原告申请公开的房屋所在区域地块建设项目"一书四方案"[3]系向上级批报的过程性材料，不属于政府信息公开的范围，但二审法院福州市中级人民法院并未讨论房屋建设项目是否通过，而着眼于"一书四方案"已被批准本身，得出其并非过程性信息之结论。最高人民法院在遴选时认为，"一书四方案"的典型意义在于"过程性信息（不公开）不应是绝对的例外，当决策、决定完成后，此前处于调查、讨论、处理中的信息即不再是过程性信息，如果公开的需要大于不公开的需要，就应当公开"。[4]由此看来，福州市中级人民法院和最高人民法院对过程性信息的潜在分析方法与观点二中的"信息状态标准"是不谋而合的。

因此，本文认为，过程性信息的内涵指的是信息自身形态未完成，而非着眼于行政过程未终结。在行政管理实践中，一项行政决策或者行政决定最终作出可能需经过多程序与多阶段，若基于程序完整的理念将最终决策作出前所形成的政府信息全部纳入过程性信息豁免公开范围，无疑将限制社会公众和行政相对人的知情权与监督权，不利于打造阳光政府。以在城市规划区内新建建筑物为例，这一最终目的的实现需要通过申请人申请、规划部门依据城乡规划颁发规划许可证，再经由住建部颁发建设工程规划许可证，最后再由环保、消防多部门验收合格，在这一程序终结前形成的政府信息或具备阶段性意义，不宜作为过程信息一概不予公开。[5]

---

〔1〕 胡弘弘、吴晓旭："突破文件类型限制的政府信息公开——以政府'会议纪要'为例"，载《理论探讨》2018 年第 6 期。

〔2〕 福建省福州市中级人民法院（2014）榕行终字第 82 号行政判决书。

〔3〕 即建设用地项目呈报说明书、农用地转用方案、补充耕地方案、征收方案、供地方案。

〔4〕 最高人民法院："全国法院政府信息公开十大案例"，载《人民法院报》2014 年 9 月 13 日，第 3 版。

〔5〕 《城市规划法》第 32 条规定："在城市规划区内新建、扩建和改建建筑物、构筑物、道路、管线和其他工程设施，必须持有关批准文件向城市规划行政主管部门提出申请，由城市规划行政主管部门根据城市规划提出的规划设计要求，核发建设工程规划许可证件。建设单位或者个人在取得建设工程规划许可证件和其他有关批准文件后，方可申请办理开工手续。"

（二）过程性信息与内部信息的区别

除过程性信息外，新修订的《政府信息公开条例》第16条还规定了人事管理、后勤管理、内部工作流程等方面的政府内部信息，可以不予公开。从法规规定上看，过程性信息和内部信息似乎泾渭分明，但在行政管理实践中却并非截然两分，且行政机关与审判机关也经常将两个概念混用。例如，"姚新金案"中被告永泰县国土资源局将内部信息与过程性信息混同，认为"一书四方案"系被告制作的内部管理信息，系处在审查中的过程性信息，不属于政府信息公开范围。因此有必要再次明确内部信息的概念和内涵。又如在本案中最高人民法院认为"申请人申请公开的'会议纪要'具有内部性、过程性等特点"，驳回了周素梅的再审申请。[1]

王敬波教授在《政府信息公开国际视野与中国发展》一书中认为，依据内部信息的对象可以将内部信息分为三类：一是机关上下级之间的请示、报告、批复、意见等；二是同级机关之间的往来函件、意见、通报等；三是机关内部工作资料和人事管理信息等。[2]然而，行政管理内部信息的样态复杂，既可能是诸如安全事故调查报告等事实信息，也可能是领导批示等意见信息，可能是尚未送达、未生效力的行政决定，也可能是体现行政机关裁量基准的行为规则，因此仅以信息对象划分内部信息的分类标准并不能提供清晰明确的体现内部信息的实质内涵。杨登峰教授基于对上海市政府信息公开系列案件的分析，以信息内容为观测点将内部信息分为五类：一是有关行政执法人员资质、职务等情况的个人信息；二是行政公务人员在处理、讨论行政事务过程中发表的主观性意见；三是在外部行政过程中制取的反映客观事实的信息，这类信息不包括最后作出的行政决策或行政决定；四是在内部行政中制取的反映客观事实的信息；五是行政机关为内部机构或行政公务人员制定的行政操作规程。[3]相较于第一种分类方式，第二种分类方法更加侧重于表达内部管理信息的内部性，即信息本身对行政相对人不产生影响，不具有利害

---

〔1〕　最高人民法院（2017）最高法行申1310号行政判决书。

〔2〕　参见王敬波：《政府信息公开国际视野与中国发展》，法律出版社2016年版，第22页。

〔3〕　杨登峰："内部管理信息的认定：基于上海等五省、市系列案件的分析"，载《法商研究》2015年第4期。

关系。

审判实践中，对于政府内部管理信息的判定也更倾向着眼于信息内容而非信息形式。在余穗珠诉海南省三亚市国土环境资源局案中，[1]原告余穗珠为获知搅拌站产生的烟尘对周围龙眼树开花结果的环境影响情况，请求三亚市国土环境资源局公开搅拌站的相关环境资料，[2]三亚市国土环境资源局以申请公开信息系内部事务形成的信息为由，拒绝对部分文件予以公开。最高人民法院对这一观点采反对意见，认为"虽然文件形式表现为内部报告，但实质仍是行政管理职能的延伸，不属于内部管理信息"。可见内部信息的内涵在于信息内容是否具有内部性，而非信息形式是否属于上下级交流使用的函、批复等文件类型。内部信息往往不对外产生效力且内容繁多琐碎，对于此类信息免于公开一方面是出于提高行政效能的考量，另一方面也可减轻公众阅读负累。

因此，相比较过程性信息而言，"内部管理信息"的本质在于"事务上的内部性"，其公开豁免的目的是避免行政机关因为公开一些与真正且重要的公共利益无关的、日常琐碎的内部事务，而增加搜集、整理、提供信息的负担，而过程性信息的核心则在于"内容上的未完成性"，它是行政机关在对外作出决策之前的准备过程中产生的非正式、不准确和不完整的信息，公开这些不成熟的决策信息，除会导致公众对行政过程不必要的误读以外，还会对参与决策讨论的成员自由表达意见产生不良影响，进而影响行政决策的质量，这两类信息的内涵、外延、豁免公开的原因、判定标准都是不同的。[3]笔者认为，就对外效力而言，内部信息和过程性信息均属于未对公众生效的信息，但前者往往指涉无关公共利益的行政管理信息等内部事务性信息，而后者则侧重于描绘信息尚未生效的状态。换言之，若行政机关以所申请信息属于过程性信

---

〔1〕 最高人民法院："全国法院政府信息公开十大案例"，载《人民法院报》2014年9月13日，第3版。

〔2〕 包括：三土环资察函〔2011〕50号《关于建设项目环评审批文件执法监察查验情况的函》、三土环资察函〔2011〕23号《关于行政许可事项执法监察查验情况的函》、三土环资监〔2011〕422号《关于三亚金冕混凝土有限公司海棠湾混凝土搅拌站项目环评影响报告表的批复》《三亚金冕混凝土有限公司海棠湾混凝土搅拌站项目环评影响报告表》。

〔3〕 参见薛亚军："政府信息公开中'内部信息'公开豁免问题研究"，载《情报理论与实践》2016年第11期。

息为由拒绝公开，其所强调的是该信息内容的不确定性或者未完成性，例如尚在讨论中未形成结果的信息，如记载讨论过程的会议纪要。此类信息虽因为信息状态而暂时不予公开，但信息内容或牵涉重大行政决定或决策，可能仍可以在制作完备后公开。反之，若行政机关以内部信息为由拒绝公开，其对公众释放的信号则侧重于该信息与公共利益无涉，仅关乎行政机关内部管理事由或程序，基于行政效能原则的考虑对其不予公开。综上，行政机关或法院在援引豁免公开理由时，仍需对过程性信息或内部信息加以斟酌和考虑。

表 1　过程性信息与内部信息的区别

	界定标准	不予公开的理由
过程性信息	信息自身状态不完整，属于非正式、不完整、欠准确的信息	决策信息未成熟、确保决策质量和独立性
内部信息	政府内部管理产生的、具有事务上的内部性、不对外产生影响的信息	对相对人不产生影响、不具有利害关系

（三）过程性信息与行政执法案卷信息的区别

行政执法案卷信息是指在行政执法过程中按照一定程序和标准制作、形成的案卷信息，是对执法活动的记录与再现。[1]《政府信息公开条例》第 16 条规定是"行政执法案卷信息"作为专门概念首次出现在我国法律规范体系中，此前更为广泛使用的概念是"行政执法案卷"，后者指的是与行政机关处罚、许可、强制等执法活动相关的材料，包括监督检查记录、证据材料、执法文书等。[2]

相比于过程性信息和内部信息而言，行政执法案卷信息的概念外延与内涵模糊，界定较为困难。这是因为：第一，修订后的《政府信息公开条例》第 16 条对过程性信息和内部信息进行了列举说明，但行政执法案卷信息仅以概念名词方式呈现，规范表述缺失，难以从列举性规定中归纳提炼内涵。第二，作为上位概念的"行政执法"在理论界和实务界中尚未能获得一致性

---

〔1〕 参见郭晓雨："行政执法的技术治理逻辑——基于对执法案卷制作的'行为—过程'分析"，载《法制与社会发展》2021 年第 2 期。

〔2〕 参见梁艺："行政执法案卷信息的解释与适用——以《政府信息公开条例》第 16 条为中心的初步观察"，载《政治与法律》2020 年第 2 期。

意见，[1]增加了界定行政执法案卷信息的难度。第三，行政执法案卷信息可能同时属于行政活动中产生的、处于加工制作中的过程性信息，二者的交叉关系使得行政执法案卷信息外延不清晰。

有学者指出，法条缺乏对行政执法案卷信息的必要限制，《政府信息公开条例》第 16 条第 2 句语义上存在两种解释，一是执法案卷信息与过程性信息并列，均属于行政机关履行职责过程中形成的具有"过程性"特征的内容，二是行政执法案卷信息区别于过程性信息是一项独立不予公开的理由。[2]立法上的歧义使得司法实践中也常出现过程性信息与行政执法案卷信息混同或共用的现象。例如，在"秦莉琼、兴安县人民政府不履行法定职责案"中，广西壮族自治区高级人民法院认为，原告申请公开的信息"属于行政机关在履行行政管理职能过程中的过程性信息以及行政执法案卷信息"，[3]并未对二者进行区分。

笔者认为，过程性信息与行政执法案卷信息的共性在于二者都是行政活动过程中形成的信息，二者的区别在于：其一，从特征上来看，前者侧重信息未完成、不成熟的状态，而后者侧重对执法活动进行记录、再现的信息；其二，从不予公开理由上来看，前者出于保障决策独立性的考量，而后者基于保障执法活动正常进行。[4]

表 2　过程性信息与行政执法案卷信息的区别

	界定标准	不予公开的理由
过程性信息	信息自身状态不完整，属于非正式、不完整、欠准确的信息	决策信息未成熟、确保决策质量和独立性

---

〔1〕　参见周围、张杰："关于行政执法问题的研讨"，载《中国法学》1990 年第 3 期；姜明安："论行政执法"，载《行政法学研究》2003 年第 4 期。

〔2〕　参见梁艺："行政执法案卷信息的解释与适用——以《政府信息公开条例》第 16 条为中心的初步观察"，载《政治与法律》2020 年第 2 期。

〔3〕　参见广西壮族自治区高级人民法院（2020）桂行终 1013 号行政判决书。

〔4〕　最高人民法院在裁判中认为"具体行政执法活动中有关执法调查方法、机密信息来源、内部研究意见等敏感信息，通常不应公开，否则将有可能妨碍行政执法活动的正常进行"。参见最高人民法院（2017）最高法行申 4750 号行政裁定书。

续表

	界定标准	不予公开的理由
行政执法案卷信息	按照一定标准制作、形成的，对执法活动进行记录和再现的案卷信息	保障执法活动正常进行

（四）会议纪要属性判断：过程性信息、内部信息抑或其他

在"周素梅案"中，最高人民法院认为诉争"第34期会议纪要"属于过程性信息因而免于公开，这一观点引发了学界对会议纪要是否属于过程性信息的激烈讨论。[1]

在"周素梅案"说理部分，最高人民法院援引《国务院办公厅关于做好政府信息依申请公开工作的意见》，认为申请公开的会议纪要具有内部性、过程性的特点，一旦过早公开可能会引起混乱和误解，降低行政效率，因而属于《国务院办公厅关于做好政府信息依申请公开工作的意见》第2条中所规定的可以免于公开的过程性信息。但再审申请人周素梅认为涉案会议纪要确定了改制费用等内容，属于结论性的会议纪要。可见在"周素梅案"中，最高人民法院实质上采纳了第一种过程性信息的观点，即以行政决策或决定的程序划分过程性信息，而行政相对人所采用的朴素辩论逻辑则暗合第二种观点，即以信息状态界定过程性信息，认为会议纪要是否属于过程性信息无涉拆迁工作是否终结，而应该以纪要本身是否制作完成、内容是否具有完整性、形式是否具有正式性等因素判断。笔者认为第二种观点更具合理性，会议纪要并不因其形式和作出的时间而天然属于过程性信息，行政机关和法院在判断个案中会议纪要能否公开时应该对纪要的内容、本身信息状态以及程序是否完结进行综合判断。例如，行政决策或行政决定业已作出，那么公开过程产生的会议纪要并不会影响决策的中立和行政效率，反而能提高相对人对决策依据和决策过程的了解，此时若公开所带来的公共利益大于不公开则应该选择公开。"周素梅案"说理部分的另一个不足体现在最高人民法院简单地将会议纪要等同于过程性信息，混淆了信息形式与信息内容。会议纪要在行政

---

[1] 参见胡萧力："会议纪要应否公开的判定逻辑及规则"，载《中国行政管理》2018年第3期。

管理实践中的功能非常复杂，很多行政决策的主要内容都在会议纪要中体现，其外部性在行政决策中表现较为明显，仅以会议纪要的形式为由不予公开，缺乏对信息内容的分析。[1]

总之，应当明确"会议纪要"属于信息形式，其实质内容可能是信息形态未完成的过程性信息、事关行政机关内部管理事务的内部信息或者产生于决策过程中但业已成熟、可以公开的政府信息。因此，法院审理信息公开案件时，不宜仅凭借信息名称或形式作出公开与否的判断，而应对其内容进行实质性审核，继而判断是否属于豁免公开的信息类型。

三、过程性信息豁免公开的司法审查

（一）过程性信息的司法审查步骤

对于判断过程性信息是否公开，学者们提出了不同的判断步骤和标准。例如胡弘弘教授认为，在具体案件的判定中，可以依据以下步骤对是否属于过程性信息，是否应当公开作出判定：第一，是否属于我国《政府信息公开条例》中绝对不予公开的范围，若涉诉信息属于绝对不予公开的范围，则直接判定不予公开；若相反，则进入下一步。第二，该信息所在的行政决策是否已经完成，若决策已经作出，信息则不属于仍存在过程中的未成熟的信息，应当予以公开；若相反，则进入第三步。第三，结合豁免公开的立法目的区分对待意见信息与事实信息，无论最终决策是否完成，事实信息都应当公开，意见信息不予公开。[2]也有学者认为，过程性信息的具体判定步骤包括：第一，判断被申请公开的信息的内部性，即该信息是否由行政机关人员作出，如果该信息是行政机关以外的主体向行政机关出售或自愿提供的信息，则进一步判断该外部主体出售或提供的信息是否与自身利益密切相关，或代表任何可能受到政府行为影响的他人的利益。第二，判断该信息是否与行政决策过程密切相关。第三，区分事实性信息与意见性信息。第四，判断该信息是不是在最终决策之前提出的。第五，判断行政机关是否引用该信息作为最终

---

〔1〕 王敬波："过程性信息公开的判定规则"，载《行政法学研究》2019 年第 4 期。

〔2〕 胡弘弘、吴晓旭："突破文件类型限制的政府信息公开——以政府'会议纪要'为例"，载《理论探讨》2018 年第 6 期。

决策的依据。〔1〕总体而言，上述步骤可以归纳为：首先，判断系争信息是否属于其他豁免公开的情形（例如属于"三个秘密"条款）；其次，判断系争信息是否符合过程性信息构成要件；最后，即使属于过程性信息，也需对其中的意见信息和事实信息加以区分，并对事实信息予以公开。

美国 1973 年"环境保护部诉明克案"对政府过程性信息中的意见信息和事实信息进行了区分。在该判例中，国会议员依据 1966 年《美国信息自由法》要求公开 9 份地下核试验文件，地方法院以其属于《美国信息自由法》第552 节（b）〔2〕规定的过程性信息为由驳回了对其中一项文件的公开申请。〔3〕上诉法院撤销了这一裁决，认为第 552 节（b）规定只保护决策过程，不保护事实信息，除非事实信息"与政府制定过程不可避免地交织在一起"。〔4〕但是，美国最高法院驳回了上诉判决，认为上诉法院的判决结果会使得任何公民都可以对包含事实信息的政府过程性信息提起诉讼，无论该事实部分多么微不足道，法院都不得不对系争信息进行私下审查（in Camera Inspection），因此这一判决无疑是"僵化"的。〔5〕可见，对过程性信息中的意见信息和事实信息进行区别，不可避免地增加了行政机关信息公开负担和法院审查负荷。笔者认为无论是《美国信息自由法》第 552 节（b），还是我国《政府信息公开条例》第 16 条之规定，都体现了立法者为保障行政机关坦率交流、充分议事和行政效率的一种政策选择，如果要求再进一步区分意见信息和事实信息，则可能困阻规范实施，背离立法原意。此外，也有国内学者认为，实际上在很多情况下，政府过程性信息中的事实信息和意见信息都难以区分。

综上，笔者认为对过程性信息审查的重点在于，首先排除属于其他豁免公开的信息类型；其次判断是否符合过程性信息构成要件，如果该信息形态已臻完整形成结论，则不属于过程性信息；最后依据利益权衡原则进行个案化判断，如果公开的公共利益大于不公开，则应该选择公开。

〔1〕 薛亚军："政府信息公开中'内部信息'公开豁免问题研究"，载《情报理论与实践》2016年第 11 期。

〔2〕《美国信息自由法》第 552 节（b）规定，本法不适用于下述文件……（2）纯属机关内部人事规则和制度。See The Freedom of Information Act, 5 U.S.C. § 552.

〔3〕 U.S. Supreme Court EPA v. Mink, 410 U.S. 73 (1973).

〔4〕 U.S. Supreme Court EPA v. Mink, 410 U.S. 73 (1973).

〔5〕 U.S. Supreme Court EPA v. Mink, 410 U.S. 73 (1973).

（二）过程性信息的证据规则："举证责任倒置"

行政机关基于我国《政府信息公开条例》第 16 条之规定拒绝行政相对人信息公开申请并进入诉讼程序的，应当对系争信息属于豁免公开范围承担举证责任。《最高人民法院关于审理政府信息公开行政案件若干问题的规定》第 5 条第 1 款规定，"被告拒绝向原告提供政府信息的，应当对拒绝的根据以及履行法定告知和说明理由义务的情况举证"。行政机关援引《政府信息公开条例》第 16 条以申请公开信息属于内部信息或过程性信息为由作出不予公开决定的，应该对该信息属于内部信息或过程性信息的规范性文件和/或证据进行列明和说理。在"柴燕平与天津市人力资源和社会保障局政府信息公开纠纷上诉案"中，天津市中级人民法院认为"过程性信息不属于法定免于公开的政府信息范围，被告拒绝公开过程性信息，应举证证明该过程性信息属于不予公开范围，符合不予公开的相关条件"。[1] 虽然目前《政府信息公开条例》已明确将过程性信息、内部信息和执法类信息纳入公开豁免范畴，但是笔者认为，结合前述司法解释第 5 条之规范和前文分析，由于行政机关对不予公开决定承担举证责任，且过程性信息、内部信息等豁免公开信息不能仅凭信息形式或文号类型界定，需要结合内容进行实质判断，因此行政机关除援引该条例外仍需举证证明申请的信息属于第 16 条三类信息范围内。以过程性信息为例，行政机关应当对申请人申请的信息具备"非正式性"形式要件和"不完整性、不具备使用价值"实质要件进行说明。

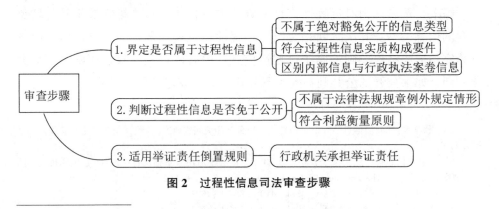

图 2 过程性信息司法审查步骤

---

〔1〕 参见（2014）和行初字第 0148 号；二审（2015）一中行终字第 0071 号。

【后续影响及借鉴意义】

法学界和实务界对过程性信息、内部信息是否属于免于公开的政府信息存在长期而激烈的争论，直至 2019 年新修订的《政府信息公开条例》第 16 条将"过程性信息""内部信息""执法类信息"纳入法定豁免公开事项。虽然《政府信息公开条例》列举性地说明了免于公开的信息类型和范畴，但是并未一劳永逸地解决过程性信息和内部信息内涵界定、范围划分和裁判规则问题。为维护促进行政机关坦率交流、充分议事和高效行政的立法意旨，同时保障公民知情权免受不合理之限缩，充分打造阳光政府，有必要对新《政府信息公开条例》第 16 条规定的政府信息豁免公开范围进行范围界定和法理分析。

在"周素梅案"中，最高人民法院的裁判对会议纪要作为过程性信息不予公开的判决进行了解释和说理，阐明了过程性信息"非终极性""意思形成"的特点，说明了过程性信息不予公开的法理基础，因而具有典型意义。但是这一判决仍存在不足之处。

一方面，混淆了对过程性信息的形式判断和实质判断。会议纪要仅仅属于一种公文类型，虽然形成于行政决策或决定的过程之中，但是并非所有会议纪要都属于过程性信息。应当对该会议纪要的完成形态进行区分，例如在由数个行政决定构成的过程性行政行为中，会议纪要可能呈现为阶段性决策结果，构成决策依据。又如行政管理活动纷繁复杂，可能存在冠以会议纪要之名的纯粹事实性信息或结果信息。因此不宜单凭会议纪要等政府文件形式进行不予公开的判断，否则行政机关可能借用该形式规避信息公开的法律规定，从而使法律规范目的落空。相反，应该结合系争信息的形式和实质要件进行考察，对于过程性信息，通过信息所属类型考察其是否具备"非正式"的形式要件（例如函、报告、纪要等名称）以及是否具有"不完整、不具备可用性"的实质要件（例如尚未形成决策结果，不具备对外效力）。对于内部管理信息，则应该从"内部事务性"和"公共利益无涉性"两方面予以考察。

另一方面，最高人民法院对"周素梅案"的判决在无意间也混淆了过程性信息和内部信息。诚然，会议纪要兼具过程性和内部性双重属性，但是法规意涵下的内部信息，意指对外不发生效力的纯粹内部人事、管理和流程等信息，其不予公开的立法目的并非保证免受外界干扰并对行政决策进行充分讨论交流，而在于提高行政效率，集中行政精力。以内部信息抑或过程性信息为由作出的不予公开决定，行政机关对此所需举证的内容也不尽相同，因而在政府信息公开案件中需予以区分。

案例七 袁某等诉中华人民共和国住房
和城乡建设部等信息公开案

官瑞珍 *

【案例名称】

袁某等诉中华人民共和国住房和城乡建设部等信息公开案［北京市第三中级人民法院（2020）京03行终274号］

【关键词】

信息公开 国家秘密 审查内容 定密行为

【基本案情】

北京市通州区人民法院经审理查明：2019年5月29日，袁某等人向北京市住建委提交《北京市政府信息公开申请表》，要求公开"［2016］京建计施密字010号建设主体及项目立项方式的书面意见"（以下简称涉案信息）。2019年6月19日，北京市住建委作出《政府信息不予公开告知书》（以下简称被诉告知书），主要内容为："经查，你们申请的涉案信息涉及国家秘密，根据《政府信息公开条例》第36条第3项、第14条的规定，我委不予公开。"袁某等人收到该被诉告知书后不服，于2019年8月17日向中华人民共和国住房和城乡建设部（以下简称住建部）邮寄行政复议申请书，住建部于

* 作者简介：官瑞珍，中国政法大学法学院宪法学与行政法学专业硕士研究生。本文的指导教师为中国政法大学法学院讲师、硕士生导师张冬阳。

2019年8月22日作出《住房和城乡建设部行政复议提出答复通知书》，北京市住建委于同年8月26日收到该文件，并于同年9月3日作出《行政复议答复书》后送达至住建部。2019年9月26日，住建部作出建复延字〔2019〕213号《住房和城乡建设部行政复议延期审理通知书》，后通过挂号信方式邮寄送达给袁某等人，2019年10月29日，住建部作出《复议决定书》，维持北京市住建委作出的被诉告知书。后于同年10月31日通过挂号信方式邮寄送达给袁某等人。袁某等人不服，诉至北京市通州区人民法院，请求撤销北京市住建委作出的被诉告知书，责令北京市住建委限期公开涉案信息，撤销住建部作出的被诉复议决定书。

北京市通州区人民法院经审理认为：根据《政府信息公开条例》第4条第1款、《行政复议法》第12条第1款的规定，北京市住建委负有受理袁某等人提交的政府信息公开申请并作出答复的法定职责；住建部作为北京市住建委的上一级主管部门，具有受理袁某等人的行政复议申请，并进行相应审查的法定职权。本案双方争议的焦点在于北京市住建委的涉密答复是否符合政府信息公开的相关规定。

根据《政府信息公开条例》第14条及第36条第3项规定，如果政府信息被定为国家秘密之后，即使是原应主动公开的政府信息也不应公开，否则将会危及国家安全、公共安全、经济安全和社会稳定。但是一份政府信息是否属于国家秘密、该信息被定为国家秘密是否符合法律规定，上述问题是否属于政府信息公开的审查范围尚存争论。从现行的《政府信息公开条例》和《北京市政府信息公开规定》来看，均未对涉及国家秘密的政府信息审查内容作出规定，其中《政府信息公开条例》第14条载明"依法确定"为国家秘密的政府信息，不予公开；《北京市政府信息公开规定》第8条规定，行政机关在公开政府信息前，应当依照《保守国家秘密法》对政府信息进行审查。从上述规定来看，在政府信息公开案件审理中对政府信息是否涉密的审查应当限定在行政机关是否对政府信息进行了涉密审查、该信息是否被依法确定为国家秘密。但是在审查"依法确定"的过程中涉及如下问题：第一，该信息是否符合国家秘密的范畴；第二，相应的定密是否符合定密程序。如对上述信息进行审查，就要求法院对涉案信息的全部定密行为进行审查，而该审查内容势必超过了政府信息公开案件审理的范畴，属于对定密行为的审查，而根据"一行为一诉"的原则，法院无法在一个行政诉讼案件中对多个行政行为的合法性进行审查，而且还涉及定密单位与公开单位是否为同一单位的问题。因此，对"依法确定"为国家秘密的政府信息展开司法审查时应采取形式审查标准，即审查行政机关是否提交政府信息定密的程序、依据等手续，据此判定涉案信息是否为国家秘密。本案中，北京市住建委在举证期内向一审法院提交了涉案信息定密流程表和涉案信息，一审法院予以核实，因该流程表本身亦被定密，故未进行公开质证。因此，北京市住建委的答复符合法律规定，袁某等人的辩论意见超过了本案的审查范围，一审法院不予采纳，住建部的答复亦无不当之处。关于程序问题，住建部虽然没有提交《住房和城乡建设部行政复议提出答复通知书》《行政复议答复书》送达北京市住建委的相关证据，但是经一审法院询问，住建部告知了送达的邮件单号，经查询，住建部和北京市住建委均在法定期限内送达。因此，北京市住建委和住建部的履责程序并无不当。综上所述，一审法院判决驳回袁某等人的诉讼请求。

袁某等人不服一审判决，向北京市第三中级人民法院提起上诉，上诉理由主要为：涉案信息不属于国家秘密，一审法院没有依法对被诉告知书的合法性进行审查，即未审查北京市住建委定密行为的合法性；住建部告知的邮件单号并未在法庭上出示，未经庭审质证，其亦未提交行政负责人批准延期的证据，一审法院对程序问题的论述缺乏事实根据和法律依据；一审法院适用法律错误。

【裁判要旨】

如果政府信息被定为国家秘密之后，即使是原应主动公开的政府信息也不应公开，否则将会危及国家安全、公共安全、经济安全和社会稳定。在政府信息公开案件审理中，对政府信息是否涉密的审查，应当限定在行政机关是否对政府信息进行了涉密行为审查、该信息是否被依法确定为国家秘密。在审查"依法确定"的过程中涉及如下问题：第一，该信息是否符合国家秘密的范畴；第二，相应的定密行为是否符合定密程序。对"依法确定"为国家秘密的政府信息展开司法审查时应采取形式审查标准，即审查行政机关是否提交政府信息定密的程序、依据等手续，据此判定涉案信息是否为国家秘密。

【裁判理由与论证】

北京市第三中级人民法院经二审，确认了一审法院查明的事实，并认为原审判决认定事实清楚，适用法律、法规正确，而袁某等人上诉请求和理由不成立，遂判决驳回上诉，维持原判。

针对袁某等上诉人提出的撤销北京市住建委作出的被诉告知书并责令北京市住建委限期公开涉案信息，撤销住建部作出的被诉复议决定书的诉讼请求，有两种可供选择的裁判思路：一是按照撤销诉讼，审查被诉告知书的合法性，由于撤销判决具有形成力和拘束力，撤销判决一经作出，行政行为则丧失效力，行政相对人与被诉行政机关的法律关系恢复到行政行为作出之前，行政机关的重作义务蕴含在撤销判决的效力之中。尽管如此，根据《行政诉讼法》第70条的规定，撤销判决之后行政机关在基础法律关系中仍有作为义务，就有必要附随重作判决。[1]二是按照"行政机关不履行法定职责"的义务之诉，审查行政机关不予公开涉案信息是否履行了法定职责，当行政机关拒绝或者怠于作出授益行政行为之时，原告等人的诉讼目的在于责令行政机关作出授益行政行为，义务之诉相当于确认行政行为违法的同时，责令行政机关重新作出，其与"撤销+重作"判决的效果相同。

撤销之诉针对行政行为的合法与否，对行政行为的行为主体、职权范围、法定程序、行为依据、行为内容等合法性要件进行审查；而"行政机关不履行法定职责"的义务之诉的审查内容主要包括被告有无法定职责、履行法定职责的条件是否成就、是否实质履行了法定职责。[2]"行政机关不履行法定职责"的义务之诉中，法院对行政机关"是否实质履行了法定职责"的审查，必然包含行政行为的合法性判断，也就是说，虽然两种裁判思路的切入角度不同，但都需要围绕行政行为展开合法性审查。

本案中一、二审法院采取了第二种裁判思路，即"行政机关不履行法定职责"案件的裁判思路，对北京市住建委、住建部是否具有处理信息公开的法定职责以及北京市住建委、住建部是否履行了处理信息公开法定职责两大

---

〔1〕 刘欣琦："新《行政诉讼法》实施后重作判决适用探析"，载《政治与法律》2016年第5期。

〔2〕 参见章志远："司法判决中的行政不作为"，载《法学研究》2010年第5期。

问题进行了重点回应。其中，在"北京市住建委、住建部是否具有处理信息公开法定职责"的问题下，既包括有无法定职责，也包括法定职责具体要求两个子问题；"北京市住建委、住建部是否履行了处理信息公开法定职责"问题项下，包括涉案信息是否属于"依法确定"的国家秘密而排除公开，拒绝公开是否符合法定程序两项子问题。特别是在论及涉案信息是否属于"依法确定"的国家秘密而排除公开时，二审法院肯定了一审法院有关审查内容、审查方式的说理，坚定了法院在政府信息公开案件中对国家秘密"形式审查"的立场。

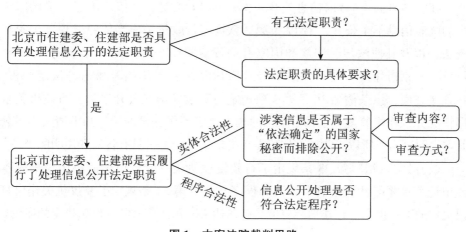

图 1　本案法院裁判思路

一、北京市住建委、住建部是否具有处理信息公开的法定职责

原告依法提出过信息公开申请，是北京市住建委、住建部拒绝公开涉案信息的逻辑前提。本案中，北京市住建委、住建部既然作出了被诉告知书，必然内置了原告依法提出信息公开的前提，原、被告双方对此并无异议，因此，一、二审法院直接进入有无法定职责的审查环节。

（一）北京市住建委、住建部具有处理信息公开的法定职责

根据《政府信息公开条例》第 10 条规定，政府信息公开遵循"谁制作，谁公开"的原则，本案中申请公开信息是北京市住建委在行政管理活动中制作的，因此北京市住建委是法定的信息公开主体。另外，根据该条例第 4 条第 1 款规定，各级人民政府及县级以上人民政府部门应当建立健全本行政机

关的政府信息公开工作制度，并指定机构负责本行政机关政府信息公开的日常工作。基于此，北京市第三中级人民法院认为北京市住建委负有受理袁某等人提交的政府信息公开申请并依法作出答复的法定职责。

同理，根据《行政复议法》第12条第1款的规定，住建部作为北京市住建委的上一级主管部门，具有受理针对北京市住建委行政行为提起的行政复议申请，并进行相应审查处理的法定职责。

（二）北京市住建委、住建部处理信息公开法定职责的具体要求

在实体方面，《政府信息公开条例》第14条规定"依法确定"为国家秘密的政府信息不予公开，第17条第2款规定行政机关应当依照《保守国家秘密法》以及其他法律、法规和国家有关规定对拟公开的政府信息进行审查，可见，北京市住建委具有依法审查政府信息是否属于国家秘密的法定职责；在程序方面，该条例第36条第3项规定，对政府信息公开申请，行政机关根据情况分别作出答复，依据本条例的规定决定不予公开的，告知申请人不予公开并说明理由。所以，北京市住建委在决定不予公开时具有告知和说明的义务。

《行政复议法》第23条规定了行政复议机关在受理申请后将申请书副本或申请笔录复印件送达被申请人的程序义务，第31条规定了复议机关作出复议决定的法定期限。住建部相应地具有送达义务和法定时限内作出决定的职责。

二、北京市住建委、住建部是否履行了处理信息公开的法定职责

（一）涉案信息是否属于"依法确定"的国家秘密而排除公开

《政府信息公开条例》第14条将"国家秘密"排除在政府信息公开的范围之外，也就是说，如果政府信息被定为国家秘密之后，即使是原应主动公开的政府信息也不应公开。所以，本案实体审查的关键在于涉密信息是否属于国家秘密。

1. 审查内容——"依法确定"的解读

首先是法院能否审查定密行为。袁某等人认为一审法院应该在本案中审查涉案信息定密行为的合法性，但是，一、二审法院对于定密行为是否属于政府信息公开的审查范围持否定态度，理由在于：定密行为和政府信息公开行为是两个不同的行为，定密行为属于政府信息公开行为的前阶段行为，对

定密行为的审查违反"一行为一诉"的原则；审查定密行为，可能会出现定密单位与公开单位不是同一单位的困扰。

其次是"依法确定"的解读。《政府信息公开条例》第14条将不予公开的国家秘密限定在"依法确定"的范围之内，这是否意味着"非依法确定"为国家秘密的政府信息可以公开，进而法院可以在政府信息公开案中审查定密行为的合法性？一、二审法院认为，从现行的《政府信息公开条例》和《北京市政府信息公开规定》来看，现行法规范并未对涉及国家秘密的政府信息审查内容作出明确规定，"依法确定"并不意味着立法者肯定了法院有权审查定密行为。

关于"依法确定"的审查标准。一、二审法院均对此采取了谨慎态度，没有过多地将审查渗透至定密行为，而是采取了形式审查的方式，依据行政机关提交的定密程序、依据等手续，判断涉案信息属于"依法确定"的国家秘密，从而得出北京市住建委履行了实体法意义上涉密审查法定义务的结论。

2. 审查方式——不公开质证

关于上诉人袁某等称涉案信息定密流程表未经庭审质证不能作为定案依据的诉讼请求。北京市第三中级人民法院认为，北京市住建委于法定期限内向法院提交了定密流程表，该表本身也被定密，根据《最高人民法院关于行政诉讼证据若干问题的规定》第37条"涉及国家秘密、商业秘密和个人隐私或者法律规定的其他应当保密的证据，不得在开庭时公开质证"之规定，本案应采取不公开质证的审查方式，上诉人的该上诉主张不成立。

（二）信息公开处理是否符合法定程序

北京市住建委收到袁某等人的政府信息公开申请后，在法定期限内审查，确认涉案信息属于国家秘密，系不予公开的政府信息，告知了袁某等人，履行了告知说明义务，程序合法。

关于袁某等人主张的住建部的送达问题，北京市第三中级人民法院认为，住建部在一审开庭中提供了邮单号供查询，经单号查询，住建部是在法定期限内送达。关于住建部延长审理期限的问题，行政机关负责人批准属于行政机关内部流程，而住建部亦依法将延长审理期限的情况通知了袁某等人，袁某等人的权益并未因此受到影响，住建部的复议程序符合《行政复议法》第

31 条之规定。

【涉及的重要理论问题】

《政府信息公开条例》出台以来，越来越多的申请政府信息公开被拒的案件涌入法院，有相当比例的案件以"涉案信息涉及国家秘密而免于公开"为盾牌驳回诉讼请求。该类案件中，涉案信息是否属于"依法确定"的国家秘密，关系到行政机关是否依法履行了信息公开处理的法定职责，也是审理该类案件的核心。

本案中，一审和二审法院区分了政府信息公开答复行为与定密行为，认为司法审查的触角应仅限于政府信息公开答复行为而不应该延伸至定密行为，对于涉案信息是否属于"依法确定"的国家秘密，只需对定密证据、手续等程序进行形式审查。以此案为引子，笔者在分析了 114 份涉及国家秘密的政府信息公开案的行政判决与裁定的基础上，[1] 归纳出我国政府信息公开案中国家秘密审查的现状及存在的问题，同时结合涉及国家秘密的政府信息公开案件审查的重要理论，探讨了国家秘密审查可能的优化路径。

一、政府信息公开与国家秘密保护之间的紧张关系

（一）政府信息公开的理论和规范依据

政府信息公开的权利基础是知情权，虽然没有被我国宪法所明示，但知情权通常被解释为言论自由或者是公民对国家的监督批评建议权之下的延伸性权利。从这种意义上讲，知情权具有两个方面的含义：一方面是基于自由权的性质，公民有不受国家干扰获得各种信息的权利；另一方面，公民可以要求国家将其拥有的信息向公民公开。[2]

另外，在国家—人民的关系中也能找到政府信息公开的理论依托。根据"主权在民"法治精神的基本内涵，即人民以契约的方式将部分权利让渡给国家，国家在人民的委托下行使权力，若国家滥用权力，人民有权撤销委托。

---

[1] 笔者通过"北大法宝"数据库，以"信息公开"案由和"国家秘密"裁判依据为搜索条件，检索到有效行政裁判文书 114 份（检索时间为 2021 年 5 月 17 日）。

[2] 许庆雄：《宪法入门 I 人权保障篇》，元照出版公司 1998 年版，第 117-118 页。

人民判断国家是否滥用权力的预设前提是其已充分获得国家权力行使的相关信息，而政府信息公开制度正具有畅通信息，便利人民监督政府的作用。

在行政领域，我国并没有一部专门规范政府信息公开的法律，而是以"零散内嵌+低位阶专门性规定"的形式规范信息公开。所谓的"零散内嵌"是指在《行政处罚法》《行政许可法》等法律中将信息公开的要求内嵌于行政处罚、行政许可等典型的行政行为之中，要求这类行政行为依据、过程、结果的公开，保障行政相对人的合法权益；而"低位阶专门性规定"则指依据《政府信息公开条例》这一专门的行政法规对一般性的政府信息所规定的公开。

（二）国家秘密保护的理论和规范依据

国家秘密是国家安全和利益的信息载体，国家秘密的保护事关国家发展大计和人民切身利益。在国家—国民的视域下，国家权力以保障人民生存和发展为存在目的，保护国家秘密构成现代国家的存在基础。在国家—国家的视角下，国家的产生伴随着防御的需求，保护国家秘密就是在保障国家政治主权和尊严。[1]

国家秘密保护有着丰富的规范依据丛，《宪法》第54条规定了我国公民维护祖国安全、荣誉和利益的义务，内含着国家秘密保护的义务；《保守国家秘密法》对国家秘密的界定、密级、范围、定密权限等进行了体系化的设计；《国家安全法》《档案法》实际上对国家秘密保护进行了配套的补充；我国《刑法》亦将故意泄露国家秘密纳入犯罪行为进行规制；《保守国家秘密法实施条例》等行政法规、部门规章细化了《保守国家秘密法》的相关规定。

（三）国家秘密保护控制下的政府信息公开

在规范依据方面，政府信息公开的规范依据《政府信息公开条例》的效力位阶低于保护国家秘密的规范依据《保守国家秘密法》；就政府信息公开而言，《政府信息公开条例》是针对一般政府信息的法，而《保守国家秘密法》适用于涉密类政府信息，属于信息公开的特别法，具有优先适用的地位；[2]我国保密法律体系庞大，除了《保守国家秘密法》，还包括《宪法》《刑法》

---

〔1〕 郭艳："公开与保密：政府信息制度战略平衡研究"，载《情报杂志》2018年第5期。

〔2〕 成协中："信息公开理念下的定密异议与司法审查"，载《哈尔滨工业大学学报（社会科学版）》2013年第4期。

《档案法》《国家安全法》等多部法律法规，而政府信息公开的专门立法仅有《政府信息公开条例》，少数零星的原则性规定散见于《行政处罚法》《行政许可法》等。[1]浓厚的保密气息弥漫在《政府信息公开条例》之中，这种立法旨趣本身就透露着对国家秘密的敬畏。[2]

在政府信息公开的实践中，两者的关系也并没有理顺且呈现矛盾对立的态势：行政机关常以涉案信息属于国家秘密拒绝公开，进入司法审查环节，法院不会过多涉及国家秘密的审查，往往通过外围证据、手续认定涉案信息属于国家秘密，驳回原告的诉讼请求。透过本案中原告的诉讼请求和一、二审法院的裁判说理，可以窥见司法实践中法院对国家秘密审查的有限性和消极性。

另外，从制度协从角度来看，现行《保守国家秘密法》关于国家秘密范围的规定过于宽泛，限制了政府信息公开的空间；定密主体为"各级国家机关、单位负责人及其指定的人员"，范围过广，定密活动难以控制；定密程序、定密依据虽有限制但不明确，定密机关缺乏可操作标准，定密裁量权过大；[3]定密异议提起主体仅限于机关单位，不包括个人，受理定密异议的主体为保密行政管理部门，削减了对定密行为的监督力度。上述问题都极易催化行政机关不当定密结果的产生，加之我国《政府信息公开条例》中的保密审查程序标准并不明确，一定程度上会架空《政府信息公开条例》，形成"国家秘密保护控制下的政府信息公开"的局面。

二、国家秘密的构成要件与外延事项

在讨论法院对涉及国家秘密的信息公开案件如何审查之前，应先明确国家秘密的概念要件，以便厘清国家秘密与普通政府信息的界限。《保守国家秘密法》第2条规定，国家秘密是关系国家安全和利益，依照法定程序确定，在一定时间内只限一定范围的人员知悉的事项；第9条列举了国家秘密的范围。参照该法的其他内容，国家秘密的构成要件、外延事项可总结如下。

---

[1] 杨解君："《政府信息公开条例》与相关法的协调——现行立法的局限及其完善"，载《江苏社会科学》2012年第5期。

[2] 余凌云："政府信息公开的若干问题 基于315起案件的分析"，载《中外法学》2014年第4期。

[3] 张正平："定密的主观性及其克服"，载《法商研究》2012年第2期。

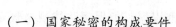

(一) 国家秘密的构成要件

1. 国家秘密的实质构成要件

实质构成要件是指某些信息及其载体之所以能够成为国家秘密所具有的内在、本质的，与《保守国家秘密法》第2条契合的核心要义，包括"保密必要性""非公开性""不可滥用性"。[1]

首先，国家秘密必须是"关系国家安全和利益"的事项，这是国家秘密最本质的特征。所谓"国家安全和利益"是指区别于某一机关、团体、组织及个人局部利益而言的，与广大人民群众根本利益一致的国家整体安全和利益，主要包括国家领土完整、主权独立不受侵犯，国家经济秩序、社会秩序不受破坏，公民生命、生活不受侵害，民族文化价值和传统不受破坏等。[2]"国家安全和利益"的内核是高度抽象的，具有较为广阔的解释空间，而《保守国家秘密法》第9条给了我们具体领域的指引，主要集中于国家事务重大决策、国防武装、外交、经济社会、科技、刑事犯罪追查、政党秘密等领域。

其次是非公开性（又称"时空要素"）。《保守国家秘密法》的表述为"在一定时间内只限一定范围的人员知悉"，非公开性需要满足时间、空间和"知悉"条件，也就是说，国家秘密应当而且能够限定在一个可控的范围内，在国家秘密解密之前（保密期限内），只限于定密人、承办人等小范围人员，接触并掌握其实质内容。

最后是保密的不可滥用性，《保守国家秘密法》第49条第2款禁止定密机关、单位对不应当定密的予以定密，应当定密的不予定密，《国家秘密定密管理暂行规定》第19条规定了"不应当定密"的具体情形范围，这些都明示了对不当定密的禁止的一面，也形塑了保密内容的不可滥用的特质。

2. 国家秘密的形式构成要件

我国国家秘密的形式构成要件主要体现为法定程序，《保守国家秘密法》实质上更多表现为保密程序法，[3]只有依据法定程序确定为国家秘密，才能

---

〔1〕 郑春燕："政府信息公开与国家秘密保护"，载《中国法学》2014年第1期。

〔2〕 国家保密局编写组：《中华人民共和国保守国家秘密法释义》，金城出版社2010年版，第25页。

〔3〕 参见赵香如："我国国家秘密名实要件之法律解读——从法律功能论的视角"，载《岳麓法学评论》2017年第2期。

受到法律保护，这里的法定程序是广义的定密程序，由保密法律规范规定的定密依据、权限、具体方法和步骤构成，可归纳总结为法定定密主体、法定依据和法定程序（狭义定密程序）的要求。

一是法定定密主体。国家秘密必须由法定的主体来确定，我国《保守国家秘密法》没有定密主体的表述，但该法第 12 条第 1 款、第 13 条第 2 款有定密责任人和定密机关、单位的规定。结合条文内容，定密责任人是伴随着定密权限的收缩由不同层级的机关、单位落实到具体个人的：设区的市及以上、自治州一级的机关及其授权机关、单位的负责人及其指定人员，为法定定密责任人。其中，绝密级的国家秘密的定密权限只限于中央国家机关、省级机关及其授权的机关、单位。

二是法定依据。定密主体确定国家秘密时应以具体的定密依据为基准，《保守国家秘密法》第 9 条概括性地列举了国家秘密的范围，对于确定国家秘密的种类、密级和具体范围还需要通过制定定密依据进一步细化。该法第 11 条将制定具体依据的权限授予了国家保密行政管理部门和外交、公安、国安和其他中央有关机关，而军事国家秘密的制定依据仅由中央军事委员会规定。上述部门应依据上位法《保守国家秘密法》的授权，针对本部门负责的具体领域涉密事项的特点，细化该领域定密依据。

三是法定程序。国家秘密必须依照法定程序予以确定，我国《保守国家秘密法》未规定具体的定密程序，仅分散地、笼统地规定了确定、变更、解除国家秘密的审核批准程序，下级机关先行保密程序，国家秘密密级、保密期限和知悉范围变更的程序，延长保密期限等内容；另外该法第 17 条对国家秘密标志作出了规定，国家秘密必须对外明示，以便从外观上直接判断国家秘密的状态。《保守国家秘密法实施条例》《国家秘密定密管理暂行规定》《邮电部门保守国家秘密实施细则》《气象部门保守国家秘密实施细则》等下位法对定密程序作出了更加细化、体系化的规定。[1]

（二）国家秘密的外延事项

《保守国家秘密法》第 9 条以列举的方式概括了国家秘密集中出现的政

---

〔1〕 例如《国家秘密定密管理暂行规定》对定密授权、定密责任人、国家秘密确定、国家秘密变更、国家秘密解除、监督、法律责任等作出了较为系统的规定。

治、国防、军事、外交、经济、科技和刑事犯罪追查等领域，并不是这些领域的信息都是国家秘密，而是只有产生于这些领域，具备国家秘密实质属性，泄露后可能损害国家安全和利益的，才能确定为国家秘密。这种以列举方式确定国家秘密范围的模式，是许多国家立法的通例，[1]只是具体列举事项存有差异。我国《保守国家秘密法》列举的秘密范围具有较大的解释空间，例如该法第9条第1款第4项"国民经济和社会发展中的秘密事项"可能起到泛化国家秘密的作用；第7项兜底条款"经国家保密行政管理部门确定的其他秘密事项"可以将新领域产生的国家秘密事项涵摄于国家秘密范围之内。

三、政府信息公开案中国家秘密的审查现状

（一）政府信息公开案中的国家秘密概观

1. 国家秘密的集中领域

经过对检索的114份裁判文书的统计与分析，政府信息公开案中国家秘密集中体现于：土地管理与征收征用领域、房屋管理与征收征用领域、建设项目管理领域、政府敏感文件领域以及其他领域。其中，土地管理与征收征用领域34件，涉案信息主要包括与申请人自身利益紧密相关的征地红线图、勘测定界图、选址意见书、土地利用现状图等；房屋管理与征收征用领域24件，集中体现于私房改造事项、房屋征收社会稳定性风险评估事项；建设项目管理领域20件，主要有公路桥梁、地铁线路选址、建设工程地形图等信息；政府敏感文件14件，包括会议纪要、社会稳控政策等；其他领域22件，包括国防建设、事业单位人员平均工资数、机构编制实名公示等事项。

政府信息公开案中国家秘密事项多数涉及土地、房屋、建设项目等领域，多属于《保守国家秘密法》第9条第1款第4项"国民经济和社会发展中的秘密事项"。

---

〔1〕 例如《美国国家安全信息保密》列举了国家秘密事项；《俄罗斯联邦国家秘密法》也对国家秘密范围进行了列举。

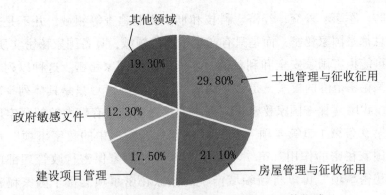

图 2　114 份裁判文书中国家秘密涉及的具体领域

2. 国家秘密与其他概念的纠缠

通过对 114 份裁判文书中涉及国家秘密的事项之梳理，笔者发现司法实践中国家秘密可能与工作秘密、内部信息，刑事司法信息，公开后可能危及国家安全、公共安全、经济安全、社会稳定的政府信息（以下简称"三安全一稳定类信息"）相互纠缠，产生混乱，因此有必要对上述概念进行厘清。

在"陈某某与广东省公安厅信息公开纠纷上诉案"中，[1]广东省高级人民法院并未对上诉人陈某某"警务工作秘密和国家秘密是两个不同概念，警务工作秘密不属于法定不公开范围"的上诉理由作出回应，反而在说理部分援引了《保守国家秘密法》第 13 条之规定，转而将陈某某申请公开的"收容教育"人数认定为警务工作秘密，更加混淆了国家秘密与工作秘密的范畴。

在"陈方八与耒阳市公安局政府信息公开案"中，[2]一审法院援引《保守国家秘密法》第 9 条第 1 款第 6 项"维护国家安全活动和追查刑事犯罪中的秘密事项"认为应当确定为国家秘密。但是又同时指出公安机关具有行政机关和刑事司法机关的双重职能，公安机关在履行刑事司法职能时制作的信息不属于《政府信息公开条例》第 2 条所规定的"政府信息"，本案原告申请的政府信息是公安机关作为刑事司法机关履行侦查犯罪职责时制作的信息，因此不属于政府信息。可见在政府信息公开案中对属于刑事司法类的信息，不问国家秘密与否，直接以不属于政府信息而驳回诉讼请求。

---

〔1〕　广东省高级人民法院（2015）粤行终字第 6 号行政判决书。
〔2〕　湖南省耒阳市人民法院（2019）湘 0481 行初 11 号行政判决书。

《政府信息公开条例》第 14 条将国家秘密、"法律、行政法规禁止公开的政府信息"以及"三安全一稳定类信息"并列作为不予公开的范围，在政府信息公开司法实践中，国家秘密与"三安全一稳定类信息"的关系是什么？在"苏某、李某与大通回族土族自治县国土资源局、西宁市国土资源局行政复议再审审查与审判监督案"中，[1]青海省高级人民法院指出，"原告申请公开的大通县土地利用现状图信息以涉国家秘密的测绘成果为基础，其中的主要内容当然涉及国家秘密。从西宁市测绘院提供的情况说明来看，该测绘成果涉及国家安全和主权，受国家有关法律法规的保护。土地利用现状图属于公开后可能危及国家安全的信息，根据《政府信息公开条例》第 14 条、《国务院办公厅关于施行〈中华人民共和国政府信息公开条例〉若干问题的意见》的规定，属于不得公开的信息"。青海省高级人民法院前半部分以"当然涉及国家秘密"后半部分以"公开后可能危及国家安全"解释涉案信息的属性，但并没有厘清二者之间的关系，最终以该条例第 14 条做模糊化处理，始终没有给出唯一的定性。

3. 国家秘密多形态存在

透过 114 份涉密政府信息公开的裁判文书，笔者发现政府信息公开案中国家秘密的存在呈现多种形态：绝大多数涉案信息直接被定密，附有国家秘密之标志，从而整体归属于国家秘密，法院通常直接予以认定；部分涉案信息以国家秘密为依据，属于国家秘密之衍生，亦间接成为国家秘密，法院往往进行说明；[2]还有一些案件中，涉案信息的部分内容属于国家秘密，法院通常会审查行政机关是否依据《政府信息公开条例》第 37 条的规定进行了区分，并作出区分处理。[3]

---

〔1〕 青海省高级人民法院（2018）青行申 25 号行政裁定书。

〔2〕 例如，在道正天元公司与北京市海淀区人民政府等复议上诉案中，北京市高级人民法院指出："道正天元公司申请获取的《疏解方案》系依据第 24 号通知制定，而第 24 号通知属于国家秘密，故《疏解方案》应当属于派生定密，故道正天元公司申请公开的信息涉及国家秘密而依法属于法定不予公开的范围。"

〔3〕 例如，在钮某等与中华人民共和国自然资源部等信息公开案中，依据《关于涉密项目涉及政府信息公开有关事宜征求意见的复函》和原市国土局 2016 年 3 月 8 日《国家秘密确定审批表》，涉案信息属于国家秘密，被告在对涉案政府信息进行保密审查时，考虑到该文件中含有不应当公开的内容但是能够作区分处理，故向申请人提供可以公开的政府信息，被诉告知书的相关认定并无不当，应予支持。

（二）政府信息公开案中国家秘密审查的特点

现行法规范并没有明确政府信息公开案中涉密审查的具体内容，法规范的欠缺和国家秘密的专业性导致司法实践中法院"退守到国家秘密司法审查的最边缘"。[1] 在上述 114 份涉密政府信息公开裁判文书中，法院在面对专业性、隐蔽性较强的国家秘密时，其审查态度总体上是保守的，仅有 20 份判决以"被告认定事实不清""主要证据不足""缺乏具体理由及依据"等理由判决撤销行政机关作出的不予公开答复书，总结而言，国家秘密审查具有以下特点。

1. 审查内容的割裂性

在一般的政府信息公开案中，法院所要解决的核心问题在于政府答复行为的合法性，而涉及国家秘密的政府信息公开案中，原被告双方往往对"涉案信息是否属于国家秘密"产生分歧，政府答复行为合法性审查的重心转向了国家秘密之审查，而国家秘密往往绕不过定密行为，本案中一、二审法院通过对割裂了答复行为与定密行为的关系，和"一行为一诉"、定密行为审理难度大等的考量，以"采取审查行政机关是否提交政府信息定密的程序、依据等手续"的形式审查标准将定密行为阻绝于审查大门之外，这种将国家秘密审查—定密行为审查二元割裂的"最弱形式审查"，既不能通过国家秘密构成要件真正地解决涉案信息是否为国家秘密的争议，又不能有效地保护原告之知情权及其关联合法权益。

2. 审查标准形式化

通过梳理上述裁判文书，笔者发现除本案外，实践中法院通常会针对定密依据的有无、证据的充分性、定密权限的有无、程序的合法性等事项进行形式化审查，很少触及国家秘密的实质构成要件：如在"陈某与淮安市淮阴区机构编制委员会办公室政府信息公开再审案"中，[2] 江苏省高级人民法院认为《人事工作中国家秘密及其密级具体范围的规定》是机构编制的统计资料的定密依据，据此涉案信息属于国家秘密，故申请人主张不能成立；在

---

〔1〕 郑春燕："政府信息公开与国家秘密保护"，载《中国法学》2014 年第 1 期。

〔2〕 江苏省高级人民法院（2017）苏行申 779 号行政裁定书。

"刘某上诉中华人民共和国住房和城乡建设部信息公开案"中,[1]北京市高级人民法院指出"根据法律规定,住建部有确定绝密级、机密级和秘密级国家秘密的权限,故本院对住建部将涉案信息确定为国家秘密不持异议";在"陈某诉杭州市下城区人民政府房屋征收政府信息公开案"中,[2]一审法院以"涉案信息定密程序滞后"程序违法确认被诉告知书违法。

尚有原告认为申请的政府信息"不应定为国家秘密",[3]所谓"不应定为国家秘密"实际上是原告对于国家秘密实质构成要件之质疑,法院仍固守诸如定密依据、定密证据等形式层面审查,以其不属于信息公开案审查范围为由,拒绝接触实质要件。

3. 审查方式间接性

由于国家秘密关系到国家安全和利益,必须保持在一定时间、一定范围内的人员知悉,法院虽然可以对国家秘密进行审查,但一般不接触国家秘密的核心内容,仅通过外围的定密文件、秘密标志、定密流程等证据进行外在性审查;另外,即使是外围的证据,也可能涉及国家秘密,根据《行政诉讼法》第54条和《最高人民法院关于审理政府信息公开行政案件若干问题的规定》第6条之规定,法院可以对案件进行不公开审理;对于此类案件的证据,法院往往依据该规定第5条第4款规定,允许被告不予提交涉密证据,或者采取适当的审查方式,减少质证,加强行政机关对政府信息涉及国家秘密的说理。[4]

(三)政府信息公开案中国家秘密审查的主要障碍

大部分国家秘密事项具有专业性。虽然实践中政府信息公开案中的国家秘密多集中出现于土地、房屋、建设项目管理与规划领域,看似是法院行政庭经常处理的事项,但是个案中涉及的测绘文件和利用现状文件,还是有赖于行政机关的专业性,法院是缺乏经验和知识背景的;而《保守国家秘密法》规定的诸如国防建设、武装力量建设、科学技术等事项的专业性更是自不

---

〔1〕 北京市高级人民法院（2016）京行终3889号行政判决书。

〔2〕 浙江省高级人民法院（2015）浙行终字第202号行政判决书。

〔3〕 北京市高级人民法院（2016）京行终4566号行政判决书。

〔4〕 浙江省高级人民法院（2020）浙行终806号行政判决书。

待言。

国家秘密的审查蕴含着泄密的危险。《保守国家秘密法实施办法》第20条第1款规定，"接触国家秘密事项的人员或者机关、单位的范围，由确定密级的机关、单位限定……"，并没有法律规范明示法院和法官可以接触国家秘密。在没有法规范建构权利和义务时，审查程度越深，法官接触到的国家秘密文件也就越多，承担的保密职责也就越大，[1]所以法官不得不给予国家秘密最大限度的司法尊重。

四、政府信息公开案中国家秘密审查的修正

（一）国家秘密构成要件之坚守

司法实践中，国家秘密与工作秘密、刑事司法信息、"三安全一稳定类信息"产生纠缠，且出现了多种衍生、组合形态，如何准确地识别国家秘密？笔者认为关键在于坚守国家秘密构成要件，只有满足形式与实质构成要件的政府信息才属于法定不予公开的国家秘密。

国家秘密之内涵要件决定着外延事项的"四至"：现有立法对"工作秘密"的确认主要是《公务员法》第14条[2]，但并未有明确的界定，有学者认为"工作秘密是指有关国家机关在公务活动和内部管理中产生的不属于国家秘密而又不宜对外公开的事项"。[3]笔者以为，国家秘密客观上产生于各个领域之"工作秘密"，之所以脱胎于"工作秘密"，就是其满足了国家秘密的特殊构成要件，主要是"国家安全和利益"，司法实践中法官应通过对国家秘密构成要件的检视，明确政府信息的不同属类；对于刑事司法信息，其可能属于《保守国家秘密法》第9条第1款第6项之"……追查刑事犯罪中的秘密事项"，需要注意的是，在政府信息公开案中，刑事司法信息的制作主体虽是行政机关，但却是履行刑事司法职责，这类信息不属于《政府信息公开条例》第2条之政府信息；"三安全一稳定类信息"在司法实践中常作为尚未确

---

〔1〕 胡建淼等：《行政诉讼证据的理论与实证研究——〈最高人民法院关于行政诉讼证据若干问题的规定〉的修改意见稿与论证》，中国法制出版社2010年版，第60页。

〔2〕 《公务员法》第14条规定了公务员的义务之一"保守国家秘密和工作秘密"。

〔3〕 虞培林、王卫明主编：《保密学》，中国政法大学出版社2011年版，第2页。

定为国家秘密的政府信息的替代保护方式。笔者认为，国家秘密类信息均可涵摄于"三安全一稳定类信息"之中，一旦此类信息满足了国家秘密构成要件，主要是定密之形式要件，便归于特殊的"国家秘密"类别。

（二）审查内容之廓清

在政府信息公开类案件中，法院对国家秘密的审查是否可以延伸至定密行为？笔者认为，无论是基于审查现实情况还是基本法理要求，答案都是肯定的，对国家秘密确定行为之审查既有必要性又有可能性。

第一，国家秘密确定行为和政府答复行为确实是两个独立的行为，国家秘密确定行为是定密主体依据《保守国家秘密法》和《保守国家秘密法实施条例》等规定，将符合国家秘密实质构成要件和形式构成要件的事项确定为国家秘密的行为；而政府答复行为则是信息公开主体依据《政府信息公开条例》等的规定，对公民申请公开之信息予以审查，并根据审查结果进行答复的行为。两者的主体、职权、依据和程序都是迥异的。但是，依法不予公开的国家秘密必须满足实质构成要件和形式构成要件，而定密行为则是对上述要件的践行与运用：形式构成要件中法定主体依照法定依据和程序，对符合实质三性要件进行判断。因此，可以说国家秘密构成要件与定密行为是互为基础的，国家秘密的复合构成要件包含了定密行为，定密行为决定了国家秘密的成立与否，进而影响着后续的政府信息公开行为。从这种意义上说，尽管答复行为与定密行为相互独立，但是法院只要对国家秘密进行审查，就绕不开构成要件与定密行为的判断，只不过审查的强度和标准值得商榷，在本案中，一、二审法院核实了涉案信息定密流程表，实际触及了定密行为之定密主体、法定依据、定密程序等，只不过审查强度弱于一般行政行为的合法性审查。

第二，国家秘密确定行为是行政机关行使行政权，会涉及公民、法人、其他组织的权利义务的行为，属于可诉的行政行为，[1]同时，申请人与定密行为具有利害关系，因此享有对定密行政行为审查的请求权。在涉密政府信息公开案中，国家秘密确定行为与政府答复行为具有直接关联，会影响公民

---

〔1〕 杨小军："定密行为的法律性质与可诉性研究"，载《河南科技学院学报》2011年第7期。

实体知情权的实现，进而产生"利害关系"，[1]因此申请人具有定密审查之请求权。

第三，政府信息公开案中国家秘密确定行为的审查关系到公民申诉权、控告权等宪法权利的实现。有学者认为如果国家秘密确定行为的相对人无法通过行政复议、行政诉讼等途径寻求救济、解决争议，那么我国宪法规定的公民所享有的"申诉、控告"的权利将无法得到充分实现，尽管《保守国家秘密法》没有明确规定行政复议、行政诉讼等救济制度，但也没有禁止相对人援引其他法律依据提起行政复议或行政诉讼。[2]

另外，涉密政府信息公开案件中，绝大多数提出异议的公民、组织的诉求不只是简单要求确认答复或处理行为违法或者予以撤销，其更多且最终的要求是公开相关的信息。[3]定密行为之审查回应了申请人"涉案信息不应定为国家秘密"的异议，有利于争议的实际化解和对定密行为的监督，进而最大限度地保障公民的知情权。

（三）审查标准之扩展

政府信息公开案的司法实践中，法院对国家秘密的审查不仅不对国家秘密的实质构成要件进行审查，而且对定密依据、定密主体、定密权限、定密程序等形式构成要件不会一一审查，往往为单一形式构成要件的审查。

对于国家秘密的审查标准，我国台湾地区的刑法学者蔡墩铭先生总结有三端：形式说，应依主管官署所指定之保密事项，方可视为国家秘密；实质说，属于非公众有意予以隐秘，且在客观上此项隐秘系属合理者，应视为国家秘密；折中说，国家秘密除应具备秘密之实质外，另须经由主管官署之指定。

笔者认为，我国国家秘密之构成要件是复合的，相应的司法审查宜采折中说，依次对形式构成要件、实质构成要件进行审查：在形式构成要件的范围内为全面、高强度的司法审查；在实质构成要件层面，囿于"国家安全和利益""保密不可滥用性"判断之专业性及隐蔽性，法院应尊重行政机关的确

---

[1] 王莘子："国家秘密确定行为司法审查研究"，载《中国法律评论》2019年第3期。
[2] 郑磊："论定密授权的规范内涵"，载《法学》2013年第10期。
[3] 杨伟东："国家秘密类政府信息公开案件审查模式的转型"，载《法学》2021年第3期。

定行为，对于"非公开性"往往有赖于事实的查清，这一要件的审查强度宜与形式构成要件审查强度相当。

（四）审查方式之整合

前文已经论及政府信息公开案涉及国家秘密，法院可以采取不公开审理的方式，需要注意，不公开审理是审判过程对当事人以外的人不公开，而不是将相关证据材料的名称、文号不予公开出示与质证，否则将有违"适当"的要求。特别是要推动法院对国家秘密实质要件的审查，应该强化行政机关的举证说理及责任，促进相关文件、材料的出示与质证。

《最高人民法院关于审理政府信息公开行政案件若干问题的规定》第 5 条规定："被告拒绝向原告提供政府信息的，应当对拒绝的根据以及履行法定告知和说明理由义务的情况举证……被告能够证明政府信息涉及国家秘密，请求在诉讼中不予提交的，人民法院应当准许……"行政机关应在国家秘密信息之外，尽可能地提交涉案信息符合国家秘密形式构成要件、实质构成要件的相关外围证据。若外围证据亦被定密，法院可以选择不公开质证。

【后续影响及借鉴意义】

在涉及国家秘密的政府信息公开案件中，不得不面对的问题是如何权衡保守国家秘密和保护公民知情权的价值，具体而言，法院对案涉国家秘密是否有审查权？审查的标准是什么？审理方式和举证责任有何特点？探究并回应这些问题，对保障公民的知情权、保守国家秘密并防止行政机关滥用标准拒绝公开信息有重要意义。本案的进步意义在于法院对国家秘密部分形式构成要件进行了审查，合理地分配了被告的举证责任。但是，本案中一、二审法院将定密行为与政府信息公开行为割裂，实际上避开了国家秘密的实质构成要件的审查，破坏了国家秘密构成要件的复合性。

法官对于政府信息公开案中国家秘密的审查如此保守，很大一部分原因是信心不足。[1]要妥善地解决这一问题，还需要相关制度供给合力：《保守国

---

〔1〕 郑春燕："政府信息公开与国家秘密保护"，载《中国法学》2014 年第 1 期。

家秘密法》及下位法对国家秘密的范围、定密主体、定密权限、定密依据、定密程序、救济程序作出更为合理的设计；通过信息委员会、定密异议制度对定密行为进行更为专业、全面地监督；起草、出台信息公开法，强化信息公开的原则性与统摄性力量等。

案例八　姚新金、刘天水诉永泰县国土资源局政府信息公开案

胡斌 *

【案例名称】

姚新金、刘天水诉永泰县国土资源局政府信息公开案［福建省福州市中级人民法院（2014）榕行终字第 83 号］

【关键词】

政府信息公开　过程性信息　判断标准

【基本案情】

一审法院查明，2013 年 3 月 20 日，原告姚新金、刘天水通过特快专递向被告永泰县国土资源局邮寄《政府信息公开申请表》，要求被告书面公开永泰县樟城镇龙峰园 184 号及永泰县城峰镇太原村银场 106 号（二房屋位于同一拆迁许可证范围内）二申请人房屋所在区域地块的拟建设项目的"一书四方案"，即建设用地项目呈报说明书、农用地转用方案、补充耕地方案、征收方案、供地方案。原告姚新金、刘天水在申请表中确定联系人为刘天水，提供的通信地址为福州市晋安区长乐北路×号刘天水收。2013 年 5 月 28 日，被告将樟国土资信答（2013）21 号《关于刘天水、姚新金申请信息公开的答复》（落款日期为 2013 年 3 月 25 日）按原告提供的通信地址、收件人用挂号信函

---

* 作者简介：胡斌，中国政法大学法学院讲师、硕士生导师。

邮寄给原告刘天水，对原告申请答复如下："……你们所申请公开的第3项（拟建设项目的'一书四方案'），不属于公开的范畴。"原告姚新金、刘天水以被告未就该申请作出答复为由，于2013年7月8日向一审法院提起行政诉讼。

一审法院认为，2007年《政府信息公开条例》第2条规定："本条例所称政府信息，是指行政机关在履行职责过程中制作或者获取的，以一定形式记录、保存的信息。"第21条第2项规定："对申请公开的政府信息，行政机关根据下列情况分别作出答复：……（二）属于不予公开范围的，应当告知申请人并说明理由；……"第24条规定："行政机关收到政府信息公开申请，能够当场答复的，应当当场予以答复。行政机关不能当场答复的，应当自收到申请之日起15个工作日内予以答复；如需延长答复期限的，应当经政府信息公开工作机构负责人同意，并告知申请人，延长答复的期限最长不得超过15个工作日。……"被告永泰县国土资源局收到原告姚新金、刘天水的《政府信息公开申请书》后，未在规定的期限内予以答复，虽然在程序上存在瑕疵，但被告在本案立案前，已对原告申请公开的信息"一书四方案"作出不予公开的答复。该"一书四方案"系被告在向上级有关部门报批过程中的材料，不属于信息公开的范围。被告永泰县国土资源局虽然在答复中只称不属于公开的范畴，没有说明理由，存在一定的瑕疵，但不足以否定其具体行政行为的合法性。因此，原告要求被告公开"一书四方案"的诉讼请求于法无据，一审法院不予支持。被告关于"一书四方案"不属于《政府信息公开条例》所指应公开的政府信息的辩解意见理由成立，一审法院予以采纳。一审法院依照《最高人民法院关于执行〈中华人民共和国行政诉讼法〉若干问题的解释》第56条第1项和《最高人民法院关于审理政府信息公开行政案件若干问题的规定》第12条第1项之规定，判决如下：驳回原告姚新金、刘天水的诉讼请求。案件受理费50元，由原告姚新金、刘天水负担。

上诉人姚新金、刘天水不服一审判决，向本院提起上诉称：（1）被上诉人未在法定期限内作出政府信息公开答复。2013年3月20日，上诉人向被上诉人提出政府信息公开申请，要求被上诉人依法书面公开上诉人房屋所在区域地块的拟建设项目的"一书四方案"，即建设用地项目呈报说明书、农用地转用方案、补充耕地方案、征收方案、供地方案。但是，上诉人从未收到被上诉人回复。被上诉人未在《政府信息公开条例》第24条规定的法定期限内作出答复。上诉人在政府信息公开申请表中，已向被上诉人提交了通信地址和姓名，但从未收到被上诉人作出的任何回复。一审法院没有严格调查被上诉人提供的证据，认定事实不清。（2）被上诉人有公开上诉人申请的政府信息的法定职责。根据 2011 年《土地管理法实施条例》第 23 条第 1 款第 2 项规定，"一书四方案"的制作机关是永泰县国土资源局。被上诉人作为制作机关有公开上诉人申请政府信息的法定职责，被上诉人不予答复是行政不作为，明显违法。（3）"一书四方案"的信息涉及公民的切身利益，上诉人的房屋现在面临被强拆的境地，被上诉人作为制作机关，制定的此信息与上诉人的利益有着千丝万缕的联系。根据《政府信息公开条例》《最高人民法院关于审理政府信息公开行政案件若干问题的规定》《国务院办公厅关于做好政府信息依申请公开工作的意见》[1]的相关规定，"一书四方案"属于政府信息公开的范围。被上诉人对此不予答复，认为不属于信息公开的范围，应予举证证明。被上诉人既未答复，也未对拒绝公开政府信息的理由进行说明，明显违法。上诉人姚新金、刘天水请求：（1）撤销一审判决，判令被上诉人立即依法书面公开上诉人房屋所在地块的拟建设项目的"一书四方案"；（2）一、二审诉讼费用由被上诉人负担。

被上诉人永泰县国土资源局辩称：（1）2013 年 3 月 21 日，被上诉人收到上诉人邮寄的《政府信息公开申请表》，上诉人要求公开其房屋所在地块的拟建设项目的"一书四方案"。上诉人提供的通信地址为福州市晋安区长乐北路 7 号（永塘盛店面），收件人是刘天水。2013 年 3 月 25 日，被上诉人以樟国土资信答（2013）21 号《关于刘天水、姚新金申请信息公开的答复》，对上诉人的申请作出答复。2013 年 5 月 28 日，被上诉人按上诉人提供的通讯地址、指定的收件人刘天水，将上述《答复》用挂号信函寄给上诉人，有国内挂号信函收据、邮件跟踪查询单等为证（福州市晋安区长乐北路×号属于连江北路邮政投递部投递服务范围）。一审认定被上诉人已作出答复，告知获取政府信息的方式和途径，符合客观事实。（2）"一书四方案"系过程性信息，不属于应当公开的范围，一审适用法律正确。上诉人房屋所在地块"一书四方案"系被上诉人在日常工作中制作或者获取的内部管理信息和过程性信息，

---

[1] 下文提及时也用发文号，即国办发〔2010〕5 号。

根据《国务院办公厅关于做好政府信息依申请公开工作的意见》第2条第2款规定，不属于政府信息。一审期间，被上诉人提交国办发〔2010〕5号文件，已尽到举证、说明义务。上诉人申请信息公开，属于公开范围的，被上诉人已经公开；属于不公开范围的，也已告知并说明理由。一审驳回上诉人的诉讼请求，适用法律正确。被上诉人永泰县国土资源局请求依法驳回上诉，维持原判。

被上诉人永泰县国土资源局向一审法院提交了以下证据和依据：（1）《政府信息公开申请表》；（2）《答复》《挂号信函收据》《查询单》；（3）樟政（2011）19号文件、樟国土资用（2011）12号文件；（4）照片；（5）（2013）樟执审字第37号《行政裁定书》；（6）《政府信息公开条例》第14条、第17条、第26条；（7）国办发〔2010〕5号文件。上诉人姚新金、刘天水向一审法院提交了以下证据：（1）《居民身份证》复印件；（2）原告姚新金闽土樟字（1994）第250号《建设用地许可证》、原告刘天水榕樟S字第00490号《房屋所有权证》复印件；（3）《政府信息公开申请表》；（4）《邮寄底单》；（5）《签收回复》。

【裁判要旨】

根据2011年《土地管理法实施条例》第23条第1款第2项规定，永泰县国土资源局是"一书四方案"的制作机关，福建省人民政府作出征地批复后，有关"一书四方案"已经过批准并予以实施，不再属于过程性信息及内部材料，应予公开。

【裁判理由与论证】

关于被上诉人是否已向上诉人作出政府信息公开答复的问题。被上诉人提交挂号信函收据、查询单以证明其向上诉人邮寄樟国土资信答（2013）21号《关于刘天水、姚新金申请信息公开的答复》，已作出答复。查询单中显示挂号信件已由连江北路处理机构妥投，该信息与上诉人提供的地址"福州市晋安区长乐北路×号"可以相互印证，根据《最高人民法院关于行政诉讼证据若干问题的规定》第54条的规定，应当认定被上诉人已根据上诉人提供的通讯方式向其邮寄送达有关答复。上诉人关于被上诉人未作出政府信息公开答复的上诉理由不成立，法院不予采纳。被上诉人于 2013 年 3 月 25 日作出答复，但迟至 2013 年 5 月 28 日才向上诉人邮寄，送达存在一定延误，行政程序具有瑕疵，法院予以指正。

本案上诉人申请被上诉人公开其房屋所在地块的拟建设项目的"一书四方案"，即建设用地项目呈报说明书、农用地转用方案、补充耕地方案、征收方案、供地方案。被上诉人答复认为"一书四方案"不属于公开的范畴，并未说明理由。2011 年《土地管理法实施条例》第 23 条第 1 款第 2 项规定："建设单位持建设项目的有关批准文件，向市、县人民政府土地行政主管部门提出建设用地申请，由市、县人民政府土地行政主管部门审查，拟订农用地转用方案、补充耕地方案、征收土地方案和供地方案（涉及国有农用地的，不拟订征收土地方案），经市、县人民政府审核同意后，逐级上报有批准权的人民政府批准；其中，补充耕地方案由批准农用地转用方案的人民政府在批准农用地转用方案时一并批准；供地方案由批准征收土地的人民政府在批准征收土地方案时一并批准（涉及国有农用地的，供地方案由批准农用地转用的人民政府在批准农用地转用方案时一并批准）。"被上诉人系"一书四方案"制作机关，福建省人民政府作出征地批复后，有关"一书四方案"已经过批准并予以实施，不再属于过程性信息及内部材料，被上诉人不予公开没有法律依据。上诉人关于"一书四方案"应当公开的主张成立，法院予以支持。一审判决认定事实清楚，适用法律错误，应予纠正。据此，依照《行政诉讼法》第 61 条第 3 项、《最高人民法院关于执行〈中华人民共和国行政诉讼法〉若干问题的解释》第 70 条、《最高人民法院关于审理政府信息公开行政案件若干问题的规定》第 9 条第 1 款的规定，判决如下：（1）撤销永泰县人民法院（2013）樟行初字第 17 号行政判决；（2）撤销被上诉人永泰县国土资源局决定对上诉人姚新金、刘天水申请的其房屋所在地块拟建设项目的建设用地项目呈报说明书、农用地转用方案、补充耕地方案、征收方案、供地方案等政府信息不予公开的具体行政行为；（3）责令被上诉人永泰县国土资源局于收到本判决书之日起 15 个工作日内向上诉人姚新金、刘天水公开其房屋所在区域建设项目的建设用地项目呈报说明书、农用地转用方案、补充耕地方案、征收方案、供地方案等政府信息。本案一、二审案件受理费各 50 元，均由被上诉人永泰县国土资源局负担。

【涉及的重要理论问题】

2014 年 9 月，最高人民法院发布了信息公开案件十大典型案例，其中姚新金、刘天水诉永泰县国土资源局政府信息公开案赫然在列。本案主要聚焦政府信息公开案件中"过程性信息"的判定标准来展开，具有典型意义。从实践来看，"信息属于过程性信息"成为行政机关不公开信息的重要理由，特别是 2019 年新修订的《政府信息公开条例》为"过程性信息"正名之后，此类案件也逐渐增多。本案涉及的理论问题主要包括"过程性信息"的内涵、过程性信息的认定标准、过程性信息的公开规则以及司法审查规则等问题。

一、过程性信息的内涵与特征

2019 年《政府信息公开条例》修改时，借鉴地方立法经验，确立了过程性信息可以不公开的制度，[1]从而为部分地方一直以来实际操作的"过程性信息不公开"制度正名。当然，《政府信息公开条例》只是通过列举的方式为"过程性信息"勾勒了一个基本框架，并未给过程性信息做一个明确的界定和解释。与其他列举式的立法例相似，这种立法某种程度上为行政机关随意扩大"过程性信息"的范围埋下了伏笔。为了更好地指导实践，有必要从法理上对过程性信息的概念进行科学的界定。

（一）过程性信息的制度表达

追溯过程性信息的词源，其制度性表达最早出现在 2002 年《广州市政府信息公开规定》第 14 条——"审议、讨论过程中的政府信息"，[2]并且被明确列为不予公开的信息范畴。[3]当然，此时"过程性信息"作为一个制度性概念还没有被正式提出来。该概念作为一个制度性概念被正式提出是在 2010

---

〔1〕《政府信息公开条例》第 16 条第 2 款规定，行政机关在履行行政管理职能过程中形成的讨论记录、过程稿、磋商信函、请示报告等过程性信息以及行政执法案卷信息，可以不予公开。法律、法规、规章规定上述信息应当公开的，从其规定。

〔2〕王敬波："过程性信息公开的判定规则"，载《行政法学研究》2019 年第 4 期。

〔3〕《广州市政府信息公开规定》第 14 条规定："下列政府信息不予公开：（一）个人隐私；（二）商业秘密；（三）国家秘密；（四）除第十九条规定以外的在审议、讨论过程中的政府信息；（五）法律、法规禁止公开的其他政府信息。"

年《国务院办公厅关于做好政府信息依申请公开工作的意见》中，该文件指出，行政机关向申请人提供的政府信息，应当是正式、准确、完整的，……因此，……处于讨论、研究或者审查中的过程性信息，一般不属于《政府信息公开条例》所指应公开的政府信息。根据《国务院办公厅关于做好政府信息依申请公开工作的意见》的规定，过程性信息是行政机关在讨论、研究或审查中的信息。上述文件共同之处在于，用"进行时"的词语描述信息的"过程性"，而从语言的整体描述看，背后的意思主要是过程性信息具有不完整性和不确定性，不宜公开。因而从过程性信息概念的起源可以推测出该概念具有不确定性、内容不完整性等特点。

（二）过程性信息概念的学理讨论

鉴于实践中过程性信息存在泛化和模糊问题，部分学者尝试对"过程性信息"这一特殊概念进行界定。有学者认为，过程性信息是行政机关在作决定之前的准备过程中形成的文件。[1]有学者则认为这一概念所表达的内容是指"在审议、讨论过程中的政府信息"，或者"正在调查、讨论、处理过程中的"政府信息。[2]有的学者则认为，过程性信息是尚未制作完成的非正式、不完整因而不具有使用价值的政府信息。[3]当然，也有学者指出，过程性信息并非科学概念，任何行为都是一个过程，没有过程无法最终形成行政行为。该过程并非信息的形成过程，而是信息所依托的行为的形成过程。[4]

从《国务院办公厅关于做好政府信息依申请公开工作的意见》的表述和学者观点来看，过程性信息主要是指处于某一行政行为进行过程中尚处于讨论、研究或审查之中的信息。从学者的共识来看，过程性信息的界定主要采用了时间节点的标准，即行为过程未结束，则行政过程中的信息便可以认定为过程性信息。

（三）过程性信息概念面临的挑战

学者们以时间节点为标准判断过程性信息的观点固然简单，但在实践中

---

〔1〕 李广宇：《政府信息公开司法解释读本》，法律出版社 2011 年版，第 261 页。

〔2〕 杨小军："过程性政府信息的公开与不公开"，载《国家检察官学院学报》2012 年第 2 期。

〔3〕 杨登峰："论过程性信息的本质——以上海市系列政府信息公开案为例"，载《法学家》2013 年第 3 期。

〔4〕 王敬波："过程性信息公开的判定规则"，载《行政法学研究》2019 年第 4 期。

却存在两个方面的挑战。第一，过程性信息绝对化。实践中，部分地方行政机关将过程性信息绝对化，即认为只要属于行政行为作出过程中出现的信息或者服务于最终决定的信息，就属于过程性信息，并拒绝公开。本案中，永泰县国土资源局将"一书四方案"认定为过程性信息，便是以该信息是行政过程中存在的信息为理由。而这一认识无疑将过程性信息绝对化，即只要是在行政过程中产生的信息都属于过程性信息。过程性信息绝对化的倾向与确立过程性信息制度的初衷相悖，这一点法院已经予以否定。第二，过程性信息形式化。过程性信息豁免公开具有多元的价值追求，而不仅仅因为该信息处于正在进行的行政过程中，因而仅以形式标准判断过程性信息无法发挥该制度应用的作用。第三，过程性信息与行政过程公开存在一定抵牾。为了保证行政决策的民主性与科学性，要求行政过程适度公开保证公民的知情权与参与权。行政过程的公开必然涉及过程性信息的公开，否则公开便没有实际意义。此时，过程性信息不公开原则与行政过程公开原则便存在一定的张力，而欲解决这个问题，对"过程性信息"的范围必须进行严格的限制，而不是只要在行政过程中产生或运用的信息均被列为过程性信息。

（四）过程性信息概念的建构

鉴于当前过程性信息概念存在的问题与挑战，我们认为，有必要对过程性信息概念进行科学界定。该概念的界定应当考虑两个因素：确立过程性信息的目的以及该概念与相似概念的边界。

首先，确立过程性信息具有四个目的。第一，确保公开的政府信息具有确定性、真实性。第二，保证行政机关内部坦率地表达意见，促进行政民主，提升决策科学。在美国，法院阐明了"过程性信息"豁免公开的目的之一是保证行政机关内部坦率地表达意见。[1]第三，防止不确定、不完整信息公开引发公众误解。第四，维护行政管理秩序，保证行政目的实现。比如，2009年《最高人民法院关于审理政府信息公开行政案件若干问题的规定（征求意见稿）》曾将"尚处于讨论、研究或者审查过程中的政府信息，公开可能影

---

〔1〕 梁艺："美国信息自由法上过程性信息的豁免公开——基于判例视角的反思与借鉴"，载《法治研究》2014 年第 10 期。

响正常行政管理活动和行政目的实现的"作为不予公开的情形之一，[1]最后出台的文件虽然删除了这一表述，但可以大体推测，最高人民法院认为过程性信息不宜公开的理由是公开可能影响正常行政管理活动和行政目的实现，即过程性信息豁免公开是为了维护行政秩序，实现行政目的。概言之，从最高人民法院之前的努力来看，之所以将某种信息定性为"过程性信息"，主要是为了保证行政过程的有效性和效率性。还有学者认为，过程性信息不公开的目的在于保证所公开的政府信息具有使用价值。[2]这一观点失之偏颇，信息的价值因人因时而异，在行政机关看来没有价值的信息，反而可能对相对人有价值，因而这个目的很难成立。况且如果一项信息对于相对人没有价值，其大体不会去申请。按照该学者的观点，只要有使用价值的信息便不再属于过程性信息，显然与过程性信息制度设计初衷是不契合的。

确立过程性信息的目的决定了，过程性信息是指行政过程中产生或存在的，尚处于讨论、研究、审议阶段的信息，或者公开可能影响行政活动中相关人的自由表达，影响行政管理秩序或行政目的实现的信息。根据过程性信息的概念，为了避免过程性信息绝对化以及与行政过程公开原则相悖，对过程性信息的范围应当进行限缩。具体而言，过程性信息大体应当分为两类：一类是在行政过程中产生或者适用，并且行政过程仍在进行的信息，这类信息因为具有不确定性或者影响最终的行政决定，不宜随便公开；另一类是该信息所依附的过程虽然完结，但是由于该类信息对于行政决定起到决定性作用，公开可能会影响意见表达者在未来的自由表达或者产生其他不利影响。之所以不严格遵循行政过程进行时标准，是因为《政府信息公开条例》第16条第2款即"行政机关在履行行政管理职能过程中形成的讨论记录、过程稿、磋商信函、请示报告等过程性信息……"的表述并没有排除行政程序完结之后的信息为过程性信息的可能。

其次，过程性信息的界定还需要解决其与内部信息的界分问题。《政府信息公开条例》将相对不公开的信息分为内部信息和过程性信息两种，这就意

---

[1]　罗文岚："我国政府过程性信息公开的困局与纾解"，载《行政与法》2014年第8期。

[2]　杨登峰："论过程性信息的本质——以上海市系列政府信息公开案为例"，载《法学家》2013年第3期。

味着两种信息是不同的。但"内部"和"过程"概念的重叠性，又使得两种信息之间容易出现模糊地带。因而，过程性信息的建构应当注意其与内部信息的区分。总体而言，第一，过程性信息是动态的，内部信息是静态的。前者一般存在于正在进行的行政过程中，且处于讨论、审议和研究状态，因而是动态的；后者往往是行政行为作出之前便已经存在的信息，相对于过程性信息，其属于静态的信息，即这些信息往往在某一行政行为作出之前便存在（比如人事信息），并且具有相对独立的地位。第二，过程性信息是不确定的，内部信息内容和作用是确定的。过程性信息一般处于审议、讨论中，因而其最终的内容和形式并不完全确定；内部信息如人员编制、后勤管理制度等内容基本上是确定的。第三，过程性信息与行政决定的作出有直接联系，内部信息与某一项行政决定作出并无直接联系。过程性信息一般服务于行政决定的最后作出，因而其与行政决定存在某种必然的联系；内部信息则与行政决定基本上没有必然联系，比如，内部的人员管理信息、后勤信息对于行政决定作出并没有直接的关系。正是在这个意义上，部分学者认为，可将内部事务信息限缩并更名为"纯行政内部信息"，主要指技术性、细节性信息，不公开的理由在于这些信息是琐碎的，与真正的、重要的公共利益无涉，可以预期公众对此不感兴趣，不公开可以将行政机关从收集和提供这些信息的负担中解脱出来，或者公开会增加不必要的行政成本，降低行政效率，有碍行政的有效运行。[1]

二、过程性信息的认定标准

过程性信息制度最核心的问题便是认定标准问题。关于过程性信息的认定标准，学界已有研究。有学者认为，认定过程性信息的基本标准应当是信息非正式、不完整且不具有使用价值。[2]有学者考察了美国过程性信息认定标准，发现在美国，过程性信息认定标准分为两类：一类是审议性信息，采用以功能为主、以性质为辅的判断标准，即主要看该信息的功能，如果是意

---

〔1〕 杨伟东："内部事务信息的确立、运用和发展兼论与过程性信息的界分"，载《中外法学》2021年第1期。

〔2〕 杨登峰："论过程性信息的本质——以上海市系列政府信息公开案为例"，载《法学家》2013年第3期。

见性信息不公开，如果是事实性信息则公开；另一类是决策前信息，如果决策已经完成，则信息原则性应当公开，只有一个例外——如果此信息被行政决策所采纳，则可以不公开。[1]

鉴于过程性信息的多元性和复杂性，我们认为，过程性信息公开认定标准，应当坚持时间标准、功能标准和信息性质标准相结合。

（一）时间标准：动态标准+静态标准

过程性信息的首要本质在于过程性，因而时间标准应当成为其最首要的判断标准之一。以时间为轴，某一行政行为大体存在两个阶段：行为进行阶段和行为完成阶段。当一项信息处于正在进行的行政过程中，且该信息及其作用均处于不确定状态，此信息属于过程性信息。这是过程性信息的动态标准。正如学者所言，过程性信息的一个最显著的特征即时间性。正是由于信息在决定前存在很多不确定的因素。此类信息内容也未臻成熟，若公开会对审议公正性产生负面影响，因此我们对处于审议过程中的信息公开予以豁免。[2]

当然，以行政过程正在进行为标准判断过程性信息面临着一些现实问题。比如，行政机关作出两个连续的行政行为，其中一个行政行为已经终结，随后根据前一个行政行为作出后续的行政行为。典型的是，行政机关先做一个行政决策（行政确认），后续跟着一个执法行为（处罚）。而某一信息是在前一行政行为中使用或者存在的信息，此时，算是过程性信息还是非过程性信息呢？我们认为，此种情况下应当看该信息是否构成后一个行为作出的考量因素，如果仍然是后一个行为的考量因素，则符合过程性信息的形式标准。如果不再是后一个行政行为的考量因素，则不再符合过程性信息的形式标准。

当一个信息所依附的行政行为已经完结，是不是当然推定该信息不属于过程性信息？我们认为，一般而言，如果行政过程已经结束，审议结果也已

[1] 梁艺："美国信息自由法上过程性信息的豁免公开——基于判例视角的反思与借鉴"，载《法治研究》2014年第10期。
[2] 张鲁萍："过程性信息豁免公开之考察与探讨"，载《广东行政学院学报》2011年第4期。

经产生，则其前期资料就丧失了"过程性"而成为一般信息。[1]但如果有些信息是行政行为作出的重要依据且公开会对信息提供者产生不利益，那么亦应当纳入过程性信息范畴，即只要信息对于行政过程具有至关重要的影响且不宜公开，也应当纳入过程性信息范畴。

总之，时间标准是过程性信息的形式标准，判断一项信息是否为过程性信息应当先看该信息是否处于正在进行的行政过程中。当然，时间标准并非唯一的标准，要确定某信息是否为过程性信息还要看该信息的实质，这就是下文要涉及的功能和性质标准。

（二）功能标准：作为决策因素的信息

从《政府信息公开条例》采用列举方式对过程性信息进行规定的立法模式来看，立法者无意将行政过程中制作或者存在的所有信息均纳入过程性信息范畴。在这个意义上，时间节点只是过程性信息的形式标准，因而需要探究该信息的实质标准。从国务院发布的《国务院办公厅关于做好政府信息依申请公开工作的意见》措辞来看，过程性信息指的是处于讨论、研究或者审查中的信息，这里的表述看起来是规定过程性信息的时间节点，本质上则是在框定过程性信息的功能。因此，可以推测过程性信息的实质标准之一便是功能标准。

功能标准的核心要旨在于：当一个信息在行政决策、决定过程中发挥了作用或者作为重要的考量因素，从而被讨论、研究或者审查，此时便是过程性信息。否则虽然有些信息存在于正在进行的行政过程中，但实际上对于行政行为的作出并未发挥直接作用，那么便不应视为过程性信息。根据学者考察，功能标准也是美国法院在信息公开案件中发展出的重要标准——通过考察信息在行政机关决策过程中发挥的作用来判断其是否具有审议性。[2]具体而言，在美国，"过程性信息"的认定系以信息本身的功能为核心，考察其是否能够反映出行政机关的决策过程，如果一项信息能够反映行政决策过程，那么可以认为是"过程性信息"。这个意义上，单纯的时间经过并不能影响某

---

〔1〕 张鲁萍："过程性信息豁免公开之考察与探讨"，载《广东行政学院学报》2011 年第 4 期。

〔2〕 861 F. 2d 1114（9th Cir. 1988）.

项信息作为过程性信息的性质，因其反映决策过程的功能不因时间经过而改变。[1]《德国信息自由法》也基本上坚持了这一原理。[2]

信息功能标准符合过程性信息制度的核心追求，可以防止过程性信息范围过分扩大。当然，运用功能标准判断某信息是否属于过程性信息时，其难点和焦点均在于"功能"的识别。过程性信息之所以不宜公开，是因为这些信息仍不确定，而且是行政决定作出的重要依据或者直接能够反映决策过程，如果被提前公开或者不适当地公开，必然会影响信息提供者的积极性，或者给公众造成误解。因而，功能意义上的过程性信息是对行政行为产生实质影响的信息，而且这种影响在行政决定最终作出之前是不确定的信息。关于实质影响的判断主要看两个方面，一方面看信息对于行政行为的具体影响，另一方面也可以采用形式标准即行政机关对于该信息正在或者已经进行了研究、讨论或审议，这表明至少在决策者看来该信息对于行政决策有实质影响。

（三）性质标准：意见性信息与事实性信息的界分

如前所述，过程性信息不公开制度与行政决策公开原则存在一定的抵牾，域外解决这一问题的思路是将决策中的信息根据性质不同分为事实性信息和意见性信息。意见性信息主要是具有较强主观性，代表某种鲜明观点和主张的信息。事实性信息则是相对客观，主要传递某种客观事实和情况的信息。按照美国法院确立的原则，事实性信息原则上要公开，对于意见性信息而言，为了保证发表意见者真实、完整地表达自己的意志，此类信息可以豁免公开。正如学者所言，对于事实性信息的公开一般并不对机构意见交换的决策过程造成损害，不具有审议性特征，所以不属于过程性信息豁免公开的范围。[3]

性质标准的优势在于，其不受制于行政过程阶段的影响，只要一项信息是意见性信息，那么无论行政行为是否完结，都可以列为可以不公开的范畴，以防公开会打击信息提供者积极性或者引发公众误解；相应地，只要是事实

---

〔1〕　梁艺："美国信息自由法上过程性信息的豁免公开——基于判例视角的反思与借鉴"，载《法治研究》2014 年第 10 期。

〔2〕　龙非："德国《信息自由法》中的'过程性信息'保护"，载《行政法学研究》2013 年第 3 期。

〔3〕　梁艺："美国信息自由法上过程性信息的豁免公开——基于判例视角的反思与借鉴"，载《法治研究》2014 年第 10 期。

性信息，即使行政过程仍然在进行中，也不属于可以不公开的事项，从而避免与行政决策公开原则相抵触。

根据前文的讨论，功能标准和性质标准作用机理和适用场景不相同，二者适用时应注意：功能标准主要是解决正在进行的行政行为中过程性信息的范围限缩，即正在进行的行政过程中的信息，符合功能标准的方可视为过程性信息；性质标准主要解决已完结行为信息是否列为过程性信息的问题，如果一项信息属于意见性信息，那么即使行为过程已经终结，也应纳入过程性信息范畴，防止此类信息公开对意见表达者自由表达产生积极性的侵害。当然，两个标准的适用仍然面临一个问题，即事实性信息的处理。假如事实性信息在行政决策中起到决定性作用，那么其是否属于过程性信息呢？我们认为，需区分行政过程的阶段：如果行政过程正在进行中，虽然某一信息是事实性信息，但该信息对于行政决定将产生实质决定作用且该信息不确定，那么亦可以归入过程性信息，以防对行政决定产生不利影响；如果行政过程已经完结，那么事实性信息原则上不能归入过程性信息，应当予以公开。

综上，过程性信息判断应当坚持多元化标准，且采用递进式的判断策略。第一步，运用时间标准，即形式标准对信息进行审查，分为两种情形。

第一种情况：如果一项信息处于正在进行的行政过程中，那么可以认定该信息符合过程性信息的形式标准，但不能得出该信息属于过程性信息的当然结论。此时需要进入第二步，根据功能性标准，检验该信息的功能，如果该信息是作为行政决策重要依据的信息，且处于讨论、研究、审议过程中，则视为符合过程性信息的实质标准，如果该信息与行政决策的作出并无实质联系，内容也是相对确定，未经或者没有必要进行讨论和审议，则不应认为其属于可以不公开的过程性信息。

第二种情况：如果该信息所依附的行政过程已经完结，即行政行为已经作出，并不能直接否定该信息为过程性信息。此时应进入第二步，看信息的性质和功能，如果该信息属于意见性信息，特别是行政决策时采纳的信息，公开会影响信息提供者的积极性，那么应当推定为过程性信息。换言之，如果一项信息属于事实性信息，且行政过程已经终结，那么便不再是过程性信息而应当依法公开。

总之，时间标准只是形式标准而不是决定性标准，最终判断信息是否为过程性信息，要结合信息的功能和性质，这样才能契合过程性信息制度的初衷。本案中，法院以行为过程已经终结为由，便判定该信息已经不属于过程性信息，而没有进行实质审查，并不符合过程性信息豁免的初衷，因而审理过程存在一定的瑕疵。根据上面的标准，正确的判断思路应是：首先，诉请信息所依附的行政过程已经完结，因而该信息不符合过程性信息的形式标准；其次，该信息不属于意见性信息，而是属于事实性信息，因而可以完全排除其作为"过程性信息"的可能性。

三、过程性信息的公开规则及司法审查原则

按照《政府信息公开条例》规定，某一信息被认定为过程性信息，并不意味着其自动获得了"不予公开"的资格。从法条表述看，"可以"的措辞，只是赋予了行政机关自由裁量权，即行政机关对于过程性信息有权不予公开。这就意味着行政机关不能想当然认为只要某信息被认定为过程性信息，就可以直接作出不予公开决定。行政机关在认定某信息为过程性信息之后，还应当考虑该信息是否确属不宜公开的信息，即行政机关决定不公开某过程性信息时仍然要说明其考虑的原因。本案中，永泰县国土资源局只是答复该信息不属于政府信息公开的范围，没有提供任何理由，显然是不合适的，这一点法院也做了纠正。当然，由于法律规定过于粗疏，实际上给行政机关过大的裁量空间。[1]因而无论对于行政机关还是法院而言，对过程性信息公开的裁量权行使的适当性同样是值得考虑的问题。

（一）过程性信息公开的规则与程序

既然《政府信息公开条例》只是规定过程性信息"可以不公开"，并且规定了例外情形，那么行政机关在确定某一信息属于过程性信息之后，不应当武断地作出过程性信息不公开的决定，而应当遵循相应的规则进行判断。本文认为，行政机关在判断过程性信息是否公开时，应当遵循以下原则和规则。

首先，过程性信息不属于当然不公开信息。从体系解释和文义解释角度

---

〔1〕 王敬波："过程性信息公开的判定规则"，载《行政法学研究》2019 年第 4 期。

来看，与国家秘密信息、敏感信息（公开可能危及国家安全、经济安全等）、涉及个人隐私、商业秘密信息相比，过程性信息属于法律保护力度相对较小的信息，法律只是允许行政机关选择不公开。从这个意义上讲，行政机关不能当然认为只要是过程性信息便不公开。换言之，过程性信息并不属于当然不公开的信息，行政机关对于过程性信息是否公开不能恣意决定，而应当建立在合理考虑的基础之上。

其次，过程性信息不公开应当有合理的理由。虽然《政府信息公开条例》没有规定行政机关有义务说明过程性信息不予公开的理由。但从过程性信息制度的定位来看，行政机关作出过程性信息不予公开的决定应当具有相应的理由。这里的理由不能简化为"本信息属于过程性信息所以不公开"，这与立法目的不完全契合，因为从法律上得不出只要是过程性信息就不公开的结论。另外，如果不要求行政机关对不公开过程性信息说理，容易导致行政机关随意拒绝过程性信息的公开。

我们认为，为了防止过程性信息公开豁免权被随意滥用，行政机关应当对过程性信息不公开说明理由。这里的说明理由至少应包含两个层面：第一，申请信息属于过程性信息的理由；第二，该信息属于不宜公开的过程性信息之理由。前面的说理解决的是过程性信息判断问题；后一个说理解决的是对于过程性信息不公开的正当性问题。对于第一层面的说理应注意，过程性信息并非在行政过程中就被称为过程性信息，也不应因为行政过程结束便当然否定某信息为过程性信息的性质。行政机关应当按照前文提及的过程性信息"两步走"的判断方法进行说理，分为两种情况：第一种情况，行政机关应当说明行政行为正在进行中，且该信息内容不确定、对于行政决定有实质影响，仍在讨论和审议中。第二种情况，虽然行政机关应当说明某一信息所处的行政过程已经终结，但该信息属于意见性信息，亦应列为过程性信息。行政机关对过程性信息的认定说明理由，有助于防止行政机关随意扩大过程性信息的范围，另外也为相对人和法院判断过程性信息提供参考。严格意义上讲，行政机关论证了某一信息属于过程性信息，并未自动获得豁免公开资格，行政机关原则上还应当对过程性信息"可以不公开"说明理由。这里的"可以不公开"理由需要结合实践总结，比较常见的理由可以是以下几个方面：第一，申请的过程性信息不成熟、不完整，有待优化和完善；第二，公开过程性信息可能会对行政决策产生不利影响；第三，过程性信息内容不确定，有待审议、讨论或研究后确定；第四，公开过程性信息可能导致公众不当的误解；第五，过程性属于意见性信息，公开可能打击意见表达者积极性；第六，过程性信息公开可能产生其他不利影响。我们对于过程性信息不予公开的理由不宜过分苛责，只要行政机关提供了合理的理由均应得到支持。

再次，过程性信息不公开不利于公民、法人及其他组织合法权益保护或者公共利益保护的，行政机关原则上应当公开。过程性信息豁免公开的前提是该信息对于相对人权益或者公共利益影响不大。换言之，如果过程性信息对于相对人维护自身权益具有至关重要的作用，行政机关应当及时公开此类信息。本案中，姚新金等申请公开的信息直接关系到其合法权益的维护，因而即使属于过程性信息，行政机关原则上也应当向相对人公开，除非行政机关认为该信息公开会侵害他人合法权益或者公共利益。

最后，过程性信息不公开应当遵循特定程序。行政机关收到信息申请后，第一步应审查信息是否属于过程性信息，如果确认某一信息属于过程性信息，则应当判断该信息是否属于法律、法规、规章等明确规定的应当依法公开的信息，在得出否定性结论后，则应判断该过程性信息是否"可以"不公开。从这个意义上，行政机关不能未经审查，随意将某一信息认定为过程性信息而拒绝公开。

综上，行政机关拟以过程性信息为由拒绝申请人信息公开申请的，首先，应当按照"两步走"规则对信息是不是过程性信息进行实质审查；其次，对过程性信息是否有必要公开进行判断，如果认为不宜公开的，应当向相对人说明理由。

（二）法院审查过程性信息的规则

涉及过程性信息公开的案件进入诉讼后，法院便需要审查行政机关不予公开信息的合法性和正当性。对于涉过程性信息案件的审查深度，一般认为，只要确定了某一信息属于过程性信息，法院便应当尊重行政机关的裁量权，不再对行政机关不公开过程性信息的适当性进行审查。一方面是基于行政诉讼合法性审查原则的要求，另一方面则是基于法律赋予行政机关的"裁量权"。但从规范过程性信息公开实践的角度出发，法院的审查深度不应局限于对"过程性信息"认定正确与否上，还应当进一步考察行政机关拒绝公开过程性信息是否适当上。以上结论主要基于两点理由：第一，《政府信息公开条例》只是规定过程性信息可以不公开，因而行政机关是否适当地行使了裁量权是法院应当考虑的问题。第二，行政机关随意不公开过程性信息已经违背了《政府信息公开条例》规定的基本原则，即以公开为原则，以不公开为例外，法院应当予以纠正。因此，法院在审查过程性信息公开案件时，应当进行两个方面的审查：一方面，审查行政机关对于过程性信息认定是否准确；另一方面，还要判断行政机关公开或者不公开过程性信息的适当性，防止行政机关随意限制过程性信息的公开。

首先，审查行政机关对于过程性信息的认定是否准确。当行政机关以涉案信息属于过程性信息为由拒绝公开时，法院首要的任务是审查行政机关的主张是否应得到支持，即法院应审查诉请信息是否属于《政府信息公开条例》意义上的过程性信息。对于法院而言，过程性信息的判断宜坚持时间标准、功能标准和性质标准相结合原则。一般情况下，一项信息处于正在进行的行政过程中，而且该信息具有审议性，那么便可认可该信息属于过程性信息。换言之，即使诉请信息在行政过程中，但并不具有审议性，只是一般的信息且已经成熟完备，那么便不属于过程性信息，应当公开。如果一项信息所依附的行为过程已经完结，但该信息属于意见性信息，且对于行政决定的作出具有直接影响，亦应当认定为过程性信息。

其次，审查行政机关对过程性信息不予公开是否适当。在确认涉案信息属于过程性信息的基础上，法院还应当对行政机关对过程性信息不公开的理由进行审查。如前所述，过程性信息并非属于当然不公开的信息，行政机关决定不公开过程性信息应当给出适当的理由。因此，法院审查行政机关不公开过程性信息正当与否主要看两个方面：第一，行政机关对决定不公开过程性信息是否给出理由；第二，行政机关决定不公开过程性信息的理由是否合理。鉴于说明理由是行政机关基本的程序义务，因而如果行政机关不公开过程性信息且没有说明理由的，法院可以要求行政机关当庭说明理由，如果行政机关拒绝说明，且法院认为该信息公开不会影响公共利益或者其他主体权益的，应当判决公开。如果行政机关给出了理由，法院则应判断该理由的真实性和说服力。当然，除非行政机关理由极为不合理，否则法院应当尊重行政机关的说理。因为这是行政机关裁量范围内的事情，而且涉及行政内部事务，法院不宜介入过深。

最后，审查行政机关不公开过程性信息是否对相对人合法权益或公共利益产生重大影响。如前所述，如果过程性信息不公开不利于相对人合法权益的保护或公共利益的保护，那么行政机关应当放弃豁免权，公开过程性信息。因此，法院在审理涉过程性信息公开案件时，应当审查过程性信息不公开是否会对相对人合法权益或公共利益造成损害，如果答案是肯定的，那么法院应当刺破行政机关的豁免资格，要求行政机关履行公开义务。

【后续影响及借鉴意义】

本案经最高人民法院审定，被确定为信息公开典型案例。因而本案实际上为今后各级法院审理同类案件提供了重要的参考，而且法院在审理同类案件时原则上应当遵循该案的审判原则，除非有充分的理由认定该原则不适用此类案件。根据该案确定的规则，有关"一书四方案"已经过批准并予以实施，即行政过程已经完结，涉案信息内容和效力已经确定，不再属于过程性信息及内部材料。

案例九　朱艳丽诉腾冲市人民政府信息公开案

吴凤英 *

【案例名称】

朱艳丽诉腾冲人民政府信息公开案［最高人民法院（2020）最高法行申 12311 号行政裁定书］

【关键词】

政府信息公开　个人隐私　第三方合法权益　过程性信息

【基本案情】

2018 年 9 月 8 日、15 日、16 日，朱艳丽分别向腾冲市人民政府邮寄了三份《政府信息公开申请表》，腾冲市人民政府于 2018 年 9 月 13 日收到朱艳丽邮寄的三份政府信息公开申请表。其中，两份申请表的申请公开信息内容均为"书面公开申请人腾越镇秀峰社区融腾小区 65 号房屋所属区域被征收房屋分户补偿（货币、调换）情况"，第三份申请公开信息内容为"书面公开申请人腾越镇秀峰社区融腾小区 65 号房屋所属区域，腾冲市人民政府列为棚户区改造规划或年度改造计划，上报省人民政府批准的申报材料政府信息"。

2018 年 9 月 30 日，腾冲市人民政府针对朱艳丽的三份政府信息公开申请

---

* 作者简介：吴凤英，中国政法大学法学院宪法学与行政法学专业博士研究生。本文的指导教师为中国政法大学法学院教授、博士生导师罗智敏。

（涉及两个申请事项），作出依申请公开答复第（20180913-17）号《关于朱艳丽申请公开腾越镇秀峰社区融腾小区 65 号房屋所属区域被征收房屋分户补偿情况等信息的答复》（以下简称《答复》）：（1）对于其申请公开的"腾越镇秀峰社区融腾小区 65 号房屋所属区域被征收房屋分户补偿（货币、调换）情况"，该区域被征收户共计 289 户，该申请内容涉及他人隐私，依法不予公开；（2）对其申请公开的"腾越镇秀峰社区融腾小区 65 号房屋所属区域，腾冲市人民政府列为棚户区改造规划或年度改造计划，上报省人民政府批准的申报材料"，属于内部管理信息，依法不予公开。

朱艳丽对此《答复》不服，于 2018 年 10 月 17 日向保山市人民政府提出行政复议申请，2019 年 1 月 11 日保山市人民政府作出保政行复决（2019）1号行政复议决定书，维持了原《答复》。朱艳丽不服，于 2019 年 1 月 23 日针对原《答复》及复议决定向保山市人民法院提起行政诉讼。

保山市中级人民法院判决如下：（1）撤销保山市人民政府作出的保政行复决（2019）1 号行政复议决定书；（2）撤销被告腾冲市人民政府作出的依申请公开答复第（20180913-17）号《答复》第一项，即撤销"你申请公开的'腾越镇秀峰社区融腾小区 65 号房屋所属区域被征收房屋分户补偿（货币、调换）情况'，65 号房屋所属区域被征收户共计 289 户，该申请内容涉及他人隐私，依法不予公开"；（3）责令被告腾冲市人民政府针对原告朱艳丽关于"书面公开申请腾越镇秀峰社区融腾小区 65 号房屋所属区域被征收房屋分户补偿（货币、调换）情况"的政府信息公开申请在本判决生效后 20 个工作日内重新作出答复；（4）驳回原告朱艳丽的其他诉讼请求。

朱艳丽对保山市中级人民法院作出的（2019）云 05 行初 11 号行政判决不服，向云南省高级人民法院提起上诉。云南省高级人民法院作出（2019）云行终 800 号行政判决，认为一审判决认定事实清楚，程序合法，适用法律、法规正确，应予维持。朱艳丽的上诉理由不能成立，对其上诉请求依法不予支持。故云南省高级人民法院判决驳回上诉，维持原判。

朱艳丽不服云南省高级人民法院（2019）云行终 800 号行政判决，向最高人民法院申请再审。最高人民法院（2020）最高法行申 12311 号裁定，认为保山市人民政府对《答复》的第 1 项予以维持，适用法律法规错误。一审法院判决撤销 1 号复议决定，二审法院维持一审判决，并无不当。故裁定驳回朱艳丽的再审申请。

【裁判要旨】

本案裁判要旨有二：（1）依申请公开的政府信息涉及个人隐私时，行政机关不能直接以相关信息涉及个人隐私为由不予公开，对第三方是否愿意公开，行政机关需要提供相关证据。（2）行政机关混淆内部信息与过程性信息，把过程性信息认定为内部信息，虽然认定存在不当，但不影响其结果。

【裁判理由与论证】

本案的争议焦点是：（1）依申请公开的政府信息涉及个人隐私时如何公开；（2）行政机关把过程性信息认定成内部管理信息时是否可以公开。

一、关于两个条例的理解与适用

《国有土地上房屋征收与补偿条例》第15条规定："房屋征收部门应当对房屋征收范围内房屋的权属、区位、用途、建筑面积等情况组织调查登记，被征收人应当予以配合。调查结果应当在房屋征收范围内向被征收人公布。"第29条第1款规定："房屋征收部门应当依法建立房屋征收补偿档案，并将分户补偿情况在房屋征收范围内向被征收人公布。"在本案中，腾冲市人民政府认为腾越镇秀峰社区融腾小区65号房屋所属区域被征收户共计289户，把房屋分户补偿（货币、调换）情况公开会涉及289户的个人隐私，因此作出了不予公开的决定，对于具体涉及何种个人隐私没有进行解释。一审法院认为，根据《国有土地上房屋征收与补偿条例》的上述规定，征收中的分户补偿情况本应属于政府主动公开的信息，如申请人对此信息申请公开，被申请人应当在查明申请人是否符合申请条件的基础上依法予以公开或告知其公开情况。至此，一审法院的规范解释逻辑是，朱艳丽向腾冲市人民政府申请公开腾越镇秀峰社区融腾小区65号房屋所属区域被征收房屋分户补偿（货币、调换）情况，是属于腾冲市人民政府主动公开的政府信息。但是，一审法院紧接着又认为，如申请公开事项确实涉及他人隐私，根据2019年《政府信息公开条例》第15条的规定也应征询第三方意见是否愿意公开，而被告对此亦未提交任何证据，故被诉《答复》第一项直接以相关信息涉及他人隐私为由不予公开存在不当，应予纠正。

据此，一审法院的结论是：根据《国有土地上房屋征收与补偿条例》的规定，朱艳丽的这一项申请内容是腾冲市人民政府本应主动公开的政府信息，不用申请公开，如果确实存在《政府信息公开条例》规定的个人隐私情况，则需要第三方的同意，因而腾冲市人民政府对是否征求第三方同意的辩称负有举证责任。满足了这两个并列条件后，腾冲市人民政府直接以相关信息涉及他人隐私为由不予公开存在不当，予以撤销。并且二审法院和最高人民法院再审时，都重申了腾冲市人民政府未提供第三方是否同意的相关证据这一点，认为涉及个人隐私可以不予公开，但如果第三人同意公开，那么行政机关就需要公开，直接以涉及个人隐私为由作出不予公开的决定是不成立的，所以法院的论证关键在于有没有征得第三方同意。值得注意的是，根据《国有土地上房屋征收与补偿条例》的上述规定，本案涉及的征收补偿情况的公布并未附加不予公开的例外情况，即使涉及个人隐私，也应予以公开。但是，一审法院对两个条例的规定一并适用，似乎增加了不予公开的条件。二审法院和最高人民法院再审时都绕开了《国有土地上房屋征收与补偿条例》的规定，重申了腾冲市人民政府未提供第三方是否同意的相关证据，直接以涉及个人隐私为由作出不予公开决定，该理由不充分。

对于本案而言，虽然判决结果都是撤销《答复》重新作出决定，但法院的论证逻辑对朱艳丽的影响是不一样的，如果直接根据《国有土地上房屋征收与补偿条例》第15条和第29条的规定，那么朱艳丽申请公开的腾越镇秀峰社区融腾小区65号房屋所属区域被征收房屋分户补偿（货币、调换）情况，作为依法主动公开的政府信息，腾冲市人民政府只需主动公开，便能满足朱艳丽的诉求。

二、关于内部信息与过程性信息

朱艳丽申请公开的第二项内容为："书面公开申请腾越镇秀峰社区融腾小区65号房屋所属区域，腾冲市人民政府列为棚户区改造规划或年度改造计划，上报省人民政府批准的申报材料政府信息。"一审法院认为，针对第二项申请公开"……上报省人民政府批准的申报材料政府信息"，属于审查、申报中的过程性信息，对此被告腾冲市人民政府将其认定为"内部管理信息"存在不当；但根据《国务院办公厅关于做好政府信息依申请公开工作的意见》第2条的规定，行政机关在日常工作中制作或者获取的内部管理信息以及处于讨论、研究或者审查中的过程性信息，一般不属于《政府信息公开条例》所指应公开的政府信息，故被诉《答复》第二项理由欠妥，但作出不予公开的决定，结果并不违法或不当。

法院的裁判逻辑是，"……上报省人民政府批准的申报材料政府信息"属于审查、申报中的过程性信息，对此被告腾冲市人民政府将其认定为"内部管理信息"存在不当。换言之，腾冲市人民政府在政府信息的认定上有瑕疵，不能把上报省人民政府批准的申报材料信息认定为"内部管理信息"，因为在下级政府向上级政府申报过程中产生的材料信息是过程性信息。但是，鉴于二者都是《国务院办公厅关于做好政府信息依申请公开工作的意见》所规定的不属于《政府信息公开条例》所指应公开的政府信息内容，所以不影响其法律后果。

【涉及的重要理论问题】

一、关于"个人隐私"的界定

在司法实践中，尤其在拆迁、征收补偿领域，行政机关为什么屡屡以个人隐私为由直接决定不予公开，原因之一在于迄今为止，法律没有对个人隐私下过定义，也没有做过解释。在没有范围界定和判断标准的情况下，行政机关就可以以此为由作出不予公开的行政决定。但是，在司法实践中，法院却无法拒绝裁判。所以从司法裁判中会发现法官的判断标准，一是不向公众公开、不愿公众知悉；二是是否与公共利益有关。在"谢艳玲诉郑州市中原区人民政府信息公开案"[1]中，法院对个人隐私下了一个定义，"个人隐私是指公民个人生活中不愿意被他人或者一定范围以外的人所知晓并公开的秘密，其范围一般仅限于个人本身、私人活动和私有领域的信息，与社会公益无关"。并认为，申请人要求公开的拆迁补偿安置明细信息，可能会涉及他人财产情况，但该信息也是行政机关进行社会管理活动的记载，已经超出了个

---

〔1〕［2019］豫行终3928号行政判决书。

人隐私的范畴，属于依法应当公开的政府信息；行政机关在进行答复时适当征求其他人的意见，保障了当事人的程序性权利，应予支持，但以涉案信息属于个人隐私为由不予公开，属适用法律错误。

在"杨永芳诉兰州市西固区人民政府政府信息公开案"中，法院认为，"个人隐私是指公民个人生活中不愿为他人公开或获悉的秘密。个人隐私是与公共利益无关的个人信息，体现了自然人享有的对其私人生活和私人领域进行支配的一种人格权"。并且2007年《政府信息公开条例》第1条规定："为了保障公民、法人和其他组织依法获取政府信息，提高政府工作的透明度，促进依法行政，充分发挥政府信息对人民群众生产、生活和经济社会活动的服务作用，制定本条例。"《政府信息公开条例》的立法目的是保障公民、法人或者其他组织对于政府信息的知情权。在该案中，申请人申请的信息关系到他人财产状况，但区政府为了保障公民的知情权，应当对相对人所申请的信息是否属于个人隐私、是否具有值得保护的隐私利益，进行审查判断。因区政府未向法庭提交其审查的相应证据材料，法院亦无从判断申请人所申请之信息是否属于个人隐私，故被诉行政行为主要证据不足。一审法院认定申请人所申请之信息属于个人隐私，属认定事实不清，应予纠正。在本案中，法院从立法意旨出发认为，《政府信息公开条例》主要保障相对人的知情权，行政机关认为某种政府信息涉及个人隐私时必须要考虑立法宗旨，要判断此种个人隐私是否具有值得保护的利益，并向法院提交相应证据。

还有法院对个人隐私进行界定时认为，判断个人隐私时应该考虑，公开是否会对权利人生产、生活造成明显不当影响。在"余霞金等诉宁波市鄞州区人民政府信息公开行政诉讼案"[1]中，一审法院判断"个人隐私"的一个标准为，"政府信息公开中的'个人隐私'，应根据公开后是否会对权利人生产、生活造成明显不当影响来判断，不能将所有涉及个人资料的信息都列入'个人隐私'的范畴"。因此，法院认为，要求公开"芝山村村民提出建房申请时的年龄"，虽对权利人有一定的影响，但达不到明显程度，被告应当公开。[2]所以，从以上法院对个人隐私的定义来看，不同法院对个人隐私进行

---

〔1〕　[2009] 浙甬行终字第44号行政判决书。
〔2〕　余凌云：《行政案例分析和研究方法》，清华大学出版社2019年版，第271页。

界定时都是从具体案件的内容出发，但总体来说，个人隐私是不愿为公众所知悉，与社会公益无关，公开后不会对权利人生产、生活造成明显不当影响的信息。

在立法中，2019 年新修订的《政府信息公开条例》第 15 条继续沿用 2007 年《政府信息公开条例》第 14 条的规定，以豁免条款的形式划定了信息公开的范围，其中规定行政机关不得公开会对"第三方合法权益造成损害"的个人隐私信息，并且规定"行政机关认为不公开会对公共利益造成重大影响的，予以公开"。该条款建立了个人隐私信息公开豁免制度，旨在平衡公民的知情权和个人隐私权，公开豁免是对信息公开范围的限制，公共利益是对限制的限制。[1]进一步说，根据该条规定，判断涉及个人隐私的政府信息应否公开需遵循以下步骤：第一步，识别信息是否属于"个人隐私"。只要信息属于或涉及个人隐私，一般情况下该信息就应当保密，被列入豁免公开的范围。对比新旧条例的规定，涉及个人隐私时，政府信息豁免公开的条件增加了"对第三方合法权益造成损害"之要件，立法规范看似从原来的"种类基础豁免"改变为"损害基础豁免"。如果信息涉及个人隐私，那么公开信息必然会对权利人的合法权益造成一定损害，这是由个人隐私的性质和特点所决定的。"公开会对第三方合法权益造成损害"的后果是"个人隐私"这一种类信息的附带结果，并非在个人隐私之外增加豁免公开的条件。因此，针对个人隐私的豁免公开，立法规范依然是基于信息种类的豁免公开，而非基于损害的豁免公开。第二步，如果公民、法人或者其他组织所申请公开的政府信息涉及个人隐私，行政机关依法征求第三方的意见，在结合立法规定和第三人答复的基础上，针对个案判断豁免公开的事由是否依然存在。如果个人权益不再具有例外保护的必要性，行政机关就可以决定公开信息。第三步，如果第三人不同意公开且其理由正当合理的，行政机关应运用比例原则衡量信息公开对个人利益的影响和不公开对公共利益的损害；如果不公开信息将对公共利益造成重大影响，则应公开相关信息。第四步，遵循正当程序原则依法保障第三人充分参与公开的过程。公开涉及个人隐私的政府信息是为了避免对公共利益造成重大影响，一定程度上牺牲、损害了个人权益，应赋予第

---

〔1〕 参见蔡星月："个人隐私信息公开豁免的双重界限"，载《行政法学研究》2019 年第 3 期。

三人程序参与权和正式公开信息之前的异议权，对行政机关进行必要的程序制约。[1]总体而言，立法上还是无法清晰地呈现判断个人隐私的标准，也无法厘清知情权与隐私权的边界，这可能会客观上扩大个人隐私豁免公开的适用范围。

在理论研究上，对于个人隐私的内涵与外延，理论界仍然没有通说。有学者认为，个人隐私是指私人生活安宁不受他人非法干扰，私人信息保密不受他人非法搜集、刺探和公开，其内涵包括私生活安宁和私生活秘密。[2]还有学者论述个人隐私信息的公开界限，认为实践中政府数据开放容易走向两个极端：一是为了实现某种公共利益而弱化对隐私权利的保护；二是为了保护个人隐私，凡涉及个人信息的数据都不开放，这是当前数据开放程度较低的重要原因。准确界定个人隐私信息及其公开界限，不仅影响个人隐私的有效保护，而且影响政府数据公开的范围。因此主张，确定个人隐私信息公开界限的首要前提，在于判断政府数据开放对隐私保护产生的具体影响。这里要注意，隐私内容存在一个变化的过程，即从物理性隐私到信息性隐私，然后再到个人信息中的隐私利益，最后到这些个人隐私信息的区分保护。个人隐私信息区分保护的关键在于区分个人信息包含的内容，然后针对隐私利益的大小进行区分保护。个人隐私信息公开实质是基于公共利益，故国家权力对隐私利益的限制应当通过比例原则的检验，以确定个人隐私信息的公开界限，回应政府数据开放的实践需要。[3]还有学者从个人隐私的权利主体、豁免公开的隐私范围、特定主体个人隐私豁免公开的适用等方面判断政府信息是否包含"个人隐私"。其中对于豁免公开的隐私范围，认为个人隐私强调私密性，个人信息注重身份的识别性；两者是种属关系，后者的外延大于前者；个人敏感信息概念（个人敏感信息，是指一旦遭到泄露或修改，会对标识的个人信息主体造成不良影响的个人信息）是联通两者的桥梁，个人信息中的"敏感"信息属于个人隐私。政府信息公开所保护的对象，从权益的角度来看

---

〔1〕 孔繁华："政府信息公开中的个人隐私保护"，载《行政法学研究》2020年第1期。

〔2〕 参见张新宝："从隐私到个人信息：利益再衡量的理论与制度安排"，载《中国法学（文摘）》2015年第3期；王利明："隐私权概念的再界定"，载《法学家》2012年第1期。

〔3〕 参见吴亚光："政府数据开放中个人隐私信息的公开界限"，载《图书馆学研究》2020年第22期。

属于"个人隐私"，从信息类型来看属于"个人敏感信息"。并且总结政府信息公开的司法实践，列举了被视为个人隐私不予公开的个人敏感信息。[1] 总而言之，个人隐私是公民从主观上不想让他人知道，与他人无关的比较私密的信息，而且公民正因为拥有这些信息而被称为特定的个体，所以这些信息极其重要，不能被随意公开。

二、价值衡量

何海波教授认为，如果把价值衡量比作法律天平上的称量，那么基本的问题就有：在什么情况下进行价值衡量？哪些东西能够放在天平上称量？应当赋予各个砝码多大的权重？这些问题概括起来，就是价值衡量的基本思路（适用的场合及与制定法解释的关系）、价值的发现与提出（法律的形式价值与实质价值）、价值的评估（价值冲突与底线公正）。其中谈到价值衡量的适用场合时，他认为，就司法的角度而言，价值衡量针对个案却超越个案。所谓针对个案，因为价值衡量的发生是由于个别当事人提出的利益诉求，它解决的是个案裁判的问题，它的结论只对个案具有法律约束力。但它又是超越个案的，因为法官考虑的不是纯粹个别当事人的利益分配问题，不是让个别当事人满足就行。他的目光必须越过具体个案，关照到同类问题。他应当牢记，他在重申或者创设一条规则，这条规则从原理上也适用于同类的案件。在这样的意义上，通常所说的利益衡量应当被赋予一个新的名称：价值衡量。[2] 这样的解释可能对法官的要求过于严苛或者理想化，但是在一些案件中法官必须进行价值衡量。从本案主要裁判要旨来看，申请公开的政府信息涉及个人隐私时，行政机关不能直接以相关信息涉及他人隐私为由不予公开，对第三方是否愿意公开，行政机关需要提供相关证据。这里就会涉及相对人知情权与第三方合法权益之间的冲突，为此需要界定申请公开的政府信息是否涉及第三人的合法权益。就本案而言，法院没有直接对个人隐私进行界定，法院认为行政机关应该提交第三方同意与否的证据。法院似乎默认了相对人的申请内容涉及第三人隐私，所以公开与否的权利在第三人手里。但是，从中

---

〔1〕 参见孔繁华："政府信息公开中的个人隐私保护"，载《行政法学研究》2020年第1期。

〔2〕 参见何海波：《实质法治——寻求行政判决的合法性》，法律出版社2020年版，第245页。

依然能看出法院的价值衡量。如果直接支持行政机关的主张，认为该申请涉及个人隐私，那么形式上就有瑕疵，实质上也无法保护相对人的知情权。相反，如果直接支持相对人的诉请，那么行政机关将公开的信息，就有可能侵害第三人的合法权益。所以法院最终还是撤销了不予公开的行政决定，但论证理由是没有提交第三方是否同意公开的相关证据。

进一步来讲，即便第三方在行政机关征求意见后表示不同意，行政机关仍具有价值衡量的义务，第三方的意见对于政府信息公开决定的作出仅具有有限的拘束力。这种前提下作出的行政行为很可能再一次进入司法程序，此时法官也要进一步进行价值衡量。有学者提出，对于关涉个人隐私之信息是否构成豁免公开的理由，关键在于如何进行利益衡量，包括"公开的公共利益与不公开的隐私利益之间如何权衡？以及公开的个人利益与不公开的隐私利益之间如何权衡？"〔1〕也有学者指出，只需要在第三人权益与信息公开申请人利益之间进行衡量，"与政府信息公开法律关系有关的第三方相对人，是否以及在多大范围内可以享受政府信息公开法律规范的保护，其确定标准主要取决于具有第三人保护目的的法律规范和冲突利益——政府信息公开请求权人的利益权衡"。〔2〕还有学者担忧，行政机关违背第三人意愿，强制公开涉及其商业秘密和个人隐私的政府信息时，仅将公开决定送达第三人并说明理由是不够的。

基于商业秘密与个人隐私对第三人的重要性、损害后果的严重性以及损害的不可修复性，建立公开决定作出前听证、公开决定的作出与公开决定的执行相分离、第三人用尽全部救济手段后再执行等制度，给予第三人必要的程序保障。〔3〕不过从2019年新修订的《政府信息公开条例》的规定来看，利益衡量不能仅限于第三人与申请人的利益权衡，还应考虑政府信息公开所欲促进的公共利益。

最后，法院要有限度地进行司法审查。依据《行政诉讼法》第70条，行政行为"明显不当的"，人民法院有权撤销，这意味着对政府信息公开决定中

---

〔1〕 汤德宗："政府资讯公开法比较评析"，载《台大法学论丛》2006年第6期。
〔2〕 ［德］汉斯·J.沃尔夫、奥托·巴霍夫、罗尔夫·施托贝尔：《行政法》，高家伟译，商务印书馆2002年版，第508页。
〔3〕 杨登峰："政府强制公开第三人信息程序之完善"，载《法学》2015年第10期。

利益衡量的司法审查是具有限度的。同时，该法第 34 条第 1 款规定，"被告对作出的行政行为负有举证责任，应当提供作出该行政行为的证据和所依据的规范性文件"以及 2019 年《政府信息公开条例》第 36 条第 3 项规定，"行政机关依据本条例的规定决定不予公开的，告知申请人不予公开并说明理由"，都规定了行政机关说明理由的义务，这也有利于合理性审查的展开。在个案中，法院应当考察所申请公开信息的内容，权衡信息公开对公共利益与申请人权益的影响以及对第三方权益侵害的可能性与程度，并保持司法审查的谦抑性。[1]同时，公共利益的内涵与外延，本来就没有明确的界定，并且在第三方合法权益被侵害时的救济途径不健全之情况下，法院的审查任务更加艰巨。

三、关于过程性信息

《政府信息公开条例》修改之前，过程性信息是什么以及能否公开的问题，只在《国务院办公厅关于做好政府信息依申请公开工作的意见》以及各地关于政府信息公开的规定中体现。该意见第 2 条规定，行政机关在日常工作中制作或者获取的内部管理信息以及处于讨论、研究或者审查中的过程性信息，一般不属于《政府信息公开条例》所指应公开的政府信息。上述规定对程序性信息的界定是模糊的，即便新《政府信息公开条例》的规定，也无法完全无误地指导实践，还是存在行政机关与法院认定不一、不区分或混淆内部信息与过程性信息等问题。

（一）行政机关与法院认定不一

一是法院与行政机关都否认过程性信息属于政府信息。[2]二是行政机关认为是过程性信息，但法院认为既非过程性信息也非内部性信息。[3]三是本案所涉及的这类信息，行政机关认为是内部管理信息，法院认为是过程性信息。而且实务中，认定为以上两种信息并作出不予公开的案例也有很多。以河南省为例，2019 年申请公开政府信息的情况表显示，以属于过程性信息为

---

[1] 章剑生、胡敏洁、查云飞主编：《行政法判例百选》，法律出版社 2020 年版，第 121 页。
[2] 参见（2019）桂 05 行终 11 号判决书。
[3] 参见（2019）粤 71 行终 284 号判决书。

由不予公开的有 167 件，以属于内部性信息为由不予公开的有 226 件。[1]

（二）不区分或混淆内部信息与过程性信息

由于《国务院办公厅关于做好政府信息依申请公开工作的意见》并未清晰界定过程性信息的概念，所以适用的时候也全凭法官的理解。对于过程性信息的界定及其公开的问题，其实最高人民法院早在其发布的"全国法院政府信息公开十大案例"中就进行了阐述。在"姚新金、刘天水诉福建省永泰县国土资源局案"（以下简称姚新金案）中，申请人要求书面公开申请人房屋所在区域地块拟建设项目的"一书四方案"[2]。行政机关认为拟建设项目的"一书四方案"不属于公开的范畴。"一书四方案"系被告制作的内部管理信息，属于审查中的过程性信息，不属于《政府信息公开条例》所指应公开的政府信息，被告没有公开的义务。该案件经过两审终审，法院认定行政机关答复违法，指出在征地批复作出后，"'一书四方案'已经过批准并予以实施，不再属于过程性信息及内部材料，被上诉人不予公开没有法律依据"。

最高人民法院在阐述该案的典型意义时指出，过程性信息一般是指行政决定作出前行政机关内部或行政机关之间形成的研究、讨论、请示、汇报等信息，此类信息一律公开或过早公开，可能会妨害决策过程的完整性，妨害行政事务的有效处理。但过程性信息不应是绝对的例外，当决策、决定完成后，此前处于调查、讨论、处理中的信息即不再是过程性信息，如果公开的需要大于不公开的需要，就应当公开。本案中，福建省人民政府作出征地批复后，当事人申请的"一书四方案"即已处于确定的实施阶段，行政机关以该信息属于过程性信息、内部材料为由不予公开，对当事人行使知情权构成不当阻却。二审法院责令被告限期公开，为人民法院如何处理过程信息的公开问题树立了典范。随着后续的最高人民法院典型案例，即周素梅诉武汉市汉阳区人民政府信息公开案的公布，并且 2019 年新修订的《政府信息公开条例》填补了规范上的缺失，其中第 16 条第 2 款规定，行政机关在履行行政管

[1] 参见沈开举、胡蝶飞："试论过程性信息的本质——以（2018）最高法行申 265 号裁定为起点"，载《齐齐哈尔大学学报（哲学社会科学版）》2021 年第 3 期。

[2] 即建设用地项目呈报说明书、农用地转用方案、补充耕地方案、征收方案、供地方案。

理职能过程中形成的讨论记录、过程稿、磋商信函、请示报告等过程性信息可以不予公开。比照 2019 年《政府信息公开条例》第 16 条的表述与《国务院办公厅关于做好政府信息依申请公开工作的意见》中对过程性信息的规定，可以发现两者的侧重点有所差异。后者的核心为"处于讨论、研究或者审查中的"信息，显然更接近姚新金案中对决策作出前时间节点的强调。而 2019 年新修订的《政府信息公开条例》第 16 条的规定采取了与之不同的表述方式，在该规定中，过程性信息首先是行政机关"履行行政管理职能过程中形成的"，这并非一种暂时性时间阶段的描述，而更偏向于对其形成原因的一种界定。同时可以发现，2019 年《政府信息公开条例》对过程性信息类型的列举具有某种共通性：讨论记录、磋商信函以及请示报告，似乎都指向本判例中强调的"意思形成"过程。由此可见，基于《国务院办公厅关于做好政府信息依申请公开工作的意见》——姚新金案——周素梅案——2019 年《政府信息公开条例》第 16 条的发展，过程性信息是否予以公开的判断体系已经初步形成。[1]

但是，实践中还是屡次出现对内部性信息和过程性信息的混淆，并以此为由不予公开的案件。如在宋曹案中，二审法院直接将涉案协议的属性界定为"内部性信息、过程性信息"。再如，在李某诉镇政府案中，行政机关给出类似"关于您申请的'会议纪要'信息，会议纪要是行政机关的内部公文，具有过程性和决策性的特点，根据相关法律规定，告知您该申请事项不属于应当公开的政府信息"的答复。该答复将涉案会议纪要界定为内部公文。而在行政诉讼中，对相对人有权利义务实际影响的会议纪要具有可诉性，那么同理，含决策性的"内部公文"也应属于信息公开的范围。同样的情况，在刘万茂、武汉市江夏区自然资源和规划局城乡建设行政管理案中也能体现。刘某申请公开《会议纪要》，行政机关以该会议纪要属于《政府信息公开条例》第 16 条中的"讨论信息"为由，不予公开；二审法院专门搬出"纪要"的特征和属性，赞同其"讨论信息"的身份。以上两个案例的问题在于，法院并未审查涉案信息的实质，将内部公文定义为过程性信息，也未判断涉案信

---

[1] 章剑生、胡敏洁、查云飞主编：《行政法判例百选》，法律出版社 2020 年版，第 124–126 页。

息是否对相对人有权利义务的实际影响，直接不予公开的决定是不可取的。[1]
除此之外，对是否属于过程性信息，属于何种过程性信息等问题的论证过程
简单，甚至模糊不清。

（三）过程性信息的本质

要认识过程性信息的本质，首先要了解"过程性"的核心究竟是什么。
从上述姚新金案来看，对于在决策作出前的过程性信息而言，这种过程性都
是暂时的，一旦决策完成，其基于过程性而拥有的豁免公开事由也随之消失。
所以，就此案而言，信息公开的申请时间点很重要。也有学者认为，政府信
息并非行政行为本身，过程性信息的制作或获取实质上不等于具体行政行为
的作出过程。[2]有学者总结学界的代表性意见：以行政决策或决定的程序划
分过程性信息。其中潜藏的逻辑是：（1）行政决策或行政决定未完成前制作
或获取的政府信息，属于过程性信息；（2）是否属于过程性信息，与相关行
政决策或决定是否作出无关，哪怕决策或决定已经被执行，只要是此前形成
的信息，均作为过程性信息不予公开。[3]另外，理论界大部分思路也是将
"讨论、研究或审查"过程解读为行政决策或决定的制定过程。学者的意见以
杨小军教授为代表："从行政机关行为形成过程的角度展开分析，过程性信息
处于行为开始到正式作出前的中间阶段。没有过程，就不会有过程性信息。
该过程，并非指信息的形成过程，而是指信息所服务行为之形成过程。"[4]

【后续影响及借鉴意义】

本案的焦点之一是涉及个人隐私的政府信息公开问题，以及征求第三方
意见程序的适用。在政府信息公开实践中，行政机关经常会以申请的政府信
息涉及个人隐私为由不予公开，但有时也会出现滥用的情况。虽然法律没有

---

〔1〕 参见沈开举、胡蝶飞："试论过程性信息的本质——以（2018）最高法行申 265 号裁定为起
点"，载《齐齐哈尔大学学报（哲学社会科学版）》2021 年第 3 期。

〔2〕 杨登峰："论过程性信息的本质——以上海市系列政府信息公开案为例"，载《法学家》
2013 年第 3 期。

〔3〕 张咏："再问'过程性信息'概念界定：行政过程抑或自身状态"，载《甘肃行政学院学
报》2015 年第 4 期。

〔4〕 参见杨小军："过程性政府信息的公开与不公开"，载《国家检察官学院学报》2012 年第 2 期。

对个人隐私下过定义，但还是有其判断标准的。行政机关应当依此标准进行审查，而不应单纯以是否涉及个人隐私为由作出不予公开决定。人民法院在合法性审查中，应当根据行政机关的举证作出是否涉及个人隐私的判断。本案中，腾冲市人民政府在行政程序中，未进行调查核实就直接认定申请公开的信息涉及个人隐私，在诉讼程序中，也没有向法院提供第三人是否同意公开的证据。基于此，人民法院最终判决行政机关败诉符合立法本意。

此外，本案的另一个焦点是过程性信息的认定和公开。以《国务院办公厅关于做好政府信息依申请公开工作的意见》第 2 条第 2 款规定为起点，以姚新金案和周素梅案为典型，加之 2019 年新修订的《政府信息公开条例》填补了过程性信息公开规范上的缺失。至此，人民法院对于过程性信息的认定和公开有了基本的判断标准。但在实践中，行政机关和法院对于过程性信息的认定仍然存在偏差，因而需要进一步关注该问题，这也是本案的价值所在。

案例十 陆红霞诉南通市发展和改革委员会政府信息公开答复案

高子涵 *

【案例名称】

陆红霞诉南通市发展和改革委员会政府信息公开答复案 [《最高人民法院公报》2015 年第 11 期（总第 229 期）]

【关键词】

政府信息公开　知情权　信息申请权　权利滥用　诉权滥用

【基本案情】

2013 年 11 月 26 日，原告陆红霞向被告南通市发展和改革委员会（以下简称南通市发改委）申请公开"长平路西延绿化工程的立项批文"。同年 11 月 28 日，被告作出通发改信复〔2013〕14 号《政府信息公开申请答复书》，并提供了通发改投资〔2010〕67 号《市发改委关于长平路西延工程的批复》。原告收到该答复书后不服，向南通市港闸区人民法院提起诉讼。原告认为自己申请公开的是"长平路西延绿化工程"，而被告公开的却是"长平路西延工程"，虽只有两字之差，但内容完全不同。请求依法撤销被告作出的通发改信复〔2013〕14 号《政府信息公开申请答复书》并责令重新作出答复。

---

* 作者简介：高子涵，中国政法大学法学院宪法学与行政法学硕士研究生。本文的指导教师为中国政法大学法学院教授、博士生导师赵宏。

据不完全统计，2013 年至 2015 年 1 月，原告陆红霞及其父亲陆某某、伯母张某三人以生活需要为由，分别向南通市人民政府、南通市城乡建设局、南通市发改委等多个政府部门共提起至少 94 次政府信息公开申请。在提出的政府信息公开申请中，出现了多次原告与陆某某、张某分别向同一部门提交内容相同的申请的情形。且三人在收到行政机关作出的相关《政府信息公开申请答复书》后，分别向江苏省人民政府、江苏省公安厅、江苏省国土资源厅、南通市人民政府等复议机关共提起至少 39 次行政复议。在经过行政复议程序之后，三人又分别以政府信息公开答复"没有发文机关标志、标题不完整、发文字号形式错误，违反《党政机关公文处理工作条例》的规定，属形式违法；未注明救济途径，属程序违法"等为由向南通市中级人民法院、如东县人民法院、港闸区人民法院提起政府信息公开之诉至少 36 次。

一审法院认为，获取政府信息和提起诉讼是法律赋予公民的权利，但行使权利时应当符合立法宗旨和立法目的，不损害国家的、社会的、集体的利益和其他公民的合法权利。根据本案中查明的事实，原告申请的政府信息有四个特点：次数众多、家庭成员分别提出相同或类似申请、申请公开的内容包罗万象、部分申请目的明显不符合《政府信息公开条例》的规定。这表明，原告不间断地向政府及其相关部门申请获取所谓政府信息，真实目的并非获取和了解所申请的信息，而是借此表达不满情绪，并向政府及其相关部门施加答复、行政复议和诉讼的压力，以实现拆迁补偿安置利益的最大化。原告的起诉不具有诉的利益、不具有正当性且违背诚实信用原则，明显构成诉讼权利的滥用。据此，一审法院驳回了原告陆红霞的起诉。陆红霞不服一审裁定，向南通市中级人民法院提起上诉。二审法院以基本一致的理由驳回了上诉，维持一审裁定。

【裁判要旨】

（1）知情权是公民的一项法定权利。公民必须在现行法律框架内申请获取政府信息，并符合法律规定的条件、程序和方式，符合立法宗旨，能够实现立法目的。如果公民提起政府信息公开申请违背了《政府信息公开条例》的立法本意且不具有善意，就会构成知情权的滥用。

（2）当事人反复多次提起琐碎的、轻率的、相同的或者类似的诉讼请求，或者明知无正当理由而反复提起诉讼，人民法院应对其起诉严格依法审查，对于缺乏诉的利益、目的不当、有悖诚信的起诉行为，因违背了诉权行使的必要性，丧失了权利行使的正当性，应认定构成滥用诉权行为。

【裁判理由与论证】

本案所涉及的实体争议内容非常清晰明确，根据案件事实和一般常识可知，被告南通市发改委答复公开的《市发改委关于长平路西延工程的批复》，包括长平路西延工程的道路、桥涵、管线、绿化及附属设施等建设内容，自然包含了原告陆红霞申请公开的"长平路西延绿化工程的立项批文"内容。但在简单的案件事实背后，是原告陆红霞一次次提起类似的申请和信息公开之诉的情况。如果依然进行实体审理，本案争议能够轻易解决，但原告的滥用诉权行为无法得到规制，类似的诉讼很可能会再次发生。法院显然不甘心司法资源被这样的恶意诉讼和无理缠诉占用，希望通过本案判决为原告这些"无理"的诉讼行为画上一个句号。因此，法院并未对本案进行实体审理，而是审查并论证原告构成滥用公民知情权和诉讼权利，据此驳回了原告的起诉。本案裁定中论证的核心问题是原告是否滥用获取政府信息权、是否构成滥用诉权以及法院是否有权对滥诉行为作出判断并予以规制。

一、原告是否滥用获取政府信息权？

针对现实中频繁出现的非正常申请行为，法院认为有采取措施予以限制的必要，限制的基础就在于权利相对性的基本原理："任何公民享有宪法和法律规定的权利，同时必须履行宪法和法律规定的义务；公民在行使自由和权利的时候，不得损害国家的、社会的、集体的利益和其他公民的合法的自由和权利；公民在行使权利时，应当按照法律规定的方式和程序进行，接受法律及其内在价值的合理规制。"具体到信息申请权领域，虽然《政府信息公开条例》第13条保护公民获取政府信息的权利，但《政府信息公开条例》中关于"依法获取政府信息"的规定，表明申请获取政府信息也必须在现行法律框架内行使，应当按照法律规定的条件、程序和方式进行，必须符合立法宗旨，能够实现立法目的。如果超出权利行使的合法范围，就会构成对权利的滥用。

判断当事人的申请行为是否符合立法宗旨和立法目的，需要从申请行为的外在特征入手，并通过申请行为的表现判断其主观目的。本案中原告的申请行为具有以下特征："一是申请次数众多。仅据不完全统计，自2013年开始原告及其家人向南通市人民政府及其相关部门至少提出94次政府信息公开申请。二是家庭成员分别提出相同或类似申请，内容多有重复。如原告与其父亲陆某某、伯母张某多次分别申请公开市、区两级人民政府年度财政预算报告，数十次申请公开城北大道工程相关审批手续等信息。三是申请公开的内容包罗万象。诸如政府公车数量、牌照、品牌，刑事立案，拘留所伙食标准等信息，且有诸多咨询性质的提问，原告也明知部分信息不属于《政府信息公开条例》规定的政府信息范畴。四是部分申请目的明显不符合《政府信息公开条例》的规定。原告申请政府信息和提起诉讼的目的是向政府及其相关部门施加压力，以引起对自身拆迁补偿安置问题的重视和解决。"上述申请行为表明，原告不间断地向政府部门申请所谓政府信息，并不是出于获取信息的目的，其真实意图在于通过申请、复议和诉讼行为向政府施压，以谋求在拆迁补偿安置中的利益。因此，原告的行为偏离了《政府信息公开条例》的立法目的和保护范围，构成了获取政府信息权利的滥用。

二、原告是否构成滥用诉权？

本案裁定首先从诉的利益角度对原告的起诉进行了判断，指出"诉的利益是原告存在司法救济的客观需要，没有诉讼利益或仅仅是为了借助诉讼攻击对方当事人的不应受到保护。本案原告的起诉源于政府信息公开申请，作为一项服务于实体权利的程序性权利，由于对获取政府信息权利的滥用，原告在客观上并不具有此类诉讼所值得保护的合法的、现实的利益"。此外，裁定还指出，原告陆红霞的起诉不具有正当性。"行政诉讼是保护公民、法人和其他组织合法权益的制度，原告陆红霞不断将诉讼作为向政府及其相关部门施加压力、谋求私利的手段，此种起诉已经背离了对受到侵害的合法权益进行救济的诉讼本旨。"我国的行政诉讼制度强调对当事人诉权的保障，却鲜有关注对诉权滥用行为的规制，《行政诉讼法》中也没有相关的制度规定。因此，法院需要在规范缺失的情况下发挥司法能动性，通过"找法"来解决滥诉的问题。对法律原则加以解释，无疑是一条具有可行性的路径。"诚实信用原则要求当事人实施诉讼行为、行使诉讼权利必须遵守伦理道德，诚实守诺，并在不损害对方合法利益和公共利益的前提下维护自身利益。骚扰、泄愤、盲目、重复、琐碎性质的起诉显然不符合诚实信用原则的要求。原告本已滥用了政府信息公开申请权，所提起的数十起诉讼要么起诉理由高度雷同，要么是在已经获取、知悉所申请政府信息的情形下仍坚持提起诉讼，这种对诉讼权利任意行使的方式有违诚实信用原则。"以上三点表明，本案原告频繁采取的申请行为和诉讼行为违背立法目的，这种"申请—答复—复议—诉讼"的程序已经背离了权利正当行使的要求，"使有限的公共资源在维护个人利益与他人利益、公共利益之间有所失衡"，明显构成诉讼权利滥用。

三、法院是否有权对滥诉行为作出判断并予以规制？

在现行法律规范尚未对滥用获取政府信息权、滥用诉权行为进行明确规制的情形下，"保障当事人的诉权与制约恶意诉讼、无理缠诉均是审判权的应有之义"。结合立法精神，决定对原告陆红霞的起诉不作实体审理。本案原告"持续、琐碎、轻率甚至带有骚扰性质的滥用获取政府信息权、滥用诉权的行为，超越了权利行使界限，应当对其设定一个限制反复的约束"。因此法院对原告今后再次向行政机关申请类似的政府信息公开，向人民法院提起类似的行政诉讼设定了限制措施，即原告须举证说明其申请和诉讼是为了满足自身生产、生活、科研等特殊需要，否则将承担不利后果。"从维护法律的严肃性、促进公共资源的有效利用出发，同时也为了保障诉讼权利平衡、保障陆红霞依法获取政府信息，对其今后再次申请类似信息公开、提起行政诉讼设定了一定的条件，符合《政府信息公开条例》的立法精神和目的。"

【涉及的重要理论问题】

《最高人民法院公报》中发布的案例，是用于指导全国法院审判工作并为其提供参照的，当然具有为司法中的争议问题提供指导性意见的作用。[1]然而，陆红霞案的裁定或许为陆红霞及其亲属的不合理申请行为和滥用诉权行

---

〔1〕《最高人民法院关于案例指导工作的规定》第7条指出，"最高人民法院发布的指导性案例，各级人民法院审判类似案例时应当参照"，公报案例会对各级法院审判工作产生客观影响。

为画上了一个句号，但该案例在《最高人民法院公报》上的登载，却在实务界和学术界引发了一场关于信息公开申请权滥用问题和行政诉权滥用问题的激烈讨论。

根据裁定摘要的概括，该案判决中涉及两个核心问题的认定，一是知情权的滥用问题，二是诉权的滥用问题，有学者将这种双重滥用的认定模式形象地概括为"两条腿走路"。[1]裁判文书中首先列举了当事人不合理的申请行为，并指出这些行为所表现出的与立法目的相悖的意图，认定其行为构成知情权的滥用。进而指出其不具备信息公开之诉的诉讼利益，并援引了《民事诉讼法》中的诚实信用原则，以论证诉权滥用行为的成立。陆红霞案的裁判文书是司法解决申请权滥用与诉权滥用问题的开山之作，难免具有局限性，诸如知情权与政府信息公开申请权之间的关系、申请权滥用的判断、诉权滥用的判断等问题上都有值得商榷之处。下面就按照陆红霞案裁定中的思路来依次分析涉及的理论问题。

一、知情权与政府信息公开申请权

陆红霞案的裁判文书中首先认定了陆红霞构成"获取政府信息权利的滥用"，理论界多称之为"政府信息公开申请权的滥用"，其对应的规范内容是一致的，即对《政府信息公开条例》第27条所规定的申请权之滥用。若从语词上深究，这两种表述也可以区分为同种权利的两个不同向度，即获取信息权落脚于"获取"这一实体结果，而信息申请权更侧重于"申请"这一程序。作为《最高人民法院公报》案例，需要给案例加上"裁判要旨"的内容，在裁判要旨第一点中，信息申请权滥用的论述被概括为"知情权的滥用"。然而，知情权的概念无论是在内涵还是外延上都与信息申请权具有明显差别，有必要进行讨论和区分。

对知情权的认识，已经历了较长的发展过程，并产生了基础性共识，即知情权是一种宪法性权利，具有基本权利的地位。从法理上看，知情权与宪法中的人民主权原则密不可分，因为公民所享有的"知的权利"与其选举权、监督权等政治权利的充分行使密不可分，也是思想、言论、新闻、出版、通

---

〔1〕 江悦："论我国政府信息公开申请权滥用的司法规制之路"，载《河北法学》2018年第10期。

讯自由的必要保障。[1]正因如此，知情权一般被视作民主政治的保障。同时，知情权也是公民的生存权、发展权的题中之义。个人需要足够的信息增长知识、形成和发展人格。[2]但知情权并非我国宪法中所明确列举的公民基本权利之一，若要寻找规范依据，就涉及宪法解释学上的问题。界定未列举的权利是否为宪法基本权利，比较法视域中有以下三种方式：英美法系以遵循先例为特征，故采用求助传统的认定方法，诉诸"人民的正义观念""传统""意识"；以德国为代表的在"人的尊严"条款指引下的认定模式，将这一问题转化为如何解释和适用基本权利概括条款的问题；以捍卫民主为取向的认定方法则认为，一项权利如果为维系或促进民主权利所必需就应当被认定为基本权利。[3]而中国法治建设的现实需要推动中国宪法学往规范导向的法解释学转向，通过分析和解释法律文本，确立法律条款的规范内涵。[4]因此，借由严谨和合理的基本权利解释与论证框架，我国《宪法》上未列举的基本权利是可以确定的。

宪法学界普遍认可由《宪法》第 33 条中的"人权条款"推导出未列举权利，[5]也有学者主张从《宪法》第 35 条"公民有言论、出版、集会自由"来推导，要实现这种自由，需要有获取足够信息的知情权作为支撑。[6]此外，对信息申请权的宪法回溯也并非一定要奉知情权为圭臬，大数据时代个人信息保护问题的严峻性，使得信息权是否需要作为一种基本权利来保护成为讨论的热点。而广义上的信息权，既包含自由获取信息层面上的知情权，也同样强调公民对其个人信息所享有的受法律保护的权利。信息技术发展的渐进性，导致信息权的两个方面所受到的关注和保护有所区别，个人信息受保护权相较于知情权则呈现出一种"跛足"之势。[7]因此，在对信息权保护的公

---

〔1〕 赵正群："得知权理念及其在我国的初步实践"，载《中国法学》2001 年第 3 期。

〔2〕 戚红梅："我国政府信息公开制度立法目的之探讨"，载《河北法学》2013 年第 5 期。

〔3〕 参见屠振宇："未列举基本权利的认定方法"，载《法学》2007 年第 9 期。

〔4〕 张翔：《基本权利的规范建构》，高等教育出版社 2008 年版，第 3 页。

〔5〕 参见林来梵、季彦敏："人权保障：作为原则的意义"，载《法商研究》2005 年第 4 期；张薇薇："'人权条款'：宪法未列举权利的'安身之所'"，载《法学评论》2011 年第 1 期。

〔6〕 章剑生："知情权及其保障——以《政府信息公开条例》为例"，《中国法学》2008 年第 4 期。

〔7〕 赵宏："从信息公开到信息保护：公法上信息权保护研究的风向流转与核心问题"，载《比较法研究》2017 年第 2 期。

法研究不断深入的当下，从信息权的角度全面地认识信息公开与信息保护更为明智。

从现实的角度来说，虽然多数国家没有明文规定知情权或信息自由权，但权利的生成并不总需要一套制定法，通过制度的实施促成权利生成很常见，[1]我国知情权的保护过程亦是如此。我国知情权的保护就是从《全面推进依法行政实施纲要》《国务院关于加强法治政府建设的意见》等政策、文件起步，最终形成了政府信息公开制度。[2]或许正是这种现实的制度生成路径，使得作为行政法规的《政府信息公开条例》在处理与《宪法》的关系上非常谨慎，通过规定"信息申请权"的方式来保护公民所享有的信息权利，而全篇并无一处提及"知情权"的保护。

回归到陆红霞案裁定上，裁判文书中的论证和认定围绕着申请权滥用展开，而裁判要旨将其概括为知情权的滥用，虽无大碍，但在不同概念之间的关系上容易造成误解。同时，在禁止权利滥用原则上，知情权是宪法性权利，禁止基本权利滥用不同于禁止一般权利滥用的要求，且易与基本权利的限制产生混淆，[3]这一点的重要性在下一部分中会得到彰显。

二、信息申请权滥用的判断标准

在明确了知情权与信息申请权之间的关系后，我们可以将目光聚焦于本案的核心问题上，即陆红霞的申请行为是否构成信息申请权的滥用。要对这个问题作出回答，首先就需要构建出一个判断标准。正所谓无规矩不成方圆，构建申请权滥用之判断标准所需要的"规矩"，便是厘清权利滥用的概念本源。

禁止权利滥用原则首先出现在民法上，而后发展到公法领域。一般认为，这一原则的出现是私法上的绝对主义法权观到相对主义法权观变迁的结果，权利的相对性理论是禁止权利滥用的逻辑和法理基础。[4]权利相对性理论与

---

〔1〕 程洁："资格限制还是经济约束：政府信息公开申请主体的制度考量"，载《清华法学》2017年第2期。

〔2〕 参见赵正群："中国的知情权保障与信息公开制度的发展进程"，载《南开学报（哲学社会科学版）》2011年第2期。

〔3〕 参见高慧铭："论基本权利的滥用禁止"，载《清华法学》2015年第1期。

〔4〕 王锡锌："滥用知情权的逻辑及展开"，载《法学研究》2017年第6期。

权利限度理论密切相关，有权利就有限度，超越了权利的限度，就可能走向权利滥用。[1]经过对个人本位权利观的反思和社会本位观念的调和，人们普遍认可应当明确权利的边界，对权利作出必要的限制与制约。从法律实证主义的立场来说，明确一项权利的边界，应当回归到该权利得到明确宣示的法律文本之中。我国《宪法》[2]和《民法典》中均有对滥用权利的规范表述，《民法典》第 132 条规定，"民事主体不得滥用民事权利损害国家利益、社会公共利益或者他人合法权益"。虽然规范表述的内容有限，但依然可以得出两条信息：其一，权利滥用行为在外观上具有合法依据，形式上具有权利基础；其二，权利滥用行为中存在两个相互对立的利益主张。法条虽然明确了权利滥用的必要条件，但对于如何判断是否构成利益损害行为，还缺乏一些鉴别性要素。故有学者主张，除《民法典》第 132 条明确的必要条件外，还可以结合权利人的主观意思、滥用权利的客观行为、对本人无益或获利远小于致他人受损、行为违反权利的客观目的四项要素对权利滥用加以认定。[3]

然而，公法领域和私法领域的法律关系存在较大差别，禁止权利滥用原则在信息申请权中的适用也应当充分考虑信息公开制度之特殊性。不同于私法上平等主体之间的法律关系，公法关系多为"权利—权力"结构，个人的权利对应着国家或政府的义务。因此，在公法领域判断权利滥用时，不应简单以个体权利行使对公权力主体造成了不利影响为标准，因为这两者之间天然具有利益冲突。以信息公开为例，公民只要申请政府信息公开，对于政府部门来说就是一种行政成本的增加，公民在实现自身利益的同时必然会产生公共资源的负担，而为实现公民信息权造成的这种利益减损是信息公开制度所允许的。因此，虽然信息公开领域立法中缺乏对权利滥用的规定，但对于民事领域权利滥用制度也不可直接援用，必须对利益判断标准重新建构。判断申请行为是否构成权利滥用，应当回归规范本身，考察该申请所欲实现的利益是否在《政府信息公开条例》所保护的利益范围内。学者们所构建的判

---

〔1〕 刘作翔："权利相对性理论及其争论——以法国若斯兰的'权利滥用'理论为引据"，载《清华法学》2013 年第 6 期。

〔2〕《宪法》第 51 条规定："中华人民共和国公民在行使自由和权利的时候，不得损害国家的、社会的、集体的利益和其他公民的合法的自由和权利"。

〔3〕 彭诚信："论禁止权利滥用原则的法律适用"，载《中国法学》2018 年第 3 期。

断标准也各有其独到之处，而其中最为核心的应属主观恶意和客观行为两方面的判断，[1]也即申请人主观上为了实现知情权以外的其他特殊或者不正当的目标，而客观上有向行政机关多次、大量申请政府信息的行为。

主观目的存在恶意，是指当事人申请信息公开的真实目的不在其申请的信息本身，而是为了迫使行政机关回应其与申请无关的诉求，以实现其他利益。《政府信息公开条例》第1条即开宗明义地表述了其立法目的，单从文义的角度来分析，分为获取信息主体和公开信息主体两个角度，一是保障公民、法人和其他组织依法获取政府信息；二是提高政府工作的透明度，建设法治政府，充分发挥政府信息对人民群众生产、生活和经济社会活动的服务作用。[2]对于这一规范表述，虽然也有学者提出多价值导向的立法目标会削弱对知情权的保护，[3]但不可否认的是，对获取信息权的保障仍是《政府信息公开条例》举足轻重的目标。基于上文对知情权所达成的共识，可以说政府信息公开最核心的价值追求应该是强化民主政治，[4]对信息申请权的保障具有实现公民知情权这一基本权利的价值，是公民其他权利得以实现的重要基础。为防止挤压信息申请权的空间，对信息申请权滥用的判断应当极为慎重，主观恶意应当严格限缩为该申请不具有获取信息之意图的情况。同时，这一判断标准要和信息用途区别开来，当事人获得信息之后如何使用该信息并不是申请行为的一部分。[5]修订前的《政府信息公开条例》曾有"三需要"的规定，[6]但该内容在2019年的修订中被删除，明确当事人申请信息公开的用途并不限于"三需要"。因此，不管当事人申请政府信息的用途如何，只要其目的本身是实现自身的信息获取权利，即不构成滥用申请权的主观恶意。

虽然政府信息申请中醉翁之意不在酒者众多，但恐怕很少有人会直抒胸

---

〔1〕 参见王锡锌："滥用知情权的逻辑及展开"，载《法学研究》2017年第6期。王锡锌教授认为可以从申请行为的主观、客观、后果三个方面考虑判定知情权滥用的可操作性标准，本文选取其中的主观目的和客观行为两方面并加以改造。

〔2〕 黄学贤、雷娟："《政府信息公开条例》立法目的之检讨"，载《浙江学刊》2012年第1期。

〔3〕 戚红梅："我国政府信息公开制度立法目的之探讨"，载《河北法学》2013年第5期。

〔4〕 涂四溢："《政府信息公开条例》的价值缺陷"，载《行政法学研究》2010年第1期。

〔5〕 王锡锌："滥用知情权的逻辑及展开"，载《法学研究》2017年第6期。

〔6〕 2007年《政府信息公开条例》第13条规定："……公民、法人或者其他组织还可以根据自身生产、生活、科研等特殊需要，向国务院部门、地方各级人民政府及县级以上地方人民政府部门申请获取相关政府信息。"

臆，将滥用申请权以达到其他目的的真相和盘托出。正如刘慈欣在其科幻作品《三体》中所强调的，人类的思维就是其最大的伪装和防御，外界无法获取存在于思维层面的当事人的真正意图。要对意图进行判断，就只能借助行为人的外在客观表现，如申请次数众多、申请内容重复、申请信息"包罗万象"等。同时，客观要件的运用也不能脱离主观目的的判断，当事人申请信息公开时的客观表现即使存在不合理之处，但只要未达到足以证明其具有主观恶意的程度，皆不可认定为滥用申请权。对陆红霞案裁定很容易产生的误解，就是将法官在说理之中提出的四种客观行为表现作为申请权滥用的判断标准。实际上，裁定论证的逻辑思路是，当事人诸多不合理申请的行为表现致使法官足以形成确信，认为陆红霞偏离了申请政府信息的正当目的。主、客观两方面要件同时满足才足以证明当事人滥用申请权，对客观行为表现应当综合判断；若作为单独要件而论，则很多地方都经不起推敲，例如，申请内容"包罗万象"并不必然与《政府信息公开条例》的立法目的相悖，在具体个案中与其他非正常申请行为相结合才能实现论证效果。

三、政府信息公开之诉中的诉权滥用

诉权滥用与诉讼类型本是两个相互独立的概念体系，而信息公开之诉中的诉权滥用之独特性却值得浓墨重书，这与诉权滥用于信息公开诉讼中"井喷式"出现的现状密不可分。由于信息公开之诉可绕开原告主体资格限制、可规避原行政行为起诉期限限制、可大量和轻易制造的特点，当事人往往把信息公开作为自己"维权"的重要手段，并以提起诉讼的方式对行政机关施压。据政府信息公开案件审判人员反映，申请人动辄提出几十件、上百件申请已属普遍现象，其中八成以上的案件均牵涉征地拆迁领域的行政争议，行政机关尤其是国土部门的工作人员苦不堪言。[1]正因为申请权滥用与诉权滥用之间的高度伴随性，使法院在此类案件的审理中倾向于将两个问题捆绑在一起解决，如陆红霞案一样依次论证当事人构成滥用申请权和滥用诉权。

---

〔1〕 刘平："谨慎地拒绝：政府信息公开之诉权滥用及立法规制——以'诉的利益'为内核破局"，载《尊重司法规律与刑事法律适用研究（上）——全国法院第27届学术讨论会获奖论文集》。

（一）行政诉权的构成要件

诉权滥用的逻辑前提是当事人拥有诉权，若无诉权，滥用则无从谈起。[1]诉权是大陆法系国家民事诉讼法理论中的核心概念，但关于诉权的具体构成在法规范中并无明确规定，缺乏一个准确的界定标准，只能通过相关的规范进行理论建构，《民事诉讼法》第119条和《行政诉讼法》第49条的规定通常被作为诉权建构的规范基础。我国行政诉讼脱胎于民事诉讼，很多概念也移植自民事诉讼领域，诉权理论亦可见一斑。民事诉讼上关于诉权的构成要件有"两要件说"与"三要件说"，均认为诉权构成包括当事人适格和诉的利益，而"三要件说"主张在此之外还有纠纷可诉性的要求。[2]纠纷可诉性之要求在行政诉讼领域已经被《行政诉讼法》所框定的受案范围内容所满足，对此要件的去留之辩并无多少需要。而关于当事人适格和诉的利益两个要件移植到行政诉讼的过程则充满了观点的争鸣，其中，陆红霞案判决中提及的诉的利益更是充满了不确定性。

诉的利益是19世纪随着确认之诉的出现而产生的，其目的在于防止当事人对于任何事情都请求法院予以审判确认。[3]诉的利益的内涵与"利益"这一语词本身所表达的意义差之千里，其强调的是诉权应当具有必要性和实效性，即当事人的权利具有必须借助法院审判权予以保护的必要。例如，在给付之诉中，对于履行期届满的现在给付之诉，原告有请求法院作出裁决保护其利益的权利。而对于履行期尚未届满的将来给付之诉，原告则不具有这种诉的利益，因其权利尚未具备司法救济之必要；除非有义务人明确表示拒绝履行，或双方就将来要履行的义务发生争议等需要司法救济的情形。[4]由此可见，诉的利益强调的是一个诉讼是否达到了需要动用国家司法手段加以救济的必要性。

诉权的另一构成要件为当事人适格，在行政诉讼领域一般称之为原告资格的判断，其规范基础是《行政诉讼法》第2条和第25条，包括认为自身合

---

〔1〕 闫映全："行政滥诉的构成及规制"，载《行政法学研究》2017年第4期。

〔2〕 参见马立群："论行政诉权的构成要件与审查规则"，载《南京大学法律评论》2013年第1期。

〔3〕 邵明："论诉的利益"，载《中国人民大学学报》2000年第4期。

〔4〕 参见张卫平："诉的利益：内涵、功用与制度设计"，载《法学评论》2017年第4期。

法权益受到侵犯、与行政行为具有利害关系。[1]诉的利益是从诉讼客体的角度对诉讼必要性和实效性的认识和考察，当事人适格则是从诉讼主体的角度对诉讼必要性和实效性的认识和考察，诉讼主体与客体之间难免有牵连关系；[2]加之原告资格判断中对于利害关系的考察，与"利益"这一语词有一定的相关性，使得当事人适格与诉的利益的概念外延之间出现重叠和混淆的问题。例如，在解决我国行政诉讼中的受案范围和原告资格判断问题时，有学者认为观点林立、标准繁多，不妨以诉的利益理论来建立一个单一的标准。[3]虽然出发点是好的，但这无疑会使诉权理论中各个概念之间本就模糊的界限更易于混淆。

回到陆红霞案的裁定中，在论述诉权滥用时，法官重申了原告存在滥用申请权的行为，并由此判定其"明显缺乏诉的利益"。若如此推论，原告便不具有诉权，更遑论滥用诉权，这显然与其在后文中论证的诉权滥用分道扬镳，对于诉权滥用的认定应当建立在当事人存在诉权的基础上。本案中原告不认可行政机关作出的答复，请求法院撤销和判令被告重新答复，其诉讼请求的重心在于重新作出答复，"给付之诉"的成分浓厚。[4]从保护原告信息公开获取权的角度看，为其提供司法保护是必要的，因此其具备诉的利益。关于原告是否多次申请或频繁起诉，并不在判断原告在本案中诉的利益的考虑范围之内，而应当通过诉权滥用的理论予以规制。

（二）诉权滥用的判断标准

诉权滥用之判定亦无明确标准，虽然多次出现于通知、决定等文件中，[5]但并无准确概念和判定规则。民事诉讼理论研究中主要有借助侵权责任规制滥诉行为的"四要件说"与强调滥诉行为本身构成的"两要件说"，前者将滥用诉权的构成要件归纳为：存在主观过错、实施了滥诉行为、致公

---

〔1〕 参见何海波：《行政诉讼法》，法律出版社 2016 年版，第 194 页。

〔2〕 张卫平："诉的利益：内涵、功用与制度设计"，载《法学评论》2017 年第 4 期。

〔3〕 参见周红："行政诉讼中的诉之利益理论"，载《行政法学研究》2003 年第 1 期。

〔4〕 章剑生："行政诉讼中滥用诉权的判定——陆红霞诉南通市发展和改革委员会政府信息公开答复案评释"，载《交大法学》2017 年第 2 期。

〔5〕 如 2015 年最高人民法院《关于人民法院推行立案登记制改革的意见》规定，"对虚假诉讼、恶意诉讼、无理缠诉等滥用诉权行为，明确行政处罚、司法处罚、刑事处罚标准，加大惩治力度"。

共利益受损害、损害与滥诉行为存在明显的因果关系。[1]后者仅强调主观上的故意和实施了滥诉行为。[2]本文认同从滥诉行为本身的特征和要素来构建诉权滥用判断标准的观点，即诉权滥用应当满足：主观上具有恶意，客观上有为获取违法利益而实施的滥诉行为。与上文中关于申请权滥用的判断标准类似，诉权滥用的构成同样需要考虑主观恶意和客观行为两个方面，且主观目的是需要依赖于客观行为表现来判断的。客观行为要件即浪费司法资源，以欺诈性、骚扰性、轻率性、重复性、琐碎性诉讼的形式出现，在信息公开案件中滥用诉权的客观行为一般表现为穷尽救济程序。申请人通过向政府施压以实现其他利益主张，往往不论其所申请的内容是否为政府信息、其获取信息的主张是否已得到支持等，在申请信息公开后，会再提起行政复议和行政诉讼。[3]但同时也要注意，较之信息申请权来说，诉权对于个人的重要性更不可小觑，在对其予以限制时要极其慎重。因此，对于上述要件中的"恶意""为获取违法利益"的范围应当限缩在最小的范围内从严解释。

对于诉权滥用的学理建构固然重要，但法院行使司法权仍需以法律为依据，并发挥有限的能动性。然而，如前所述，我国《行政诉讼法》中尚没有涉及诉权滥用的规定，于是陆红霞案裁定中创造了一条"找法"的逻辑路径。其效仿民事诉讼领域对诉权滥用规制的方法，以诚实信用原则作为依据，通过对法律原则内涵的解释，证明原告"骚扰、泄愤、盲目、重复、琐碎性质的起诉"不符合诉权行使的要求；并指出"保障当事人的诉权与制约恶意诉讼、无理缠诉均是审判权的应有之义"，用审判权的功能为法院规范滥诉的行为背书。诚实信用原则在行政诉讼中的适用，可以通过解释和论证在《行政诉讼法》中找到依据。[4]可惜的是，陆红霞案裁判文书的内容中虽然提及了

---

[1] 参见郭卫华："滥用诉权之侵权责任"，载《法学研究》1998年第6期。

[2] 参见邵明："滥用民事诉权及其规制"，载《政法论坛》2011年第6期。

[3] 于文豪、吕富生："何为滥用政府信息公开申请权——以既有裁判文书为对象的分析"，载《行政法学研究》2018年第5期。

[4] 2014年修正的《行政诉讼法》在第101条中加入了"人民法院审理行政案件，关于期间、送达、财产保全、开庭审理、调解、中止诉讼、终结诉讼、简易程序、执行等……本法没有规定的，适用《中华人民共和国民事诉讼法》的相关规定"的规定。陆红霞案判决作出时仍具有效力的《最高人民法院关于执行〈中华人民共和国行政诉讼法〉若干问题的解释》第97条规定："人民法院审理行政案件，除依照行政诉讼法和本解释外，可以参照民事诉讼的有关规定。"

对诚实信用原则的参照，但并未具体论证如何援引和适用。

四、探索政府信息申请权滥用和诉权滥用的应对措施

陆红霞案裁判通过发挥司法的能动性，创造性地探索出了一条司法应对政府信息申请权与诉权滥用的路径，这种探索无疑是具有重要实践意义的。但陆红霞案裁判并不是完美的，也并不是解决这一领域问题的唯一路径。从学理构建的角度来说，将目光从司法应对措施扩展至行政权和司法权的共同配合上自然是更好的选择。

（一）行政机关对申请权滥用的应对

对申请权滥用的判断和处理，应当由行政机关进行。公民享有的政府信息申请权，对应的义务对象是政府的信息公开机构，其最有资格和能力对申请权是否滥用作出判断，并采取相应的行政措施。此外，考虑到申请权滥用与诉权滥用并不是必然同时发生，若一味等待法院采取措施显然是不现实的。申请权滥用应当由行政机关承担起认定事实和主动取证的权能，这种路径与《行政诉讼法》的行政行为合法性审查原则相一致，又可以避免因主动调查取证而有悖中立审判地位的嫌疑。[1] 在此基础上，法院发挥最终的裁决作用，对行政机关作出的滥用申请权认定给予司法判断，必要时对相对人权利予以救济。再者，当事人之所以滥用信息申请权，多是出于对政府部门在征地拆迁等其他领域的处理行为的不满，或为谋取不正当利益或宣泄个人情绪，[2] 通过完善行政系统内部的处理方式，方能如"抽薪止沸"般解决滥用申请权问题。

解决问题的关键在于信息公开机制的改革。应当从对当事人随意提出申请的预防和对非正常申请的应对两方面入手，标本兼治。首先，对当事人大量、多次申请等非正常申请行为可以通过经济方法予以限制。《政府信息公开条例》制定之初并未考虑收费制度，规定"除检索、复制、邮寄等成本费用外，不得收取其他费用"，这种低廉的成本无疑给一些人制造了机会。引入适

〔1〕 沈岿："信息公开申请和诉讼滥用的司法应对——评'陆红霞诉南通市发改委案'"，载《法制与社会发展》2016 年第 5 期。

〔2〕 李广宇、耿宝建、周觅："政府信息公开非正常申请案件的现状与对策"，载《人民司法（应用）》2015 年第 15 期。

当的收费制度，不但可以避免采取限制申请主体资格的手段，也有助于从经济上遏制权利滥用和行政资源浪费。[1]鉴于此，《政府信息公开条例》在2019年修订时增加了"申请人申请公开政府信息的数量、频次明显超过合理范围的，行政机关可以收取信息处理费"的规定。其次，对于数量、频次明显超过合理范围的申请，行政机关可以通过特定程序进行过滤。国际上对于大量、反复申请信息公开行为的应对，大体存在三种基本的模式：一是将这类行为作为正常申请对待；二是将其视为非正常申请，并设计专门的制度予以规制，如英国、南非等国，一旦被认定为"滋扰性申请"则行政机关无须处理；三是将其作为正常申请对待，但是设置了特别的弹性程序以容纳、消化这类申请，如美国依靠复杂的程序设计和牺牲效率来限制非正常申请，印度、韩国等国对这类申请通过"默示拒绝"的方式处理。[2]我国2019年修订的《政府信息公开条例》中借鉴了较为缓和的第三种方式，规定"申请公开政府信息的数量、频次明显超过合理范围，行政机关可以要求申请人说明理由"。申请理由不合理的，可以不予处理；申请理由合理，但期限不足以答复的，可以延长答复期限。说明理由制度的设立，为信息公开机构解决申请权滥用问题提供了程序性手段，能够极大地缓解申请处理的压力。

还有学者指出，信息公开制度实践中，类似陆红霞的信访人员转而通过信息公开"维权"的情况绝不在少数，信息公开制度渐渐被异化为"另类信访"。[3]因此，除完善信息公开制度外，还可以从导致大量非正常申请产生的信访制度入手。如改革现有的信访考核标准，从结果导向向过程导向的考核机制转变，[4]使信访制度真正解决问题、化解矛盾，而非沦为政府工作人员谈之色变的"烫手山芋"。

（二）法院对滥用诉权的审查

信息公开申请权滥用和诉权滥用构成了本案裁判文书的两个主题，但这

---

[1] 参见程洁："资格限制还是经济约束：政府信息公开申请主体的制度考量"，载《清华法学》2017年第2期。

[2] 参见后向东："信息公开申请权滥用：成因、研判与规制：基于国际经验与中国实际的视角"，载《人民司法（应用）》2015年第15期。

[3] 梁艺："'滥诉'之辩：信息公开的制度异化及其矫正"，载《华东政法大学学报》2016年第1期。

[4] 参见闫映全："行政滥诉的构成及规制"，载《行政法学研究》2017年第4期。

种"两条腿走路"的裁判方式值得商榷。我国《行政诉讼法》第6条确定了行政诉讼的合法性审查原则，法院审查的对象是被诉行政行为。而在本案中，法院通过主动调查取证的方式，证明原告构成滥用信息申请权，这已经偏离了原告的诉讼请求和法院的审查范围，有司法协助行政对抗相对人之嫌。诚然，出于规范诉讼行为、保障诉权的立场，法院可以对审查范围有所突破，但这种突破也只应及于对滥用诉权的判断，法院所采取的措施不应逾越司法权所涉的范围。在政府信息公开领域，申请权滥用可以独立于诉权滥用而存在，而诉权滥用基本上不太可能离开申请权滥用而存在，[1]法院的审判思路在逻辑上是可以理解的；但诉权滥用的认定和处理通过对诚实信用原则的援引和解释足以实现，不必对申请权是否滥用作出判断。

2017年发布的《关于进一步保护和规范当事人依法行使行政诉权的若干意见》，可谓在陆红霞案裁定于实务界、理论界激起千层浪之后，最高人民法院对滥用诉权问题所达成的基本性共识的总结，即在认定滥用诉权的情形时，"应当从严掌握标准，要从当事人提起诉讼的数量、周期、目的以及是否具有正当利益等角度，审查其是否具有滥用诉权、恶意诉讼的主观故意"。其中还提出，对于属于滥用诉权的当事人，要"探索建立有效机制，依法及时有效制止"。陆红霞案裁定中要求原告之后的申请和诉讼须举证说明其申请和诉讼是为了满足自身生产、生活、科研等特殊需要，这种限制原告的信息申请权的做法固不可取，但如何在司法权范围内建立起制止诉权滥用的有效机制，确实是一个让人进退维谷的问题。

【后续影响及借鉴意义】

陆红霞案的裁定首次对信息公开领域的滥诉行为进行了司法上的探索，在当时的背景下具有重大的意义，其积极影响表现在以下几个方面。

首先，申明了信息申请权与诉权滥用的可能以及对其限制的必要。《政府信息公开条例》制定的目的在于保障公民对于政府信息的获取权，因此对滥用申请权的问题缺乏足够的关注。与此类似，我国的行政诉讼制度也主要关

---

〔1〕 沈岿："信息公开申请和诉讼滥用的司法应对——评'陆红霞诉南通市发改委案'"，载《法制与社会发展》2016年第5期。

注如何扩展受案范围、对行政相对人给予足够的保护，着力缓解立案难、审理难、执行难等现象。然而，权利滥用不仅在理论上存在可能，也确实在信息公开领域发生。若放任不管，不仅会给行政机关和法院造成额外的负担，而且权利滥用行为对有限公共资源的占用也必然会影响其他正常申请人和诉讼主体的权利实现，不利于政府信息获取权和诉权的保障。陆红霞案裁定中明确指出获取信息和提起诉讼的权利应当在法律规定的范围内行使，以司法解决方式弥补了立法中相关内容的缺位之憾。

其次，为获取信息权滥用和诉权滥用问题探索了一条司法解决路径。陆红霞案裁定首先申明了权利的有限性，然后对原告种种非正常申请行为进行归纳，得出其滥用申请权的结论。在此基础上，法院强调了制约恶意诉讼、无理缠诉是审判权的应有之义，结合申请权滥用的表现和对原告滥用诉讼权利的主观目的的认定，最终以诚实信用原则作为规范依据从而得出了滥用诉权的结论。这种解决方法是结合信息公开之诉中申请权滥用与诉权滥用并发的现实特点而开创的一条可行路径，为其他法院遇到类似情形的处理提供了宝贵参考。在法律规范缺乏必要限制手段的情况下，这种司法能动性的创造是极具价值的。

最后，建构了较为合理的申请权滥用和诉权滥用的判断标准。陆红霞案裁定虽然没有指出权利滥用的具体构成要件为何，但结合案件特点提出了认定滥用申请权、滥用诉权的考虑因素，如申请或起诉数量众多、申请或诉讼请求内容相同或类似等，这种开放的、经验的、试错的姿态是值得肯定的。[1]裁定中由外在行为表现推导当事人主观目的，并以主客观要件相结合判断权利滥用的思路也值得称赞，这种判断方式也为后来最高人民法院发布的《关于进一步保护和规范当事人依法行使行政诉权的若干意见》所认可。

陆红霞案裁定的局限性有以下几点：其一，法院审查当事人是否滥用诉权是审判权的应有之义，但审查原告是否构成申请权滥用就有越俎代庖之嫌。陆红霞案裁定花了很大篇幅论证申请权滥用，但最终的落脚点还是在诉权滥用上，如前文所述，这或许是基于信息公开之诉的特征所产生的一种路径依

---

〔1〕 沈岿：“信息公开申请和诉讼滥用的司法应对——评‘陆红霞诉南通市发改委案’”，载《法制与社会发展》2016年第5期。

赖。对于诉权滥用的判断可以不以申请权滥用为前提而独立进行。其二,陆红霞案裁定对诉权、诉的利益等概念的使用存在逻辑混乱。若要以诉权滥用为制度工具对这类诉讼行为进行制约,则应当满足其具有诉权这个逻辑前提。而陆红霞案裁定中对"诉的利益"概念的误用及相关的论证,展露出一种通过原告资格中的利害关系判定来解决问题的倾向性,若依此逻辑展开,或许案件处理就会走向另一种完全不同的路径。其三,法院在驳回起诉之外,还对原告今后提起类似的信息公开申请和类似的行政诉讼施加了限制:"须举证说明其申请和诉讼是为了满足自身生产、生活、科研等特殊需要。"且不论"三需要"之要求是信息公开申请中的指引性要素还是必要条件,对当事人今后的信息申请行为加以限制显然已经超越了法院的职权范围;而这种给当事人在今后的起诉中施加额外举证责任的、面向未来法律关系的、超越诉讼请求的裁判方式是否适当也有待进一步探讨。[1]

---

〔1〕 江悦:"论我国政府信息公开申请权滥用的司法规制之路",载《河北法学》2018 年第 10 期。

五 行政程序

案例十一 金淑艳诉沈阳市浑南区人民政府房屋征收补偿决定纠纷案

陈雨佳 *

【案例名称】

金淑艳诉沈阳市浑南区人民政府房屋征收补偿决定纠纷案［最高人民法院（2020）最高法行申 4319 号］

【关键词】

无证房　违法建筑　行政补偿　实体性正当程序　实质化解争议

【基本案情】

1990 年 5 月 14 日，沈阳市东陵区杨官东升水泥制品厂（以下简称东升水泥厂）成立，经营者为金淑艳，组成形式为个人合伙。1997 年 11 月 30 日，东升水泥厂注销。2001 年 12 月 25 日，金淑艳以东升水泥厂的名义取得东陵国用（2001）字第 01060 号《国有土地使用证》，用途为工业，使用权类型为行政划拨。2012 年 3 月 21 日，东陵区（浑南新区）人民政府发布东陵区（浑南新区）政征收字（2012）第（2）号《房屋征收公告》，征收范围为李

＊ 作者简介：陈雨佳，中国政法大学法学院宪法学与行政法学专业硕士研究生。本文的指导教师为中国政法大学法学院教授、博士生导师刘善春。

196

巴彦、杨官村屯内国有企业（详见区土地局提供的用地范围图），原东升水泥厂在征收范围内。2012年5月2日，辽宁隆丰土地房地产与资产评估有限公司（以下简称隆丰评估公司）依据沈阳市东陵区（浑南新区）房屋征收服务中心（以下简称征收服务中心）的委托出具房地产估价报告，无证房评估总价576 045元，构筑物评估总价114 977元，土地使用权评估总价2 283 437元。2018年2月5日，金淑艳以邮寄的方式向浑南区人民政府（以下简称浑南区政府）邮寄申请书，要求浑南区政府履行补偿职责。沈阳速递浑南世纪部出具说明，证明金淑艳的邮件于当日妥投。浑南区政府对金淑艳的申请未作处理。

金淑艳起诉至沈阳市中级人民法院，请求判令浑南区政府、浑南区征收办给付其房屋补偿款576 045元、构筑物补偿款114 977元以及国有土地使用权补偿款2 283 437元，并承担本案诉讼费用。

沈阳市中级人民法院审查认为，首先，关于无证房及构筑物的补偿问题。征收服务中心委托隆丰评估公司对东升水泥厂的无证房及构筑物进行评估，无证房评估总价576 045元，构筑物评估总价114 977元。该评估报告记载，估价人员同征收双方当事人共同进行了现场勘察，本次评估范围及数量均由估价委托人与被征收人共同确定。金淑艳及浑南区政府对评估报告的补偿项目及评估数额均没有异议，因该评估报告的有效期至2013年5月，故本院参照评估价格确定无证房及构筑物的补偿数额为691 022元。其次，关于国有土地使用权的补偿问题。《国有土地上房屋征收与补偿条例》第17条规定，作出房屋征收决定的市、县级人民政府对被征收人给予的补偿包括：（1）被征收房屋价值的补偿；（2）因征收房屋造成的搬迁、临时安置的补偿；（3）因征收房屋造成的停产停业损失的补偿。据此，国有土地使用权的补偿不在征收补偿范围之内，且涉案《国有土地使用证》记载的使用权类型为行政划拨，划拨土地均应为无偿取得。虽然金淑艳主张花费6000—8000元取得该土地使用权，但并没有提供证据予以证实，且庭审自述钱款的具体用途不太清楚，无法认定为取得土地使用权并支付了费用。因此，对金淑艳"请求判令浑南区政府、浑南区征收办给付其国有土地使用权补偿款2 283 437元"的主张不予支持。

金淑艳及浑南区政府均不服一审判决，向辽宁省高级人民法院提起上诉。

金淑艳在起诉状中载明的诉讼请求为：（1）判令被告给付原告 6971.5 平方米国有土地使用权的补偿款 2 283 437 元；（2）判令被告给付原告房屋补偿款 576 045 元及构筑物补偿款 114 977 元。金淑艳在上诉状中又提出判令被告给付其从 2012 年 12 月 20 日起至实际给付之日止，按照中国人民银行同期贷款利率计算迟延支付补偿款利息的诉讼请求。

辽宁省高级人民法院经审查认为，首先，关于国有土地使用权补偿问题，依据《国有土地上房屋征收与补偿条例》第 13 条第 3 款、第 17 条第 1 款、第 19 条第 1 款的规定，房屋被依法征收的，国有土地使用权同时收回。据此，国有土地上的房屋征收对象不仅包括房屋，也包括房屋所占用的土地使用权。国有土地上的房屋征收补偿价值包括被征收房屋所占用土地的价值，即国有土地使用权的价值在征收补偿范围之内。依据《城镇国有土地使用权出让和转让暂行条例》第 47 条第 2 款的规定，对划拨土地使用权，市、县级人民政府根据城市建设发展需要和城市规划的要求可以无偿收回，并可依照该条例的规定予以出让，但该条款所用立法用语为"可以"，即并未禁止政府给予土地使用者适当补偿。且浑南区政府已经确认土地使用权面积并委托评估机构进行评估，表明其同意对 6024.9 平方米国有土地使用权予以补偿，现金淑艳要求浑南区政府给付上述国有土地使用权补偿款应予支持。其次，关于利息损失的问题。《国有土地上房屋征收与补偿条例》第 27 条第 1 款、第 2 款规定，实施房屋征收应当先补偿、后搬迁。浑南区政府未就涉案的无证房、构筑物及国有土地使用权与金淑艳签订征收补偿协议，亦未作出征收补偿决定，其与金淑艳就补偿项目和补偿数量作出确定并委托评估公司评估征收补偿价值后即要求金淑艳先行搬迁。金淑艳要求浑南区政府支付迟延给付补偿款利息的主张符合公平原则，应予支持。因此，作出如下判决：维持第一项给付房屋及构筑物补偿款；撤销第二项"驳回原告金淑艳的其他诉讼请求"；判令浑南区政府给付金淑艳国有土地使用权补偿款；判令浑南区政府给付金淑艳征收补偿款的利息（自 2012 年 12 月 1 日起至实际给付之日止，按照中国人民银行同期存款利率计算）。浑南区政府不服二审判决，又向最高人民法院提起再审。最高人民法院经审查认为：（1）一、二审法院判令浑南区政府向金淑艳给付无证房及构筑物的补偿款，并无不当；（2）二审法院判决浑南区政府给付金淑艳国有土地使用权补偿款，并无不当；（3）二审法院判决浑南区政府以 2012 年 12 月 1 日作为利息起算点向金淑艳支付迟延给付补偿款利息，并无不当；（4）浑南区政府关于二审法院存在程序错误的主张，不予支持。故驳回浑南区政府的再审申请。

【裁判要旨】

征收范围内的房屋往往情况复杂，尤其是城中村或旧城区，存在大量因历史原因未依法办理产权登记或者未依法办理审批许可手续的建筑，对于此类建筑，政府应当组织有关部门依法进行调查、认定和处理，并应就此在行政诉讼中承担相关举证责任。负责调查、认定、处理的相关部门具有对未登记建筑的合法性作出认定和处理的法定职责。在案涉无证房及构筑物并未被认定为违法建筑和超过批准期限的临时建筑的情况下，征收主体关于案涉无证房及构筑物不应予补偿的主张，不予支持。

当事人在上诉状中提出要求行政机关给付其迟延支付补偿款的利息的诉讼请求，未改变被诉行政行为基础法律关系，未超出原诉请范围，二审法院一并作出判决，有利于行政争议的实质化解。

【裁判理由与论证】

最高人民法院认为，本案的争议焦点主要是案涉无证房屋、构筑物及国有土地使用权是否应予补偿。在判决理由部分，法院分别从案涉无证房屋及构筑物是否应予补偿及补偿数额、浑南区政府是否应当给付金淑艳利息和浑南区政府主张二审法院存在程序错误三个方面展开论证。

一、无证房屋及构筑物是否应予补偿

依照《国有土地上房屋征收与补偿条例》第 24 条第 2 款的规定，市、县级人民政府作出房屋征收决定前，应当组织有关部门依法对征收范围内未经登记的建筑进行调查、认定和处理。对认定为合法建筑和未超过批准期限的临时建筑的，应当给予补偿；对认定为违法建筑和超过批准期限的临时建筑的，不予补偿。负责调查、认定、处理的相关部门具有对未登记建筑的合法性作出认定和处理的法定职责。本案中，在案涉无证房及构筑物并未被认定为违法建筑和超过批准期限的临时建筑的情况下，应当依法得到征收补偿。

二、国有土地使用权是否应予补偿

依据《国有土地上房屋征收与补偿条例》以及《国有土地上房屋征收评估办法》第 11 条第 1 款的规定，国有土地上的房屋征收对象不仅包括房屋，也包括房屋所占用的土地使用权。国有土地上的房屋征收补偿价值包括被征收房屋所占用土地的价值，即国有土地使用权的价值在征收补偿范围之内。

虽然 1990 年发布实施的《城镇国有土地使用权出让和转让暂行条例》规定，对划拨土地使用权，市、县级人民政府根据城市建设发展需要和城市规划的要求可以无偿收回，并可依照该条例的规定予以出让，但该条款所用立法用语为"可以"，即并未禁止政府给予土地使用者适当补偿。划拨土地使用权也是土地使用者依法取得的土地使用权，不能仅以土地使用权系以划拨方式取得为由认定土地使用者无权获得土地使用权补偿。本案中，金淑艳向法院提供的《情况说明》证实其于 1983 年末通过购买依法取得土地使用权，且 1996 年土地管理部门为金淑艳颁发了《国有土地使用证》。隆丰评估公司接受征收服务中心的委托，于 2012 年 5 月 2 日作出房地产估价报告，对地上建筑物包括土地使用权的征收补偿价格予以评估。由此，征收双方确定了土地使用权的评估面积以及评估价值。该评估报告已向金淑艳送达，金淑艳对评估结果并无异议。浑南区政府已经确认土地使用权面积并委托评估机构进行评估，表明其同意对案涉国有土地使用权予以补偿。涉案国有土地使用权系原告依法取得，且征收补偿过程中，评估公司也依法出具了金淑艳和浑南区政府均认可的评估报告，故国有土地使用权应当得到补偿。

三、补偿款利息损失的确定与计量

首先，金淑艳要求浑南区政府支付迟延给付补偿款利息的主张能否得到法院支持？依照《国有土地上房屋征收与补偿条例》的规定，实施房屋征收应当先补偿、后搬迁。作出房屋征收决定的市、县级人民政府对被征收人给予补偿后，被征收人应当在补偿协议约定或者补偿决定确定的搬迁期限内完成搬迁。金淑艳于 2012 年 12 月已经履行了自动搬迁义务，但浑南区政府至今未向金淑艳给付征收补偿款，其迟延给付征收补偿款的行为违反了法律规定。人民法院要求浑南区政府支付迟延给付补偿款利息的主张符合公平原则。

其次，补偿款的利息损失应当如何确定和计量？《国家赔偿法》规定，返还执行的罚款或者罚金、追缴或者没收的金钱，解除冻结的存款或者汇款的，应当支付银行同期存款利息。浑南区政府本应按期支付给金淑艳房屋及国有土地使用权补偿款项，但至今未支付且金淑艳已经履行了自动搬迁义务，违背了"先补偿、后搬迁"的法律规定，法院应当判令其承担相应的赔偿责任。鉴于浑南区政府未能举证证明涉案建筑被拆除的具体时间，而金淑艳主张2012年12月中旬已经交付被征收的房屋及土地，遵循先补偿、后搬迁的基本原则，浑南区政府应以2012年12月1日作为利息起算点，按照中国人民银行同期存款利率给付金淑艳征收补偿款的利息。

【涉及的重要理论问题】

随着我国城镇化建设的加快，因为房屋征收补偿引发的行政争议也不断涌现。在征收范围内的房屋往往情况复杂，尤其是城中村或旧城区，存在大量因历史原因未依法办理产权登记或审批许可手续的建筑。对于此类建筑，相关部门应当遵循怎样的程序依法实行行政征收；对于此类案件，法院在审理过程中亦存在诸多难点需要法官逐个突破。从实体上看，案涉无证房及相关国有土地使用权是否能够得到补偿？实体性正当程序原则在房屋征收补偿中的价值如何体现？从程序上看，行政征收补偿应当遵循哪些法定程序？从司法审查上看，当事人在上诉状中增加要求行政机关给付迟延支付补偿款的利息的诉讼请求能否得到法院支持？上述问题需要行政法官予以认真检视。同时，这也构成了本案应该重点关注的几个问题。

一、行政征收实体法与程序法

（一）行政实体法与行政程序法

行政实体法的概念与行政程序法相对应，行政实体法所规范的是公民享有权利、国家承担义务、责任的各部门行政实体法总和。[1]依据行政实体法的性质，可以将其划分为行政确认实体法、行政许可实体法、行政给付实体

---

〔1〕 参见刘善春：《行政实体法与行政程序法精要》，人民法院出版社2019年版，第124页。

法、行政征收征用实体法、行政处罚实体法、行政处分实体法、行政合同实体法、行政补偿和行政赔偿实体法等。故本文对房屋征收补偿行政法问题的探讨，也从行政征收实体法与行政征收程序法两方面展开，下文依次论述。

行政程序法的概念包括狭义的行政程序法与广义的行政程序法。狭义的行政程序法单指法典，如《美国联邦行政程序法》。广义的行政程序法是所有规定行政程序的法律规范总称。[1]行政程序的分类中包括行政立法、执法和司法三个方面。行政立法程序是指法定行政机关依法制定和发布行政法规、行政规章所遵循的程序；行政执法程序包括行政机关适用实体法作出行政决定的程序、签订行政合同的程序、行政检查程序、行政强制执行程序等；行政司法程序是指行政机关裁决民事争议或行政争议所必须遵循的行政程序，包括行政机关裁决民事争议的程序和行政复议程序。

在我国行政法治建设已取得较大成就的基础上，加强行政程序立法，已成为行政法治实践发展的客观要求，成为立法部门、学界的迫切愿望。在中国行政程序法立法的研究和起草过程中，也涌现出各种理论主张、立法模式。马怀德教授对行政惩罚价值论和立法意义进行了深入论述，使价值论与我国行政立法实际相融；[2]胡建淼、章剑生教授从如何确定行政程序法的基本原则问题入手，进行了论证；[3]姜明安教授探索了八对关系的处理，揭示了行政程序立法的症结；[4]应松年教授在《〈行政程序法（试拟稿）〉评介》一文中，对试拟稿的内容和相关问题也进行了详实的阐述。[5]可见，制定中国行政程序法已经得到学术界越来越多的关注与支持。

（二）行政征收实体法与程序法的内容

行政征收实体法指行政机关为公共利益，强制有偿取得私人或集体财产权所必须遵循的实体规范，即关于征收目的、条件、前提、种类、内容、范围、补偿标准和方式的规范。行政征收实体法律关系的主体包括征收主体、

---

〔1〕 参见刘善春：《行政实体法与行政程序法精要》，人民法院出版社 2019 年版，第 178 页。

〔2〕 参见马怀德："行政程序法的价值及立法意义"，载《政法论坛》2004 年第 5 期。

〔3〕 参见胡建淼、章剑生："论行政程序立法与行政程序法的基本原则"，载《浙江社会科学》1997 年第 6 期。

〔4〕 参见姜明安："我国行政程序立法模式选择"，载《中国法学》1995 年第 6 期。

〔5〕 参见应松年："《行政程序法（试拟稿）》评介"，载《政法论坛》2004 年第 5 期。

被征收人、征收标的的需用人及其他利害关系人。[1]征收主体及依法享有征收权力的行政机关，被规定在《国有土地上房屋征收与补偿条例》第4条中。[2]被征收人指被征收房屋或其他财产的单位或个人。

行政征收程序法是依据法律，规定行政机关、被征收人和其他相关主体从事行政征收行为应遵守的程序。在我国行政征收的对象包括国有土地上的房屋和农村集体所有的土地。本文探讨的主要是国有土地上的房屋及相关国有土地使用权的征收程序。房屋征收程序主要有编制征收补偿方案、公布并征求公众意见、社会风险评估、作出征收决定、调查登记、价值评估和订立补偿协议等阶段，下文将结合案例进一步展开论述。

二、实体性正当程序原则

（一）实体性正当程序的渊源与内涵

"正当法律程序"最初源于英国普通法，"正当法律程序"一词最早出现于1354年《伦敦西敏寺自由法》。美国的立宪者继受英国"正当法律程序"的传统，在立法和司法活动中逐步将正当法律程序原则纳入了法治化轨道。1791年，美国国会通过宪法修正案第5条，将正当法律程序正式确定为一项宪法性原则。最初，在美国的相关制度中，正当法律程序仅指程序性正当程序，强调法律实施的方式方法，而不涉及法案的实体内容。但是，"实质应当是最低限度的程序保障"，程序性正当程序有其局限性，"正当法律程序"在实体层面的内涵有了新的发展。1868年，美国宪法第十四修正案获得通过，实体性正当程序获得了宪法性原则的地位。根据该原则，美国司法机关在审查法律的合宪性之时，不是审查制定和执行法律的程序，而是审查法律的实质内容是否侵犯了公民的基本权利与自由。为避免中外学术交流中可能发生的语义失真，将"substantive due process"直译为"实体性正当程序"更为恰当。[3]

---

[1] 转引自李建良："损失补偿"，载翁岳生编：《行政法》，中国法制出版社2002年版，第1703-1706页。

[2] 《国有土地上房屋征收与补偿条例》第4条第1款规定，市、县级人民政府负责本行政区域的房屋征收与补偿工作。

[3] 刘东亮："论实体性正当程序"，载《法治研究》2017年第2期。

关于实体性正当程序的内涵，学界有多种不同的说法。美国联邦最高法院菲尔德法官认为，"实体性正当程序的含义在于，它要求国会和州制定的法律必须符合公平和正义的标准，它主要限制立法部门"。也有学者指出，正当程序对权利的保障并不限于程序，而应兼具实体权利保障之观念；法律不仅是使法律付诸实施的程序，而且关系到法律的目的——公正、合理与正义。[1]王成栋教授认为，"正当法律程序"既是一种价值理念，也是一种手段（或工具），唯有将其与实体保障相结合，方能彰显其价值。[2]虽然对实体性正当程序的内涵有不同的解释视角，但都凸显了共同的价值目标。即保障行政相对人的程序性权利是"正当法律程序"适用的初级目标，而保障行政相对人的实体性权利则是终极目标。如果没有实体权利作为程序权利的基础，没有对实体正义的诉求，"正当法律程序"的适用最终仍旧难逃沦为空洞形式之厄运，甚至可能成为侵害人民实体权益的"挡箭牌"。正如美国学者解释的，程序正当是指当政府作出剥夺一个人的生命、自由、财产的决定时，必须遵循的程序要求；实体正当是指在某些情形下，即使政府采取了最公平的程序剥夺了一个人的生命、自由和财产，该行为仍应受到禁止。[3]

（二）对中国的借鉴意义

随着人们对法律程序的意义的认识日益深化，程序的价值被推崇到了无以复加的高度和地步——在某种程度上，"符合程序"差不多成了"合法、合理"的代名词。这就是为什么我们在研究法律程序时，总会遇到一个问题：表面上看起来健全、合理的程序却不一定能保证得出公平、公正的结果。各种程序空转乃至程序滥用的现象又极其严重。这反映出在我国的程序制度尤其是在人们的程序观念中缺失"实体性正当程序"，并由此导致很多问题。从正面来说，正当性审查（特别是实体性正当程序的司法审查），作为法治国家建设在当前应当被深入挖掘的增长点，是刺激政府权力不断向善的新的动力

---

〔1〕 参见［美］卡尔威因、帕尔德森：《美国宪法释义》，徐卫东、吴新平译，华夏出版社1989年版，第237页。

〔2〕 参见王成栋："正当法律程序适用的基本问题"，载《上海政法学院学报》2008年第6期。

〔3〕 Ryan C. Williams, "The Once and Only Substanstice Due Process Clause", Yale L. J. , 2010, 120.

源。[1]

与传统的程序性正当程序不同，实体性正当程序要求权力的行使必须具有正当的目的。由于其具有防范、揭露权力滥用的功能，它对于当下中国的法治建设特别是行政法治建设具有重要的参考和借鉴价值。当然，由于实体性正当程序属于舶来品，其发生、发展都有特定的历史背景和制度背景，如何利用本土文化资源，使这一理论和观念能够为人们在思想上所接受并与当代中国的法治实践相对接、整合，是需要学界进一步研究的未尽课题。[2]

(三) 我国征收补偿中实体性正当程序原则的适用

实体性正当法律程序原则的适用目的是保护个人权利，防止武断的政府行为的侵犯。在中国，在如火如荼的城市化和城市更新过程中，因征收行为引起的暴力事件和司法争讼常有出现，在此情况下，被征收人的合法权益也极易受到政府行为的侵犯。实体性正当程序原则应当发挥其积极意义，来承担一定的保护财产权人的功能，并规制和保证政府征收行为的公正、合理、正当。通过对现有研究的归纳整理，实体性正当程序原则在征收补偿领域的价值可以体现为以下两点。

第一，体现在法院对政府行为正当性的司法审查上。在征收征用的过程中，法院不仅要严格审查政府在对私人财产进行征收征用之前是否按照程序性正当法律程序的要求为财产所有者提供陈述、辩护、听证等机会，而且要求应当认真对待实质性正当法律程序，对政府进行征收征用所依据的法律进行审查，看其是否正当，以确保法院裁决结果的公正。我国已经构建了宪法审查制度，与美国司法审查制度的目的是一样的，都是对政府的管制性立法进行合法性审查。[3]不过，我国主要是对行政法规、地方性法规、自治条例和单行条例的审查，"它排除了法律、规章及国家各级政府之具体行为是否违宪问题的审查"。

第二，重新审视、不断完善现有的征收规则与程序。除了在行政审判的视野中对实体性正当程序的适用进行讨论外，正如在美国，司法案件中法院

〔1〕 参见江必新："行政程序正当性的司法审查"，载《中国社会科学》2012年第7期。

〔2〕 参见刘东亮："论实体性正当程序"，载《法治研究》2017年第2期。

〔3〕 参见杨显滨："论美国征收条款及对我国的启示"，载《政法论丛》2015年第5期。

对正当程序的认识客观上会影响征收决定作出的行政程序规则，我们同样需要回溯至行政过程，来探讨作为基本理念的正当程序该如何引导我国征收程序进一步完善和改进，从保护被征收人合法权益的角度出发来限制行政机关作出行政决定的恣意以达到实质正当性的要求。有学者认为，应当从征收程序中的申请、调查、听证和决定这四个环节出发进行具体的程序设计以达到正当程序理念的要求。[1]从《土地管理法》《土地管理法实施条例》《国有土地上房屋征收与补偿条例》等规范的内容来看，对调查、听证等已经提供了具体化的法定要求，但其中大量的规范内容和要件构成仍然具有开放性，从而对相关的征收决定部门敞开了自由裁量的大门。[2]从实体性正当程序规范内涵的整理和归纳来看，其中有些判断要素可以在征收程序的相关法律规范或行政规则中得到强化或具体化从而限制行政机关的自由裁量。

此外，我们应当对现有的补偿标准进行反思，征收的前提是基于"公共利益"，同时也是政府从事征收活动的最终目的所在。[3]但是在地方政府招商引资对土地进行开发的过程中，政府有时虽以"公共利益"为目的进行征收，被征收土地后续却被用于商品房或商业办公楼的开发，这极易引起被征收人对个案中征收是否符合公共利益的质疑。而当被征收人诉诸法院之后，虽然法律法规为"公共利益"的实质内容提供了具体基础，但在司法实践中至今尚未形成统一的审查标准，法院也倾向于迁就政府的决定。[4]实体法上的正当性在于，对被征收人基于财产权的补偿应当与公共利益的价值平衡，当前有关国有土地征收补偿、房屋征收补偿、农村集体土地征收补偿等领域的实体法补偿并不充分，是造成征收案件纠纷居高不下的原因之一，值得学界和立法者关注。

三、征收补偿范围与标准的确定

补偿标的应当限定为征收通告作出之前的财产。征收范围确定后，不得

---

〔1〕 章剑生：《现代行政法基本理论》，法律出版社 2014 年版，第 176 页。

〔2〕 程洁："土地征收征用中的程序失范与重构"，载《法学研究》2006 年第 1 期。

〔3〕 王利明："论征收制度中的公共利益"，载《政法论坛》2009 年第 2 期。

〔4〕 参见黄卉：《中国法律中的公共利益》，北京大学出版社 2014 年版，第 227 页。黄卉教授于 2013 年整理了司法实践中公共利益审查的案例。笔者也对 2013 年之后的案例进行了补充查阅，认为黄卉教授的结论在如今仍然可以成立。

在征收范围内实施新建项目或迁入人口，违反规定的，不予补偿。补偿的对象限于被征收人的合法财产。私人违法建筑或为骗取补偿而建设的房屋，无权利要求补偿。如《国有土地上房屋征收与补偿条例》第 24 条规定，对认定为违法建筑和超过批准期限的临时建筑，不予补偿。[1]在征收补偿范围与标准的确定过程中，城市房屋征收补偿的类型主要包括国有土地使用权的补偿与国有土地上房屋的补偿，下文分别进行论述。

(一) 关于国有土地使用权的补偿

我国《宪法》规定，国家为了公共利益的需要，可以依照法律规定对土地实行征收或者征用并给予补偿。除了宪法，迄今为止已有不少法律、法规对政府提前收回国有土地使用权的补偿作出了明确规定。主要包括《土地管理法》《城市房地产管理法》《城镇国有土地使用权出让和转让暂行条例》。目前，我国对国有土地使用权取得方式实行"双轨制"，即存在划拨土地使用权和出让土地使用权并存的立法和管理体制。[2]事实上，现行立法中关于国有土地使用权补偿的规定基本是针对以有偿方式取得的出让土地使用权，而对于以划拨等其他方式取得土地使用权的补偿往往没有相应的规定。

相对于出让土地使用权，划拨土地使用权虽然在取得方式上是无偿的，但实际上不少划拨土地的使用权人在取得土地使用权时也要支付一定的土地成本和费用，如安置费、补偿费等。[3]划拨土地使用权也是土地使用者依法取得的土地使用权，若仅以土地使用权系以划拨方式取得为由认定土地使用者无权获得土地使用权补偿，违背了实体性正当程序原则，不能切实维护被征收人的合法权益，也不符合征收补偿实质正义的要求。因此，房屋征收中提前收回国有土地使用权时，补偿标准应根据取得国有土地使用权的不同方

---

〔1〕《国有土地上房屋征收与补偿条例》第 24 条规定："市、县级人民政府及其有关部门应当依法加强对建设活动的监督管理，对违反城乡规划进行建设的，依法予以处理。市、县级人民政府作出房屋征收决定前，应当组织有关部门依法对征收范围内未经登记的建筑进行调查、认定和处理。对认定为合法建筑和未超过批准期限的临时建筑的，应当给予补偿；对认定为违法建筑和超过批准期限的临时建筑的，不予补偿。"

〔2〕 王卫国：《中国土地权利研究》，中国政法大学出版社 1997 年版，第 184 页。

〔3〕 侯水平等：《物权法争点详析》，法律出版社 2007 年版，第 290 页。

式，即出让方式和划拨方式分别确定。[1]对于出让土地的使用权，应当综合考虑该土地的用途、地理位置、剩余使用年限和基准地价等因素；对于划拨土地的使用权，应当考虑土地使用权人支付的土地开发成本等因素。

结合本案，金淑艳可以证实其于1983年末出资4800元购买了原杨官二队的饲养站、队部及仓库等房屋，并由此取得了涉案6971.5平方米土地的使用权。并在2001年获得了《国有土地使用证》。一方面，隆丰评估公司接受征收服务中心的委托，于2012年5月2日作出房地产估价报告，对东升水泥厂部分土地使用权及地上建筑物的征收补偿价格予以评估。土地价格的确定是取基准地价系数修正法和成本逼近法两者算术平均值再扣除相应的土地出让金，最终评估值为2 283 437元。故浑南区政府已经确认土地使用权面积并委托评估机构进行评估，表明其同意对国有土地使用权予以补偿，基于信赖利益，浑南区政府也应当对金淑艳的国有土地进行依法补偿。另一方面，从实质正当的视角看，金淑艳早期支付了相当对价取得了土地使用权并一直占有使用，浑南区政府基于公共利益需要征收该土地使用权，系对金淑艳依法享有财产性利益的剥夺，基于公平正义的考量，也应当给付金淑艳相应价值的补偿款。且双方当事人对该评估报告均无异议，可以作为参照依据，故浑南区政府应当给付金淑艳国有土地使用权补偿款2 283 437元。

（二）关于征收国有土地上房屋的补偿

对被征收房屋价值的补偿，不得低于其市场价格。被征收房屋价值由合格房地产价格评估机构独立、公正地评估确定。因征收房屋造成搬迁，应当向被征收人支付适当搬迁费。选择房屋产权调换，应适时向被征收人支付临时安置费或提供周转房。对因征收房屋造成的停产停业损失，给予公正补偿。征收个人住宅，除依法给予补偿外，还应当保障被征收人居住条件。对符合住房保障条件的，应优先给予住房保障。因旧城区改造征收个人住宅，被征收人选择在改建地段进行房屋产权调换的，征收机关应当提供改建地段或就近地段的房屋。

随着经济发展，城市化的进程也在不断加快，受到利益的驱动，违法建

---

[1] 金伟峰："论房屋征收中国有土地使用权的补偿"，载《浙江大学学报（人文社会科学版）》2013年第2期。

筑也有增长的态势。《国有土地上房屋征收与补偿条例》第 24 条规定，市、县级人民政府作出房屋征收决定前，应当组织有关部门依法对征收范围内未经登记的建筑进行调查、认定和处理。对认定为合法建筑和未超过批准期限的临时建筑的，应当给予补偿；对认定为违法建筑和超过批准期限的临时建筑的，不予补偿。认定为违法建筑而一律零补偿，引发实践中暴力拆除、极端对抗、因拆暴富等问题频生，违法建筑承载了太多的分歧与争论。因此，在对违法建筑作出认定前，"对违法建筑的调查、认定和处理"过程至关重要，下文将结合本案例进行分析。

根据建筑物、构筑物合法与否可以分为违法建筑与合法建筑两类，对违法建筑进行认定应当基于实证主义，以法律规范为指导，根据事实进行判断，不掺杂价值因素。合法建筑是按照国家法律、法规以及其他规范性文件合法建造，其存在是必然的，符合国家法律对于建筑物的监督和管理规定，属于公民合法财产，应当受到法律的保护。行政机关对合法建筑进行拆除必须要符合宪法和法律的规定。根据《国有土地上房屋征收与补偿条例》第 2 条的规定，[1]行政机关要对合法建筑进行拆除，应当符合特定条件即公共利益、符合相应的程序，并且要给予公平补偿、依法补偿。

而依据我国现行的《国有土地上房屋征收与补偿条例》的规定违法建筑是不予补偿的，故认定违法建筑需要慎之又慎。对违法建筑的认定，执法实践中有两种做法：第一种是不做专门的违法建筑认定。第二种是进行专门的违法建筑认定，即对未经法定许可或者未经登记的房屋，组织有关部门进行专门的调查、认定和处理。[2]对认定为合法建筑和未超过批准期限的临时建筑的，应当给予补偿；对认定为违法建筑和超过批准期限的临时建筑的，不予补偿。相较而言，第二种做法更为稳妥，理由有三点：第一，《国有土地上房屋征收与补偿条例》第 24 条对此已经明确规定，[3]应严格遵循执行。第二，有利于保障被征收人的合法权益。推定征收范围内的房屋都应予以补偿，

---

〔1〕《国有土地上房屋征收与补偿条例》第 2 条规定，为了公共利益的需要，征收国有土地上单位、个人的房屋，应当对征收房屋所有权人给予公平补偿。

〔2〕章文英："关于房屋征收补偿决定行政案件的司法审查"，载《法律适用》2017 年第 3 期。

〔3〕《国有土地上房屋征收与补偿条例》第 24 条第 2 款规定，市、县级人民政府作出房屋征收决定前，应当组织有关部门依法对征收范围内未经登记的建筑进行调查、认定和处理。

符合《国有土地上房屋征收与补偿条例》的立法精神，对于不能纳入补偿范围的违法建筑，应由房屋征收部门承担举证责任。第三，房屋征收部门并无违法建筑认定的职权，该职权属于城乡规划主管部门和城市管理综合行政执法机关等。

本案中，浑南区政府一方面并未认定涉案无证房及构筑物为违法建筑或超过批准期限的临时建筑，未履行法定职责；另一方面又委托评估公司对上述建筑进行了征收补偿的价值评估。基于当事人的信赖利益，应当可以推定其同意对上述建筑按照评估价格予以补偿。虽然案涉房屋为无证房，但该无证房并非事后建造的违法建筑，也不属于超过批准期限的临时建筑，不符合法定不予补偿的条件。结合《国有土地上房屋征收与补偿条例》第2条的规定以及对实质正义的考量，该无证房是金淑艳依法取得并占有的财产性权益，若基于公共利益的需要对其征收，应当给予被征收人相应等价财产的补偿，方符合实体正当原则。此外，本案征收补偿标准和数额的确定符合公平公正原则，征收补偿整个评估过程也符合正当程序原则，最终得出双方当时均无异议的估价结果，故法院参照评估价格确定无证房及构筑物的补偿数额并无不当。

四、房屋征收补偿的程序

（一）房屋征收补偿的法定程序

我国城市房屋征收与补偿制度主要法律依据包括《宪法》《民法》《行政诉讼法》《房地产管理法》《国有土地上房屋征收与补偿条例》《国有土地上房屋征收与补偿评估办法》、最高人民法院有关司法解释以及地方性法规。

其中，《国有土地上房屋征收与补偿条例》是我国城市房屋征收与补偿制度的最主要法律依据。其规定的补偿程序主要有以下几个方面：征收决定程序、被征收人协商选择房地产价格评估机构的程序、被征收人选择补偿方式的程序、补偿协议程序、补偿决定程序、补偿诉讼程序、搬迁程序等。根据现有法律规定，将我国城市房屋征收与补偿程序归纳如表1所示。

表1　我国城市房屋征收与补偿程序的相关法律规定

程　序	参与主体	程序具体内容	注意要点
一、征收决定程序	政府、被征收人、规划部门、委托实施单位、利益相关人	1. 制订计划、征求公众意见、论证； 2. 拟定补偿方案、论证、公布，征求意见、社会稳定风险评估； 3. 被决定不服的，申请、复议、诉讼	对于旧城改造项目应该进行听证
二、征收评估程序	政府、被征收人、委托评估单位	1. 选定评估机构； 2. 评估异议	评估机构无法选定的由征收部门组织随机选定
三、征收补偿程序	政府、被征收人	1. 双方协商、签订补偿协议； 2. 协商不成，市、县级人民政府作出补偿决定、公告	征收决定应载明房屋情况及金额
四、搬迁程序	被征收人	1. 先补偿、后搬迁，规定期限内不搬迁法院强制执行； 2. 建立档案、分户补偿情况公布	应当严格实行先补偿后搬迁

　　依据上述内容，检视本案中的房屋征收补偿程序是否遵循了法定程序。首先，依据《国有土地上房屋征收与补偿条例》第4条第1款规定，市、县级人民政府负责本行政区域的房屋征收与补偿工作。东陵区（浑南新区）人民政府是本次征收公告的发布机关，且浑南区政府对金淑艳主张的涉案土地及地上物在征收范围内、浑南区政府具有征收补偿职责并无异议，故浑南区政府对金淑艳具有补偿的法定职责。其次，依据《国有土地上房屋征收与补偿条例》第24条第2款规定，市、县级人民政府作出房屋征收决定前，应当组织有关部门依法对征收范围内未经登记的建筑进行调查、认定和处理。浑南区政府一方面并未认定涉案无证房及构筑物为违法建筑或超过批准期限的临时建筑，另一方面又委托评估公司对上述建筑进行征收补偿的价值评估，

可以推定其同意对上述建筑按照评估价格予以补偿。最后，依据《国有土地上房屋征收与补偿条例》第 27 条第 1 款规定，实施房屋征收应当先补偿、后搬迁。本案中，浑南区政府未就涉案的无证房、构筑物及国有土地使用权与金淑艳签订征收补偿协议，亦未作出征收补偿决定，其与金淑艳就补偿项目和补偿数量作出确定并委托评估公司评估征收补偿价值后即要求金淑艳先行搬迁，也违反了"先补偿、后搬迁"的法定程序，同时给当事人造成了信赖利益损失及相关经济损失，行政机关应当承担相应的法律责任并赔偿损失。

（二）"调查、认定和处理"的执法原则与程序

征收范围内的房屋往往情况复杂，尤其是城中村或旧城区，存在大量因历史原因未依法办理产权登记或者未依法办理审批许可手续的建筑，对于此类建筑，政府应当组织有关部门依法进行调查、认定和处理，并应就此在行政诉讼中承担相关举证责任。负责调查、认定、处理的相关部门具有对未登记建筑的合法性作出认定和处理的法定职责。根据《国有土地上房屋征收与补偿条例》第 24 条第 2 款的规定，对认定为合法建筑和未超过批准期限的临时建筑的，应当给予补偿；对认定为违法建筑和超过批准期限的临时建筑的，不予补偿。本案中，相关部门并未对无证房屋进行"调查、认定和处理"，就不能得出案涉无证房及构筑物不应予补偿的结论。可见，"调查、认定和处理"的行政程序对决定无证房能否得到补偿至关重要，有必要对其应当遵循的执法原则与程序进行讨论。

第一，应当坚持合法原则。依法行政是行政机关必须遵循的首要原则。一方面，在对未经登记建筑的调查、认定和处理过程中，行政机关必须严格遵循现行有效的法律、法规、规章、规范性文件以及国家政策，包括《城乡规划法》《土地管理法》《国有土地上房屋征收与补偿条例》等。另一方面，行政机关应当依照法律授权进行活动。执法机关应当充分尊重被拆迁人的实体权利和程序权利，切实做到手续完备、程序合法、行为规范。

第二，应当坚持合理原则。合理原则是指行政决定应当具有理性，属于实质法治的范畴。首先，对于无证房合法性的判断，不能依据作出房屋征收决定时的法律、法规或规章，而应当依据建造时的法律、法规或者规章。其次，要求行政机关采取的措施和手段必要、适当，应当避免采用损害当事人

权益的方式。

第三，应当坚持公开原则，包括过程与结果的公开。在认定过程中，违法建筑的认定标准、条件和处理程序，合法建筑补办手续的费用、标准和程序，参照合法建筑进行补偿的标准、条件和程序，均应当公布。调查的机构及人员、认定的机构及人员、处理的机构及人员、认定与处理决定等内容都要依法公开。

五、行政征收补偿的司法审判

除了征收补偿的实体与程序问题，在行政征收补偿的司法审判中，也有诸多值得探讨的裁判要点，限于篇幅不再一一列举，仅对本案在审判过程中所遇到具有争议的两个问题进行重点分析。第一，是在二审审理过程中上诉人到底能否增加诉讼请求的问题；第二，是关于在行政征收补偿案件的审理中，如何体现"有利于实质化解行政争议"的审理和裁判方式的问题，下文依次论述。

（一）上诉请求的增加及其控制

我国《行政诉讼法》中没有明确规定上诉时可否增加诉讼请求。根据《行政诉讼法》第 101 条的规定，人民法院审理行政案件，关于期间、送达、财产保全、开庭审理、调解、中止诉讼、终结诉讼、简易程序、执行等，以及人民检察院对行政案件受理、审理、裁判、执行的监督，本法没有规定的，适用《民事诉讼法》的相关规定。以及依据 1999 年《最高人民法院关于执行〈中华人民共和国行政诉讼法〉若干问题的解释》第 97 条的规定，人民法院审理行政案件，除依照《行政诉讼法》和本解释外，可以参照民事诉讼的有关规定。故法院审理行政争议案件时，可参照《民事诉讼法》的有关规定，采用民事诉讼规则进行。

那么在民事诉讼中，上诉人在坚持原上诉请求的基础上能否追加其他的上诉请求？对此问题的回答原则上是否定的，即上诉请求在经过法定程序确认后，是只能减少而不能增加的。原因在于，立法之所以规定上诉期间，其目的主要在于给当事人确定是否要提出上诉，以及针对哪一裁判内容提出上诉提供充分考虑的时间。在上诉期间届满后，当事人的上诉权即消灭，随即就产生了相对稳定的有效性。诉讼请求一经确定，法院的裁判利益以及对当事人的抗辩利益都随之产生，如果任意增加上诉请求，无疑会给诉讼程序带来不安定因素，从而给裁判利益和抗辩利益的保障带来负面影响。[1]但是，如增加的诉讼请求未超出一审诉讼请求范围，并不会增加被上诉人的诉讼防御负担，人民法院在充分保障被上诉人答辩、举证、质证等程序性权利的情况下，可将增加的上诉请求纳入审理范围。将潜在的或者隐含的上诉请求明确化，则不属于上诉请求的增加。2017年《民事诉讼法》第164条第1款关于15日的上诉期限的规定，规制的是当事人上诉权行使的期限，而非规制上诉人上诉请求具体内容的期限。如果将15日上诉期限理解为规制上诉人上诉请求具体内容的期限，在案情较为复杂的情况下，可能迫使上诉人为规避诉讼风险而对一审裁判内容一律全部提出上诉，这既可能平添当事人的诉累，也不利于节约司法资源。[2]

具体到本案中，首先，依据上述内容，2017年《民事诉讼法》第164条第1款关于15日的上诉期限规定，并非规制上诉人上诉请求具体内容的期限。不应将2017年《民事诉讼法》第165条关于上诉请求的规定理解为上诉状递交之时上诉请求即应固定而不得增加。其次，金淑艳在上诉状中提出要求浑南区政府给付其迟延支付补偿款的利息的诉讼请求，并不存在诉讼偷袭的不当诉讼目的。而是在原诉讼请求和诉讼标的的基础之上，为了维护自身获得补偿损失的权益。最后，当事人提起上诉后，一审判决并未发生法律效力，允许金淑艳在不超出原诉讼请求范围内于二审庭审辩论结束前增加上诉请求，未改变被诉行政行为基础法律关系，并不会当然损害浑南区政府的实体权益，且有利于实质性解决全案纠纷。

（二）有利于实质化解争议的审理与判决方式

2014年《行政诉讼法》在第1条立法目的中增加了解决行政争议的表述，将其确定为行政诉讼的目的之一。行政争议的实质解决，核心是要充分、正确、科学地运用《行政诉讼法》，赋予法院实质化解行政争议的审理方式。行政诉讼只有依照我国现行法律规定，全面审查被诉行政行为的合法性，充

---

[1] 汤维建："论民事二审程序的审判范围"，载《河南省政法管理干部学院学报》2010年第6期。
[2] 参见最高人民法院（2018）最高法民终753号民事判决书。

分救济当事人实体合法权益，采用最有利于纠纷解决的审理和裁判方式，才能实现行政争议的实质化解。所以，人民法院在实施修改后的《行政诉讼法》时，对相关法律条款的理解，必须符合实质化解争议的立法目的，不能孤立地理解和适用法律条款，要充分、正确运用《行政诉讼法》赋予人民法院实质化解行政争议的审理和判决方式。

首先，全面审查行政行为合法性是解决争议的基础。《行政诉讼法》第2条规定，公民、法人或者其他组织认为行政行为侵犯其合法权益的，有权依法提起行政诉讼。第6条规定，人民法院对被诉行政行为的合法性进行审查。因此，我国《行政诉讼法》规定的诉讼标的是被诉行政行为，人民法院应当紧紧围绕被诉行政行为的合法性进行审查，将其作为实质化解行政争议的起点。在这一点上，行政诉讼和民事诉讼不同。那么，为什么行政诉讼与民事诉讼不同，民事诉讼就可以直接针对当事人的诉讼请求和理由进行审理？在民事诉讼中，法律关系是民事纠纷产生的核心，纠纷的实质是原告的诉讼请求；而在行政诉讼中，行政争议的产生更深层次的原因在于行政行为的介入，对当事人的权利义务产生了实际影响。而且，在行政诉讼中，以审查被诉行政行为合法性为核心，方能实现监督行政机关依法行政的立法目的。

其次，救济原告实体合法权益是实质化解争议的关键。原告提起行政诉讼的目的，核心在于通过诉讼救济被诉行政行为侵害的实体合法权益。只有原告受损的实体合法权益得到补偿或赔偿，原告的实质诉求得到满足，才有可能实质化解行政争议。[1]因此，行政诉讼在对被诉行政行为合法性全面审查的基础上，必须特别关注原告实体合法权益的救济问题。本案中，金淑艳在上诉状中提出要求浑南区政府给付其迟延支付补偿款的利息的诉讼请求，其一，依据上述分析其并未超出原诉请范围，二审法院可以一并作出判决；其二，若二审法院不作判决，金淑艳很有可能提起新的一轮诉讼，引起诉累，也不利于本案争议的实质化解，故二审法院一并判令浑南区政府给付金淑艳征收补偿款利息的审理和判决方式有利于实质化解本案争议。

---

[1] 郭修江："行政诉讼实质化解行政争议的路径和方式"，载《人民司法（应用）》2020年第31期。

【后续影响及借鉴意义】

行政征收补偿制度所调整的社会关系非常广泛，兼顾公法和私法两大领域，既包括作为公法规制行政权力的形式，避免行政权力过分膨胀的一面，也有结合私法对私有财产所遭受的损失进行认定和补偿，从而实现保护合法私权的生存空间的一面，因而受到了来自公法学界和私法学界的共同关注。

改革开放以来，城市化进程不断加快，城市基础设施也需要不断完善，土地需求量巨大。在这种环境下，行政征收补偿问题，成为一个跨越地域、跨越阶层的共同问题，它从来没有像今天这样给社会公众的生产生活造成如此重大而深远的影响。国家对征收补偿制度的建设也十分重视，《城市房屋拆迁管理条例》《城市房地产管理法》《国有土地上房屋征收与补偿条例》等法律法规先后出台或修改，致力于规范行政征收补偿工作，填补其中的漏洞。然而，由于历史原因，我国行政征收在一定程度上具有随意性，给社会公众的财产安全带来一定隐患。我们需要在立法、执法和司法多方面对行政征收补偿制度进行完善。在立法方面，可以通过制定、修改和细化法律，完善相关立法，充分体现对实体性正当程序原则的关注，从根本上保护被征收人的合法权益；在司法方面，最高人民法院可以发布相关的指导案例，为实务中行政征收补偿的行政执法等相关工作的开展，以及司法审判工作提供指引。

本案是最高人民法院再审的案件，法院虽然驳回了申请人的再审申请，但是在肯定焦点问题是无证房屋及国有土地使用权是否应予补偿的同时，也对征收补偿过程中行政机关应当依法遵循的程序，以及司法审判的要点予以进一步的说明。首先，在行政实体法方面，明确行政征收补偿的范围和标准，分为国有土地使用权的补偿和国有土地上房屋的补偿两种分别认定，明晰实体性正当程序原则在行政征收补偿中的重要意义和价值体现。其次，在行政程序法方面，行政机关在房屋征收补偿过程中，应遵循法定程序，从征收决定的作出、征收评估、征收补偿和搬迁程序各方面严格依照法律规定，切实保障被征收人的合法权益，违反法定正当程序就应当承担相应的责任。最后，在行政司法方面，征收补偿的司法审查既要遵循《行政诉讼法》规定的法定诉讼程序，也要结合行政征收补偿个案的特殊性，选择有利于实质化解争议的审理与判决方式。本案中，法院对在二审程序中金淑艳主张征收补偿款利息损失"一并作出判决"予以支持。虽然原则上上诉请求在经过法定程序确认后，是只能减少而不能增加的，但是在本案中增加的诉讼请求未改变被诉行政行为基础法律关系，在未超出原诉请范围的前提下，法院对金淑艳要求补偿款利息损失的主张一并作出判决，有利于行政争议的实质化解，是法律规范与具体问题的有机融合。同时，这也体现了法院在裁判中不仅仅是机械地进行法律解释、法律适用，在实现正义、化解争议方面，也可发挥一定的主观能动性。正如有学者所说，在现代社会，法院除发挥传统的定分止争、形成面向未来的裁判规则的功能外，还是担负或者参与公共政策制定等国家治理活动的主体之一。[1]本案的裁判过程与结果正是这一重要功能的体现，法律不应是脱离社会现实的僵化教条，其必须适应社会的发展变革、迎合具体问题并进行适用上的变通。

---

〔1〕 章剑生："再论对违反法定程序的司法审查——基于最高人民法院公布的判例（2009—2018）"，载《中外法学》2019 年第 3 期。

案例十二　李恩光诉长沙市芙蓉区人民政府
房屋征收补偿决定纠纷案

陈雨佳 *

【案例名称】

李恩光诉长沙市芙蓉区人民政府房屋征收补偿决定纠纷案［最高人民法院（2020）最高法行申 5613 号］

【关键词】

房屋征收　超出房屋登记簿面积　未经登记建筑　违法建筑　行政补偿

【基本案情】

李恩光拥有一套位于长沙市××号的房屋（以下简称涉案房屋），总层数 2 层，产权登记建筑面积 112.66 平方米，产权登记用途为住宅。在附记处载明："另有临时建筑 26.74 平方米不计入产权"。经实地测绘，房屋实际建有 4 层，建筑面积为 195.78 平方米。2016 年 9 月 30 日，长沙市芙蓉区人民政府（以下简称芙蓉区政府）作出芙政征字［2016］6-4 号《蔡锷中路两厢棚户区改造项目征收决定》，并于同日发布芙政征字［2016］6-5 号《蔡锷中路两厢棚户区改造项目征收决定公告》（以下简称房屋征收公告），对芙蓉区蔡锷中路两厢棚户区改造项目范围内的房屋作出征收决定。李恩光的房屋位于此次

---

* 作者简介：陈雨佳，中国政法大学法学院宪法学与行政法学专业硕士研究生。本文的指导教师为中国政法大学法学院教授、博士生导师刘善春。

征收范围内。2016 年 10 月 14 日，湖南中信发房地产评估有限公司（以下简称中信发公司）、湖南思远四达房地产评估咨询有限公司（以下简称思远四达公司）对涉案房屋作出《房屋征收分户评估报告》，该报告确定原告房屋建筑结构为混合，建筑年代为 1991 年，登记用途为住宅。在估价时点（2016 年 9 月 30 日），涉案房屋评估单价为 9020 元/平方米，评估总价为 1 016 193 元。该估价报告于 2017 年 1 月 12 日以留置送达方式送达原告李恩光。

芙蓉区征收办与原告多次协商被征房屋的补偿事宜，但都没有达成补偿协议。2017 年 11 月 10 日，芙蓉区征收办作出《被征收人陈述申辩及申请调解权利告知书》，告知其相关的陈述申辩权利。被征房屋征收补偿方案、征收产权调换房屋分户估价报告和告知书于 2017 年 12 月 5 日以留置送达方式送达李恩光。因原告未按照房屋征收补偿方案所述的日期就房屋装饰装修价值补偿与被告征收部门达成一致意见，2018 年 1 月 11 日，中信发公司、思远四达公司向原告下达《被征收房屋装饰装修价值评估告知书》，确定 2018 年 1 月 15 日（9：00 至 18：00）对被征房屋室内装饰装修进行入户实地查勘。因原告未配合，评估工作人员未能入户。2018 年 4 月 9 日，芙蓉区政府对原告作出了芙政征补字［2018］第 83 号房屋征收补偿决定。房屋征收补偿决定于 2018 年 4 月 10 日以留置送达的方式送达原告，并于同日在被征收范围内予以张贴公示。

李恩光认为，芙蓉区政府作出的征收补偿决定认定事实有误，程序违法，于是向湖南省长沙市中级人民法院提起诉讼。在内容上，李恩光认为芙蓉区政府对房屋产权面积认定错误、房屋结构认定错误、对原告第二层房屋以住宅用房对原告进行补偿错误、对原告房屋评估价值明显低于当地同地段类似房屋的市场价值、未对原告房屋装饰装修价值及其他设施补偿予以明确。在程序上，李恩光认为芙蓉区政府在未表明选择何种补偿方式的情况下，直接决定实行货币补偿明显剥夺了原告的选择权，决定所依据的评估报告系在涉案征收决定作出之前作出，确定原告房屋价值的房地产价格评估机构不是由被征收人协商选定，程序严重违法。

长沙市中级人民法院经审查认为，首先，为确定被征收房屋的价值，征收部门通知了被征收人在规定时间内协商选定房产价格评估机构。同时，在计算货币补偿时，考量了原告房屋部分用于经营的实际情况，对其"住改商"

的房屋进行了合理的增补。因原告未在规定时间内对补偿方式进行选择，被告决定对原告实行货币补偿，符合法律规定。故被告芙蓉区政府作出征收补偿决定认定事实清楚，程序合法、正当，适用法律正确。其次，根据 2011 年《长沙市国有土地上房屋征收与补偿实施办法》第 26 条规定，被征收房屋的建筑面积、结构、用途等，一般以房屋权属证书和房屋登记簿的记载为准；房屋权属证书与房屋登记簿的记载不一致的，除有证据证明房屋登记簿确有错误外，以房屋登记簿为准。虽然原告房屋的实际测量面积为 195.78 平方米，但超出面积未取得相关手续，原告提出涉案房屋实际面积均属合法面积的诉讼主张无事实和法律依据。因此，长沙市中级人民法院作出"驳回原告李恩光诉讼请求"的判决。

李恩光不服一审判决，向湖南省高级人民法院提起上诉。湖南省高级人民法院经审查认为，依据《长沙市国有土地上房屋征收范围内未登记建筑调查认定办法》第 6 条，涉案被征收房屋除产权面积 112.66 平方米以外的建筑物未取得《建设工程规划许可证》，李恩光的房屋建于 1991 年，晚于上述规定中的 1990 年 4 月 1 日，且李恩光于 2009 年取得产权证后未再对未登记部分申请产权登记，故李恩光主张"未登记建筑均为合法建造占有并使用"的理由不能成立。依据《国有土地上房屋征收与补偿条例》第 24 条规定，对认定为违法建筑和超过批准期限的临时建筑的，不予补偿。关于房屋室内装饰装修补偿问题，因李恩光未能就房屋装饰装修价值补偿与征收部门达成一致意见，评估机构向李恩光下达《被征收房屋装饰装修价值评估告知书》，告知其入户评估的时间。但因李恩光不予配合，评估机构未能完成李恩光被征收房屋装饰装修价值评估。故李恩光称补偿决定因未包含装修价值而违法的上诉理由不能成立。因此，作出如下判决："驳回上诉，维持原判。"

李恩光不服二审判决，又向最高人民法院提起再审。最高人民法院经审查认为：（1）原审判决对涉案房屋结构、合法面积、性质认定没有错误；（2）芙蓉区政府确定房屋评估机构程序不违法；（3）芙蓉区政府作出的房屋征收补偿决定并未遗漏应补偿项目。故"驳回李恩光的再审申请"。

【裁判要旨】

市、县级政府负有法定职责组织有关部门对涉案房屋未经登记的建筑进行调查、认定和处理。涉案房屋征收补偿方案的作出，表明市、县级政府已对涉案房屋的建筑面积作出了调查、认定和处理，结果已体现在涉案房屋征收补偿方案之中。该房屋征收补偿方案已以留置送达方式送达被征收人。被征收人如对超出房屋登记簿上的面积被认定为违法建筑有异议，可在涉案房屋征收补偿方案依法寻求权利救济中一并行使其陈述、申辩的合法权利。但被征收人至今未提供任何证据证明涉案房屋超出房屋登记簿上的面积为合法建筑面积。市、县级政府根据规划主管机关出具的复函，决定对涉案房屋除产权面积以外的建筑物不予补偿，符合法律规定。

【裁判理由与论证】

最高人民法院认为，本案的争议焦点主要包括以下内容：第一，原审判决对涉案房屋结构、合法面积、性质是否认定错误；第二，芙蓉区政府确定房屋评估机构是否程序违法；第三，芙蓉区政府作出的房屋征收补偿决定是否遗漏应补偿项目。

一、对涉案房屋结构、合法面积、性质的认定

（一）房屋结构与合法面积的认定

2011年《长沙市国有土地上房屋征收与补偿实施办法》第26条规定，被征收房屋的建筑面积、结构、用途等，一般以房屋权属证书和房屋登记簿的记载为准；房屋权属证书与房屋登记簿的记载不符的，除有证据证明房屋登记簿确有错误外，以房屋登记簿为准。本案中，李恩光房屋登记簿上记载的面积为112.66平方米，房屋结构为混合结构，芙蓉区政府以房屋登记簿上记载的面积及房屋结构认定涉案房屋的价值，符合上述规定。

2011年《长沙市国有土地上房屋征收与补偿实施办法》第27条规定，市、区、县（市）人民政府在作出房屋征收决定前，由城乡规划部门会同住房和城乡建设、国土资源、城市管理和行政执法、房屋征收等有关部门对房屋征收范围内未登记的建筑进行调查、认定和处理。未登记建筑认定的具体办法由市城乡规划部门制定并报市人民政府批准执行。对认定为合法建筑的，应当给予补偿。对未超过批准期限的临时建筑，按建筑成本并结合使用年限

给予补偿。对违法建筑和超过批准期限的临时建筑不予补偿。

根据上述规定，芙蓉区政府负有法定职责组织有关部门对涉案房屋未经登记的建筑进行调查、认定和处理。涉案房屋征收补偿方案的作出表明芙蓉区政府已对涉案房屋的建筑面积作出了调查、认定和处理，结果已体现在涉案房屋征收补偿方案之中。该房屋征收补偿方案已于 2017 年 12 月 5 日以留置送达方式送达李恩光。李恩光如对超出房屋登记簿上的面积被认定为违法建筑有异议，可在涉案房屋征收补偿方案依法寻求权利救济中一并行使其陈述、申辩的合法权利。但李恩光至今未提供任何证据证明涉案房屋超出房屋登记簿上的面积为合法建筑面积。芙蓉区政府根据长沙市城乡规划局芙蓉区分局出具的《长沙市城乡规划局芙蓉区分局关于对当事人李恩光在定王台街道所建建筑物的规划专业咨询意见的复函》，决定对涉案房屋除产权面积 112.66 平方米以外的建筑物不予补偿，符合法律规定。

（二）房屋性质的认定

2011 年《长沙市国有土地上房屋征收与补偿实施办法》第 26 条规定，被征收房屋的建筑用途，一般以房屋权属证书和房屋登记簿的记载为准。李恩光的房屋产权登记用途为住宅，其未能提供现时有效的工商、税务等证照资料借以证明征收拆迁时涉案房屋第二层仍用于经营活动，芙蓉区政府按照其调查情况并结合芙蓉区相关职能部门等联合认定房屋第一层为"住改商"，第二层按照房屋产权登记用途为住宅予以估价补偿，符合法律规定。

二、芙蓉区政府确定房屋评估机构是否程序违法

《国有土地上房屋征收与补偿条例》第 20 条第 1 款规定："房地产价格评估机构由被征收人协商选定；协商不成的，通过多数决定、随机选定等方式确定，具体办法由省、自治区、直辖市制定。"本案中，长沙市城市房屋征收和补偿管理办公室发布了评估机构报名公告，之后又发布了协商选定评估机构的公告，告知涉案项目被征收人符合资质条件的房地产价格评估机构报名的情况，并确定被征收人协商选定房地产价格评估机构的时间要求和联系方式。因被征收人逾期未能协商选定评估机构，该办公室发布了投票选定评估机构的公告。投票结束后，该办公室公告了投票选定评估机构的结果，明确

得票最多的思远四达公司、中信发公司为涉案项目的评估机构。投票的过程和结果经过了公证，涉案项目选定评估机构的程序符合法律规定。

《国有土地上房屋征收与补偿条例》及相关的部门规章、地方政府规章均未对评估机构的选定时间问题作出强制性规定。芙蓉区政府在征收决定作出前组织被征收人投票选出评估机构，并不违反法律规定。因此，芙蓉区政府确定房屋评估机构程序并不违法。

三、房屋征收补偿决定是否应包含装饰装修价值

房屋室内装饰装修作为房屋不可分割的组成部分，其价值应当得到补偿并纳入补偿决定。市、县级人民政府在作出补偿决定时，应当根据实际情况分别处理：就室内装饰装修价值能够协商一致的，补偿决定应当载明装饰装修协商价格；协商不成但能够入户评估的，补偿决定应当载明装饰装修评估价格；协商不成且有证据表明因被征收人原因无法确定装饰装修价值的，补偿决定可不载明装饰装修价值，按《湖南省实施〈国有土地上房屋征收与补偿条例〉办法》第13条第2款的规定处理。

2011年《长沙市国有土地上房屋征收与补偿实施办法》第47条第2款规定，市、区、县（市）人民政府作出补偿决定的，因被征收人原因，无法核实被征收房屋装饰装修情况的，补偿决定不包括装饰装修的价值。本案中，芙蓉区政府在房屋征收补偿方案中告知了李恩光装饰装修补偿标准、总价值及其他设施补偿金额，并告知李恩光如果同意该装饰装修补偿，则书面告知两厢棚改指挥部，若未书面提出同意意见，则视为装饰装修补偿协商不成。协商不成的，评估机构将进行入户实地查勘并评估。因李恩光未能就房屋装饰装修价值补偿与征收部门达成一致意见，评估机构向李恩光下达《被征收房屋装饰装修价值评估告知书》，告知其入户评估的时间。但因李恩光不予配合，评估机构未能完成李恩光被征收房屋的装饰装修价值评估。芙蓉区政府提供的上门照片足以证明李恩光不予配合入户查勘。李恩光未能提供相反的证据予以反驳。故法院认定芙蓉区政府在补偿决定中未载明装饰装修价值并无不当。

【涉及的重要理论问题】

一、未经登记建筑的法理分析与认定

（一）法理分析

"未经登记"与"已登记"是相对的法律概念。"登记"仅指在房屋登记部门的登记簿上进行登记的行为，不包括在工商、税务、民政、土地等其他登记部门进行的登记。而"未经登记建筑"应当指符合建筑物的一般特征、没有房屋产权登记且未经有权机关依法认定的建筑物或者构筑物。未经登记建筑应当具有以下几点特征：一是符合一般建筑物的特征，即用建筑材料构筑的空间和实体，供人们居住和进行各种活动的场所；二是没有依法登记；三是合法与否待定、能否得到补偿也未可知，有赖于相关执法部门的认定，这是未经登记建筑最显著的特征。[1]

应当注意将未经登记建筑与"违法建筑""违章建筑"的概念加以区分。关于违法建筑，学界存在狭义和广义两种观点。持狭义观点的学者认为违法建筑仅限于违反规划管理规定的建筑物；[2]而持广义观点的学者认为违法建筑不仅包括违反规划管理的情况，还包括违反土地管理规定以及其他与建设相关的法律法规而擅自建造的建筑物。[3]是指未经规划土地管理部门批准，未领取建设工程规划许可证或临时建设工程规划许可证，擅自建筑的建筑物和构筑物；所谓违章建筑是指违反《土地管理法》《城市规划法》《村庄和集镇规划建设管理条例》等相关法律法规的规定动工建造的房屋及设施。而未经登记建筑既不可等同于违法建筑、违章建筑，也不是

---

〔1〕 江苏省常州市中级人民法院课题组："关于未经登记建筑征收问题的若干思考"，载《人民司法》2013 年第 21 期。

〔2〕 参见杨在明、黄艳：《房屋征收补偿操作策略与案例解析》，法律出版社 2015 年版，第 113 页；史笔、顾大松、朱嵘：《房屋征收与补偿司法实务》，中国法制出版社 2011 年版，第 98 页；贺荣主编：《物权法与行政诉讼实务问题研究》，中国法制出版社 2008 年版，第 204 页。

〔3〕 参见江必新主编：《国有土地上房屋征收与补偿条例理解与适用》，中国法制出版社 2012 年版，第 189 页；江苏省常州市中级人民法院课题组："关于未经登记建筑征收问题的若干思考"，载《人民司法》2013 年第 21 期；杨权法："涉诉未经登记建筑行政执法问题研究"，复旦大学 2013 年硕士学位论文。

合法建筑。因此未经登记建筑是否合法应当是未知的状态，需要经过认定程序方能得出其属于合法建筑还是非法建筑的结论。那么，在我国的立法规范和司法实践中，未经登记建筑的认定类型和程序是什么样的呢？下文依次论述。

（二）未经登记建筑的认定

行政机关对未经登记建筑法律性质的认定，是对建造的相关手续和材料是否符合法律法规规定进行的客观评价，并不具有惩戒或收益色彩，也不添加行政机关的主观意志，作出的认定决定应当是对未经登记建筑法律性质的确认。[1]

1. 认定主体、类型及处理

对房屋建筑合法与否的认定，是关系人民私有财产以及后续征收拆迁的重要前提。《国有土地上房屋征收与补偿条例》第 24 条第 2 款规定了由市、县级人民政府组织有关部门对未经登记建筑进行认定。[2]从文义上看，对未经登记建筑认定的责任主体是立法规定的市、县级人民政府，认定通过组织有关部门进行。但在实务司法裁判中认定的职责主体并不明确：有的案件中判定市、县级人民政府是未经登记建筑的认定主体，有的地区判定主体是"有关部门"，存在"同案不同判"的混乱现象。

我国《国有土地上房屋征收与补偿条例》确立了违法建筑不予补偿、合法建筑予以补偿的原则，具有一定的合理性与指导意义。关于未经登记建筑的认定结果类型，大体分为四类：第一，认定为合法建筑，依法予以补偿；第二，认定为未超过批准使用期限的临时建筑，属于合法建筑应当予以补偿；第三，认定为超过批准使用期限的临时建筑，属于违法临时建筑应当不予补偿；第四，认定为违法建筑，不予补偿。

---

〔1〕 程梓哲："未经登记建筑法律性质认定的程序构建"，湘潭大学 2019 年硕士学位论文。

〔2〕 《国有土地上房屋征收与补偿条例》第 24 条规定："……市、县级人民政府作出房屋征收决定前，应当组织有关部门依法对征收范围内未经登记的建筑进行调查、认定和处理。……"

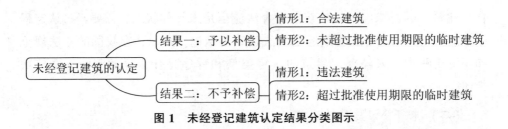

图1　未经登记建筑认定结果分类图示

在本案中，芙蓉区政府负有法定职责组织有关部门对涉案房屋未经登记的建筑进行调查、认定和处理，处理结果已体现在涉案房屋征收补偿方案之中。李恩光被征收房屋产权登记建筑面积112.66平方米，在附记处载明"另有临时建筑26.74平方米不计入产权"。芙蓉区政府根据现有产权证所记载的可记入产权的建筑面积情况，认定李恩光涉案被征收房屋的补偿面积为112.66平方米，将原告李恩光超出房屋登记簿上的面积认定为违法建筑，最终作出对涉案房屋除产权面积112.66平方米以外的建筑物不予补偿的决定，符合法律规定。

值得一提的是，目前关于认定建筑法律性质，特别是对违法建筑的认定上，还缺乏一个具体详细的标准。因此在实践中，认定违法建筑要综合考虑建筑物的建设时间、是否符合当时法律法规或政策、是否为生活必需、是否为建设人自用、是否严重违背城乡规划、是否经过有关部门同意等因素，一案一议，无法一概而论。[1]由于认定标准不唯一，法官在审查时也有相应的自由裁量权。

2. 认定程序问题

在未经登记建筑的调查、认定和处理过程中，涉及多个执法机关的多个执法行为。例如，规划部门的认定行为、房屋拆迁行政主管部门的拆迁行政许可行为和房屋拆迁行政裁决行为、房屋登记管理部门的房屋登记行为、县（区）级政府和城市综合执法部门的行政强制拆除行为、法院的司法强制拆除行为、规划、归途、建设、房管等部门的信息公开行为、公安部门的治安管理行为等。[2]

我国目前缺乏对未经登记建筑认定的法定程序规范，在认定标准上，目

---

〔1〕 常鹏翱："违法建筑的公法管制与私法因应"，载《法学评论》2020年第4期。

〔2〕 江苏省常州市中级人民法院课题组："关于未经登记建筑征收问题的若干思考"，载《人民司法》2013年第21期。

前实践中各地的做法并不统一。特别是关于补偿标准，有的地区严格依照《国有土地上房屋征收与补偿条例》第20条第2款的规定，对于违法建筑不予补偿；[1]有的地区则是把违法建筑视作动产，按照建造成本价补偿。这样一种认定标准的地区间差异，造成了实务中的乱象，容易让老百姓觉得不公平公正，进而引发纠纷。

3. 认定的可诉性与救济

关于未经登记建筑法律性质认定的可诉性问题，学界主要存在两种观点，分别是肯定可诉和不可诉。持肯定可诉观点的学者认为，从保护被征收人合法权益的立场出发，未经登记建筑性质的认定关系其是否能获得补偿，与被征收人的合法权益直接相关，对当事人的权利义务会产生实际性的影响，应当具有可诉性。[2]认为应当不可诉的学者们指出，将未经登记建筑的法律性质界定为征收补偿决定的前置行为、过程性行为、"不成熟的行为"，认定行为只是多环节的征收补偿中的某一阶段性行为，对被征收人权利义务不产生实际的、直接的法律效果，应当对被征收人不具有法律上的约束效力。[3]

章文英法官认为应当区分不同情况处理：对于未经专门认定，房屋征收部门认定后直接体现在补偿决定中的，不能提起行政诉讼，因为没有独立的、外化的行政行为；对于相关职能部门作出的专门认定结论，可以依法提起行政诉讼，因为认定结论属于独立的行政行为。[4]

本文认为，应当对未经登记违法建筑认定的行政行为予以认可：一方面，未经登记建筑的法律性质认定是一种行政确认行为，[5]就应被认定为可诉的

---

〔1〕《国有土地上房屋征收与补偿条例》第24条第2款规定："市、县级人民政府作出房屋征收决定前，应当组织有关部门依法对征收范围内未经登记的建筑进行调查、认定和处理。对认定为合法建筑和未超过批准期限的临时建筑的，应当给予补偿；对认定为违法建筑和超过批准期限的临时建筑的，不予补偿。"

〔2〕参见殷清利：《最新房屋、土地征收疑难案件裁判标准与实务分析》，法律出版社2012年版，第118页；胡建淼主编：《行政法与行政诉讼法》，清华大学出版社2008年版，第224页。

〔3〕参见史笔、顾大松、朱嵘：《房屋征收与补偿司法实务》，中国法制出版社2011年版，第306页。

〔4〕章文英："关于房屋征收补偿决定行政案件的司法审查"，载《法律适用》2017年第3期。

〔5〕行政确认是指行政主体依法对行政相对方特定的法律地位、法律关系或法律事实是否存在、真实进行甄别判断，作出确定、认可、证明或否定的决定并对外予以宣告的行为。未经登记建筑的认定也是由行政机关对未经登记建筑合法与否进行确认。

具体行政行为，被征收人据此提起的行政诉讼和行政复议的救济，相应机关应当予以依法处理。其次，《行政诉讼法》第 12 条第 12 项规定了行政机关侵犯他人人身权、财产权等合法权益的，属于行政诉讼的受案范围。而未登记建筑的认定结果也直接关系到被征收人能否得到补偿，对建造人影响深远，与被征收人的财产权益有着紧密的关联，因此也应当属于可诉范围。

4. 认定为违法建筑的处理与保护

依据《国有土地上房屋征收与补偿条例》的规定及上文所述，对最终被认定为违法建筑的不予补偿。对征收范围内的违法建筑进行的后续处理是实践中引发被征收人的反抗、纠纷的重要因素，重要性不言而喻。一般而言，认定为违法建筑的处理方式分两种情形：一是与被征收人签订征收补偿协议，与合法建筑一并拆除；二是与被征收人达不成征收补偿协议，由房屋征收部门报请市、县级人民政府按照征收补偿方案作出补偿决定，并在房屋征收范围内予以公告。被征收人对补偿决定不服，可以依法申请行政复议，也可以提起行政诉讼。被征收人在法定期限内不申请行政复议或者行政诉讼，在补偿决定规定的期限内又不搬迁的，由市、县级人民政府依法申请法院强制执行。在人民法院强制执行或者在人民法院作出准予执行的裁定后，在强制执行时与合法建筑一并拆除。在实际工作中，还要依据法律法规和当地的政策等实际情况制定具体的操作办法和程序，来保障征收工作的顺利开展。

在处理中应当把握好两个原则，一是保护老百姓的合法权益不受侵害；二是依法合情合理、公平公正公开地进行处理。[1]比如，在拆除违法建设时慎用先予拆除，主要出于以下几个原因：首先，在《国有土地上房屋征收与补偿条例》中对违法建设的处理并没有规定先予拆除，没有法律法规的依据；其次，实践中先予拆除容易引起被征收人的强烈反抗，也不利于对老百姓权益充分保护和救济的考量；最后，即使违法建筑被拆，也极有可能出现被征收人拒不签订征收补偿协议以及产生对立情绪的情况，从而不便于房屋征收后续工作的开展。

那么，当违法建筑受到他人非法侵害时，建造人是否有要求公权力机关

---

〔1〕 参见殷惠贤："房屋征收范围内违法建设的调查、认定和处理"，载《边疆经济与文化》2012 年第 10 期。

进行保护的权利？关于这个问题，理论界和实务界众说纷纭。一种观点认为，法律保护公民的合法权益，违法建筑因其违反了《土地管理法》《城乡规划法》等法律、法规的强制性规定，其利益为非法利益，如果对它加以保护，势必助长违法建筑的增长势头，对打击和制裁违法建筑行为必将产生严重不利影响。[1]另一种观点认为，违法建筑产生的虽是非法利益，但因侵害造成了客观上的经济损失，应承担一定的补偿责任，而不是赔偿责任。[2]还有一种观点认为，违法建筑虽然在有关部门批准前不是合法建筑，但其不是人人皆可毁损，拆除违法建筑是行政执法部门的职责，对其职责通过法定程序由法律授权的部门处理，其他单位和个人无权擅自拆除、侵占或毁损违法建筑。[3]

二、公共利益的界定

（一）公共利益的概念

"公共利益"是法学中最重要、也最混乱的一个相关概念，究竟什么是"公共利益"至今在理论界和实务界都是一个令人困惑的问题。[4]公共利益不同于社会利益和共同利益，也不同于国家利益和团体利益，是符合一定社会条件或特定范围的特定利益，具有主体数量不确定性、实体上的共享性等特征。虽然我国《宪法》中已规定有关公共利益的内容，但对公共利益的内涵和外延至今都没有明确而具体的法律规定，这相当于是把公民的基本权利置于一种极不确定的状态之下，容易导致以公共利益之名随意侵犯公民合法权益的情况发生。在行政法中，公共利益的具体内容界定是判断政府行为是否合法的必要依据，故公共利益的前提认定在行政征收补偿中也十分重要。

公共利益的概念产生于西方，主要有五种主流观点。第一，公共利益不

---

〔1〕 参见陈昨丞："违章建筑若干法律问题分析"，载中国民商法网：http://www.civillaw.com.cn/article/default.asp? id＝18151，最后访问时间：2022 年 7 月 25 日。

〔2〕 参见刘宗胜、乔旭升："论违章建筑侵害赔偿"，载《学术交流》2006 年第 3 期。

〔3〕 参见陈昨丞："违章建筑若干法律问题分析"，载中国民商法网：http://www.civillaw.com.cn/article/default.asp? id＝18151，最后访问时间：2022 年 7 月 25 日。

〔4〕 张千帆："'公共利益'的构成——对行政法的目标以及'平衡'的意义之探讨"，载《比较法研究》2005 年第 5 期。

存在说。主张该观点的学者认为，公共利益是不存在的。[1]第二，公共利益为个人利益总和说。此观点认为公共利益是存在的，是个人利益的叠加之和。第三，公民全体利益说。认为公共利益是全体利益，普遍利益非局部利益、特殊利益。第四，大多数人利益说。主张公共利益并不是公民全体成员的利益，该集体中大部分成员的利益亦谓之公共利益。第五，目的价值说。认为公共利益就像正义、公平等价值一样，不易界定。现代学者对公共利益的内涵又提出了一些新的质疑与认知。经济学家哈耶克认为，一个国家的福利，取决于方方面面，无法用简单的描述说清，重新考虑它是不是一个严格意义上的法律概念。近代日本公法学家美浓部达吉则认为，"国家固然是公益的保护者，同时也是个人私益的保护者"。我国行政法学家于安指出，"公法的利益基础也绝非仅指纯粹的公共利益，而是公共利益和私人利益的并立和整合"。

（二）我国的立法现状

我国现行有效的法律、法规、规章和规范性文件中含有"公共利益"概念的不在少数，其中涉及土地、房屋征收补偿的条文主要体现在以下几部。

（1）《宪法》第13条第3款规定："国家为了公共利益的需要，可以依照法律规定对公民的私有财产实行征收或者征用并给予补偿。"其中并未对公共利益的内涵予以界定。

（2）《民法典》第117条、第243条也仅有"为了公共利益的需要"的表述，未对公共利益的内涵予以明确。

（3）《土地管理法》第54条[2]中，虽然并未提及"公共利益"一词，但实际上列举的几个项目是以肯定列举的方式对公共利益的范围进行明确。

（4）《国有土地上房屋征收与补偿条例》第8条以列举的方式，对公共利益的范围予以规定，是立法上关于"公共利益"界定的重大进步，但采用兜

---

[1] 主张公共利益不存在说的学者以布坎南为代表，运用经济学方法推导出来公共利益的价值取向等同于个人利益的结论。参见王德新："法哲学视野下'公共利益'概念之辨析"，载《中国农业大学学报（社会科学版）》2011年第3期。

[2]《土地管理法》第54条规定，基于国家机关用地、军事用地、城市基础设施用地和公益事业、国家重点扶持的能源、交通、水利等基础设施用地等目的，可以划拨的方式无偿获得建设用地。

底条款的设定，实质上扩大了公共利益的边界，也进一步导致公共利益的边界模糊化。

（三）房屋征收中公共利益的认定

在土地、房屋征收中，公共利益的判断一方面是房屋征收的前提，只有认定符合公共利益的需要，行政主体方能作出行政征收决定以及实施后续的房屋征收行为；另一方面也关系到公民的私有财产保护。但是，由于公共利益的概念模糊性特点，以及在行政征收这一土地利用规制的领域，随着社会经济的发展，城市问题、土地问题不断发展变化，各种土地征收手段也都呈现多样化趋势，公共利益的内涵又呈现出变化迅速、内容复杂的特征。所以，对于房屋征收中公共利益的界定，立法者难以在事前预测，只能由行政机关或者司法机关进行具体情况的裁量。但是，公共利益界定标准不清晰也带来了一些问题。若政府的行为并非完全遵循公共利益的认定要求，而披上了"公共利益"的外衣，成为政府进行征收活动的合法依据，就会导致许多非公共性的行政征收行为在"为公共利益而作出"的借口下取得合法化的基础。[1] 故在司法中，法官对公共利益的界定也至关重要。当公民提起行政救济时，法官要针对征收目的予以考量，这种判定标准并不是绝对的，是按照法律的规定，基于个案予以价值衡量和判断。

本案中，依据《国有土地上房屋征收与补偿条例》第8条第5项，由政府依照城乡规划法有关规定组织实施的对危房集中、基础设施落后等地段进行旧城区改建的需要，属于"为了公共利益的需要"，需要征收房屋的，由市、县级人民政府作出房屋征收决定。芙蓉区政府因蔡锷中路两厢棚户区改造项目作出芙政征字〔2016〕6-4号《蔡锷中路两厢棚户区改造项目征收决定》应当符合"公共利益的需要"，且该征收决定经湖南省高级人民法院终审判决已确认其法律效力。

---

〔1〕 参见杨建顺：《日本行政法通论》，中国法制出版社1998年版，第203页。

三、城市房屋征收补偿实体（法）原则

（一）征收补偿实体（法）原则概述

行政征收实体（法）是指行政机关为公共利益，强制有偿取得私人或集体财产权所必须遵循的实体规范，即关于征收目的、条件、前提、种类、内容、范围、补偿标准和方式的规范。[1]在城市房屋征收补偿问题上，征收补偿实体法原则关注的是实质法治，即在征收补偿的行政立法、行政决策、行政执法和行政诉讼等各个环节，在这一系列的程序中，对权利的保障并不限于法定程序要求，而应兼具实体权利保障之观念。法律不仅仅是使法律付诸实施的程序，而且关系到实体法律的目的——公正、合理与正义。在房屋征收补偿的程序设置和执行过程中，具体应当关注以下几点原则。

第一，基于公共利益原则。被征收人在房屋征收过程中会失去房屋所有权，房屋作为人们基本的生活财产在生活中具有重要意义，决定着人们的安全感，对房屋进行合理有效的保护直接关系着社会稳定。为了抑制国家公权力对公民私权利的扩张甚至侵害，就必须以实现公共利益为前提条件设立房屋征收制度。在公共利益的界定上，我们也应当更加谨慎严肃，在追求公共利益的同时，尊重和保护公民个人的财产所有权。

第二，人权原则。在房屋征收补偿的整个过程中，主要体现在要保证被征收人的财产权利、知情权和参与权不受侵犯。公共利益是建立在个人利益基础之上的，而个人利益与公共利益之间存在矛盾对立关系；但要实现公共利益，不得随意践踏公民权利，如果不能保障公民合法权益，公共利益的实现也无从谈起。[2]

第三，实体性正当程序原则。正当程序原则包括程序性正当程序与实体性正当程序。程序性正当强调政府行为的程序规范性，实体性正当则需要证明政府行为自身的合理性。"正当程序本身就是对财产权重要的实质保护，它

---

〔1〕 参见刘善春：《行政实体法与行政程序法精要》，人民法院出版社2019年版，第178页。
〔2〕 马银杰："我国城市房屋征收补偿程序研究"，河南大学2015年硕士学位论文。

包括了所有对政府干预财产权的行为所作的来自宪法明示和默示的限制。"〔1〕
在房屋征收补偿领域，实体性正当程序原则应当发挥其积极意义，来承担一
定的对财产权人保护的功能，并规制和保证政府征收行为的公正、合理、
正当。

（二）司法审查中的重点

依据上述内容，行政征收实体法规定的是关于征收目的、条件、前提、
种类、内容、范围、补偿标准和方式的实体规范。在司法审查中，也有值得
重点关注的审查对象。结合本案，司法审查的重点主要体现在对征收决定是
否实质正当以及征收补偿范围和标准的审查上，下文依次分析。

1. 征收决定的实质性正当

不同于形式正当程序所意涵的听取意见和举行听证等程序规则和要求，
实质正当程序主要探讨的是政府是否有充分的理由对公民的权利进行限制和
剥夺。在征收补偿中，政府行使公权力对公民财产性利益进行剥夺，需要有
足够的正当性依据。美国宪法第五修正案明确规定，"不给予公平补偿，私人
财产不得征作公用"，其中"公用"就是指公共使用。美国城市更新和土地使
用规制领域的标志性案件 Village of Euclid v. Ambler Realty Co. 案是历史上首
次由联邦最高法院确定区划制度合宪性的案件，其中法院对实质正当程序的
论述，为公民在个案中用实质正当程序挑战具体区划法案的合宪性留下了适
用的空间。如果区划法案没有和公共健康、安全、道德、公共福祉等建立起
实质相关的联系，那么该区划法案就有可能因为属于"恣意武断、不合理"
的范畴而被法院认定为侵犯了财产权人的财产和自由。后来，实质正当程序
的诉讼请求在大量的公用征收类案件中可以被找到，各州法院把立法机关恣
意、武断、非诚实善意的征收行为纳入实质正当程序的考察范围。在对公共
使用要件的审查中，正当程序条款被法院纳入判断征收合法性的考察范
围。〔2〕

---

〔1〕［美］伯纳德·施瓦茨：《美国法律史》，王军等译，中国政法大学出版社1990年版，第117-
118页。

〔2〕Rhode Island Economic Development Corp. v. The Parking Co., L. P., 892 A. 2d 87, 97, 102；
104（R. L., 2006）.

美国公用征收案件中的实质正当程序判断框架和要素，有许多内容值得学习和借鉴。在我国的征收制度的法律框架中，公共利益是启动征收权的实质性要件，同时也是政府从事征收活动的最终目的所在。[1]实务中，许多地方政府以"公共利益"之名进行征收，后期却被用于商业化开发，引发了被征收人对个案中征收是否符合公共利益的质疑。因此，对征收真实目标的查明是判断征收是否符合公共利益要件的第一步。实质正当程序下，法院应当如何在司法救济中保障被征收人的财产利益，是司法审查征收决定的关注要点之一。

2. 征收补偿的方式

根据《国有土地上房屋征收与补偿条例》的规定，被征收人可以选择货币补偿，也可以选择房屋产权调换。[2]顾名思义，货币补偿是征收主体按照补偿方案确定的各项具体补偿事项，对被征收人给予纯货币的方式，而产权置换是指征收主体将其建造或者购买的房屋与被征收人的房屋进行置换，并对被征收房屋与置换房屋之间的差价进行结算的补偿方式。须注意的是，房屋产权调换作为一种征收补偿方式，同样要以被征收房屋的价值评估和补偿为基础。《国有土地上房屋征收与补偿条例》第 21 条第 1 款虽然规定了"被征收人可以选择货币补偿，也可以选择房屋产权调换"，但从其第 2 款、第 3 款的规定看，无论因旧城区改建征收个人住宅，还是因其他情况征收个人住宅，市、县级人民政府虽然应当提供用于产权调换的房屋，但其可与被征收人计算、结清被征收房屋价值与用于产权调换房屋价值的差价。这说明房屋产权调换作为一种征收补偿方式，同样要以被征收房屋的价值评估和补偿为基础。

本案中，涉案征收项目属棚户区改造项目，芙蓉区政府应当提供改建地段或者就近地段的产权调换房屋。芙蓉区政府在作出补偿决定前，向李恩光送达了房屋征收补偿方案，提供了货币补偿和产权调换两种安置补偿方式供其选择，并在该补偿方案中载明将长沙市芙蓉区东方新城（东玺门）M3 栋408 号房屋作为李恩光的产权调换房屋，并附上了该产权调换房屋的评估报告。因李恩光在规定期限内未书面选择补偿方式，芙蓉区政府决定对李恩光

---

〔1〕 王利明："论征收制度中的公共利益"，载《政法论坛》2009 年第 2 期。
〔2〕《国有土地上房屋征收与补偿条例》第 21 条第 1 款规定："被征收人可以选择货币补偿，也可以选择房屋产权调换。"

进行货币补偿。芙蓉区政府已保障李恩光选择改建地段或者就近地段房屋安置的权利。产权调换房屋的价值与被征收房屋的价值应当遵循等价交换原则进行结算，找补差价，故不管李恩光是选择货币补偿还是选择产权调换，征收部门对李恩光被征收房屋的价值补偿是等值、合理的。

3. 征收补偿的范围

房屋征收中给予多少补偿，应当是老百姓最为关注的问题，直接关系到人民群众的切身利益，是房屋征收补偿中的关键环节之一。按照《城乡规划法》，城市房屋并不是一个孤立的地上定着物，而是以其为核心的建筑或建设系统。[1]例如，对于区分所有权的建筑物，根据《物权法》（已失效）第73条规定，除房屋之外，建筑区划内至少存在道路（公共道路除外）、绿地、公共场所、公用设施和物业服务用房等。非区分所有权的建筑物，在绝大多数情况下，按城市规划要求，也至少必须包含道路、公共场所或林木等。因此，房屋征收所针对的并非仅仅是区分所有权的建筑物或单独所有的建筑物，而是单位或个人的经营场所或生活空间。这决定了征收补偿不仅仅是对财产价值（房屋价值）本身的补偿，还包含着对生产、生活或生存条件的补偿。

实践中极具争议的，是关于被认定为违法建筑的房屋及其土地使用权是否属于征收补偿范围的问题。目前实践中有两种观点：第一种观点认为不予补偿。根据《国有土地上房屋征收与补偿条例》第16条[2]、第24条[3]等规定，征收补偿的对象是法律保护范围内的房屋，违法建筑不属于补偿范围；第二种观点认为，将房屋与土地分别认定，以是否存在合法权益为标准决定是否予以补偿。[4]本案采纳的是第一种观点，即对被认定为违法建筑的部分不予补偿，符合法律规定。李恩光涉案被征收房屋的实际测量面积为 195.78

---

[1] 朱广新："房屋征收补偿范围与标准的思考"，载《法学》2011 年第 5 期。

[2]《国有土地上房屋征收与补偿条例》第 16 条第 1 款规定："房屋征收范围确定后，不得在房屋征收范围内实施新建、扩建、改建房屋和改变房屋用途等不当增加补偿费用的行为；违反规定实施的，不予补偿。"

[3]《国有土地上房屋征收与补偿条例》第 24 条规定："市、县级人民政府及其有关部门应当依法加强对建设活动的监督管理，对违反城乡规划进行建设的，依法予以处理。市、县级人民政府作出房屋征收决定前，应当组织有关部门依法对征收范围内未经登记的建筑进行调查、认定和处理。对认定为合法建筑和未超过批准期限的临时建筑的，应当给予补偿；对认定为违法建筑和超过批准期限的临时建筑的，不予补偿。"

[4] 章文英："关于房屋征收补偿决定行政案件的司法审查"，载《法律适用》2017 年第 3 期。

平方米，但芙蓉区政府根据《国有土地上房屋征收与补偿条例》第26条、《长沙市国有土地上房屋征收范围内未登记建筑调查认定办法》第6条〔1〕等规定认定李恩光涉案被征收房屋的合法补偿面积为112.66平方米，其余部分房屋面积认定为违法建筑而不予补偿。但是，依据第二种观点以及从实体性正当程序的角度考量，这种违法建筑一律不予补偿的做法仍有待商榷，这并不利于保护被征收人的合法权益，不利于充分保障被征收人的财产性利益。

此外，房屋室内装饰装修作为房屋不可分割的组成部分，其价值也应当得到补偿并纳入补偿范围。依据《湖南省实施〈国有土地上房屋征收与补偿条例〉办法》第13条〔2〕，市、县级人民政府在作出补偿决定时，应当根据实际情况分别处理：就室内装饰装修价值能够协商一致的，补偿决定应当载明装饰装修协商价格；协商不成但能够入户评估的，补偿决定应当载明装饰装修评估价格；协商不成且有证据表明因被征收人原因无法确定装饰装修价值的，补偿决定可不载明装饰装修价值。本案中，李恩光对在房屋征收补偿决定中未对装饰装修价值及其他设施补偿明确提出异议。芙蓉区政府征收部门在涉案房屋征收补偿方案中告知李恩光有关房屋装饰装修价值补偿的方案，并告知其协商时间。同时，亦告知若协商不成且由于被征收人原因无法入户查勘的，在依法强制执行时由房地产价格评估机构评估确定后予以补偿。在确定的协商期限内，双方未能达成一致意见。后评估公司向其送达《被征收房屋装饰装修价值评估告知书》，告知入户查勘的时间，但因当事人未予配合，导致无法查勘。因此，涉案房屋征收补偿决定未包括房屋装饰装修价值

---

〔1〕《长沙市国有土地上房屋征收范围内未登记建筑调查认定办法》第6条规定，国有土地上房屋征收范围内未登记建筑的合法性，依据下列材料进行认定：(1) 建设用地批准文件、建设工程规划许可证明材料；(2) 1990年4月1日前国土清查资料等证明材料；(3) 1990年4月1日前的航拍图和国土使用权属证明材料。上述依据材料无一具备的，应认定为违法建筑。上述(1)(2)(3)项依据材料均可提供的，遵从保护被征收人利益的原则可选择较大的面积进行认定。未登记建筑合法性认定面积，私有住房原则上不超过两层加第三层梯间（梯间面积不大于8平方米），且参照上一年度本市人均住房面积确定。

〔2〕《湖南省实施〈国有土地上房屋征收与补偿条例〉办法》第13条规定，被征收房屋的室内装饰装修价值由房屋征收部门与被征收人协商给予补偿；协商不成的，应当评估确定补偿。因被征收人原因无法确定室内装饰装修价值，相关机构在人民法院根据补偿决定依法强制执行时，应当按照下列规定执行：(1) 房屋征收部门对室内装饰装修进行勘察记录；(2) 公证机构办理证据保全；(3) 房地产价格评估机构评估确定室内装饰修价值。

系事出有因，并不违反法律法规的规定。

4. 征收补偿的标准

被征收房屋价值的补偿标准是房屋征收制度能否正常运转的轴心，也是《国有土地上房屋征收与补偿条例》第2条规定的"公平补偿"能否得到实现的关键，决定了补偿的数额和对价。对于选择货币补偿方式的，其争议碍于被征收房屋的价值，最终主要反映在评估报告上；对于选择产权调换方式的，其争议还包括用以调换的房屋价值，最终也将通过评估程序予以确定。因此评估报告可以说是房屋价值认定的核心依据，实践中多是被征收人提出异议，该异议也是不服补偿决定的主要原因。对评估报告的审查，主要依据为《国有土地上房屋征收与补偿条例》第19条、第20条以及《国有土地上房屋征收评估办法》。对评估报告所涉事项，要坚持全面审查原则，即从实体和程序上进行全面、深入的审查，以确保评估报告对被征收人的合法权益不造成侵害。在审查范围上，除了前述的程序审查，还需要审查各项实体性事项，如评估对象是否全面客观；评估方法的选择是否正确、合理，考虑影响被征收房屋价值的多方面因素。

其中，《国有土地上房屋征收与补偿条例》第19条第1款规定了"对被征收房屋价值的补偿，不得低于房屋征收决定公告之日被征收房屋类似房地产的市场价格……"，确定了被征收房屋的补偿标准。但实践中有一种兼具双重性质的特殊房屋，即行政登记为住宅但实际功能为经营性用房，其补偿标准相对复杂。被征收房屋应按照法定登记的性质予以补偿，但对于实际功能为营业的房屋，完全按照普通住宅予以补偿，似有失公平。虽然《国有土地上房屋征收与补偿条例》对此类房屋的补偿并未作出具体规定，但参照国务院办公厅2003年发布的《国务院办公厅关于认真做好城镇房屋拆迁工作维护社会稳定的紧急通知》第4条规定，[1]此类房屋的补偿应介于住宅和营业房之间，适当高于住宅的补偿标准，具体标准确定属于合理性范畴，由各地区视情况确定。

本案中，李恩光的房屋产权登记用途为住宅，根据上述内容，李恩光房

---

〔1〕《国务院办公厅关于认真做好城镇房屋拆迁工作维护社会稳定的紧急通知》第4条规定，对拆迁范围内产权性质为住宅，但已依法取得营业执照经营性用房的补偿，各地可根据其经营情况、经营年限及纳税等实际情况给予适当补偿。

屋本应按住宅进行补偿。芙蓉区政府考虑该房屋的实际使用情况，认定该房屋第一层为"住改商"用途，并按照商业用途另行增加了 524 406 元补偿，充分保障了李恩光的权益，也是征收补偿中实体正当程序原则的一种考量。此外，李恩光主张其房屋第二层亦应按商业用途进行补偿，称其房屋曾用于经营印刷厂，后租赁给他人经营麻将馆。但其提供的两份《房屋租赁合同》及一份《协议书》，均只能证明其将房屋第一层租赁给他人经营麻将馆，且未能提供当时有效的工商、税务等证照资料佐证，故芙蓉区政府按照调查情况并结合芙蓉区征收办、芙蓉区规划局、芙蓉区工商局等联合认定房屋第一层为"住改商"，第二层按照住宅予以补偿，并无不当。

四、城市房屋征收补偿程序原则

（一）征收补偿程序原则概述

"现代法律程序主要包括立法程序、行政程序、诉讼程序、选举程序以及私人之间订立契约等司法活动程序。"[1]行政程序作为程序的一种，是指行政主体实施行政行为时应当遵循的方式、步骤、时限和顺序。[2]科学合理的行政程序，一方面，可以使行政主体合理查清事实、防止权力滥用；另一方面，可以使行政相对人借助听证、申辩等参与交涉的程序，实现对自身权利的认知与把握。具体到城市房屋征收补偿的行政行为上，行政程序的价值在于可以通过设立一种交涉机制，让被征收人有效参与进来，使行政机关在充分尊重被征收人的人格尊严及财产的基础上，及时有效地完成征收补偿行为。在房屋征收补偿的一系列活动中，只有通过正当程序的设置，吸收被征收方参与、协商，才能达成双方都可接受的结果。如此，一方面，可以直接制约行政权力在对私人财产征收方面表现出的扩张性，限制对公民私有财产的剥夺和侵犯；另一方面，可以帮助政府排除外界干扰，遏制内部的腐化寻租行为，从而更便捷、公正地完成行政征收补偿活动。

行政程序不可逆是行政行为程序合法的重要内容，合法行政是行政法的

---

〔1〕 王万华："行政程序法论"，载《行政法学论丛》（第 3 卷），法律出版社 2000 年版，第 231 页。

〔2〕 参见应松年：《依法行政十讲》，中央文献出版社 2000 年版，第 156 页。

首要准则，而程序合法是行政行为合法的必然要求。城市房屋征收补偿程序具体是指征收双方当事人在补偿过程中行使权利、履行义务所遵循的时限、顺序、步骤和方式。[1]要想保证程序公平正义，就要确保整个步骤权责明确、内容具体、逻辑清晰、奖罚分明。

（二）司法审查中的重点

1. 评估机制程序

城市房屋征收与补偿标准的实质决定在于房地产评估机构的评估结果，[2]评估结果直接关系到补偿协议能否达成，与被征收人的自身权益密切关联，以及补偿结果是否可能引发现实纠纷。因此，我们应当对征收补偿过程中的房屋评估机制程序予以重视。过去，对于房屋价值的评估基本都是由政府指定的评估机构进行，或者由开发商和被征收人共同协商决定，有的甚至是由开发商直接指定评估机构，这就造成许多被征收人对这些评估机构并不信任。《国有土地上房屋征收与补偿条例》规定房地产价格评估机构由被征收人协商选定，是出于尽可能地维护被征收人权益的考量。[3]结合《国有土地上房屋征收与补偿条例》的规定，在房屋的价值评估过程中，还应当注意以下几点要求：第一，房屋征收工作稳步发展应该坚持科学的评估方法，房屋评估部门进行价格评估时应当站在中立的立场上，依法进行评估工作；第二，应当注意保证评估工作不受外来干预。征收方和被征收方不得以任何理由和形式对房屋评估工作进行干预。

结合本案，长沙市房屋征收与补偿管理办公室发布了协商选定评估机构的公告，也已充分尽到了准确告知被征收人协商选定房地产评估机构的义务。最终，在被征收人逾期未能选定评估机构的情况下，投票选定评估机构。整个流程均符合选定评估机构的法律规定，以及程序正当原则的要求。

2. 征收补偿的实施程序

《国有土地上房屋征收与补偿条例》对补偿方案的制定实施没有做具体的

---

[1] 参见王亚磊：“城市房屋征收补偿研究”，中国政法大学 2011 年硕士学位论文。

[2] 参见肖阳：“城市房屋征收补偿标准研究”，西南政法大学 2012 年硕士学位论文。

[3]《国有土地上房屋征收与补偿条例》第 20 条第 1 款规定：“房地产价格评估机构由被征收人协商选定；协商不成的，通过多数决定、随机选定等方式确定，具体办法由省、自治区、直辖市制定。”

程序性规定，主要规定在第 10 条、第 11 条、第 12 条以及第 26 条中。其中第 10 条规定："房屋征收部门拟定征收补偿方案，报市、县级人民政府。市、县级人民政府应当组织有关部门对征收补偿方案进行论证并予以公布，征求公众意见。征求意见期限不得少于 30 日。"法律规定的步骤是，先由征收部门单独制定实施征收补偿方案，然后组织召开听证会，听取被征收人的不同看法。听证程序在城市房屋征收补偿程序中是维护被征收人权益的重要渠道。实践中值得注意的问题是，我国《国有土地上房屋征收与补偿条例》第 11 条虽然明确被征收人可以通过听证会表达个人利益诉求，但是并没有就其实施和操作作出细致规定，导致在实际工作中听证程序无法发挥出应有的作用。

【后续影响及借鉴意义】

自《国有土地上房屋征收与补偿条例》施行以来，房屋征收工作遇到了不少问题。其中，实践中存在大量未经登记建筑等问题，并引发了大量的行政诉讼案件，成为房屋征收工作和目前社会的一大难点及热点问题。由于未经登记建筑问题往往涉及重大公共利益，因此地方党委、人大及政府对此高度关注。

本案是最高人民法院再审的案件，法院虽然驳回了申请人的再审申请，但对实践中大量存在的"超出房屋登记簿面积"建筑以及无证建筑的认定和处理树立了一个风向标。本案对现实存在的争议问题作出了回应和明确，确立了许多先进性的裁判理念与原则，为今后各级人民法院审理类似案件梳理了标尺，其借鉴意义可以总结如下。

首先，该案明确了对未经登记建筑法律性质的现实认识误区。对未经登记建筑产生的原因、权属、法律关系难以辨识，造成实践中执法部门将未经登记建筑等同于违法建筑、违章建筑一概加以处理的乱象，这是对未经登记建筑的重大认识误区。未经登记建筑在法律性质上没有经过有权机关认定，可能是违法建筑或者违章建筑，也可能是合法建筑。执法机关应当根据不同建筑的形成原因和建造时的法律法规及政策规定，具体问题具体分析，来判断未经登记建筑的法律性质，从而确定是否应给予补偿。

其次，该案也促使我们去反思公共利益概念的模糊、多变的特性。立法并未进行明确定义和范围的划分，故在司法审查中，法官对公共利益的界定至关重要。当公民提起行政救济时，法官要针对征收目的予以考量，这种判定标准并不是绝对的，是按照法律的规定，基于个案予以价值衡量和判断。

最后，该案也彰显了城市房屋征收补偿中实体（法）原则以及程序（法）原则的规范价值。房屋征收补偿工作的开展关系到老百姓基本的财产权利和房屋基本生活需求，相关行政部门更应当严格遵守正当程序的要求，包括兼顾实体正当和程序正义，保障被征收人的合法权益，把握个人利益和公共利益之间的协调与平衡。

通过最高人民法院的审判，也可引发社会各界对"未经登记建筑"法律性质和认定程序的讨论和研究。对未经登记建筑的法律性质、实体问题及认定程序加以关注，不仅能保障行政执法机关在进行实际认定操作时"有法可依"，保障认定过程和结果在被征收人心中更具权威性，保障国有土地房屋征收补偿工作的顺利进行，还能够从源头上解决纠纷的争议点，消除实践中存在的矛盾与困境，最终达到保障被征收人合法权益、顺利开展征收补偿工作并维护社会秩序稳定的目的。

行 政 诉 讼

一 可诉性

案例十三　崔永超诉山东省济南市
人民政府不履行法定职责案

王正之 *

【案例名称】

崔永超诉山东省济南市人民政府不履行法定职责案［最高人民法院（2016）最高法行申 1394 号行政裁定］

【关键词】

层级监督　内部管理职权　行政诉讼受案范围

【基本案情】

原告崔永超在济南市槐荫区北大槐树街合法拥有的房屋被纳入征收范围。由于原告未与征收人达成补偿安置协议，原告一直未搬迁，槐荫区房屋征收服务中心对原告进行暴力威胁、噪音干扰，使原告无法正常生活。原告认为，槐荫区房屋征收服务中心在房屋征收中的行为严重违反《国有土地上房屋征收与补偿条例》的规定，济南市槐荫区人民政府（以下简称槐荫区政府）作为房屋征收人，应对涉案的违法征收拆迁行为承担法律责任。因此，原告于

＊ 作者简介：王正之，中国政法大学法学院宪法学与行政法学专业硕士研究生。本文的指导教师为中国政法大学法学院副教授、硕士生导师蔡乐渭。

2014 年 11 月 6 日向被告济南市人民政府提出《要求行政处理申请书》，请求济南市人民政府：（1）依法确认槐荫区政府以暴力威胁、噪音干扰的方式强迫搬迁的行为违法；（2）责令槐荫区政府立即停止对申请人的噪音干扰，保证申请人房屋可以正常居住；（3）严格按照法律规定对相关责任单位和责任人员作出行政处理。但是，被告济南市人民政府未作出答复。

原告认为，被告对槐荫区政府的违法行为有进行监督和行政处理的职责，现被告不履行该职责且未对原告作出任何答复，是典型的行政不作为，使原告的合法权益得不到保护。原告请求法院依法确认被告的不作为行为违法，判令被告依法履行职责并对槐荫区政府的违法行为进行查处。

一审法院济南市中级人民法院认为，原告因被告不履行内部监督职责提起诉讼，不属于行政诉讼的受案范围，裁定驳回崔永超的起诉。二审法院山东省高级人民法院以崔永超要求济南市政府履行的职责属于内部层级监督行为且崔永超提出的申请属于信访举报，不属于可诉的行政行为为由，裁定驳回崔永超上诉。再审法院最高人民法院认为，一、二审法院裁定驳回崔永超起诉和上诉，符合法律规定，裁定驳回再审申请人崔永超的再审申请。

【裁判要旨】

上级人民政府不改变或者不撤销下属各工作部门及下级人民政府决定、命令的，一般并不直接设定当事人新的权利义务，当事人可以通过直接起诉下属工作部门或者下级人民政府作出的行政行为来维护合法权益。在存在更为有效便捷的救济方式的情况下，当事人坚持起诉人民政府不履行层级监督职责，不具有权利保护的必要性和实效性，也不利于纠纷的及时解决，且易于形成诉累。因此，上级人民政府是否受理当事人的反映、是否启动层级监督程序、是否改变或者撤销下属各工作部门及下级人民政府的决定、命令等，不属于司法监督范畴。[1]

【裁判理由与论证】

本案涉及被告没有对原告申请进行回复的性质问题，进而引发行政层级

---

〔1〕 本要旨引自最高人民法院（2016）最高法行申 1394 号行政裁定书。

监督行为的可诉性问题。

原告认为其起诉符合行政诉讼的规定，并提出如下理由：第一，济南市人民政府对槐荫区政府的违法行为进行监督有明确的法律依据；第二，原告的起诉是为了确认被申请人未履行保护人身权、财产权法定职责的行为违法，属于行政诉讼的受案范围。

在判决中，法院对于争议问题进行了回应。法院认为，被告对于下级政府的监督属于层级监督行为，层级监督职权系基于上下级之间的层级监督关系而形成，并非在被告对外行使行政管理职责过程中产生的职责。而可诉的行政行为应当是行政机关直接设定行政管理相对人权利义务或者对相对人权利义务直接产生影响的管理行为。上级行政机关基于组织法和上下级之间的管理与被管理关系而对下级单位所作的行为，不属于人民法院行政诉讼受案范围。

一、上级人民政府监督下级人民政府基于何种权力基础

国务院颁布的《国有土地上房屋征收与补偿条例》第 6 条第 1 款规定："上级人民政府应当加强对下级人民政府房屋征收与补偿工作的监督。"第 30 条规定："市、县级人民政府及房屋征收部门的工作人员在房屋征收与补偿工作中不履行本条例规定的职责，或者滥用职权、玩忽职守、徇私舞弊的，由上级人民政府或者本级人民政府责令改正，通报批评；造成损失的，依法承担赔偿责任；对直接负责的主管人员和其他直接责任人员，依法给予处分；构成犯罪的，依法追究刑事责任。"第 31 条规定："采取暴力、威胁或者违反规定中断供水、供热、供气、供电和道路通行等非法方式迫使被征收人搬迁，造成损失的，依法承担赔偿责任；对直接负责的主管人员和其他直接责任人员，构成犯罪的，依法追究刑事责任；尚不构成犯罪的，依法给予处分；构成违反治安管理行为的，依法给予治安管理处罚。"

行政层级监督是指上级人民政府对下级人民政府、本级人民政府对其所属工作部门、上级行政部门对下级行政部门的监督。[1]《国有土地上房屋征收

---

[1] 杨伟东："关于创新行政层级监督新机制的思考"，载《昆明理工大学学报（社会科学版）》2008 年第 1 期。

与补偿条例》是对于《宪法》[1]和《地方各级人民代表大会和地方各级人民政府组织法》有关层级监督的规定的重述，并没有进行细节性的规定。根据《国有土地上房屋征收与补偿条例》的规定，上级人民政府对下级人民政府的监督行为在行政系统内部进行，上级人民政府以下级人民政府行政管理的合法性、合理性为监督对象。原告崔永超向济南市人民政府提出申请，要求被告济南市人民政府查处槐荫区政府以暴力威胁、噪音干扰的方式强迫搬迁的行为，济南市人民政府对槐荫区政府是否进行监督、如何监督、监督是否适当，均属于行政机关的内部管理行为。

二、原告向被告提起的申请如何定性

根据《国有土地上房屋征收与补偿条例》第6条及第30条之规定，上级人民政府有权对市、县级人民政府及房屋征收部门的工作人员在房屋征收与补偿工作中不履行该条例规定的职责，或者滥用职权、玩忽职守、徇私舞弊等行为进行监督。原告崔永超根据该规定，向济南市人民政府提出《要求行政处理申请书》，请求济南市人民政府依法确认槐荫区政府以暴力威胁、噪音干扰的方式强迫搬迁的行为违法，责令槐荫区政府立即停止对申请人的噪音干扰，保证申请人房屋可以正常居住，严格按照法律规定对相关责任单位和责任人员作出行政处理，属于对槐荫区政府的举报行为。本案的裁决书中将原告的申请界定为信访举报行为，没有区分信访与举报。[2] 由于本案原告的申请，目的在于要求行政机关对相关问题作出处理，这是举报而不是为了表达自己的意见，宜将原告的申请行为界定为举报行为。

---

〔1〕《宪法》第89条规定国务院行使的职权之一，规定各部和各委员会的任务和职责，统一领导各部和各委员会的工作，并且领导不属于各部和各委员会的全国性的行政工作；第108条规定，县级以上的地方各级人民政府领导所属各工作部门和下级人民政府的工作，有权改变或者撤销所属各工作部门和下级人民政府的不适当的决定。

〔2〕（2016）最高法行申1394号裁判文书中指出："上诉人向市政府提出'要求行政处理申请书'，请求市政府依法确认槐荫区政府以暴力威胁、噪音干扰的方式强迫搬迁的行为违法，责令槐荫区政府立即停止对申请人（即原告）的噪音干扰，保证申请人房屋可以正常居住，严格按照法律规定对相关责任单位和责任人员作出行政处理，属于对槐荫区政府的信访举报行为，市政府对上诉人的信访举报未作出答复的行为，亦不属于可诉的行政行为范畴。"

三、被告不对原告的申请进行回复的性质

崔永超提起诉讼称，济南市人民政府有对槐荫区政府的违法行为进行监督和行政处理的职责，其不履行该职责，是典型的行政不作为，使其合法权益得不到保护。法院没有对济南市人民政府未进行层级监督是否构成行政不作为进行回复，而是以没有实际影响的层级监督行为不可诉为由驳回原告起诉。法院的具体思路为：申请对象为层级监督行为——该层级监督行为不对申请人权利义务产生实际影响——层级监督行为不可诉。

尽管法院回避了被告不进行层级监督是否构成行政不作为的问题，但笔者认为，法院对原告提出的"被告不对原告申请进行回复"进行性质的界定，是有必要的。

被告不对原告申请进行回复不构成行政不作为违法。行政不作为违法以行政主体有法定的行政作为义务为前提。所谓"法定的"，是指有法律根据的意思。[1]根据《行政诉讼法》第 12 条第 1 款第 6 项规定，申请行政机关履行保护人身权、财产权等合法权益的法定职责，行政机关拒绝履行或者不予答复，公民、法人或者其他组织因此提起诉讼的，人民法院应当受理。《行政诉讼法》第 25 条、第 49 条以及《最高人民法院关于适用〈中华人民共和国行政诉讼法〉若干问题的解释》第 3 条第 1 款第 1 项同时规定，申请人或原告必须与行政行为具有利害关系，才能适格地提起行政复议或者行政诉讼。构成行政不作为需要有行政机关作为的法定职权基础。这种职权，应当是对外的职权，即对于行政相对人的职权。上级行政机关对违法行为进行监督的职权系基于法律规定的上级行政机关对下级行政机关的层级监督职权而展开，并非在被告对外行使行政管理职责过程中产生的职责。

在要求行政机关履行职责类的行政复议和行政诉讼中，行政行为的拒绝作出致使申请人或原告的权利受到侵害，是其与行政机关的不作为行为产生法律上利害关系的必要条件。这里的"权利"应当是通过法律规范明确赋予申请人或原告，且并非明显不属于被告职责范围内的事项。只有该"权利"存在，申请人或原告所提申请对有关行政机关才能产生法律上的效果，从而

---

[1] 朱新力："论行政不作为违法"，载《法学研究》1998 年第 2 期。

使有关机关的处理与申请人或原告产生法律上的利害关系。简言之，在申请行政机关履行职责类的复议或诉讼中，申请人或原告的诉权必须以相应的请求权规范为基础，而不能如同在请求撤销行政行为类的复议和诉讼中一样，仅仅因为其是行政行为的相对人，就当然享有复议申请权或诉权。

具体到行政层级监督行为，请求行政机关履行的，必须是法律、法规、规章等明确赋予行政机关对外行使的行政管理职责。那些仅限于行政内部领域的措施，例如，请求上级行政机关对下级行政机关作出一个命令、对下级行政机关实施监督，因其不具有对外性、不直接设定新的权利义务，原告通常不能在请求被告履行法定职责之诉中提出。行政层级监督的过程中，监督主体、对象都属于行政机关，监督的过程发生在行政系统内部，上级行政机关对下级行政机关监督职责的履行与否，并不直接为当事人设定新的权利义务，当事人不能够提起行政诉讼。

原告崔永超向济南市人民政府提出"责令槐荫区政府立即停止对申请人的噪音干扰"的请求，实质上是要求济南市人民政府对槐荫区政府"噪音干扰"行为行使"改变或者撤销权"，达到"停止对申请人的噪音干扰"的诉讼目的。崔永超要求济南市人民政府查处槐荫区政府强迫搬迁的行为，不属于申请行政机关履行保护人身权、财产权等合法权益的范围，而是属于申请上级行政机关对下级行政机关进行层级监督的范畴。

四、内部层级监督行为是否具有可诉性

行政管理相对人对上级行政机关或者同级人民政府的处理不服，以上级行政机关或者同级人民政府为被告，要求人民法院责令上级行政机关或者同级人民政府履行法定职责的，一般并不直接设定当事人新的权利义务，层级监督行为一般不属人民法院行政诉讼的监督范畴。济南市人民政府对槐荫区政府是否进行监督、如何监督、监督是否适当，均属于行政机关的内部管理行为，管理职权系基于上下级行政机关之间的层级监督关系而形成，是否启动内部监督程序以及程序启动后如何处理，属于行政机关内部管理范畴，并不直接为当事人设定新的权利义务，原则上不属于行政诉讼受案范围。只有在上级行政机关作出撤销或者改变原行政行为等新的影响当事人权利义务关系的行政行为时，这种层级监督行为才具有可诉性。

　　济南市人民政府的层级监督，目的在于实现行政一体化，而不在于直接对当事人的权利进行救济。济南市人民政府不改变或者不撤销下属各工作部门及下级人民政府决定、命令，没有给崔永超设定新的权利义务，济南市人民政府的内部监督行为并不直接作用于崔永超。对起诉人的权利义务产生实际影响的行为，应当是被监督的下级行政机关的行为。崔永超可以通过直接起诉槐荫区政府来维护合法权益。在存在更为有效便捷的救济方式的情况下，崔永超坚持起诉人民政府不履行层级监督职责，不具有权利保护的必要性和实效性，也不利于纠纷的及时解决，且易于形成诉累。尽管在本案发生时，2018 年《最高人民法院关于适用〈中华人民共和国行政诉讼法〉的解释》尚未颁布，有关"行政机关作出的不产生外部法律效力的行为"可诉性的规定还未出现，但是，法院分析了案件涉及的行政层级监督行为的可诉性，同时援引 2015 年《最高人民法院关于适用〈中华人民共和国行政诉讼法〉若干问题的解释》（已失效）第 3 条第 1 款第 8 项"行政行为对其合法权益明显不产生实际影响的"规定，裁定驳回起诉。

【涉及的重要理论问题】

一、行政层级监督

（一）行政层级监督的概念

　　行政层级监督是指上级人民政府对下级人民政府、本级人民政府对其下属工作部门、上级行政部门对下级行政部门的监督。[1]本案中，原告要求济南市人民政府对槐荫区政府的行为确认违法并责令槐荫区政府改正，就是在要求上级行政机关对下级行政机关进行层级监督。

　　行政层级监督行为是一种内部行政行为，一般不对公民的权利义务产生直接影响，无论是对行政机关的业务监督，还是对行政机关工作人员的人事监督，都属于行政主体内部的自我纠错。在法治政府的建设过程中，仅仅依靠行政申请人的监督，不足以形成良好的行政管理环境，行政层级监督对于

---

　　[1]　杨伟东："关于创新行政层级监督机制的新思考"，载《昆明理工大学学报（社会科学版）》2008 年第 1 期。

行政管理水平的提升具有重要意义。上级行政机关需要依法行使职权，既要避免过度干预下级行政机关的自主权，又要对下级行政机关的行为进行监管。

（二）行政层级监督关系的法律性质

在行政法学界，关于行政层级监督关系法律性质的研究主要有以下观点。

1. 隶属关系

行政层级监督关系是下级行政机关隶属于上级行政机关，上级行政机关单向监督下级行政机关的关系。该观点强调下级行政机关与上级行政机关在产生上的关系，认为下级行政机关由上级行政机关设置，上级行政机关基于隶属关系监督下级行政机关。

2. 命令—服从关系

行政层级监督关系基于上级对下级的命令而产生，下级必须服从上级的指令，以保障行政系统的运行。该观点强调上级行政机关与下级行政机关在处理行政管理事务上的关系，上级行政机关在监督过程中提出指令，下级行政机关根据指令执行事务。

3. 行政一体化关系

大部分学者认为，行政监督行为是基于行政一体化关系产生的行政关系。在监督过程中，上下级行政机关、部门被看作一个整体，共同发挥行政机关的整体功能，协调上级机关、部门与下级机关、部门的关系，实现行政效率与公平的统一，达到高效便民的行政效果。该意义上的行政监督权发生于行政机关内部，上级行政机关行使监督权，下级行政机关对于纠正存在问题的事务，履行法定职责。为了保障行政一体化的实现，行政层级监督行为的效力通常只及于行政系统内部。公众有权对行政层级监督行为进行申诉、举报，但不必然启动层级监督行为。崔永超认为槐荫区政府的行为侵犯其合法权利，没有以槐荫区政府为被申请人提起复议，也没有以槐荫区政府为被告提起行政诉讼。崔永超认为上级政府有义务对下级政府的行为进行处理，可以通过向上级政府提交申请书，以获得权利救济。在上级政府不处理该申请后，崔永超认为上级政府的行为构成行政不作为，继而提起履行职责之诉。事实上，上级政府对于下级政府的监督职责系基于行政一体化产生，在没有对相对人权利义务产生实质影响时，相对人应当寻求更为直接的救济方式。

二、行政不作为与层级监督缺位

行政不作为与层级监督缺位都有行政机关不履行一定职责的含义，但是二者存在抽象与具体、内部与外部、直接与间接的效力之分。行政机关不对层级监督的举报进行回应不构成行政不作为。对违法行为进行监督的职权系基于法律规定的上级行政机关对下级行政机关的层级监督职权而展开，并非在被告对外行使行政管理职责过程中产生的职责。

（一）行政不作为

行政不作为是指行政主体及其工作人员有积极实施行政行为的职责和义务，应当履行而未履行或拖延履行的状态。一般情况下，行政机关怠于履行职责、拒绝履行职责或不当履行职责的行为，影响行政相对人的权利和义务，构成行政不作为，行政相对人可以向法院提起履行之诉，以确认行政机关的不作为行为违法，在仍具备履行条件的情况下，行政机关须履行行政职责。

（二）作为义务的不履行与行政层级监督的缺位

义务性质不同，作为义务有明确具体的法律规定，层级监督则是法律概括性的规定。作为行政不作为判断基准之一的"作为义务"必须是一种现实而非抽象、特定而非一般的义务。在"宋国云等九人诉国土资源部等六部委不履行监督管理职责案"中，一、二审法院均认为，被起诉的六部委在法律规范层面确实存在监督下级机关违规行为的抽象作为义务，但这种义务不是现实的特定的行政作为义务，上级行政机关怠于履行该监督管理职责不构成行政不作为。同时，这种监督管理只是行政机关内部的一种层级监督行为，对相对人的权利义务并不产生实际影响。因此，法院作出了不予受理的裁定。[1]《宪法》和《地方各级人民代表大会和地方各级人民政府组织法》关于行政执法层级监督方面只规定了人民政府具有领导权和监督权，但在监督权力层面和行使权力手段等方面却只有方向性的规定，包括各级地方政府的规定亦是如此，过于抽象，只有原则性的条文，没有实质可操作性的规定。关于监

---

[1] 最高人民法院中国应用法学研究所编：《人民法院案例选》（2007年第1辑），人民法院出版社2007年版，第47页。

督主体运用何种方式开展工作、有何权限、相关情况的处理方式，可以说都是只有方向，没有实质性操作；关于监督客体在被监督时应该履行的义务、对什么是违法行为、应该受到什么样的处理等，也没有明确的规定。

效力范围不同，作为义务的履行与否，对外部的行政相对人权利义务产生直接的影响；层级监督的进行与否，对下级行政机关和部门产生影响，通常不会对行政相对人的权利义务产生直接影响。行政层级监督基于上下级政府之间的关系产生，监督内容是行政机关内部纠错，不实质影响行政相对人权利义务，不涉及行政机关履行保护人身权、财产权等合法权益的内容，不是现实的、特定的行政作为义务。即使是在行政层级监督缺位的情况下，也不构成行政不作为，当事人以"行政层级监督主体不作为"为由提起的诉讼，不属于人民法院行政诉讼的受案范围。

根据《行政诉讼法》规定，申请行政机关履行保护人身权、财产权等合法权益的法定职责，行政机关拒绝履行或者不予答复，公民、法人或者其他组织因此提起诉讼的，人民法院应当受理。行政不作为可诉并不意味着公民、法人或者其他组织随便向任何一个行政机关提出任何一项请求，该行政机关就有履行该项请求的义务。行政相对人认为其合法权利受到侵害，一般应当向直接具有管辖职权、能够直接解决其具体请求的行政机关提出。行政相对人对具有管辖职权的行政机关的处理不满意，可以向上级行政机关或者同级人民政府投诉、举报、反映，要求上级行政机关或者同级人民政府监督、督促具有相应管辖职权的行政机关依法履行职责；上级行政机关或者同级人民政府也有权依据《地方各级人民代表大会和地方各级人民政府组织法》及相关法律规定进行相应处理。但行政管理相对人对上级行政机关或者同级人民政府的处理不服，以上级行政机关或者同级人民政府为被告，要求人民法院责令上级行政机关或者同级人民政府履行保护人身权、财产权等合法权益的法定职责的，一般不属于人民法院行政诉讼的监督范畴。

三、行政层级监督行为的可诉性

（一）行政层级监督行为通常不可诉

根据行政诉讼法相关司法解释，上级行政机关基于内部层级监督关系对下级行政机关作出的听取报告、执法检查、督促履责等行为，不属于行政诉讼受案范围。层级监督行为不可诉，主要基于以下考量：

1. 司法机关与行政机关的关系

行政机关作为国家行政管理机关，具有管理社会公共事务的权力以及保障行政相对人的合法权益和维护公共利益的职责，行政机关和行政机关工作人员滥用权力、不依法行使职责的，要受到党内监督、国家监察、司法监督、人大监督等多种形式的监督。司法监督只是众多监督形式中的一种，并非行政机关所有的行为都要纳入司法监督中，只有符合《行政诉讼法》等法律、法规的规定，在司法监督更有效、更便捷的情况之下才能够由人民法院对其合法性进行审查。

纳入行政诉讼受案范围的行政行为具有对外性特征。不同于接受外部司法监督的行政复议行为，行政层级监督行为是行政机关自我纠错、自我改正的内部性行为。行政层级监督基于上级行政机关对下级行政机关的领导权产生，上级行政机关不直接解决行政相对人问题，而是直接指向下级行政机关在工作中出现的错误，督促其纠正，以提高行政管理水平。上级行政机关基于内部层级监督关系对下级行政机关作出听取报告、执法检查、督促履责等行为，人民法院不宜过多地介入行政机关的内部关系当中。尽管上级行政机关具备监督下级行政机关依法开展工作的监督职责，司法也没必要为这些内部监督行为敞开大门。

2. 行政层级监督行为对当事人权利义务的影响

行政层级监督行为属于行政机关的内部行政行为，一般不具有对外性和处分性，不直接设定当事人新的权利义务。监督职责的内外属性，关系到行政行为的可诉性。因此，对于监督职责的属性判断需要谨慎。

通常情况下，层级监督行为是上级行政机关对下级行政机关、上级部门对下级部门的监督，是为了防止行政行为错误，更好地实现行政一体化。本案被告济南市人民政府对下级政府有监督义务，但是这种义务系基于法律规定而产生的内部职权行使要求，对于相对人的权利不产生直接影响，其起诉容易导致司法资源的浪费。

3. 诉的利益

日本学者新堂幸司认为："诉的利益，是一个出于如下之趣旨而创设的要件，即根据每个具体请求的内容，来考量作出本案判决的必要性以及其实际上的效果，即实效性。当认为存在着这种必要性及实效性时，该请求就存在着要求获得本案判决之利益，即诉的利益。"对此，新堂幸司进一步认为，这里的"必要性"是指"有无必要通过本案判决来解决当事人之间的纠纷"，而"实效性"则是"通过本案判决能否使纠纷获得解决"。[1]

与法律规定的职责和法定义务相比，诉行政机关不履行监督职责显得较为抽象，难以直接表达与实现原告的诉求。在行政执法过程中，如果行政相对人认为下级行政机关的行政行为侵犯其合法权益，可以通过直接针对下级行政机关提起行政诉讼的方式寻求救济，且该种救济方式更为便捷、直接。

本案认定了被告行为的性质为内部层级监督行为，且在一定程度上承认了特殊情况下内部层级监督行为的可诉性。在认为原告的诉讼请求不具有可诉性之后，又论证了原告的行为难以实现诉的利益，原告应当寻求更为直接、便利的救济方式。这样一种处理方式，为一些学者所质疑。[2]但笔者认为，诉的利益的阐述为原告寻求救济方式提供了思路，对于其他行政相对人以不作为为由提起的要求层级监督的行为有指导意义，在一定程度上有利于防止滥诉。具体而言，与法律规定的职责和法定义务相比，诉行政机关不履行监督职责显得较为抽象与概括，并不能直接体现其诉求意愿。但对于相对人而言，行政监督机关的积极履职往往更能够促进被监督机关的职责履行，所以实务中起诉行政机关不履行监督职责的情形屡见不鲜，故而明确行政机关内部监督职责特别是层级监督职责的不可诉具有重要意义。

（二）行政层级监督行为在例外情况下可诉

由于公民参与权的影响以及保护行政相对人权利的需要，内部行为并非绝对不可诉，在行政法理论与实践中，都存在行政层级监督行为例外可诉的情形。本案在确定原告起诉行为的性质属于行政层级监督行为之后，还指出行政层级监督行为一般并不直接设定当事人新的权利义务。结合司法解释的

---

[1] [日]新堂幸司：《新民事诉讼法》，林剑锋译，法律出版社2008年版，第187页。

[2] 例如有学者指出："崔永超案的裁判者在已具备驳回再审申请条件下，又论述了诉的利益有无问题，且在没有实体性论证基础上就断定原告这样起诉'也不利于纠纷的及时解决，且易于形成诉累'，实属赘语。"引自章剑生："行政机关上下级之间层级监督行为的可诉性——崔永超诉山东省济南市人民政府不履行法定职责评析"，载《政治与法律》2017年第12期。

规定,[1]行政层级监督行为可诉的核心标准是行政行为不对当事人产生实际影响,即崔永超案裁判要旨中指出的"不直接设定当事人新的权利义务"。在行政行为发生外化,直接影响行政相对人权利义务时,行政层级监督行为例外可诉。

行政行为外化,至少应当具备三个要素:第一,独立主体,即行政行为由具有行政管理职权的行政主体作出;第二,职权行为,即行政主体具有相应职权的意思;第三,对外效力,即行政相对人的权利义务受到行政行为的实际影响。

在通说上,行政机关上下级之间层级监督行为一直被归入行政内部行为,不具有行政诉讼的可诉性。崔永超诉山东省济南市人民政府不履行法定职责案在相当程度上可以看作是这种通说支持下的重要判例之一。在该案的裁判理由中,法院将层级监督法律关系定性为行政内部行为时,已经足以支持该案的裁判结论。然而,裁判理由论证又转向了"改变或者撤销权"与申请人的权利义务关系和诉的利益的讨论,这可被理解为法院并没有否定层级监督行为与原告崔永超之间存在某种权利义务关系。因此,在今后的类似案件中,通过参考该案,法院有可能的突破点在于,借助法律解释技术,基于"申请""外化"两个因素,可以有条件地承认一部分层级监督行为具有可诉性。[2]

【后续影响及借鉴意义】

崔永超案不是指导性案例,故对下级法院审理类似案件不具有"应当参照"的法效力。然而,最高人民法院审结的崔永超案,因审级制度的存在,对于下级审理的类似案件难免会有"同案同判"的影响,即参考性的事实上的拘束力。同时,现代行政法发展的趋势是,行政内部行为再也不是外部监督不可涉足之地,将部分行政内部行为纳入行政诉讼范围也不是不可讨论的

〔1〕 2018年《最高人民法院关于适用〈中华人民共和国行政诉讼法〉的解释》第1条规定:"公民、法人或者其他组织对行政机关及其工作人员的行政行为不服,依法提起诉讼的,属于人民法院行政诉讼的受案范围。下列行为不属于人民法院行政诉讼的受案范围:……(五)行政机关作出的不产生外部法律效力的行为;……;(十)对公民、法人或者其他组织权利义务不产生实际影响的行为。"

〔2〕 章剑生:"行政机关上下级之间层级监督行为的可诉性——崔永超诉山东省济南市人民政府不履行法定职责案评析",载《政治与法律》2017年第12期。

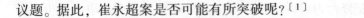

议题。据此，崔永超案是否可能有所突破呢？[1]

一、对相似案例具有参考适用的价值

通过崔永超案件的裁判理由可知，在没有法律赋予请求权的情形下，经行政相对人申请，上一级行政机关不履行对下一级行政机关基于层级关系的监督行为，没有对行政相对人的权利义务产生实质影响的，行政相对人不服该"不履行法定职责"行为而提起行政诉讼的，法院应该认定该行为不具有可诉性。这对相似案件来说，具有参考价值。此外，随着新的司法解释的发布，法院在处理类似的以行政不作为为名，实际起诉行政层级监督行为的案件，可以直接引用这些规定。

《最高人民法院关于进一步保护和规范当事人依法行使行政诉权的若干意见》第12条规定，当事人因请求上级行政机关监督和纠正下级行政机关的行政行为，不服上级行政机关的处理、答复或者未作处理等层级监督行为提起诉讼，或者不服上级行政机关对下级行政机关作出的通知、命令、答复、回函等内部指示行为提起诉讼的，人民法院在裁定不予立案的同时，可以告知当事人可以依法直接对下级行政机关的行政行为提起诉讼。

据2018年《最高人民法院关于适用〈中华人民共和国行政诉讼法〉的解释》第1条第2款第8项、第10项关于"下列行为不属于人民法院行政诉讼的受案范围：……（八）上级行政机关基于内部层级监督关系对下级行政机关作出的听取报告、执法检查、督促履责等行为；……（十）对公民、法人或者其他组织权利义务不产生实际影响的行为"的规定，原告提出的诉讼请求不属于行政诉讼的受案范围。起诉人起诉不符合《行政诉讼法》第49条第4项的规定，经释明起诉人仍坚持向法院起诉的，依照《行政诉讼法》第51条第2款、《最高人民法院关于适用〈中华人民共和国行政诉讼法〉的解释》第101条第1款第1项的规定，裁定驳回起诉。

二、以"行为效果外化"为层级监督行为具有可诉性的前提

本案强化了行政诉讼目的导向的倾向。一般情况下，由于行政机关内部

---

[1] 章剑生："行政机关上下级之间层级监督行为的可诉性——崔永超诉山东省济南市人民政府不履行法定职责案评析"，载《政治与法律》2017年第12期。

行为的效果局限在行政机关内部，内部行为很难纳入行政机关的受案范围。对外效力是"内部行政行为外部化"具有可诉性的最重要条件。只有内部行政行为对行政相对人的权利义务产生设定、变更、消灭的法律效果才具有可诉性。就层级监督行为而言，上级行政机关作出撤销或者改变原行政行为等新的影响当事人权利义务关系的行政行为时，层级监督行为具有可诉性。

崔永超案有条件地将行政层级监督行为纳入行政诉讼的受案范围，为产生外部效力的内部行政行为提供了具有可诉性的论证依据。为层级监督行为的可诉性留下了解释空间。在特定情况下，内部的行政监督行为产生法律效力，对于行政相对人的权利义务产生实际影响，如否认该类行为的可诉性，将影响当事人权利的救济。

二 受案范围

案例十四 孙长荣诉吉林省人民政府行政复议不予受理决定案

杨晓萌 *

【案例名称】

孙长荣诉吉林省人民政府行政复议不予受理决定案［最高人民法院（2015）行提字第 19 号］

【关键词】

信息公开 咨询答复 受案范围 诉的利益

【基本案情】

2010 年孙长荣向吉林省长春市房地产管理局提出将其房屋用途由"住宅"变更为"商用"。登记机关称，依据吉林省住房和城乡建设厅（以下简称吉林省住建厅）于 1999 年 11 月 17 日公布的吉建房字〔1999〕27 号《关于申请房屋用途变更登记有关问题的通知》（以下简称吉建房字〔1999〕27 号通知），变更用途须经规划许可。在规划部门拒绝作出相应行政许可之后，2011 年 2 月孙长荣向吉林省住建厅提交申请，其内容为"1999 年 11 月 17 日

* 作者简介：杨晓萌，军事科学院军事法制研究院助理研究员。本文的指导教师为中国政法大学法学院教授、博士生导师罗智敏。

由贵厅下发的吉建房字〔1999〕27 号《关于申请房屋用途变更登记有关问题的通知》，根据吉林省人民政府令第 201 号《吉林省规章规范性文件清理办法》的相关规定，该文件已超时效。不知现是否仍然有效？敬请给以书面答复"。在孙长荣申请了解吉建房字〔1999〕27 号通知是否有效时，吉林省住建厅正在依据《吉林省司法厅关于规章和规范性文件清理工作有关问题的通知》（吉府法〔2010〕74 号）的要求，组织开展规范性文件的清理工作，清理范围包括吉建房字〔1999〕27 号通知。针对孙长荣申请内容，吉林省住建厅向其作出了口头答复，但一直未予书面答复。2011 年 4 月 26 日，孙长荣以吉林省住建厅对其申请推托未予书面答复为由向吉林省人民政府（以下简称吉林省政府）提起行政复议，请求依据《政府信息公开条例》及相关法律规定，责令吉林省住建厅依法给予书面答复。2011 年 4 月 28 日，吉林省政府作出吉政复不字〔2011〕号不予受理决定，认为孙长荣提出的行政复议申请不在行政复议范围之内，根据《行政复议法》第 6 条、第 17 条规定，决定不予受理。2011 年 5 月 31 日，吉林省住建厅在其网站上公布吉建房字〔1999〕27号废止的通知。2011 年 7 月 6 日，孙长荣向吉林省长春市中级人民法院提起行政诉讼，请求人民法院撤销吉林省政府吉政复不字〔2011〕号不予受理决定，并责令重新作出行政行为。

一审法院认为，根据《行政复议法》第 6 条规定，孙长荣申请行政复议事项不属于行政复议范围，因此被告吉林省政府以原告孙长荣提出的行政复议申请不在行政复议范围内为由决定不予受理系正确。原告孙长荣认为被告吉林省政府作出的不予受理决定违反相关法律规定，请求法院撤销吉政复不字〔2011〕号不予受理决定的理由不成立，对其诉讼主张不予支持。一审法院作出（2011）长行初字第 1 号行政判决：维持吉林省政府 2011 年 4 月 28日作出的吉政复不字〔2011〕号不予受理决定。孙长荣不服一审判决，向吉林省高级人民法院提起上诉。

二审法院认为，孙长荣向吉林省住建厅提出书面确认吉建房字〔1999〕27 号通知是否有效，吉林省住建厅工作人员对其已经作出口头答复但未予书面答复的行为，法律并未明确规定对此可以申请行政复议，吉林省政府作出的不予受理决定并无明显违法和不当之处。二审法院作出（2011）吉行终字第 21 号行政判决：驳回上诉，维持原判。孙长荣不服二审判决，请求最高人民法院撤销原审判决，撤销被诉的不予受理决定，并责令被申请人依法重新作出行政行为。

最高人民法院判决维持吉林省高级人民法院（2011）吉行终字第 21 号行政判决。

【裁判要旨】

《政府信息公开条例》调整的"政府信息"是指现实存在的，并以一定形式记录、保存的信息。申请了解文件的效力，属于咨询性质，不属于 2007 年《政府信息公开条例》第 26 条规定的"应当按照申请人要求的形式予以提供"政府信息的情形。行政机关针对咨询申请作出的答复以及不予答复行为，不属于政府信息公开行为，不会对咨询人的权利义务产生实际影响，故不属于行政复议的受案范围。起诉人缺乏诉的利益，则无原告资格，人民法院可以不予受理或者裁定驳回起诉。[1]

【裁判理由与论证】

最高人民法院从吉林省住建厅对孙长荣所提出了解吉建房字〔1999〕27 号通知效力的申请不予答复行为是否属于行政复议受理范围，以及孙长荣针对吉林省住建厅不予答复行为是否具有诉的基础两个方面论证其裁判理由。

一、关于吉林省住建厅的行为是否属于行政复议受理范围的问题

（一）孙长荣行为属于咨询而非申请政府信息公开

最高人民法院根据 2007 年《政府信息公开条例》第 2 条以及 2010 年《国务院办公厅关于做好政府信息依申请公开工作的意见》第 2 条规定，指出"孙长荣向吉林省住建厅申请了解的是吉建房字〔1999〕27 号通知的效力问题，并非申请公开'以一定形式记录的、保存的'政府文件本身，在性质上属于咨询，不属于《政府信息公开条例》调整的范畴"。

最高人民法院上述论证逻辑为，政府信息为"以一定形式记录的、保存

---

〔1〕 案例源于:《中华人民共和国最高人民法院公报》2016 年第 12 期。

的"政府文件本身，孙长荣向吉林省住建厅申请了解吉建房字〔1999〕27 号通知的效力，其行为属于向吉林省住建厅进行政府文件效力咨询而非申请政府信息公开，因而不受《政府信息公开条例》的调整。

（二）吉林省住建厅的不予答复行为不属于行政复议受理范围

最高人民法院在认定孙长荣的行为属于咨询性质且不受《政府信息公开条例》的调整之后，认为"针对咨询作出答复以及答复与否，不会对咨询人的权利义务产生实际影响。因此，吉林省人民政府作出吉政复不字〔2011〕号不予受理决定，符合《行政复议法》第 6 条、第 17 条的规定"。

最高人民法院的论证逻辑为，根据《行政复议法》第 6 条以及第 17 条规定，只有对当事人权利义务产生实际影响的行政机关行为属于行政复议受理范围，吉林省住建厅针对孙长荣的咨询作出答复与否并不会对其权利义务产生影响，因而不属于行政复议受理范围。

综上所述，最高人民法院认为孙长荣向吉林省住建厅申请了解吉建房字〔1999〕27 号通知的效力为咨询性质而非政府信息公开，吉林省住建厅对其咨询性质行为答复与否不会对其权利义务产生影响，因而不属于行政复议受理范围。基于此认为"原一、二审法院维持吉林省人民政府作出的吉政复不字〔2011〕号不予受理决定，并无不当"。

二、关于孙长荣是否具有诉的基础问题

（一）吉林省住建厅对咨询类申请无书面答复义务

最高人民法院根据 2007 年《政府信息公开条例》第 26 条直接指出，"本案中，孙长荣的申请既然属于咨询性质，就不属于该条所规定的'应当按照申请人要求的形式予以提供'政府信息的情形。对于此类咨询申请，法律并无要求行政机关必须书面答复的明确规定"。

最高人民法院的论证逻辑为，《政府信息公开条例》第 26 条规定依申请公开的"政府信息"应当按照申请人要求的形式予以提供。根据上述论证，本案孙长荣的行为属于咨询而非申请政府信息公开，行政机关无须按照其要求的形式予以提供。因此，基于法律规定，行政机关并无对咨询类申请予以书面答复的义务。具体到本案，吉林省住建厅对孙长荣的咨询类申请无书面

答复义务。

（二）孙长荣起诉无诉的利益

最高人民法院最后指出，"在吉林省住建厅已以口头方式作出答复，尤其是在孙长荣提起本案诉讼前吉林省住建厅已经公布废止吉建房字〔1999〕27号通知的情况下，孙长荣仍然要求人民法院责令行政机关对该通知的效力问题作出答复，其起诉并无应受司法保护的现实利益，其请求被申请人重新作出行政行为已丧失诉的基础"。

最高人民法院论证逻辑为，被诉行政机关吉林省住建厅并无予以书面答复的义务，其通过口头方式对孙长荣咨询类申请予以答复，已经保障其受法律保护的知情权。此外，吉建房字〔1999〕27号通知在本案诉讼前已经被宣布废止，孙长荣在已经知悉该事实的前提下依然要求被诉行政机关重新作出书面答复行为，并无受法律保护的现实利益，不具有诉的利益基础。

综上所述，最高人民法院认为孙长荣提起本案诉讼不仅不属于受案范围，亦无诉的利益基础。因此最终判决"维持吉林省高级人民法院（2011）吉行终字第21号行政判决"。

【涉及的重要理论问题】

本案中最高人民法院主要基于对两个关键问题的判断作出最终判决：首先，被诉行政机关咨询答复行为不属于行政复议范围；其次，孙长荣起诉无诉的利益。上述判决内容背后涉及两个重要的理论问题，其一，行政机关作出的咨询答复类行为是否属于行政复议受理范围；其二，如何判断当事人的起诉是否具有诉的利益。

一、行政机关咨询答复类行为是否属于行政复议范围

由于法律并无明确规定，因此行政司法实践中当事人向行政机关咨询相关信息易与以咨询方式提出政府信息公开申请混同。假设当事人的咨询类信息申请本质属于政府信息公开申请，则属于《政府信息公开条例》的调整范畴，那么因此发生的争议则必然属于行政复议范围；如果不属于政府信息公开申请，那么应基于行政复议受理范围特征判断被诉行政机关对当事人咨询

类信息申请的答复行为是否可受理。因此，分析行政机关咨询答复类行为是否属于行政复议范围，应遵循如下思路：首先，分析咨询类信息申请是否等同于政府信息申请，若等同，则该类信息申请属于行政复议受理范围；若不等同，则应进一步判断行政机关针对当事人咨询类申请的答复行为是否属于行政复议受理范围。

（一）咨询类信息申请不同于政府信息公开申请

判断咨询类信息申请是否等同于政府信息公开申请，首先应通过咨询类信息的特征判断其是否等同于政府信息。咨询类信息并非我国法律明确规定的信息类型，而是行政司法实践中法官对当事人向行政机关提出公开申请特定信息的表述。因此，分析当事人咨询类信息的特征，首先应从行政司法实践所认定的具体咨询类信息中归纳和总结该类信息的类型。

1. 咨询类信息的类型

（1）咨询行政机关作出特定行为合法性相关信息。

在法院认定当事人申请公开的属于咨询类信息的案例中，当事人以了解行政机关履责行为合法性为目的，围绕其作出行政行为相关职权依据、事实依据、法律依据以及执法程序等方面提出信息公开申请的占据多数。

在"姜桂芳诉南通市公安局崇川分局政府信息公开案"中，原告申请公开"2012 年 6 月 18 日你局在南通市政务中心调查姜桂芳涉嫌扰乱政务中心办公秩序的事实依据及事发现场视频和法律依据"。[1]在"厦门市鹭海龙公司诉厦门市湖里区建设局不履行法定职责案"中，鹭海龙公司向湖里区建设局申请公开"厦门市湖里区建设局《厦门市湖里区政府信息公开申请答复告知书》（厦湖公开〔2016〕5 号）的行政确权依据和法律依据"。[2]在"刘小君诉常州市教育局、常州市人民政府不履行政府信息公开法定职责及行政复议案"中，原告刘小君向被告常州市教育局提出申请，要求公开"中学高级教师转评副教授取消享受工资提高 10% 待遇的法律依据和执法程序"。[3]在"胡劲江诉天津市规划和自然资源局政府信息公开案"中，胡劲江向天津市规

---

〔1〕 江苏省南通市中级人民法院（2018）苏 06 行终 239 号行政判决书。

〔2〕 福建省厦门市中级人民法院（2018）闽 02 行终 7 号行政裁定书。

〔3〕 江苏省常州市新北区人民法院（2020）苏 0411 行初 22 号行政判决书。

划和自然资源局申请公开"天津市土地整理中心委托和平区土地整理中心对和平区南市危陋平房改造实施土地整理（土地储备项目），申请公开和平区华安大街171号5门201号企业产住房补贴估价面积认定的依据（房屋登记资料含占地面积、房屋建筑面积、公摊面积等）"信息。[1]在"马兴荣诉义乌市人社局政府信息公开案"中，原告马兴荣向被告义乌市人社局申请公开"义乌市人社局关于劳务纠纷不能认定工伤的政府文件"的信息。[2]在"苗秀环诉天津市住建委政府信息公开案"中，苗秀环向天津市住建委提出申请要求公开"关于天津市房屋计算面积涉及的有关建筑系数K值容积率计算的标准性或指导性文件"。[3]

（2）咨询行政机关作出特定行为的原因相关信息。

除请求公开行政机关作出特定行为合法性有关信息之外，还有部分申请人通过信息公开的方式向行政机关询问其作出特定行为的原因。

比如在"唐志飞诉南通市自然资源和规划局政府信息公开案"中，2019年12月18日，原告向南通市自然资源和规划局（以下简称南通资源局）邮寄《政府信息公开申请表》，所需信息内容描述为"根据刘桥镇人民政府刘政行告（2019）1号、信告（2019）35号，经通州市规划局批建占地面积60平方米，孙某原住房在哪里、是否合法、是否需要拆除、有无家庭成员、还是孤独一人、因何原因须同孙某合建别墅一栋，恳请政府一一答复及全面信息公开"。[4]除此之外，在"李相伯诉天津南区人民政府行政复议案"中，原告李相伯向天津市津南区辛庄镇人民政府申请公开内容为，"造成清河村还迁房延期还迁的主观、客观原因是什么"[5]。

（3）咨询行政机关作出特定行为过程中相关信息。

在相关案例中，还有申请人通过信息公开的方式要求行政机关公开其作出特定行为过程中的相关信息。

在"解淑敏诉河南省政府行政复议案"中，原告向河南省政府申请公开

---

〔1〕 天津市第一中级人民法院（2020）津01行终439号行政裁定书。

〔2〕 浙江省金华市中级人民法院（2020）浙07行终891号行政裁定书。

〔3〕 北京市第一中级人民法院（2020）京01行终692号行政裁定书。

〔4〕 江苏省南通经济技术开发区人民法院（2020）苏0691行初622号行政裁定书。

〔5〕 天津市高级人民法院（2018）津行终27号行政判决书。

"地方政府就我的两个有实体诉求的信访事项上报的化解材料和省政府的复核认定意见……"等信息。[1]此外,在"徐凡评诉长沙市望城区雷锋街道办事处政府信息公开案"中,徐凡评向雷锋街道申请获取的内容为:"雷锋街道于2016年5月20日与徐凡评的信访问题会议上,徐凡评就长沙市雷锋镇许龙路拆迁项目中,2016年3月25日徐凡评报警'110'求助警察不给予出警和处警,迟出警的举报投诉信访的措施,实施方案的监管措施及负责人、工作联系电话"。[2]

(4)请求就行政机关特定行为内容予以具体解释。

部分申请人还通过提起信息公开的方式要求行政机关对其作出的特定行为予以具体解释。

在"楼浜正诉义乌市自然资源和规划局政府信息公开案"中,原告申请公开信息为"义乌市自然资源和规划局所作出的(2019)第44号行政处罚决定书中退还非法占用的1634.9平方米土地给原权属单位中的原权属单位"。[3]在"孔某诉山东省退役军人事务厅政府信息公开案"中,原告向被告申请要求告知"申请人退役时山东省在执行鲁政发〔1984〕119号文中确定的农村退伍义务兵安置对象"。[4]在"张如英诉南通市崇川区城市管理行政执法局信息公开案"中,原告请求根据崇川城管局《停工(核查)通知书》,申请公开行政相对人的权利。[5]在"张洁兰诉重庆市政府不履行法定职责案"中,原告要求重庆市政府对《重庆市人民政府办公厅关于解决我市用人单位未参保超过法定退休年龄人员基本养老保障有关遗留问题的通知》所述"有权机关"给予解释。[6]

(5)就与行政机关作出特定行为无关事项的解答。

在法院认定申请人申请公开信息属于咨询类信息的案例中,还有部分申请人申请行政机关公开与其作出的特定行为无关的信息,即仅仅是提出特定

---

〔1〕 河南省高级人民法院(2019)豫行终3951号行政判决书。

〔2〕 湖南省长沙市中级人民法院(2017)湘01行终348号行政裁定书。

〔3〕 浙江省金华市中级人民法院(2020)浙07行终831号行政裁定书。

〔4〕 山东省济南市历下区人民法院(2020)鲁0102行初497号行政裁定书。

〔5〕 江苏省南通市中级人民法院(2018)苏06行终264号行政裁定书。

〔6〕 重庆市第五中级人民法院(2018)渝05行初192号行政裁定书。

问题，希望行政机关予以解答。

比如在"刘志福诉张店区食品药品监督管理局政府信息公开案"中，原告刘志福申请公开"在牛肉面中加罂粟是否违法"。[1]在"代庆和诉天津市政府政府信息公开行政复议案"中，原告申请公开"杨柳青镇×街拆迁办领导及工作人员名单、办公联系方式"。[2]

2. 咨询类信息的含义及其特征

《政府信息公开条例》中并未明确使用"咨询"一词，在地方性政府信息公开立法中，仅《北京市政府信息公开规定》在其第29条第1项内容中简单提及"咨询"事项，并未作出进一步解释。[3]

既然不存在法定解释，则应从"咨询"的基本语义角度出发分析其内涵。《现代汉语词典》中，"咨询"一词的意思为"询问；征求意见"，做动词使用。[4]基于司法实践，法院认定当事人申请属于咨询类信息的情况主要包括：申请人要求明确行政机关履行特定职责行为的原因、过程合法性；就已经完成的履责行为成文内容要求作出具体解释；就与行政机关履行特定职责无关的事项要求得到解答。由此可知，所谓咨询类信息，即申请人就特定事项询问行政机关，并要求行政机关予以解释或解答而形成的相关信息。

咨询类信息的本质为申请人就特定事项向行政机关提出疑问的进一步明确、解释和解答。经过笔者对司法实践情况的整合与分析，该类信息有如下特征。

（1）信息内容指向不明确。

结合目前法院认定属于咨询类信息的相关案例来看，咨询类信息申请一般通过疑问的形式提出，最显著的标志则是以问句的形式描述相关信息，或者申请人虽然并非通过疑问方式，但是申请公开事项内容的表述明显带有疑问色彩。从信息类型来看，该类申请通常为咨询行政机关作出特定行为的合

---

〔1〕 山东省淄博市张店区人民法院（2017）鲁0303行初5号行政裁定书。

〔2〕 天津市高级人民法院（2017）津行终234号行政判决书。

〔3〕《北京市政府信息公开规定》第29条第1项规定，申请内容为咨询、信访、举报等事项，不属于政府信息公开申请范围的，应当告知申请人通过相应渠道提出，对能够确定负责该事项的行政机关的，告知申请人该行政机关的名称、联系方式。

〔4〕 中国社会科学院语言研究所词典编辑室编：《现代汉语词典》，商务印书馆2020年版，第1731页。

法性和原因等相关信息。

首先，部分案例中申请人通过疑问方式提出信息公开申请，比如申请公开"造成清河村还迁房延期还迁的主观、客观原因是什么"？[1]其次，还有部分案例中申请人对所申请公开信息的描述带有疑问色彩，比如申请公开"义乌市自然资源和规划局所作出的（2019）第 44 号行政处罚决定书中退还非法占用的 1634.9 平方米土地给原权属单位中的原权属单位"。[2]还有申请公开"温土公告字〔2018〕整第 32 号文件中涉及的泽国镇沈桥村两块地块，编号为 ZG200601-1、ZG200604-1，以上地块作为沈桥村小微园区块土地出让，出让价每亩 497 万元，农户每亩补偿 73 300 元（包括青苗费）是参照什么公式、什么规定计算出来的"？[3]

所谓疑问，即不确定或不能解释的事情。[4]通过对上述案例情况分析可知，通过疑问的方式或者带有疑问色彩所申请的信息内容具有不确定性。

（2）信息并无特定载体。

从现有案例情况来看，咨询类信息不仅内容指向不明确，而且一般并无特定信息载体。所谓无特定信息载体，即申请人所申请公开信息并非以特定物理形态的书籍、文件、图片、机器可读格式等任何一种载体形式存在。[5]从信息类型来看，申请人请求就行政机关特定行政行为或与其作出特定行为无关的事实类事项要求具体解释相关信息属于并无特定载体的典型。

对于请求行政机关对其特定行政行为予以解答的相关信息申请而言，首先，由于是申请人对行政机关已经作出的行政行为存在疑问，因此一般并无特定载体，比如要求解释重庆市政府对渝办发〔2011〕272 号《重庆市人民政府办公厅关于解决我市用人单位未参保超过法定退休年龄人员基本养老保障有关遗留问题的通知》所述"有权机关"；[6]其次，对于要求行政机关对特定事实行为的解答，由于属于开放性疑问，因而一般并无特定载体。比如

---

〔1〕 天津市高级人民法院（2018）津行终 27 号行政判决书。

〔2〕 浙江省金华市中级人民法院（2020）浙 07 行终 831 号行政裁定书。

〔3〕 浙江省高级人民法院（2019）浙行终 1479 号行政判决书。

〔4〕 中国社会科学院语言研究所词典编辑室编：《现代汉语词典》，商务印书馆 2020 年版，第 1547 页。

〔5〕 参见肖卫兵："咨询类政府信息公开申请探析"，载《法学论坛》2015 年第 5 期。

〔6〕 重庆市第五中级人民法院（2018）渝 05 行初 192 号行政裁定书。

申请公开"《强制拆除决定书》下达后，谁负责拆除违建？后期归谁执行拆除违建，责任人是谁？哪个部门负责拆除"。[1]还有申请公开"对穿山甲进行检验的权威机构是哪些机构？机构的名称是什么？及检验机构对此批次穿山甲携带高致病病毒的检验报告等相关材料？申请关于走私入境的穿山甲大多带有高致病病毒，该病毒的名称是什么？病毒高致病级别是哪个级别？该病毒会造成哪些危害"？[2]

（3）信息一般并非现有。

司法实践中还存在申请人所申请信息需要行政机关进一步判断或者加工分析才能予以答复，此类信息被认为并非现有信息。

首先，部分申请人所申请信息需要行政机关予以进一步判断，比如原告向被告申请公开"'2015年高考答卷和答题卡（纸质原版和扫描图像）、评卷信息（含评卷过程数据）、答卷各题成绩'是否属于国家秘密及该信息的密级、知悉范围（请明确范围是否包括考生本人）和保密期限"。[3]在本案中，申请人本质是就高考答卷等是否属于国家秘密有关问题向被告咨询，被告无法直接以既有的信息予以答复，而是需要进行一定的判断后方可回应。其次，还有部分申请人所申请信息需要行政机关进一步加工和分析才能予以答复，比如请求公开"福建省2010年、2011年、2012年每一年度收取的差别电价的总额，以及每一年度该差别电价资金具体用于'哪个地方的建筑饰面石材行业废水污染整治和废渣综合利用的哪个项目及各个项目所用资金明细，该资金使用单位、经手人、项目审批人详情及相关依据'"。[4]

根据我国《政府信息公开条例》第2条规定，所谓政府信息，"是指行政机关在履行行政管理职能过程中制作或者获取的，以一定形式记录、保存的信息"。第38条规定，"行政机关向申请人提供的信息，应当是已制作或者获取的政府信息。除依照本条例第三十七条的规定能够作区分处理的外，需要行政机关对现有政府信息进行加工、分析的，行政机关可以不予提供"。根据上述内容可知，政府信息具有以下三个特征：其一，获取方式为在履行行政

---

〔1〕 青海省高级人民法院（2015）东行初字第28号行政判决书。

〔2〕 北京市东城区人民法院（2019）京0101行初134号行政判决书。

〔3〕 北京市第一中级人民法院（2016）京01行初620号行政判决书。

〔4〕 福建省福州市中级人民法院（2019）闽01行终595号行政裁定书。

管理职责过程中；其二，信息状态为已经制作或者获取，如果需要对现有政府信息进行额外加工分析的则不属于政府信息范畴；其三，信息应以一定形式记录、保存。而根据上述分析，所谓咨询类信息的核心特征有三：其一，信息内容指向不明确；其二，信息并无特定载体；其三，信息一般并非现有。基于上述特征对比可知，咨询类信息与法律所界定的政府信息完全不同。由于属于两类不同信息，因此两类信息申请的性质亦不相同，构成咨询类信息的申请不能按照构成政府信息申请作同等处理。

基于上述分析，由于咨询类信息不同于政府信息，因此，该类信息申请不能与政府信息做相同处理。所以，咨询类信息申请是否属于行政复议受案范围，应通过行政复议受案范围具体判断标准予以分析。

（二）咨询类信息申请答复是否属于行政复议范围的判断

1. 我国行政复议范围

所谓行政复议受案范围，又称行政复议客体，是指行政相对人认为行政机关作出的行政行为侵犯其合法权益，依法可以向行政复议机关请求审查的范围。[1]简言之，即可以向行政复议机关请求审查的行政机关行为范围。

（1）我国行政复议法定范围。

我国《行政复议法》第2条、第6条、第7条、第8条通过对行政机关行为分类的方式对行政复议受理范围予以明确规定。具体而言，第2条为对我国行政复议受案范围的概括式规定，公民、法人或其他组织认为行政机关的具体行政行为侵犯其合法权益的，都可以依照本法申请行政复议。第6条则是对可以提起行政复议的行政机关具体行政行为的列举，具体列举了11项内容。第7条进一步规定，对于行政机关抽象行政行为，公民、法人或其他组织可以在对该行为申请行政复议时一并提出审查申请。第8条内容则是对行政复议范围的负面规定，即与其他救济方式的衔接规定：首先，对于行政机关作出的相关人事处理决定，应提起申诉；其次，对于行政机关对民事纠纷作出的调解或者处理，应依法申请仲裁或向法院提起诉讼。基于上述规定，我国《行政复议法》通过概括加否定列举的方式规定了受理范围。概括来看，

---

〔1〕 姜明安主编：《行政法与行政诉讼法》，北京大学出版社、高等教育出版社2015年版，第374页。

行政机关侵犯公民、法人或其他组织合法权益的具体行政行为属于我国行政复议受理范围，且其中对行政机关作出具体行政行为的依据不能单独提起行政复议，只能基于具体行政行为附带提起。从否定角度，对于行政机关作出的有关人事处理决定和针对民事纠纷作出的处理行为，则不能提起行政复议。

基于法规范解释，我国行政复议范围为可能侵害公民、法人或其他组织合法权益的行政机关"具体行政行为"。虽然我国法律已经规定了相对明确的行政复议范围，但是学者普遍认为目前我国行政复议范围尚未脱离行政诉讼受案范围的框架，由于与行政诉讼存在本质差异，其受理范围应相较于现有范围进一步扩大。[1]因此，还应基于学界现有研究成果分析我国行政复议的应然受理范围。

（2）我国行政复议应然受理范围。

我国学者认为行政复议受理范围相较于行政诉讼应进一步扩大的理由为，行政复议的本质为通过层级监督的方式在行政内部解决纠纷的机制，与行政诉讼受案范围需要考量司法权与行政权之间的关系不同，上级行政机关监督下级行政机关本就不存在体制障碍，因此行政复议相较于行政诉讼应对行政机关行为的审查范围更广。[2]即便如此，对于我国行政复议受案范围如何扩大，扩大到何种程度的问题，学界尚未形成一致意见。[3]行政复议受理范围的设置服务于该制度功能实现，因此，其受理范围的扩大具体采取何种方案直接取决于我国行政复议制度的功能。

根据《行政复议法》第1条规定，我国行政复议的功能有三：其一，防止和纠正违法和不当的具体行政行为；其二，保护公民、法人和其他组织的合法权益；其三，保障和监督行政机关依法行使职权。由此可知，我国行政复议制度功能为通过防止和纠正行政机关违法和不当的具体行政行为，以实

---

〔1〕 参见王春业："行政复议受案范围负面清单模式之建构"，载《法商研究》2017年第4期。

〔2〕 参见于安："制定我国《行政复议法》的几个重要问题"，载《法学》1999年第8期。

〔3〕 有学者认为，应进一步放宽可以申请行政复议的抽象行政行为范围以及将行政机关对其工作人员作出的行政处分纳入复议范围。参见湛中乐："论我国《行政复议法》修改的若干问题"，载《行政法学研究》2013年第1期。有学者认为应将行政机关有监督关系的领域发生的公法争议都纳入行政复议范围。参见余凌云："论行政复议法的修改"，载《清华法学》2013年第4期。还有学者从规定模式角度，认为应仅通过列举负面清单规定行政复议受案范围。参见王春业："行政复议受案范围负面清单模式之建构"，载《法商研究》2017年第4期。

现对个体合法权益的保护以及对行政机关依法行使职权的监督。所谓"具体行政行为",是指具有行政权能的组织为实现行政规制而运用行政权,针对特定相对人设定、变更或消灭权利义务所作的单方行政行为。[1]因此,《行政复议法》的规定实则将行政机关的内部行为、抽象行为、双方行为排除在行政复议受案范围之外。基于法律规定,审查行政机关具体行政行为仅是手段,而保护个体合法权益以及监督行政机关依法行使职权才是最终目的,但《行政复议法》所审查的行政机关行为对于该最终目的的实现显然范围过窄。从行政复议最终目的角度出发,首先,旨在监督行政机关依法行使职权,因此属于行政复议范围的行为必须为行政机关行使职权的行为;其次,旨在保护公民、法人或其他组织的合法权益,因此只要对公民、法人或其他组织合法权益造成侵害或存在侵害可能性的行政机关行为都应纳入行政复议范围。

基于对我国行政复议功能的分析,只要对公民、法人或其他组织合法权益造成侵害或存在侵害可能性的行政机关行使职权的行为,都应纳入行政复议范围。因此,判断特定行为是否属于行政复议范围应通过两个标准予以判断:其一,该行为是否为行使行政职权行为;其二,行政机关该行使职权行为是否对公民、法人或其他组织合法权益造成侵害或存在侵害可能性。

2. 咨询类信息申请答复是否属于行政复议范围的判断标准

基于行政复议受理范围判断标准,判断咨询类信息申请答复行为是否属于行政复议范围,首先应判断咨询类信息答复行为是否为行使行政职权的行为;其次应判断咨询类信息答复行为是否会对信息申请人的合法权益造成侵害或存在侵害可能性。

(1) 咨询类信息答复是否为行使行政职权行为。

特定行为是否为行使行政职权行为的判断,首先,要看该作出咨询类信息答复的机关是否享有行政职权;其次,在该机关享有行政职权的前提下,还要看其是否实际运用其行政职权。[2]基于司法实践情况,公民、法人或其他组织基于获取信息权威性角度考量,一般仅向行政机关或行政机构提出咨

---

[1] 姜明安主编:《行政法与行政诉讼法》,北京大学出版社、高等教育出版社 2015 年版,第 185 页。

[2] 参见姜明安主编:《行政法与行政诉讼法》,北京大学出版社、高等教育出版社 2015 年版,第 185-186 页。

询类信息申请，基本不存在是否享有行政职权的判断争议。由于咨询类信息内容指向一般不特定，行政机关对咨询类信息的答复行为是否为实际运用其行政职权的判断则不能一概而论。

基于上文分析，司法实践中咨询类信息具体分为五种类型：咨询行政机关作出特定行为合法性相关信息、咨询行政机关作出特定行为的原因相关信息、咨询行政机关作出特定行为过程中相关信息、请求就行政机关特定行为内容予以具体解释、就与行政机关作出特定行为无关事项的解答。上述类型实则可以进一步简化为两种类型，即咨询与行政机关作出特定行为相关事项和与作出特定行为无关的事项。就后者而言，公民、法人或其他组织认为行政机关答复具有权威性，因而往往向行政机关咨询可能并不属于其职责的事项，比如咨询"在牛肉面中加罂粟是否违法"[1]等类似事项。而对于前者，该咨询往往基于行政机关依行政职权已经作出的行为，因此对该行为予以进一步相关解释则必然还是行政机关职权范围内事项。但是对于该类咨询答复行为是否属于行政复议范围，还应判断该咨询类信息答复是否会对个人合法权益造成侵害或存在侵害可能。

（2）咨询类信息答复是否可能对申请人合法权益造成侵害或存在侵害可能性。

行政机关行使行政职权行为是否可能对个人合法权益造成侵害，要看其行使行政职权行为是否将直接减损公民、法人或其他组织合法权益，或者直接影响其既有合法权益的获得。具体到行政机关的咨询类信息答复行为是否可能对个人合法权益造成侵害，还要基于所答复的咨询信息类型进行分析。

在行政机关行使职权范围内，咨询类信息则仅有四种类型，即咨询行政机关作出特定行为合法性相关信息、咨询行政机关作出特定行为的原因相关信息、咨询行政机关作出特定行为过程中相关信息、请求就行政机关特定行为内容予以具体解释。首先，咨询行政机关作出特定行为合法性和原因的相关信息，属于对行政机关已经作出行为依据和作出动机的咨询，针对该内容的答复无法改变已经作出行为的内容，因此不可能对申请人的合法权益造成侵害或有侵害可能性；其次，咨询行政机关作出特定行为过程中相关信息，

---

[1] 山东省淄博市张店区人民法院（2017）鲁 0303 行初 5 号行政裁定书。

属于对行政过程中有关信息的咨询，该类信息由于还不具有成熟性，无法对外产生任何效力，因而也不可能对申请人的合法权益造成侵害；最后，请求就行政机关特定行为内容予以具体解释，往往是由于行政机关所作出具体行为内容具有争议或者不明确，请求作出进一步解释，行政机关针对该类咨询的答复实则为对其所作出行为内容的具体化，因而可能会影响咨询人的合法权益。

综上所述，行政机关针对咨询类信息的答复行为是否属于行政复议范围不能一概而论，而要根据咨询类信息类型予以具体分析。一般而言，针对行政机关职责范围内事项，且直接决定行政机关行为内容的咨询类信息答复行为属于行政复议范围。[1]

二、我国行政诉讼中诉的利益判断标准

诉的利益起源于民事诉讼，由于与行政诉讼基本理念相通，后来亦在各国行政诉讼中被广泛应用。我国学界对诉的利益的内涵认识包括最广义、广义和狭义三个层次，上述不同范畴的核心区分在于法律保护需要之外，受案范围和原告适格是否应纳入诉的利益的基本范畴。[2]由于受案范围和原告适格在我国行政诉讼中已经分别形成了比较成熟的诉讼制度，因此一般认为诉的利益仅指狭义范畴内的法律保护需要，即当事人的诉讼请求利用行政诉讼的必要性和实效性。[3]诉的利益虽然并非我国行政诉讼法定概念，亦非我国传统意义上的诉讼法理论，但是已经在行政司法实践中被大量应用，且实际具有排除当事人诉权行使的消极效果。在无法统一诉的利益判断标准的前提

---

〔1〕 需要注意的是，该结论的推出是建立在咨询类信息与政府信息区分的前提之下，如果当事人以咨询的方式实则申请内容符合政府信息的特征，则不应被认为属于咨询类信息，而应按照政府信息公开申请答复的情形列入行政复议受案范围。

〔2〕 主张受案范围、原告适格和法律保护需要都为诉的利益范畴则为最广义认识。参见刘志刚："论行政诉讼中的诉的利益"，载《诉讼法论丛》2004年第0期。主张受案范围或原告适格分别与法律保护需要同为诉的利益范畴为广义认识。参见刘广林："恶意行政诉讼中'诉的利益'辨识"，载《辽宁行政学院学报》2014年第6期。肖永红："行政诉讼中原告资格的认定——以诉的利益为模式"，载《中共郑州市委党校学报》2005年第4期。主张仅法律保护需要为诉的利益范畴为对诉的利益狭义认识。参见王贵松："信息公开行政诉讼的诉的利益"，载《比较法研究》2017年第2期。

〔3〕 参见章剑生："行政诉讼中滥用诉权的判定——陆红霞诉南通市发展和改革委员会政府信息公开答复案评释"，载《交大法学》2017年第2期。参见梁君瑜："祛魅与返魅：行政诉讼中权利保护必要性之理论解读及其适用"，载《南大法学》2020年第2期。

下，我国行政司法实践中应用诉的利益将存在极大损害当事人诉权行使的风险。诉的利益判断标准的本质为如何判断当事人的具体诉是否具有利用行政诉讼的必要性和实效性，因此确定该判断标准的前提为当事人得以在何种程度范围内利用行政诉讼，即诉的利益定位问题。

（一）我国行政诉讼中诉的利益定位

诉的利益在我国行政诉讼中的定位，综合我国行政诉讼法规范、行政司法实践和学界相关研究成果，整体存在起诉要件、诉讼要件、本案要件和中间要件四种认识。

1. 我国对诉的利益定位认识的分歧

（1）"起诉要件"定位说。

将诉的利益定位为"起诉要件"是我国《行政诉讼法》相关法律规范以及部分行政司法实践的做法。我国《最高人民法院关于适用〈中华人民共和国行政诉讼法〉的解释》第 69 条第 1 项至第 9 项所规定的内容本质符合诉的利益内涵，但是本条第 10 项规定"其他不符合法定起诉条件的情形"。换言之，如果认可上述第 69 条规定相关事项符合诉的利益内容，则可以推论我国行政诉讼法规范认为诉的利益的定位为"起诉要件"。

上述解释可以从我国行政司法实践的情况获得证实。比如在"林鸣诉上海市政府行政复议案"中，最高人民法院指出，林鸣提起的本案信息公开申请及诉讼，不能证明对其权益有实际影响，因此不能证明其具有诉的利益。故其起诉不符合行政诉讼起诉条件。[1]由此可知，部分法院基于我国行政诉讼法规范认为诉的利益应定位为行政诉讼的"起诉要件"。

（2）诉讼要件定位说。

目前我国大部分学者认为诉的利益应被定位为诉讼要件。即便认定诉的利益为诉讼要件的学者，对诉的利益性质的认识依然存在纯粹程序性事项或程序性兼实体性事项的不同认识。

有学者基于诉的利益为纯粹程序性事项性质的认识将其定位为诉讼要件，具体而言，其认为诉的利益为诉权要件，诉权为程序性权利，因而诉的利益

---

[1] 最高人民法院（2019）最高法行申 7598 号行政裁定书。

也不需要以实体性事项存在为前提。[1]而更多学者则基于诉的利益性质不仅为程序性事项亦包含实体性事项的认识，将其定位为诉讼要件。对诉的利益性质作如此认定主要基于两方面的理由：其一，诉的利益直接指向利用诉讼制度的利益，但是其部分实体请求内容的确认还需要进行审理。因此其本质为诉讼要件，但是有些事项属于本案要件。[2]其二，还有学者主张，诉的利益为法院受理行政诉讼案件的前提，因此在受理前就应对其进行判断，而在受理之前法院所进行的判断不是也不能以实体法权利是否存在为依据，所以其认为诉的利益虽然有实体性要素，但应为诉讼要件。[3]

（3）本案要件定位说。

我国还有部分学者基于诉的利益属于实体性事项的认识，主张诉的利益为本案要件。

该学者指出，法院在主观诉讼的本案审理阶段，应审查行政行为合法性、原告权利享有事实状态、该权利是否确实遭受行政机关侵害以及是否存在司法救济的必要性（狭义诉的利益）问题。[4]从形式来看，由于本案阶段为对实体性事项的审查，持有该主张的学者认为诉的利益应在本案阶段予以审理，因此其本质认为诉的利益为实体性事项。从内容来看，该学者认为司法救济必要性应与类似"原告权利享有事实状态""该权利是否确实遭受行政机关侵害"等事项处于同阶段审查，该类事项明显为实体性事项，因此该学者理应认为诉的利益亦为实体性事项。

（4）中间要件定位说。

我国主张诉的利益为中间要件定位的学者，实则以日本学者上北武男和山木户克己的观点为支撑，认为诉的利益为诉讼追行利益，不同于作为诉讼对象的程序性利益，亦不同于获得胜诉判决的实体性利益，而是谋求获得实体判决的必要和利益。[5]在此前提下，认为诉的利益并非完全程序性事项，

---

〔1〕 参见李昕、白穆："论行政诉讼中诉的利益"，载北大法律信息网。

〔2〕 参见王贵松："论行政诉讼的权利保护必要性"，载《法制与社会发展》2018年第1期。

〔3〕 参见向忠诚："论行政诉讼中诉之利益的性质和要件"，载《邵阳学院学报（社会科学版）》2005年第5期。

〔4〕 参见贺奇兵："行政诉讼原告资格审查机制的正当化改造"，载《法学》2017年第4期。

〔5〕 转引自［日］谷口安平：《程序的正义与诉讼》，王亚新、刘荣军译，中国政法大学出版社1996年版，第159页。

亦非完全实体性事项，而是介于程序法与实体法之间的中间事项，因而其不应被定位为诉讼要件，亦无法被定位为本案要件，而是介于诉讼要件与本案要件之间的中间要件。[1]

综上所述，我国目前对行政诉讼诉的利益定位存在起诉要件、诉讼要件、本案要件和中间要件的认识，可以说存在很大的认识分歧。基于对不同学者定位诉的利益理由的分析，存在上述认识分歧的根源，实则在于对诉的利益本质为程序性事项抑或实体性事项的认识存在差异。因此，分析诉的利益在我国行政诉讼中定位的关键为明确其本质。

2. 行政诉讼诉的利益本质

行政诉讼中诉的利益为具体诉讼请求利用行政诉讼的必要性和实效性。行政诉讼为程序法和实体法相互作用的结果，因此诉的利益本质为程序性事项抑或实体性事项的判断实则取决于当事人有权在多大程度上"利用行政诉讼"。当事人利用行政诉讼的权利为诉权，诉的利益在"具体诉讼请求利用行政诉讼必要性和实效性"的范畴内为诉权行使要件，因此行政诉讼中诉的利益本质取决于行政诉讼中诉权的具体内涵。

（1）诉权的内涵。

在民事诉权理论中，诉权经历了私法诉权说到公法诉权说的转变，公法诉权说的确立标志着诉讼法从实体法中分立出来成为独立的部门。[2]公法诉权说以抽象诉权说为开端，但是由于与实体法和当事人请求内容完全脱节而受到极大批判，为弥补该学说内容空洞的缺陷，具体诉权说则通过将实体性和程序性权利保护要件（权利保护资格、当事人适格和诉的利益）纳入，以丰富诉权理论。具体诉权说虽然在某种程度上弥补了抽象诉权说的缺陷，但是该说将实体权利保护要件纳入诉权范畴因而遭到极大批判，不仅会成为私法诉权说的翻版，而且会导致诉权概念内部不可调和的矛盾。[3]将实体权利保护要件排除出诉权内涵几乎不存在争议，目前存在较大争议的则是程序性权利保护要件是否应纳入诉权内容，以此为标准可以将目前诉权理论分为附

---

〔1〕 参见刘志刚："论行政诉讼中的诉的利益"，载《诉讼法论丛》2004年第0期。

〔2〕 参见江伟、邵明、陈刚：《民事诉权研究》，法律出版社2002年版，第10—11页。

〔3〕 因为假设当事人没有获得胜诉判决，但是其经历了所有诉讼程序，在此情况如果被认为其诉权没有获得任何满足，难免会有失偏颇。

条件和不附条件诉权说两大阵营。前者主要包括实体裁判请求权说和司法行为请求权说，而后者则包括抽象诉权说、诉权人权说和宪法诉权说。诉权实现是否附加条件的不同认识是对诉权内涵的理解有所不同，不附条件诉权理论所要表达的观念为"任何人都可以自主决定是否提起诉讼"，即认为诉权仅指当事人提起诉讼的权利；而附条件的诉权学说则认为诉权不仅包括提起诉讼的权利，还包括获得公正裁判的权利。由此可知，附条件诉权说因为赋予诉权享有者更多的权利，从而相应赋予其实现条件。

诉权内容决定了诉讼程序利用者在诉讼过程中受到法律保护的权利内容，该权利具体由诉讼制度运营者法院予以保障。作为诉讼制度利用者的当事人和诉讼运营者法院在是否启动诉讼程序审查当事人诉讼请求的立场上大多是对立的：当事人从自身利益最大角度出发必然希望最大可能性地启动诉讼程序对其请求予以实体审查，而法院从司法资源合理分配的角度则未必希望每个个案都得以启动诉讼程序。当当事人和法院的对立现实产生时，则会产生如下风险：法院基于司法资源分配妥当性的考量不当牺牲请求实体权利保护的诉讼制度利用者的利益。[1]如果诉权仅包括起诉自由的内涵，上述极大可能会出现的风险则无法被避免。如果上述风险现实发生，当事人通过诉讼程序救济其实体权利的可能性则被剥夺，从而诉讼法保障实体法实现的工具性价值则无法实现。由此可知，诉权内容不仅应包含提起诉讼请求的权利，亦应包括其诉讼请求获得公正裁判的权利。

（2）诉的利益本质分析。

在具体诉讼请求利用行政诉讼必要性和实效性范围内，诉的利益为诉权行使要件。诉权为当事人获得法院公正实体审判的权利，诉的利益为法院对具体诉讼请求是否值得利用行政诉讼的判断。如果"利用行政诉讼"的内涵为"获得公正实体审判"，那么是否值得"利用行政诉讼"则不包括"公正性"的判断，因为公正性为司法的本质属性，法院并无判断是否作出"公正"实体审判的权能。[2]在此意义上，诉的利益作为诉权行使要件，其内涵可以置换为"具体诉讼请求内容获得法院公正的实体审判的必要性和实效性。"因

〔1〕 参见［日］新堂幸司：《新民事诉讼法》，林剑锋译，法律出版社2008年版，第178页。
〔2〕 此处所谓的"公正性"为"实质公正"而非"形式公正"，即包括对诉讼效率价值的考量在内。

279

此，诉的利益本质取决于"是否获得法院实体审判"的程序法抑或实体法属性。

首先，"是否获得法院实体审判"的根本落脚点在于"是否获得法院裁判"，因此诉的利益本质属性取决于"是否获得法院裁判"的判断属于程序法抑或实体法规范事项。如果说实体法内容是通过权利和义务关系所呈现出的利益，那么程序法则为实现该利益内容的手段和形式。[1]因此，虽然实体法和程序法的最终目的都在于实现纠纷的解决，但是由于二者本身性质不同，因此实现该目的的具体途径亦有所不同：实体法为实体权利义务内容的规范，因此其通过明确当事人请求保护的实体权利义务关系的方式实现纠纷的解决；程序法为对解决纠纷手段和方式的规范，因此通过针对纠纷作出判决的形式实现纠纷的解决。由于"是否获得法院裁判"由程序法内容规定，属于程序法规范事项，因此，诉的利益本质属性为程序性事项。

其次，"是否获得法院实体审判"不仅在于"获得法院裁判"，而且要获得"实体"裁判，而该"实体"的意义亦影响诉的利益本质的判断。"是否获得法院实体审判"旨在处理"是否作出实体审判"的问题，而不予处理"作出何种实体审判"。两者的区别在于，前者中所谓的"实体"仅起到对裁判形式予以限定的作用，即只要该实体内容在事实上存在，且在性质上属于行政实体法权利义务关系的内容即可，不需要回溯实体法判断是否切实符合其实际规定；后者所谓的"实体"则更侧重对裁判内容的限定，即不仅要求该裁判在形式上属于实体法内容，还涉及该实体内容是否符合实体法规定的判断。因此，对于前者所涉及的"实体"仅能称之为"实体法要素"，而后者所谓的"实体"才属于实体性事项。因此，诉的利益本质属性还涉及部分实体法要素。

综上所述，诉的利益本质为程序性事项，但还涉及部分实体法要素。

3. 行政诉讼诉的利益属于诉讼要件

（1）起诉要件的排除。

基于诉讼基本原理，所谓起诉要件为法院判断诉是否成立的依据，[2]该

---

〔1〕　参见孙笑侠："程序的法理"，中国社会科学院研究生院 2000 年博士学位论文。

〔2〕　参见［日］中村英郎：《新民事诉讼法讲义》，陈刚、林剑锋、郭美松译，法律出版社 2001 年版，第 153 页。

类要件是否满足并不影响实体性权利的实现，属于纯粹程序性事项。诉的利益性质由于涉及实体法要素，其判断结果的有无将影响法院最终是否作出支持原告诉讼请求的胜诉判决。因此，对是否具有诉的利益的判断结果由于可能会使原告蒙受不利影响，基于程序正义原则，原告有权充分参与诉讼程序，并可以提出有利于自己以及反驳对方的主张和证据。而起诉要件为审判程序启动之前法院依职权审查事项，因而无法保障当事人充分参与起诉要件审查的过程。因此，如果将行政诉讼诉的利益定位为诉讼要件不仅会违背行政诉讼位阶划分机制，更会由于影响当事人程序参与权利而违背程序公正原则。

（2）本案要件的相悖。

所谓本案要件，学理上为对当事人起诉作出何种实体审判的审查标准，其性质为纯粹实体性事项。[1]诉的利益本质虽然涉及实体法要素，但是其根本属于程序性事项，因此不属于本案要件。从反面来看，如果将诉的利益定位为本案要件，则将包括对当事人是否能够获得胜诉判决的判断，而诉的利益本质，其仅为对具体诉讼请求是否获得实体审判的判断，因而如此定位与诉的利益本质相悖。不仅如此，诉的利益基本功能在于对不值得获得实体审判的诉进行筛选，如果将诉的利益定位为本案要件，意味着只能在本案审理阶段判断其是否具有诉的利益，但是此时诉的利益筛选功能已经无法得到有效发挥。

（3）诉讼要件的选择。

从德国和日本设置诉讼要件的经验来看，其本质为将本案要件中部分涉及程序性的内容前置以及将起诉要件中部分涉及实体性内容后置的结果。[2]将审理实体法的前提内容前置为诉讼要件主要基于对诉讼成本投入和诉讼结果产出比的诉讼效益考量，避免滥用诉讼程序的情况出现；而在起诉阶段将需要回溯实体法内容审查的内容后置为诉讼要件，则主要基于程序正义价值考量，避免在当事人无法参与的前提下作出影响其实体权利义务的决定。因

---

[1] 参见［日］中村英郎：《新民事诉讼法讲义》，陈刚、林剑锋、郭美松译，法律出版社2001年版，第153页。

[2] 参见［日］小早川光郎：《行政诉讼的构造分析》，王天华译，中国政法大学出版社2014年版，第28页；王天华：《行政诉讼的构造：日本行政诉讼法研究》，法律出版社2010年版，第41–42页。

此，诉讼要件性质即为包括程序性事项和实体性事项在内的要件。诉的利益本质为包括部分实体法要素在内的程序性事项，因而应被定位为诉讼要件。

（二）我国行政诉讼诉的利益一般判断标准

诉的利益定位为诉讼要件，则意味着其为对具体诉讼请求是否得以获得实体审判的判断。具体诉讼请求得以获得实体审判的必要性和实效性，其本质都为对行政诉讼的运行在权限范围内可以满足当事人诉讼请求内容限度的表达，而该限度由法院在判断是否作出实体审判时对所涉及利益冲突的衡量结果决定。

1. 法院是否作出实体审判涉及利益冲突类型

法院是否启动实体审判直接涉及原告、被告行政机关和法院三方的利益。就启动实体审判而言，对三者而言都具有正向利益；而对于不启动实体审判而言，则仅对原告而言具有不正向利益，而对于行政机关和法院而言则都存在正向利益。因此，所谓的利益冲突，则是在不启动实体审判维度上原告分别与行政机关和法院之间的利益冲突。

详言之，对原告而言，其利用行政诉讼的根本目的在于通过获得公正实体审判保障其实体权利。虽然法院启动实体审判并不必然导致获得法院有利实体判决的结果，但是若不启动则必然无法获得有利实体判决结果。因为实体审判程序的启动对原告而言不仅可以在程序上充分参与，还可以通过行使其诉权主张其实体诉求。因此，只有启动实体审判才对原告具有正向利益。法院不予作出实体判决对其具有正向利益背后的原因在于，如果判断原告提出的具体诉讼请求没有必要或无法通过行政诉讼予以解决，而在此前提下依然启动实体审判则是司法程序的空转，仅仅是法院在人、财、物等成本上的消耗，无法解决实际纠纷。虽然公正性为司法的本质特征，但这并不意味着在形式上为每个人都提供同等的司法资源配给，而是从实质公正角度出发考量每个人值得分配的司法资源，即反映司法资源的投入与产出比率的司法效率。不启动实体审判对行政机关亦有正向利益，因为如果原告不正当行使其诉权，行政机关在应诉方面将分配更多本不必要的资源和精力。在行政资源有限的前提下，不必要资源的消耗必然会降低行政机关履行社会公共职能的效率，从而会对社会公共利益造成损害。

综上所述，在启动实体审判维度，原告与法院之间的利益冲突背后实则涉及个案司法公正与司法效率的价值冲突；原告与被告之间利益冲突背后的本质为诉权保障和禁止诉权滥用的价值冲突。因此，行政诉讼中诉的利益判断标准实则取决于司法公正与司法效率、诉权保障与禁止诉权滥用两对冲突价值的衡量。

2. 司法公正与司法效率价值衡量

司法公正价值要求法院在作出于当事人不利的裁判之前，应充分保障当事人参与审判程序并影响裁判形成的权利。原则上，法官在启动实体审判程序之前对被诉案件书面审理，意味着法院仅依职权对案件予以审查，原告一般情况下不直接参与法院的审查过程，即使参与一般而言也是较低程度的程序性参与。在此情况下，若作出有利于起诉者的审查结果对其并无影响，但是如果作出对起诉者不利的审查结果，则在一定程度上会影响司法公正价值的实现。因此，基于纯粹的司法公正价值，法院无论如何都应针对具体诉讼请求作出实体判决以保障起诉者充分参与行政诉讼审判程序，而不应在程序上予以限制。最大化贯彻司法公正意味着即使不值得利用行政诉讼的诉讼请求也应经历完整的审查阶段。如果认可国家财政支持的司法资源具有有限性，那么上述情况虽然保障了形式上的公正，但难谓实质公正。

从实质公正角度出发，还应将司法效率价值纳入考量。司法效率原则要求立法机关在进行诉讼程序安排时，基于司法公正合理安排诉讼程序规则，分配权利义务，以实现司法效率；要求法院在审理案件时尽量避免司法资源的浪费；要求当事人理性判断是否选择通过诉讼程序以解决纠纷。[1] 即只有在司法资源的投入得以实现预期诉讼目的以及该资源的投入符合经济合理性原则的情况下，才为该具体诉讼请求投入司法资源，否则不符合司法效率的要求。即使司法效率在一定程度上得以弥补司法公正的弊端，但司法公正始终为诉讼的根本价值追求。因此，诉的利益判断虽然应考量司法效率，但仍应以司法公正为根本价值取向，换言之，仅在极少数情况下才得以判断不具有诉的利益。基于对司法效率范畴的从严解释，只有在原告诉讼请求目的无法实现、已经实现或者有其他更为便捷有效途径实现等明显违背司法效率价

---

〔1〕 参见樊崇义主编：《诉讼原理》，法律出版社 2003 年版，第 185-186 页。

值的情况下才可以认为不具有诉的利益。

3. 诉权保障与禁止诉权滥用价值衡量

最大限度保障当事人诉权行使应为根本价值追求，但是过度保障则会导致滥用。行政诉讼并非救济公民合法权益的唯一手段，因此公民在认为其合法权益受到侵害时是否通过行使诉权的方式实现其合法权益完全取决于其主观选择。趋利性是人类的本能，因而在诉权行使不受任何限制的情况下不可避免会出现滥用诉权的情况。司法资源的供给面向全社会而非某特定个人，在公共资源有限的情况下，若放任滥用诉权行为，将损害其他公民正当行使诉权。[1]不仅如此，在行政诉讼中，被告恒定为行政机关，行政机关履行职责旨在服务于社会公共利益的实现，如果放任原告滥诉行为也将损害社会公共利益。因此，对于滥用诉权的行为应予以禁止。

虽然滥用诉权的行为应予以禁止，但毋庸置疑保障诉权行使应始终为根本原则，禁止诉权滥用只是例外情况。从大陆法系国家情况来看，虽然规定了包括诉权在内的禁止权利滥用条款，但是对其规定十分谨慎。[2]正如胡芬所言，必须禁止将"禁止滥用诉权"普遍化，不能以"禁止滥用"为名义草率限制公民诉权行使。[3]尤其在我国行政诉讼中，阻碍当事人依法行使其诉权的因素尚未完全消除，[4]即使在行政司法实践中出现所谓的滥用诉权现象也要谨慎规制。因此，在诉权领域必须对禁止权利滥用原则予以严格解释适用。

---

[1] 美国社会学家庞德的《通过法律的社会控制——法律的任务》中所列举的事例很好说明了对权利行使进行限制的必要性：公众都想进入受大众欢迎的明星主演的影片现场，但事实是想进现场的人大于戏院的最大容纳量。如果进入戏院的方式不受任何限制，那么所有人都会竭尽所能争夺可以进入的机会，甚至不惜对他人造成伤害，最终可能不一定有很多人进得去，甚至没有人能进去。退一步讲，即使达到最终能进的人都进入了戏院的最好结果，这个过程也将会是一个非常费时和麻烦的过程，而且还会伴随或多或少的身体或者精神伤害。反之，如果规定必须排队才能入场，则会大大减少入场的耗时以及其他可能的伤害，最终的结果同样也是超出戏院最大容纳量的人无法入场。参见[美]罗斯科·庞德：《通过法律的社会控制——法律的任务》，沈宗灵、董世忠译，商务印书馆 1984年版，第 34 页。

[2] 参见李勇："禁止诉权滥用的宪法分析"，载《云南大学学报（法学版）》2009 年第 2 期。

[3] 参见[德]弗里德赫尔穆·胡芬：《行政诉讼法》，莫光华译，法律出版社 2003 年版，第389 页。

[4] 参见《最高人民法院关于进一步保护和规范当事人依法行使行政诉权的若干意见》（法发〔2017〕25 号）。

禁止权利滥用的基本内涵为，禁止采用对社会和他人利益造成不当损害的方式行使诉权。从诉权保障最大化角度，"普遍认为的界限"由于存在不确定性，因而必须将之尽量具体化以降低对诉权行使造成的不必要损害。为使禁止权利滥用原则有确定性内容，必须明确对他人造成何种损害将构成滥用权利。由于权利在社会中才得以实现，因此无论个人权利如何行使都必然会在客观上对他人和公共利益造成一定损害。如果存在复数权利行使方式，当事人采用明显对他人和公共利益损害更大的权利行使方式，才构成滥用诉权。因此，经过严格解释后的禁止权利滥用原则可以表述为：当事人主观选择的权利行使方式，明显会对他人和公共利益造成更大损害，该种权利行使方式为滥用权利，应被禁止。

综上所述，诉的利益在行政诉讼中的具体应用标准的确定应遵循如下框架：基于司法公正和司法效率价值衡量，应从非因当事人的客观因素角度，考量是否存在原告诉讼请求目的已经无法实现、已经实现或者特定类型诉讼之外有其他更为便捷有效途径实现等明显违背司法效率价值的情况；最后，基于诉权保障和禁止诉权滥用价值的衡量，应从可归因于当事人的主观因素考量当事人诉权行使方式的选择是否会对他人和公共利益造成更大的损害。[1]具体到孙长荣案中，孙长荣在已知吉建房字〔1999〕27号通知已经失效的前提下，依然要求行政机关就该通知效力问题作出答复，属于可归因于当事人的主观因素。在客观上已经达到目的的前提下，还要求行政机关作出答复，该诉权行使将会对社会公共利益造成更大损害，因而不具有诉的利益。

【后续影响及借鉴意义】

本案摘选自最高人民法院公报案例，入选该公报的案例为最高人民法院认为具有典型性和代表性的案例，旨在为各级法院裁判类似案例提供参考。与普通案例的不同之处在于，入选公报的案例有最高人民法院总结和提炼出的裁判摘要，是本案法律价值和指导价值的集中体现。因此，孙长荣案对各

---

〔1〕 对于特定情形是否属于不可归因于原告的客观因素抑或可归因于原告的主观因素，该判断仅具有对诉的利益应用标准提供判断框架和方向的学理意义，而不具有实践意义，因为不论是否归结于原告原因，该情形的存在都会导致不具有诉的利益的判断结果。因此，主客观因素的分析并非泾渭分明，存在在一定条件下判断框架相互转化的可能。

级法院进行类似裁判所产生的影响主要体现在最高人民法院总结和提炼的裁判摘要之中。根据孙长荣案的裁判摘要，最高人民法院主要明确了两方面内容：其一，咨询类信息申请不同于政府信息公开申请，不属于行政复议受理范围；其二，当事人在客观上已经获得相关信息，但依然要求行政机关作出答复的情形不具有诉的利益。因此，本案对后续的影响也集中体现在上述两个方面，具体详述如下。

首先，《政府信息公开条例》颁行之后，实践中陆续出现形式上申请政府信息公开，而实质为对特定事项进行咨询的信息公开申请的情形。对于此类信息申请如何处理《政府信息公开条例》并未予以明确规范，因此给各级法院对类似案件进行裁判带来极大挑战。孙长荣案列入公报，实则对于各级法院在裁判咨询类信息是否属于行政复议受理范围时给出了明确指导意见。其次，自 2015 年之后，我国行政司法实践中经常出现原告在事实上已经达到诉讼目的，但是依然要提起行政诉讼的情况。对于此类情况，我国《行政诉讼法》并未予以明确规定，因此各级法院在对此类案件进行处理时呈现不同样态，不利于司法裁判的统一以及司法权威性的树立。孙长荣案为今后各级法院处理此类案件提供了直接参考，即当事人在客观上已经达到诉讼目的但依然选择提起行政诉讼，此时不具有诉的利益，可以不对此类案件进行实体审判。

三 不履行法定职责

案例十五　张月仙诉太原市人民政府
不履行法定职责案

王玉珏 *

【案例名称】

张月仙诉太原市人民政府不履行法定职责案［最高人民法院（2018）最高法行申 906 号］

【关键词】

不履行法定职责　履责之诉　法定职责的认定　行政不作为

【基本案情】

外嫁女张月仙是太原市晋源区金胜镇武家庄社区居民委员会（以下简称武家庄居委会）的村民。2012 年 8 月，因城中村改造补偿款发放问题，张月仙到太原市晋源区政府反映情况，于是自 2013 年 6 月起，武家庄居委会取消了张月仙家的一切村民福利。之后，在太原市晋源区金胜镇武家庄城中村改造项目中，按照《武家庄新村产权置换方案》，张月仙一家符合宅基地分配条件，但因为武家庄居委会剥夺了其家村民福利，不给其家安置，张月仙家没

* 作者简介：王玉珏，中国政法大学法学院宪法学与行政法学专业硕士研究生。本文的指导教师为中国政法大学法学院副教授、硕士生导师马允。

有分配到宅基地。

2017年1月15日，依据相关规定，张月仙通过邮政快件，以书面形式向太原市人民政府（以下简称太原市政府）申请保护，请求履行保护其财产权、保护妇女男女平等权利法定职责，并责令武家庄居委会按全成给其补发被取消的一切村民福利。直到2017年3月17日，张月仙未收到太原市政府的任何处理结果或答复，故张月仙提起诉讼，请求人民法院判令太原市政府履行其保护公民人身权财产权、保护妇女男女平等权利的法定职责，并责令武家庄居委会按全成给其补发被取消的一切村民福利。山西省阳泉市中级人民法院作出（2017）晋03行初59号行政裁定，驳回张月仙的起诉。张月仙不服一审判决，提起上诉。山西省高级人民法院作出（2017）晋行终738号行政裁定，驳回上诉，维持原裁定。张月仙不服二审判决，向最高人民法院申请再审。最高人民法院作出（2018）最高法行申906号行政裁定，驳回张月仙的再审申请。

【裁判要旨】

履责之诉中，当事人申请行政机关履行的必须是属于该行政机关的法定职责，且该"法定职责"不包括法律规定抽象的职责义务及行政指导的职责等。对明显不具有原告申请履行的法定职责的行政机关提起履行职责之诉，属于不符合法定起诉条件，人民法院应当不予立案或者裁定驳回起诉。

【裁判理由与论证】

本案的核心争议焦点为太原市政府不履行保护公民财产权、人身权，保护妇女男女平等权利职责的行为是否合法。对此，一、二审法院及再审法院均持肯定意见，但再审法院的论证过程更完整，具体论证如下。

一、太原市政府不具有原告要求履行的法定职责

一、二审及再审法院通过论证太原市政府不具有原告要求履行的法定职责，认定太原市政府在本案中不履行保护张月仙财产权、人身权、男女平等权职责的行为是合法的。具体论证理由如下：

一审及二审法院认为，原告要求履行的是法律规定抽象的职责义务，因

此太原市政府不具有原告要求履行的法定职责:"《行政诉讼法》第 12 条第 1 款第 6 项规定,申请行政机关履行保护人身权、财产权等合法权益的法定职责,行政机关拒绝履行或者不予答复的,可以提起行政诉讼。但上述权利是法律、法规明确规定行政机关应当积极去保护的权利,行政机关不履行的是针对行政相对人的、特定的职责义务。而原告要求行政机关履行的是法律规定的抽象职责义务,不属于行政诉讼的受案范围。"

再审法院首先认可了一审及二审法院的论证理由,认为法律、法规或规章没有明确规定被告具有原告要求履行的法定职责:"再审申请人主张,《地方各级人民代表大会和地方各级人民政府组织法》第 59 条第 6 项、第 9 项规定了县级以上地方各级人民政府有保护公民财产权、人身权,保障宪法和法律赋予妇女的男女平等权利的法定职责。但是,由哪一级政府履行、如何履行这些法定职责,需要法律、法规或者规章的具体规定……该法并没有将针对居民委员会的行政指导职责赋予像太原市政府这样的设区的市政府,更没有规定设区的市政府有直接责令居民委员会调整其成员福利待遇的法定职责。"

在此基础上,再审法院还提出了第二个论证理由:原告要求履行的是不具有羁束力和强制力的行政指导职责,该行政指导职责不属于被告太原市政府的法定职责:"通常情况下,行政指导因其不具有羁束力和强制力,不能成为撤销之诉的对象。基于同样的道理,不能通过提起一个履行法定职责之诉,要求判令行政机关履行行政指导职责,因为,履行法定职责之诉要求作出的行为必须是一个法律行为,但行政指导显然不属于这样一种旨在设定某种法律后果的个别调整。"

二、"当事人申请行政机关履行的是否属于该行政机关的法定职责"这一要件是履责之诉司法审查的重点内容之一

一审及二审法院仅论证太原市政府不具有原告要求履行的法定职责,进而驳回了原告起诉。再审法院则首先总结了履责之诉司法审查的几项重点内容,明确"当事人申请行政机关履行的是否属于该行政机关的法定职责"是履责之诉的司法审查内容之一,再在此基础上论证太原市政府不具有原告要求履行的法定职责,进而驳回原告起诉。

再审法院认为，"再审申请人提起诉讼的主要依据是《行政诉讼法》第12条第1款第6项。该项规定：'申请行政机关履行保护人身权、财产权等合法权益的法定职责，行政机关拒绝履行或者不予答复的。'对于这类履行法定职责之诉而言，不仅要看当事人是否向行政机关提出过申请、行政机关是否拒绝履行或者不予答复，更要看当事人申请行政机关履行的是否属于该行政机关的法定职责。在一个行政机关明显不具有原告所申请履行的法定职责的情况下，不能因为原告曾经提出过申请并且行政机关拒绝履行或者不予答复而就此拥有了诉权。针对一个明显没有管辖权的行政机关提起履行职责之诉，属于不符合法定起诉条件，人民法院应当不予立案或者裁定驳回起诉。"

【涉及的重要理论问题】

法院进行案件审理的第一步是准确认定案件的性质及案由，在此基础上才能确定案件的后续司法审查路径及裁判方式。本案中，法院首先认定本案为行政机关不履行法定职责案件，再在此基础上根据履责之诉的司法审查路径，结合案件的相关争点展开审理。不履行法定职责案件的性质认定，即对何为"不履行"的认定，该问题在学界及司法实践中争议已久，因此，本文开篇即从梳理《行政诉讼法》及其司法解释的条文变迁入手，界定不履行法定职责的具体表现形式及其与行政不作为的概念辨析，即首先界定出何为不履行法定职责案件中的"不履行"，然后再深入分析对不履行法定职责案件的审理。

本案中，一、二审法院及最高人民法院均认为张月仙请求太原市政府履行的不属于太原市政府的法定职责，所以太原市政府在本案中的行为是合法的，但再审法院的论证过程更完整。一、二审法院仅论证原告要求太原市政府履行的是法律规定抽象的职责义务，不属于太原市政府的法定职责，本案不属于行政诉讼的受案范围。虽然该论证思路正确，但法院的裁判理由及论证过程较简略，没有就该案的争议焦点作出详细分析。再审法院即最高人民法院则首先明确履责之诉的三项司法审查重点内容：（1）当事人是否向行政机关提出过申请；（2）行政机关是否拒绝履行或者不予答复；（3）当事人申请行政机关履行的是否属于该行政机关的法定职责。在此基础上，论证原告要求太原市政府履行的职责是不具有羁束力和强制力的行政指导职责，且不是法律、法规或者规章明确赋予太原市政府的职责，不属于被告太原市政府的法定职责。即最高人民法院从明确履责之诉的司法审查重点出发，明确当原告针对一个明显没有原告诉请的法定职责的行政机关提起履行职责之诉，属于不符合法定起诉条件。再具体论证如何审查"当事人申请行政机关履行的是否属于该行政机关的法定职责"这一要件，裁判逻辑显得更为自洽合理。

最高人民法院对本案的说理不仅明确了成立履责之诉的司法审查重点内容，还细化了司法审查的难点之一，即对"被告有无法定职责"这一要件的认定：明确区分了履责之诉中诉请履行的法定职责不同于法定的抽象管理职责以及不具有羁束力和强制力的行政指导职责，为各级法院审理不履责案件提供了参考和指导。但仍有以下待决问题：其一，履行法定职责之诉中"法定职责"的认定，在学界和司法实践中是否有明确的标准？如果没有，能否作出总结归纳？其二，履责之诉的司法审查重点是否仅有最高人民法院在本案中总结的几项内容？为解答以上问题，本文在厘清案件核心的基础上，结合法院的审理思路，归纳总结出履责之诉中"法定职责"的认定标准，以及履责之诉的司法审查重难点。

综上，本文首先分析了不履行法定职责的具体表现形式及其与行政不作为的辨析，界定履责之诉中的"不履行"，从而为不履责案件的性质及案由确定提供思路。其次，结合本案最高人民法院的裁判，本文详细探讨履责之诉的司法审查难点之一："法定职责"的认定标准，界定履责之诉中的"法定职责"。最后，总结学界及司法实践中明确的履责之诉的主要司法审查内容并对其相应的审查阶段进行讨论，重点分析本案的争议焦点"被告有无法定职责"的司法审查阶段，以期实质解决不履行法定职责案的行政纠纷。

一、履责之诉中"不履行"的认定

如上文所述，之所以需要界定何为履责之诉中的"不履行"，是为了给识别不履责案件的性质及案由提供指导。并且，论述"不履责"离不开"行政不作为"这一在司法实践及学术研究中长期与之相伴的概念。因此，下文中笔者将首先总结不履责的基本表现形式，在界分"不履行"与"不作为"的基础上，进一步完整展现履责之诉中"不履行"的认定标准。

（一）不履责的基本表现形式

不履责的基本表现形式具体包括哪些，司法实践和学界对此争议已久，主要争议在于：（1）拒绝履行是否属于"不履行"；（2）拖延履行是否属于"不履行"；（3）不完全履行是否属于"不履行"。一个重要的原因是《行政诉讼法》及其司法解释中相关的法条规定不明确，且经历了法条沿革。因此，本文通过梳理《行政诉讼法》及其司法解释的条文变迁，对上述争议进行逐条分析，最后总结出不履责的基本表现形式。

1. 拒绝履行属于"不履行"

1989年《行政诉讼法》第54条第3项〔1〕将不履行法定职责的基本表现形式表述为：一为"不履行"，二为"拖延履行"，并规定适用履行判决。而该法第11条第4项、第5项〔2〕则将不履行法定职责的基本表现形式表述为："拒绝履行"或者"不予答复"。一般认为，"不予答复"属于"不履行"，适用履行判决。但关于"拒绝履行"是否属于"不履行"并适用履行判决，当时的学界存在较大争议。持否定意见的学者从程序主义出发，认为拒绝履行属于行政主体作出否定性行政行为，程序上属于行政作为、履行法定职责，不属于"不履行"；〔3〕而持支持意见的学者从实体主义出发，认为对于行政相对人而言，拒绝履行的法律效果属于实体上的行政不作为，等同于"不履行"。〔4〕笔者基于1989年《行政诉讼法》对不履行法定职责基本表现形式的理解将两种不同立场总结为图1及图2。

---

〔1〕 1989年《行政诉讼法》第54条规定："人民法院经过审理，根据不同情况，分别作出以下判决：……（三）被告不履行或者拖延履行法定职责的，判决其在一定期限内履行。……"

〔2〕 1989年《行政诉讼法》第11条规定："人民法院受理公民、法人和其他组织对下列具体行政行为不服提起的诉讼：……（四）认为符合法定条件申请行政机关颁发许可证和执照，行政机关拒绝颁发或者不予答复的；（五）申请行政机关履行保护人身权、财产权的法定职责，行政机关拒绝履行或者不予答复的；……"

〔3〕 参见周佑勇："行政不作为构成要件的展开"，载《中国法学》2001年第5期；相似的观点还可以参见章剑生："行政诉讼履行法定职责判决论——基于《行政诉讼法》第54条第3项规定之展开"，载《中国法学》2011年第1期。

〔4〕 参见陈小君、方世荣："具体行政行为几个疑难问题的识别研析"，载《中国法学》1996年第1期；相似的观点还可以参见黄学贤："形式作为而实质不作为行政行为探讨：行政不作为的新视角"，载《中国法学》2009年第5期。

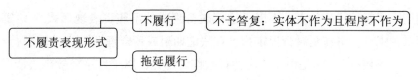

图 1　程序主义角度理解 1989 年《行政诉讼法》规定的不履责表现形式

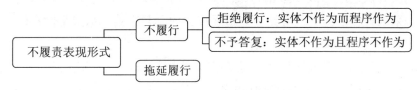

图 2　实体主义角度理解 1989 年《行政诉讼法》规定的不履责表现形式

直到 2015 年《最高人民法院关于适用〈中华人民共和国行政诉讼法〉若干问题的解释》（已失效）第 22 条[1]将 2014 年修改后的《行政诉讼法》第 72 条[2]中适用履行判决的"不履行"具体界定为：一是违法拒绝履行；二是无正当理由逾期不予答复，即从法律上明确"拒绝履行"与"不予答复"属于不履责的两种表现形式，才平息了旷日持久的"拒绝履行"性质之争。

2. 拖延履行不属于"不履行"

通过上文对法条沿革的梳理可知，"拖延履行"在 1989 年《行政诉讼法》中被表述为不履责的表现形式之一，但在 2014 年《行政诉讼法》修改后被删除了。"拖延履行"是否属于"不履行"并适用履行判决，关系到"拖延履行"的含义界定，学界对此存在争议。第一种观点认为，"拖延履行"是指行政机关在法定期限或者合理期限内不作出可以终结行政程序的行政行为之状态，属于不履行法定职责的表现形式，适用履行判决。[3]第二种观点认为，"拖延履行"是指行政主体已经履行完毕行政职责，只是因为办事拖延而超过法定期限或者

---

〔1〕 2015 年《最高人民法院关于适用〈中华人民共和国行政诉讼法〉若干问题的解释》第 22 条规定："原告请求被告履行法定职责的理由成立，被告违法拒绝履行或者无正当理由逾期不予答复的，人民法院可以根据行政诉讼法第七十二条的规定，判决被告在一定期限内依法履行原告请求的法定职责；……"

〔2〕 2014 年《行政诉讼法》第 72 条规定："人民法院经过审理，查明被告不履行法定职责的，判决被告在一定期限内履行。"

〔3〕 参见章剑生："行政诉讼履行法定职责判决论——基于《行政诉讼法》第 54 条第 3 项规定之展开"，载《中国法学》2011 年第 1 期。

合理期限才履行行政职责，不属于适用履行判决的不履责表现形式。[1]笔者认同第二种观点，将拖延履行界定为：在法定期限或者合理期限之外的履行行为，不属于"不履行"，而是程序违法的行政作为行为，属于程序轻微违法情形。针对拖延履行的救济，"人民法院可以根据行政主体的拖延程度，作出如下判决：判决确认违法，但不撤销行政行为；判决确认违法，并可以同时判决责令被告采取补救措施，或者给原告造成损失的，判决被告承担赔偿责任"。[2]

3. 不完全履行属于"不履行"

如上文所述，形式作为而实质不作为的拒绝履行行为随法条沿革被确定为不履行法定职责的基本表现形式之一，适用履行判决。而司法实践中另一种与之类似的行为是不完全履行，指的是行政机关虽然实施了履行法定职责的行为，但履行职责不充分，没有达到履行目的，履行职责达成的社会效果与法律规定的要求不符。司法实践中，不完全履行行为相较拒绝履行行为而言更难被识别，也因此更容易损害行政相对人的合法权益。学界多认为其属于"不履行"的表现形式之一，适用履行判决。笔者赞同该观点，认为不完全履行属于形式上部分作为而实质不作为的状态，与拒绝履行的形式作为而实质不作为状态类似，都会造成对行政相对人权益的较大损害，应纳入"不履行"范畴，适用履行判决进行救济。

综上，当前不履责的基本表现形式为：拒绝履行、不予答复及不完全履行，如图 3 所示。

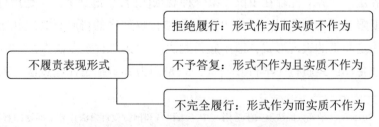

图 3　当前不履行法定职责的基本表现形式

---

〔1〕 参见余洋："论行政诉讼中的'拖延履行法定职责'"，载《苏州大学学报（法学版）》2019 年第 1 期。

〔2〕 余洋："论行政诉讼中的'拖延履行法定职责'"，载《苏州大学学报（法学版）》2019 年第 1 期。

（二）不履责与行政不作为的界分

长期以来，学界对于如何区分不履责与行政不作为这两个概念没有过多论述，司法实践中甚至很多时候将两者等同，认为不履责判决针对的就是"行政不作为"。近年来，学者们开始关注两者的关系与界分，主张清晰划分行政不作为与不履责的界限。[1]

关于行政不作为，现行《行政诉讼法》中没有"行政不作为"这一概念。作为一个学术研究上的概念，它最早是作为行政行为的一种分类提出来的。[2]学界对于行政不作为的研究着墨颇多，从各个角度对其进行了定义，值得关注的是有学者从行为违法与否的角度对其进行界定，认为行政不作为包括合法的行政不作为与违法的行政不作为，[3]"行政不作为主要指行政主体不作为方式，应该主要有履行不作为义务、不履行作为义务两种形式。不履行作为义务的行为是违法的，但履行不作为义务的行为却不是违法的"。[4]此外，有学者提出了法无规定不作为不当然构成违法，"当行政机关不履行法定职责时当然构成违法，但当行政机关对不属于自己法定职责范围内的事项不作出行为时，构成行政不作为，但不构成不履行法定职责"。[5]

结合上述对不履行法定职责基本表现形式的归纳以及对行政不作为的界定，笔者认为行政不作为与不履责的界分最关键的一点是：行政不作为有合法的不作为与违法的不作为，即行政不作为不一定是违法且适用履行判决的；而不履责一定是违法的，其三种表现形式均属于不履行作为义务的行为。即从行为的违法与否角度来说，两者的关系是：不履责涵盖在行政不作为之下，是行政不作为的一部分。另外，从字面上理解，作为义务的来源与法定职责的来源不同，行政不作为的作为义务来源既可以是法定职责，也可以是行政义务，但不履责的法定职责来源则必须是法定的职责。尽管目前在实践中为

[1]　参见李梦琳："行政不作为与不履行法定职责的关系界定"，载《黑龙江省政法管理干部学院学报》2018年第4期。

[2]　张焕光、胡建淼：《行政法学原理》，劳动人事出版社1989年版，第228页。

[3]　参见朱新力："论行政不作为违法"，载《法学研究》1998年第2期。

[4]　李梦琳："行政不作为与不履行法定职责的关系界定"，载《黑龙江省政法管理干部学院学报》2018年第4期。

[5]　周楚韩："履责之诉、请求权及其规则——基于张月仙诉太原市政府不履行法定职责案展开分析"，载《公法研究》2020年第1期。

更好地保护当事人权益，已经对法定职责的来源作出扩张解释，从"法律规定的职责"慢慢走向"法律认可的职责"，如行政协议、行政允诺等过去被认定为"行政义务"而非"法定职责"的行为正慢慢被司法实践及学界接受为"法定职责"的范畴，但当前尚未达成最终共识。故从这个角度来看，不履责同样涵盖在行政不作为之下。综上，笔者将两者关系总结为图4所示。

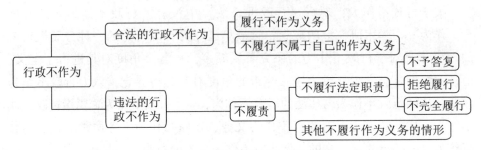

图 4　不履责与行政不作为的关系

二、履责之诉中"法定职责"的认定

本案的争议焦点在于被告太原市政府是否具有原告张月仙所请求的保护其人身权财产权、保护妇女男女平等权利的法定职责，这也揭示出当前司法实践中不履行法定职责行政案件的司法审查难点之一：行政机关是否具有原告所申请履行行为的"法定职责"。通过阅读相关案例，笔者将法定职责的认定标准总结为以下两个方面：其一，法定职责中"法"的范围具体指哪些？是仅指作为行政法形式渊源的实定法，还是应当承认其范围从实定法拓展至非实定法领域？其二，如何界定属于履责之诉中认定的行政机关应履行的"职责"？要求行政机关履行抽象的管理、行政指导、内部层级监督、信访事项处理或自由裁量的职责等，是否属于履责之诉"法定职责"的范畴？

（一）法定职责的来源："法"范围的界定

根据职权法定原则，判断"法定职责"的关键在于对其"法"范围的界定。总体来说，司法实践及学术界对"法"范围的界定存在不同意见，大体分为三种观点：第一种观点对"法"的范围做了最狭义的理解，认为法定职责的来源仅指狭义的实定法，例如有学者认为，法定职责的范畴仅存在于宪法、政府组织法、部门行政法及《行政处罚法》《行政强制法》《行政复议法》《行政诉讼法》等法律范畴中。[1]第二种观点对"法"的范围做了一定的扩张解释，认为法定职责的来源包括法律、法规及规章三类实定法，该观点在我国司法实践中被许多案件采纳。例如，在"金泓诉湖北省政府计划生育行政奖励案"中，法院认为"判断一个行政机关对某一事项是否具有管辖权，或者说是否具有申请人所申请履行的法定职责，要依据法律、法规或者规章的具体规定，这也是职权法定原则的要求"。[2]在本案中，法院认为"由哪一级政府履行、如何履行这些法定职责，需要法律、法规或者规章的具体规定"。第三种观点为近年来司法实践及学术界的主流观点，认为法定职责的来源不限于法律、法规及规章，而应当既包括实定法，也包括非实定法领域。其中，较多学者认为，法定职责的来源还包括具有外部性的行政规范性文件、行政机关的先行行为（也称行政机关的先前行为）、行政协议（也称行政合同）、行政承诺（也称行政允诺）等。[3]司法实践中也有很多类似的表述，在"王振江等46人诉沈阳市政府履行会议纪要职责案"中，法院认为："此处所指'法定职责'的渊源甚广，既包括法律、法规、规章规定的行政机关职责，也包括上级和本级规范性文件，还包括行政机关基于行政机关的先行行为、行政允诺、行政协议而形成的职责。"[4]另有学者与其观点相似，认为法定义务的来源除以上所述之外，还包括司法解释。[5]综上，针对行政机关法定职责的来源判定，有学者认为应当将范围限缩为法律，也有学者认为应限缩于法律、法规、规章，还有学者认为应当将范围扩展至外部规范性文件、行政协议、先行行为、行政允诺、司法解释等。

笔者更赞同目前在司法实践及学术界占主流的第三种观点，认为应当将法定义务的来源范围扩展至非实定法领域，理由如下：其一，我国行政法治

---

[1] 参见关保英："行政主体拒绝履行法定职责研究"，载《江淮论坛》2020年第5期。

[2] 最高人民法院（2018）行申2971号。

[3] 参见江勇："审理不履行法定职责行政案件的十大问题"，载《人民司法》2018年第4期；陈依卓宁、王震："履责之诉中的审查思路探析——以协调处理导致拖延履行行为视角"，载《法律适用（司法案例）》2018年第4期。

[4] 最高人民法院（2018）行申1589号。

[5] 参见李傲、胡煜："我国行政履行判决的省思与完善"，载《河北法学》2018年第5期；姜鹏："不履行法定职责行政案件司法审查强度之检讨"，载《华东政法大学学报》2017年第4期。

理念中之所以大量存在行政主体不履行法定职责的情形，与行政系统没有树立服务行政、给付行政等理念有关。在秩序行政向给付行政、服务行政转型的时代背景下，人们要求行政权积极履行更多行政给付的任务，而很多现代服务行政和给付行政的内容并不僵硬地局限于法律、法规等实定法的直接规定，而更多通过行政协议、行政允诺等新型行政活动的方式进行。由此可见，如果将履责之诉中法定职责的来源局限于法律或法规等实定法，不仅不能满足人们对积极行政的需求，也与现代法治国家服务行政的理念及立法精神背道而驰。其二，行政协议、先行行为、行政允诺等虽不属于实定法的"法定"概念，但行政主体与行政相对人之间因行政机关的上述行为形成了相应的行政法律关系，"我国宪法确立了公众与政府之间的信任关系，而当行政主体拒绝履行法定职责出现之后，公众对政府便失去了信任"。[1]由此可知，不论行政机关不履行的是实定法规定的职责，还是行政协议等被法律认可的职责，都会打破公众与政府之间的信任关系。为维护行政相对人对国家、对政府、对行政系统的信任，应当承认履责之诉中法定职责的来源之扩张。其三，行政诉讼的目的在于维护行政相对人的合法权益、监督行政权的行使并促进行政秩序的建立。而履责之诉中对行政机关法定职责来源的界定，直接涉及法院对行政机关行为进行司法审查的力度。如果采上述学界与司法实践中所持的第一种、第二种观点，将法定职责的来源限缩为法律、法规及规章，则意味着相对人仅能诉请法院判决行政机关履行法律、法规、规章中规定的职责，而对于行政机关不履行行政承诺、行政协议之约定，不采取行为防止因其先行行为产生的危害发生时，相对人则无法提起履责之诉。这一方面不利于对相对人合法权益的维护，另一方面也不利于法院对行政机关行使行政权的司法审查，不利于行政秩序的维护。

（二）法定职责的要求："职责"的界定

如上所述，履责之诉中判断是否具备法定职责的关键，是看原告所请求的行为是否"法定"地属于行政机关应当履行的职责，但司法实践表明，并非所有符合"法"范围规定的职责均属于行政机关的法定职责。需要探究的

---

〔1〕 关保英："行政主体拒绝履行法定职责研究"，载《江淮论坛》2020年第5期。

是，除须符合法定职责"法"范围的要求以外，认定履责之诉中的法定职责是否还须具备其他要求？本文尝试总结当前判例中对法定职责之"职责"的界定要求。

1. 具体性与明确性

司法实践中法院通过个案裁判表明：履责之诉中行政机关的法定职责，不仅必须是"法定"具体而明确地属于特定行政机关的法定职责，还必须直接明确地规定具体的履责内容和履责方式，即法定职责须具备具体性与明确性。

法定职责的具体性与明确性是履责之诉中法定职责与抽象管理职责进行概念辨析的关键。本案中，法院认为尽管《地方各级人民代表大会和地方各级人民政府组织法》第 59 条第 6 项、第 9 项〔1〕规定了县级以上地方各级人民政府有"保护公民财产权、人身权，保障宪法和法律赋予妇女的男女平等权利"的法定职责，但是"由哪一级政府履行、如何履行这些法定职责，需要法律、法规或者规章的具体规定"。因此，原告张月仙要求行政机关履行的是法律规定的抽象的职责义务，不符合起诉条件，应当驳回起诉。"叶胜等三人诉武昌区政府不履行法定职责案"〔2〕与本案的审判持相同观点，法院认为《地方各级人民代表大会和地方各级人民政府组织法》第 59 条第 6 项规定的地方人民政府职权是宏观意义上的管理职权，不针对具体的行政领域，也没有明确具体履行职责的政府层级、履行职责的内容及方式，不符合起诉条件，应当驳回起诉。持以上相同观点进行审判的案例还有"宋玉伶诉北京市人民政府不履行法定职责案"〔3〕"李兆臣诉北京市人民政府不履行法定职责案"〔4〕等。

值得注意的是，以上司法案例中法院多次以《地方各级人民代表大会和地方各级人民政府组织法》规定的政府职权不符合法定职责"明确的、具体的、直接的"这一要求为由驳回起诉，似乎政府组织法中有关行政主体职责的规定因其抽象性、宏观性而不属于履责之诉中的法定职责已经形成司法实

〔1〕 《地方各级人民代表大会和地方各级人民政府组织法》第 59 条："县级以上的地方各级人民政府行使下列职权：……（六）保护社会主义的全民所有的财产和劳动群众集体所有的财产，保护公民私人所有的合法财产，维护社会秩序，保障公民的人身权利、民主权利和其他权利；……（九）保障宪法和法律赋予妇女的男女平等、同工同酬和婚姻自由等各项权利；……"
〔2〕 最高人民法院（2020）行申 9586 号。
〔3〕 北京市高级人民法院（2020）行终 7549 号。
〔4〕 北京市高级人民法院（2020）行终 6438 号。

践中的共识。但学界部分学者存在不同的观点。有学者在评析本案时认为，可以引入请求权与保护规范理论，当"组织规范"中蕴含了保护个别性私人利益作为保护事项时，可以认定该"组织规范"具有履行某项特定法定职责的意旨，则该"组织规范"可以视为"法定职责"来源之一。〔1〕另有学者持相似观点，认为法定职责不仅存在于《国务院组织法》和《地方各级人民代表大会和地方各级人民政府组织法》等政府组织法中，还存在于与《宪法》有关行政主体法定职责的规定中。〔2〕该学者具体论述到，履责之诉的设立蕴含着实质保护公民权利、建立积极行政的行政理念之意旨，因此抽象的政府组织法之规定应当成为法定职责的判定依据。〔3〕

就上述争议，笔者更赞同司法实践中形成的共识：没有明确规定履责主体、内容及方式的抽象管理职责不属于履责之诉的法定职责。以本案为例，根据《地方各级人民代表大会和地方各级人民政府组织法》的规定，县级以上地方人民政府均有保护公民财产权、人身权，保障宪法和法律赋予妇女的男女平等权利的职责，但如果承认以上抽象管理职责属于履责之诉中认定的"法定职责"，则意味着原告张月仙可以针对武家庄居委会取消其村民福利这一行为对太原市及以上层级的任一地方政府或多个地方政府提起履责之诉。就司法实践角度而言，这无疑会引发被告选择的困难、无休止的诉讼，不利于纠纷的实质解决。笔者认为，即使履责之诉的意旨在于实质保护公民权利，也应当对抽象而概括的政府组织法进行细化，在明确各层级行政机关的具体职责内容及履责方式之后再承认其规定的属于履责之诉的法定职责。

综上，履责之诉中的法定职责须具有明确性、具体性。

2. 外部性与法效性

《最高人民法院关于适用〈中华人民共和国行政诉讼法〉的解释》第1条第2款第5项、第10项〔4〕明确，行政机关作出的不产生外部法律效力的行

---

〔1〕 参见周楚韩："履责之诉、请求权及其规则——基于张月仙诉太原市政府不履行法定职责案展开分析"，载《公法研究》2020年第1期。

〔2〕 例如《宪法》第89条规定了国务院的职权，第107条规定了各级人民政府的职权。

〔3〕 参见关保英："行政主体拒绝履行法定职责研究"，载《江淮论坛》2020年第5期。

〔4〕《最高人民法院关于适用〈中华人民共和国行政诉讼法〉的解释》第1条规定："……下列行为不属于人民法院行政诉讼的受案范围：……（五）行政机关作出的不产生外部法律效力的行为；……（十）对公民、法人或者其他组织权利义务不产生实际影响的行为；……"

为及对公民、法人或者其他组织权利义务不产生实际影响的行为不属于行政诉讼的受案范围。因此，履责之诉中原告要求行政机关履行的法定职责，也应当是对外产生法律效力且对行政相对人的权利义务产生实际影响的，即具备外部性、法效性的法定职责。

司法实践中，外部性特征是区分法定职责与内部层级监督职责的关键。通说认为，内部行政行为因不直接对外产生法律效力，对行政相对人的权利义务不产生直接影响，一般不可诉，内部层级监督职责即属于内部行政行为。《最高人民法院关于适用〈中华人民共和国行政诉讼法〉的解释》第1条第2款第8项[1]也就行政机关的内部层级监督职责特别明确，上级行政机关基于内部层级监督关系对下级行政机关作出的听取报告、执法检查、督促履责等行为均不属于行政诉讼的受案范围。例如，在"党秀兰等八人诉山西省柳林县人民政府履行法定职责案"中，党秀兰等八人请求柳林县人民政府核实并追究柳林县财政局和柳林镇财政所负责人和直管工作人员不如实公开政府信息的责任，法院认为，"党秀兰等人实际上是要求柳林县人民政府履行对有关职能部门或下级机关的内部层级监督职责，行政机关履行内部层级监督的行为不属于人民法院行政诉讼的受案范围。"[2]再如，在"梁玉霞诉辽宁省锦州市义县人民政府不履行法定职责案"中，梁玉霞认为义县人民政府未对直接责任人员依法给予行政处分的行为属于不履行法定职责，法院认为"对行政机关内部人员的惩戒、处分属于内部行为，依法不属于行政复议范围及人民法院受案范围"。[3]

此外，履责之诉中诉请上级行政机关履行层级监督下级行政机关的职责并不是高效便捷的权利保护方式。例如，在"陈则东诉浙江省人民政府不履行行政复议法定职责案"中，法院认为，即使上级行政机关基于组织法上的监督权能，具有相应对下监督、查处、督促职责，也有权以自己名义启动相应的调查并履行相应的职能；但相较于申请人直接向依法具有事务、地域、

---

[1] 《最高人民法院关于适用〈中华人民共和国行政诉讼法〉的解释》第1条规定："……下列行为不属于人民法院行政诉讼的受案范围：……（八）上级行政机关基于内部层级监督关系对下级行政机关作出的听取报告、执法检查、督促履责等行为；……"

[2] 最高人民法院（2020）行申 4404 号。

[3] 最高人民法院（2019）行申 2210 号。

层级管辖权的行政机关寻求直接、便捷、有效的救济而言，即申请人本来可以通过其他更为简捷、完整、迅速或者便宜等更符合事实需要的途径，达到请求保护的目的，其舍近求远而针对上级行政机关提起的履行职责之诉，属于无效率的权利保护，因而一般也不应许可。[1]

另外，法效性特征在司法实践中是区分法定职责与行政指导职责、处理信访事务职责的关键。例如本案中法院认为，"通常情况下，行政指导因其不具有羁束力和强制力，不能成为撤销之诉的对象。基于同样的道理，也不能通过提起一个履责之诉，要求判令行政机关履行行政指导职责，因为，履责之诉要求作出的行为必须是一个法律行为，但行政指导显然并不属于这样一种旨在设定某种法律后果的个别调整"。行政指导行为虽属于行政机关对外作出的行政行为，但其是不具备法效性的行政事实行为，因此不属于履责之诉中的法定职责范畴。在"曾庆等诉武汉市人民政府行政复议案"[2]中，最高人民法院认为，《信访条例》中规定相关部门的信访事项处理职责，对相对人的实体权利义务不产生实质的影响，不具有强制力，所以信访人不可以通过提起履责之诉来申请相关信访工作机构处理信访相关事项。

值得注意的是，上述内部层级监督职责、行政指导职责及信访事项处理职责或具备外部性，或具备法效性，但并不同时具备外部性与法效性。可知，履责之诉中的法定职责须同时具有法效性与外部性。

3. 羁束性与非裁量性

司法实践中法院通过个案裁判表明，履责之诉中行政机关的法定职责，是法定行政机关必须作出特定行政行为的职责，即法定职责须具备羁束性、非裁量性，而对于法律规定行政机关有自由裁量"做或不做某种行政行为"的情况，即行政机关自由裁量范围内的职责，不属于履责之诉中"法定职责"的范畴。这是因为法院对行政机关不履行法定职责的行为进行司法审查，涉及司法权对行政权的监督，而司法对行政的监督必须在适当限度内，才能保证既促进依法行政，又不过度侵害行政的自主权。

司法实践中，法定职责的羁束性与非裁量性是界分法定职责与自由裁量

---

〔1〕 最高人民法院（2018）行申 6453 号。

〔2〕 最高人民法院（2017）行申 1488 号。

职责的关键。在"陈真如、黄晓君诉湛江市工商行政管理局坡头分局拒绝履行检验检疫法定职责案"中，原告申请被告委托有资质的鉴定机构对被查封的产品进行质量检验被拒，而诉请法院要求被告履行检验职责。《广东省查处生产销售假冒伪劣商品违法行为条例》规定，"监督管理部门根据监督抽查的需要，可以对商品进行检测"。根据该规定，法院认为，"工商行政管理部门检测的法定职责属于自由裁量的法定职责而非羁束的法定职责，即行政机关对行政相对人的申请有自由裁量的权力，对查封、扣押的商品是否进行检测属于工商行政管理部门自由裁量的范围，不等于必须要对所有查封、扣押的商品进行检测，只有在行政机关没有裁量或因不相关的考虑而不批准或部分批准的情况下，才构成不履行法定职责"。[1]即履责之诉中要求履行属于行政机关自由裁量的法定职责不可诉，只有要求履行具有羁束性的法定职责才可诉。

　　综上，笔者将履责之诉中对"法定职责"的认定总结为"职责来源的界定—职责性质的界定"二重判断标准：第一步，判断原告要求履行的是不是"法"范围内规定的职责；第二步，判断该"法"范围内的职责，是否同时具有具体性、明确性、外部性、法效性及非裁量性。只有同时符合两重判断标准的才认定为履责之诉中行政机关的"法定职责"。据此，本文将履责之诉中对行政机关是否具有法定职责这一要件的认定总结为：法定职责除满足法定性外，还须同时具备具体性、明确性、外部性、法效性及非裁量性，总结如图5所示。

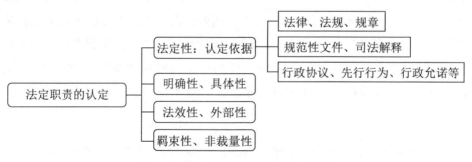

图 5　履责之诉中法定职责的认定标准

〔1〕 湛江经济技术开发区人民法院（2015）行初字第2号。

三、履责之诉的司法审查

首先，针对司法实践中许多行政相对人错误地理解履责之诉的主要司法审查内容的问题，本部分将总结学界及司法实践中明确的履责之诉的主要司法审查内容。其次，本部分将对履责之诉中各个主要审查内容的司法审查阶段进行讨论，重点明确本案的争议焦点"被告有无法定职责"这一内容的司法审查阶段。

（一）履行法定职责之诉的主要司法审查内容

根据《行政诉讼法》第 47 条[1]以及第 12 条第 1 款第 6 项[2]的规定，成立履责之诉的司法审查至少需要审查以下两点：第一，相对人是否申请过行政机关履行保护其合法权益的法定职责；第二，行政机关是否在规定期限内不履行。部分行政相对人将这两条规定简单理解为：只要相对人提出过履责申请，且行政机关在规定期限内不履行就成立履责之诉。本案中，原告张月仙正是依据《行政诉讼法》第 12 条第 1 款第 6 项之规定，认为其向被告太原市政府提出申请请求履行法定职责，而太原市政府在规定期限内不履行，因此成立履行法定职责之诉。对此，最高人民法院多次在司法实践中明确，对履责之诉进行司法审查的审查内容不限于此。本案中最高人民法院认为，"对于这类履行法定职责之诉而言，不仅仅要看当事人是否向行政机关提出过申请、行政机关是否拒绝履行或者不予答复，更要看当事人申请行政机关履行的是否属于该行政机关的法定职责"。例如，在"李国秀诉山东省人民政府不履行法定职责案"中，最高人民法院再审中明确，"履行职责之诉并不意味着：公民、法人或者其他组织随便向任何一个行政机关提出任何一项请求，该行政机关就有履行该项请求的义务；也不意味着只要行政机关'不作为'

---

[1]《行政诉讼法》第 47 条第 1 款规定："公民、法人或者其他组织申请行政机关履行保护其人身权、财产权等合法权益的法定职责，行政机关在接到申请之日起两个月内不履行的，公民、法人或者其他组织可以向人民法院提起诉讼。法律、法规对行政机关履行职责的期限另有规定的，从其规定。"

[2]《行政诉讼法》第 12 条规定："人民法院受理公民、法人或者其他组织提起的下列诉讼：……（六）申请行政机关履行保护人身权、财产权等合法权益的法定职责，行政机关拒绝履行或者不予答复的；……"

就可以提起'不作为之诉'"。[1]综上可知,许多行政相对人对于成立履行法定职责之诉的司法审查内容认识有误,导致司法实践中出现大量经司法审查不符合起诉条件而被驳回起诉的履责之诉案件,因此,总结不履行法定职责案件的主要司法审查内容,对于纠正部分相对人对履责之诉主要司法审查内容的错误理解十分关键。

本文认为,除需满足《行政诉讼法》第 49 条[2]规定的原告适格、被告适格等一般规定之外,基于行政机关不履行法定职责行为与一般作为性行政行为的不同,不履行法定职责案件的司法审查还需审查其他要件。有学者将不履行法定职责行政案件司法审查的主要审查基准总结为三点:第一,被告有无法定职责;第二,履行法定职责条件是否成就或有无现实可能;第三,是否实质履行了法定职责。[3]笔者赞同该观点,结合前述司法实践中最高人民法院的表述,本文将履行法定职责之诉的主要审查内容总结为以下四点:第一,原告是否提出过履行法定职责申请或行政机关应主动履行;第二,被告有无原告要求履行的法定职责;第三,履行法定职责条件是否成就或有无现实可能;第四,是否实质履行了法定职责。

(二) 履责之诉的司法审查阶段之辩

学者们在研究履责之诉的司法审查内容相关问题时,较少单独探讨主要司法审查内容应当在立案阶段审查,还是在立案之后的案件审理阶段审查。通过总结司法案例及学界观点,司法实践中对于上文总结的四项内容中三项的司法审查阶段没有太大争议:"原告是否提出过履行法定职责申请或行政机关应主动履行"涉及诉的成立问题,应当在立案阶段进行司法审查;"履行法定职责条件是否成就或有无现实可能"以及"是否实质履行了法定职责"涉及诉的合法性及诉的理由是否具备的实体问题,应当在立案之后的案件审理阶段进行审查。

---

〔1〕 最高人民法院(2016)行申 2864 号。

〔2〕《行政诉讼法》第 49 条规定:"提起诉讼应当符合下列条件:(一)原告是符合本法第二十五条规定的公民、法人或者其他组织;(二)有明确的被告;(三)有具体的诉讼请求和事实根据;(四)属于人民法院受案范围和受诉人民法院管辖。"

〔3〕 参见姜鹏:"不履行法定职责行政案件司法审查强度之检讨",载《华东政法大学学报》2017 年第 4 期。

但对于"被告有无法定职责"这一内容的司法审查应当在立案登记阶段还是立案之后的案件审理阶段，学界及司法实践中尚未明确。例如本案中，法院认为，"在一个行政机关明显不具有原告所申请履行的法定职责的情况下，不能因为原告曾经提出过申请并且行政机关拒绝履行或者不予答复而就此拥有了诉权。针对一个明显没有管辖权的行政机关提起履行职责之诉，属于不符合法定起诉条件，人民法院应当不予立案或者裁定驳回起诉"。即本案是将"被告有无法定职责"作为提起履责之诉的起诉条件之一，在立案登记阶段进行司法审查。在"陈则东诉浙江省人民政府不履行行政复议法定职责案"[1]中法院进一步明确，只有在行政机关"明显"不具有相应职权权限，以至于不可能再提出其他任何合理怀疑，任何具有法律知识或者虽无法律知识但一经释明即应知晓该行政机关"明显"不具有相应的职责的情况下，才能在诉的成立阶段对明显不具有法定职责的情形进行审查。

本文认为，对"行政机关是否具有法定职责"进行认定的司法审查阶段之辨，一方面关系到履责之诉中原告的诉权保护，另一方面也关系到对当前滥诉问题的合理规制。结合《最高人民法院关于适用〈中华人民共和国行政诉讼法〉的解释》第93条第2款[2]的规定，法院可以在原告请求履行的法定职责或给付义务"明显"不是行政机关的法定职责时，裁定驳回起诉。因此，为更好地保护当事人的诉权，法院对"行政机关有无法定职责"的司法审查应当主要在立案之后的案件审理阶段进行；但为了合理规制滥诉，允许法院在立案登记阶段仅对"行政机关明显不具有法定职责"的情况进行司法审查。

【后续影响及借鉴意义】

随着我国法治建设的完善，秩序行政向给付行政、服务行政转型，行政相对人请求行政机关履行法定职责的案件数量必然会逐渐增加。与作为类行政案件相比，不履行法定职责行政案件的审判难度较大，该类案件的性质及

---

〔1〕 最高人民法院（2018）行申6453号。

〔2〕《最高人民法院关于适用〈中华人民共和国行政诉讼法〉的解释》第93条规定："……人民法院经审理认为原告所请求履行的法定职责或者给付义务明显不属于行政机关权限范围的，可以裁定驳回起诉。"

案由认定、主要的司法审查要件、受案范围、判决方式、行政赔偿、期限的确定、司法审查强度等均具有其自身特点，现行法律与司法解释尚难以对其进行完备地规范与调整，学界在很多方面也尚未达成共识，司法实践中各级法院的裁判存在诸多困难。

本案是由最高人民法院再审的不履行法定职责的司法案例，针对不履行法定职责案件司法审查中的难点问题作出了详细论述与说理，对履责之诉的理论和实践具有里程碑式的意义。在实践层面，最高人民法院在本案中总结了成立履责之诉的司法审查要件，不仅有利于纠正部分行政相对人对履责之诉司法审查要件的错误理解，还为各级法院审理该类案件提供了参考，有利于规制该类案件的滥诉。最高人民法院在本案中明确，不履行法定职责案件中，原告只能向具有原告要求履行的法定职责的行政机关提起履责之诉；当原告针对一个明显没有法定职责的行政机关提起履责之诉时，法院应当不予立案。此外，最高人民法院在本案中明确区分了履责之诉中诉请履行的法定职责不同于法定的抽象管理职责以及不具有羁束力和强制力的行政指导职责，这为各级法院在认定"被告有无法定职责"这一要件的司法审查指明了方向。

在理论层面，本案引发部分行政法学者对不履责案件司法审查的热议。有的学者借鉴公法请求权与保护规范理论，尝试加强履责之诉中法院对行政机关"法定职责"判断的可操作性；也有的学者则在探讨行政诉讼受案范围时以本案为例探讨诉请履行行政指导职责是否属于行政诉讼的受案范围。本文正是在参考最高人民法院判决及学者观点的基础上，梳理履行法定职责之诉司法审查中对于"不履行"与"法定职责"的认定，最后总结履责之诉的主要司法审查内容，并讨论主要司法审查内容的审查阶段。

综合学者对本案的评析及在此基础上对履责之诉的理论探讨，可以发现本案存在以下不足：本案在论证被告行政机关不具有原告所要求的法定职责时，将法定职责的"法"范围限缩在法律、法规或规章三类实定法中，这与当前学界及司法实践中将法定职责的"法"范围扩展至行政协议、行政允诺等非实定法领域的主流观点相违背。

本文只是结合张月仙案的案情及其所反映的问题探讨了履责之诉司法审查中的几个难点问题，而正如上文所述，该类案件的司法审查还有很多难点问题有待讨论。例如，"任伟成等诉上海市公安局宝山分局大华派出所不履行设置道路标牌法定职责案"[1]反映出该类案件的判断基准问题；"陈真如、黄晓君诉湛江市工商行政管理局坡头分局拒绝履行检验检疫法定职责案"[2]反映出履责之诉中的原告资格问题。此外，法院对于不履责案件的司法审查强度及判决方式的选择等，涉及司法权和行政权的划分，影响着行政权监督的现状和当事人合法权益的保护力度，这也是研究履责之诉不可忽视的关键问题。

---

[1] 参见"行政机关负有法定职责的时间节点——原告任伟成等诉上海市公安局宝山分局大华新村派出所不履行设置道路标牌法定职责案"。转引自中华人民共和国最高人民法院行政审判庭编：《中国行政审判案例》（第4卷），中国法制出版社2012年版。

[2] 湛江经济技术开发区人民法院（2015）行初字第2号。

案例十六　张习亮等91人诉贵州织金县人民政府、贵州新浙能矿业有限公司织金县绮陌乡兴荣煤矿不履行地质灾害治理法定职责纠纷案

王雨婷 *

【案例名称】

张习亮等91人诉贵州织金县人民政府、贵州新浙能矿业有限公司织金县绮陌乡兴荣煤矿不履行地质灾害治理法定职责纠纷案［最高人民法院（2020）最高法行再235号行政判决书］

【关键词】

不履行法定职责　合法性审查　地质灾害治理　责任竞合

【基本案情】

张习亮等91人系贵州省织金县绮陌乡兴荣村鱼塘、高寨、家猓、寨上、把那等村民组村民。贵州新浙能矿业有限公司织金县绮陌乡兴荣煤矿（以下简称兴荣煤矿）于2007年6月21日成立，年产煤30万吨。因煤矿的陆续开采导致所在采掘区地表以下出现大面积采空，部分村民房屋因此开裂受损，地表及地下水出现干涸的情况。

2018年3月至2019年2月、2019年3月至2020年2月，兴荣煤矿委托贵州地矿基础工程有限公司对织金县绮陌乡兴荣村家猓、鱼塘村民组后侧山

---

* 作者简介：王雨婷，中国政法大学法学院宪法学与行政法学专业博士研究生。本文的指导教师为中国政法大学法学院教授、博士生导师罗智敏。

体进行变形监测，监测报告载明，被监测山体目前处于低速变形状态，建议对该山体进行长期变形监测。织金县地灾办于 2018 年 7 月 16 日委托江苏南京地质工程勘察院、织金县自然资源局于 2019 年 9 月 9 日委托贵州久鼎工程勘察有限公司，对兴荣村把那组等村民组进行房屋损坏等级调查工作，并作出相关等级调查报告。织金县人民政府（以下简称织金县政府）绮陌街道办事处分别于 2017 年 12 月 1 日、2018 年 9 月 2 日、2019 年 10 月 15 日委托毕节天信价格评估有限公司对案涉地质灾害受损房屋进行了价格评估。织金县政府及兴荣煤矿根据上述报告及织金县政府制订的案涉地质灾害处置方案，明确在兴荣村受地质灾害影响范围内，已经符合Ⅲ级、Ⅳ级搬迁避让条件的村民有 47 户，张习亮等 91 人（户）中有 5 户。对于符合Ⅲ级、Ⅳ级搬迁避让条件的村民，确定由兴荣煤矿支付赔偿款。兴荣煤矿在织金县政府的监督下开展了赔偿款支付及引水工程建设等工作。但兴荣村大部分地域已经受到了较为严重的影响，面临着整体或部分沉降，甚至山体垮塌的风险。织金县政府未采取实际的搬迁避让措施，已领取搬迁费用的村民仍在原址居住。

张习亮等 91 人向贵州省毕节市中级人民法院提起行政诉讼，请求：（1）判决确认织金县政府不履行因兴荣煤矿采煤活动引发的地质灾害治理职责的行为违法；（2）判决织金县政府履行地质灾害治理职责，对张习亮等 91 人采取搬迁避让措施；（3）判决兴荣煤矿与织金县政府共同承担对张习亮等 91 人采取搬迁避让的地质灾害责任；（4）本案的受理费及其他诉讼费用由织金县政府承担。

贵州省毕节市中级人民法院一审认为，织金县政府具体如何履行地质灾害防治职责，是否确定搬迁避让及如何组织搬迁避让，相关措施是否合理适当，属于履行地质灾害防治职责中的行政自主决策权范围。履行地质灾害防治职责的具体行为是否合理，依法不属于人民法院司法权审理范围。本案系行政不作为纠纷，兴荣煤矿并非行政主体，张习亮等 91 人在本案请求判决兴荣煤矿与织金县政府共同承担行政责任，于法无据。一审法院作出（2017）黔 05 行初 13 号行政判决，驳回张习亮等 91 人的诉讼请求。张习亮等 91 人不服，提起上诉。贵州省高级人民法院作出（2018）黔行终 2064 号行政判决，驳回上诉，维持一审判决。

张习亮等 91 人不服，向最高人民法院申请再审。最高人民法院于 2019 年 12 月 17 日作出（2019）最高法行申 7514 号行政裁定，提审本案。依法组成合议庭，于 2020 年 9 月 21 日公开开庭审理了本案。最高人民法院再审认为，虽然织金县政府采取了部分防治措施，但对于不再适合继续在原址居住的村民未组织搬迁避让。而对于搬迁安置点的确定、地质评估、设计规划等，均需要地方政府的积极作为。为切实保护人民群众的生命财产安全，对于受灾程度不重、尚可继续在原址居住的村民，织金县政府应当协调兴荣煤矿发放房屋维修、加固等赔偿金；对于受灾程度严重、已不适合继续在原址居住的村民，织金县政府应当积极组织开展搬迁避让工作；考虑到煤矿开采活动的动态性及其引发的地质灾害具有滞后性，织金县政府应当对兴荣村的地质状况持续进行监测，对于后续应当进行搬迁避让的村民，及时组织实施相关的搬迁避让措施。同时，兴荣煤矿应当承担案涉地质灾害的治理责任，并承担织金县政府组织实施搬迁避让措施所产生的相关费用。最高人民法院于 2020 年 9 月 21 日作出（2020）最高法行再 235 号行政判决：撤销贵州省高级人民法院（2018）黔行终 2064 号行政判决及贵州省毕节市中级人民法院（2017）黔 05 行初 13 号行政判决；责令织金县政府根据兴荣村村民受灾程度及灾情变化依法履行组织搬迁避让的职责，相关费用由兴荣煤矿承担。

【裁判要旨】

组织受灾群众进行搬迁避让是地质灾害发生前后县级以上人民政府应当履行的法定职责。是否"适合居住"是决定应否搬迁的基本标准。宜结合受灾程度、地质动态变化状况、次生灾害发生的可能性等予以综合考量，出发点和落脚点均应当是保证受灾群众的生命财产安全。民事主体在分享国家公共资源的同时应当承担公法义务，特别是承担因其在分享公共资源过程中发生的侵权行为所带来的赔偿责任。

【裁判理由与论证】

最高人民法院结合各方当事人的诉辩意见，在本案的生效裁判中归纳了三个争议焦点：（1）张习亮等 91 人（户）是否符合搬迁避让条件；（2）织金县政府采取的地质灾害防治措施是否可以有效保护受灾群众的生命财产安全；（3）兴荣煤矿在本案中是否应当承担责任及承担何种责任。以下分别概述之。

一、关于张习亮等91人（户）是否符合搬迁避让条件的问题

最高人民法院指出，《地质灾害防治条例》第19条第3款规定："县级以上人民政府应当组织有关部门及时采取工程治理或者搬迁避让措施，保证地质灾害危险区内居民的生命和财产安全。"《国务院关于加强地质灾害防治工作的决定》规定："……（一）指导思想。……将'以人为本'的理念贯穿于地质灾害防治工作各个环节，以保护人民群众生命财产安全为根本……"依据上述规定，组织受灾群众进行搬迁避让是地质灾害发生前后县级以上人民政府应当履行的法定职责。这一职责的具体内容表现为当地质结构因地质灾害发生改变，以至于不再适合居住时，县级以上人民政府应当组织受灾群众进行搬迁避让。从法规范的角度看，当下我国并无搬迁避让的统一判定标准，但最高人民法院认为判断应否搬迁的基本标准为是否"适合居住"。是否"适合居住"应当综合考量受灾程度、地质动态变化状况、次生灾害发生的可能性等，保护受灾群众的生命财产安全是第一要义。本案中，2013年至2017年，织金县政府及其职能部门曾两次委托具有地质灾害防治工程勘察甲级资质的毕节天信价格评估有限公司，对案涉地质灾害发生的原因及责任进行鉴定。该第三方分别作出2013年成因分析论证报告和2017年成因分析论证报告，织金县政府亦作出了灾后治理实施方案及相关调处意见等，明确了按房屋受损严重等级和轻重缓急进行分批次搬迁至安全地带或加固维修；分类处理地质灾害纠纷，坚持采空区上、危岩下、滑坡体上必须整体搬迁；出现灾害时，原则上根据鉴定或评估的灾害等级，按主房"Ⅰ级、Ⅱ级维修，Ⅲ级、Ⅳ级搬迁"的处置原则。根据已查明事实，兴荣村所在地域因兴荣煤矿的开采行为已发生部分居民房屋开裂、地面出现裂缝、地下水干涸等地质灾害，该地域地质条件已经发生明显改变。按照织金县政府制订的灾后治理实施方案，全村符合"Ⅲ级、Ⅳ级搬迁"标准的共有47户，包括张习亮等91人（户）中的5户，且有可能继续增加。织金县政府应当根据受灾程度及时组织不再适合继续在原址居住的村民进行搬迁避让。一方面，搬迁避让的根本目的在于确保地质灾害危险区内居民的生命和财产安全，张习亮等91人（户）

亦表达了除其之外其他村民也处于地质灾害威胁之中的担忧,并主张应当另行选址进行整体搬迁安置,体现了代表全体村民主张权益的意愿。考虑到目前受案涉地质灾害影响的村民已有 300 余户,最高人民法院也认为本案不能机械适用"不告不理"原则,织金县政府在履行组织受灾群众搬迁避让的法定职责时,不应局限于张习亮等 91 人(户),而应当在案涉地质灾害影响范围内组织不再适合继续在原址居住的受灾村民进行搬迁避让。另一方面,根据已查明事实,虽然目前并非所有兴荣村村民均处于地质灾害影响范围内,也非所有村民的房屋均存在开裂变形等现象,张习亮等 91 人(户)中受灾程度也各不相同,但是根据监测报告,被监测山体处于低速变形状态,受灾群众的范围及受灾程度处于不断变动之中,在解决用水、通行等生产、生活困难后,织金县政府应当根据受灾程度及灾情变化及时组织不再适合继续在原址居住的村民进行搬迁避让。

二、关于织金县政府采取的地质灾害防治措施是否可以有效保护受灾群众的生命财产安全的问题

最高人民法院指出,人民对美好生活的向往,是我们建设法治国家的应有之义。其中,安居乐业是美好生活的重要内容。当人民群众的居住环境发生地质灾害,居住安全受到威胁,存在道路交通及生活用水等困难时,政府的首要责任是确保人民群众的生命财产安全,并及时解决人民群众的生产、生活困难。本案中,案涉地质灾害发生后,织金县政府及其相关职能部门进行调查、走访,委托第三方进行评估鉴定,并制订地质灾害处置方案,监督兴荣煤矿向受灾群众发放受损房屋搬迁赔偿金,房屋维修赔偿金,田变地、荒芜地赔偿金、坟墓搬迁赔偿金等,应当予以肯定。但上述措施仍不足以保证兴荣村受灾群众的生命财产安全。首先,本案属于因煤矿地下采空引发的地质灾害,兴荣村大部分地域已经受到了较为严重的影响,面临着整体或部分沉降,甚至山体垮塌的风险,织金县政府仅通过协调案涉企业发放赔偿金、在危险区域设置警示牌、恶劣气候来临前的避险宣传等措施,无法避免危险的发生,也无法确保危险来临时村民生命财产免遭侵害。织金县政府主张,已经获得赔偿的村民可以自行选址另建房屋,但该主张缺乏可操作性,也无法保证村民自行选址的安全性。其次,兴荣村所处山体附近仍在低速变形中,

不能排除因地下采空发生次生灾害的可能。考虑到中介机构的动态监测不可能克服地质灾害发生的滞后性和或然性，对于兴荣村案涉地质灾害影响范围内是否会发生更为严重的地质灾害，如山体滑坡、地壳位移等，难以作出准确的预判。

此外，行政职权的公共属性决定了政府作为公共利益"守护人"的角色定位，其目标是高效配置公共资源、维护公共秩序、提供公共服务。对于受到地质灾害威胁的人民群众而言，保证其生命财产安全是地质灾害防治工作的根本目的，无论采取何种防治措施，都应当将人民群众的生命与财产安全放在防治工作的首要位置。《国务院关于加强地质灾害防治工作的决定》规定："……（十二）加快实施搬迁避让。地方各级人民政府要把地质灾害防治与扶贫开发、生态移民、新农村建设、小城镇建设、土地整治等有机结合起来，统筹安排资金，有计划、有步骤地加快地质灾害危险区内群众搬迁避让，优先搬迁危害程度高、治理难度大的地质灾害隐患点周边群众。要加强对搬迁安置点的选址评估，确保新址不受地质灾害威胁，并为搬迁群众提供长远生产、生活条件。"地质灾害搬迁安置工作是一项系统工程，涉及安置点的选址、设计、规划等一系列专业性强、需要政府部门审批的事项，同时还需要考虑被搬迁村民的长远生产、生活前景，如基础设施建设、基本生活来源、子女就近入学等问题。目前，兴荣村绝大部分村民仍在原址居住和生活，包括受灾程度已达到织金县政府制定的搬迁避让标准的村民。织金县政府所采取的地质灾害防治措施，不足以有效保护受灾群众的生命财产安全，属于履行地质灾害治理职责不全面、不充分、不到位。织金县政府应当在有利于生产、生活的基础上，积极开展选址安置、搬迁避让等工作，确保受灾群众尽快实现安居乐业。

三、关于兴荣煤矿在本案中是否应当承担责任及承担何种责任的问题

最高人民法院指出，民事主体的违法行为导致的法律责任有三种，即刑事责任、行政责任和民事责任。当民事主体的行为既违反了行政法的规定，又侵害了其他民事主体的合法权益时，法律既可能选择其一追究该民事主体的责任，亦可能要求该民事主体同时承担两种责任。在行政责任和民事责任同时出现的情况下，民事主体承担的责任带有强烈的公法属性。民事主体在

分享国家公共资源的同时承担公法义务，特别是承担因其在分享公共资源过程中发生的侵权行为所带来的赔偿责任，既是不言自明之理，也已为法律所肯认。

《地质灾害防治条例》第5条第3款规定："因工程建设等人为活动引发的地质灾害的治理费用，按照谁引发、谁治理的原则由责任单位承担。"第35条第1款规定："因工程建设等人为活动引发的地质灾害，由责任单位承担治理责任。"本案中，2013年成因分析论证报告和2017年成因分析论证报告均认定，兴荣村的地裂缝、泉点干涸、村民房屋受损等地质灾害均系兴荣煤矿的开采活动所引发。兴荣煤矿有责任对受灾地域进行灾害治理并承担由此产生的费用。这一义务既具有民法规范中关于恢复原状、赔偿损失的责任性质，也具有行政法规范中关于履行法定职责、承担赔偿义务的责任性质。案涉企业的义务与行政机关的责任共同构成地质灾害治理的法定职责。因此，兴荣煤矿可以作为因地质灾害引发的诉讼案件的适格主体，承担地质灾害的治理责任并负担相关费用。

【涉及的重要理论问题】

本案作为全国首例政府不履行地质灾害治理法定职责行政诉讼案件，对于明确地质灾害治理领域不履行法定职责的判断标准，以及地质灾害责任单位的法律责任形式具有重要意义。鉴于此，下文将本案的相关理论问题归纳为不履行法定职责的判断标准、地质灾害责任单位的法律责任，并分别论述之。

一、不履行法定职责的判定标准

（一）不履行法定职责和行政不作为

随着福利国家和给付行政的兴起，政府已然肩负起对公民积极进行"生存照顾"的职责。在此种语境下，如何对行政机关不履行法定职责进行判定既关涉法院的审查方式，又关乎公民合法权益的保护。如何有效地对行政机关不履行法定职责进行合法性审查，成为行政法学研究中的重点问题和难点问题。

而长期以来，"不履行法定职责"与"行政不作为"被广泛混用于理论界和实务界，这对于保护相对人之合法权益产生了不利影响。廓清二者的关系可谓是当务之急。

有学者认为，行政不作为全然不同于不履行法定职责。行政不作为是相对于行政作为而言的，且关注的是是否存在行政行为。而对不履行法定职责是否成立的判定则是以行政机关是否负有履行特定的法律职责为区分标准。其认为行政不作为是指"行政主体负有某种作为的法定义务、具有作为可能性而在程序上逾期不为的行为"。[1]在此种观点的指引下，明示拒绝履行因为是以作为的形式作出的，故不属于行政不作为。2020年12月25日最高人民法院发布的《关于行政案件案由的暂行规定》亦采用此观点，其明确指出"不履行法定职责"是指负有法定职责的行政机关在依法应当履职的情况下消极不作为，从而使行政相对人权益得不到保护或者无法实现的违法状态。未依法履责、不完全履责、履责不当和迟延履责等以作为方式实施的违法履责行为，均属于不履行法定职责。

也有学者认为，行政不作为与不履行法定职责的区别主要在于实体层面作为义务的履行程度不同。行政不作为并不等同于不履行法定职责。行政不作为是行政主体负有积极的作为义务而逾期不履行的行为，而不履行法定职责是指行政主体对法律赋予的职责没有履行到位，其本质上属于不履行实体上的义务，是"形式作为而实质不作为"。[2]

有的学者则认为，不履行法定职责是一个司法实务中常用的概念，与行政不作为不能简单等同。行政不作为与不履行法定职责属于充分不必要关系。属于行政不作为的一定属于不履行法定职责，但属于不履行法定职责的却不一定属于行政不作为。明确拒绝履行、默示拒绝履行和不完全履行构成不履行法定职责的三个阶段。[3]

还有学者认为，行政不作为同不履行法定职责的主要区别在于作为义务

〔1〕 参见刘宏博："行政不作为诉讼研究"，吉林大学2015年博士学位论文。
〔2〕 参见马生安：《行政行为研究——宪政下的行政行为基本理论》，山东人民出版社2008年版，第207-208页。
〔3〕 参见曾照旭："不履行法定职责问题研究——以不履行法定职责案件的司法审查为视角"，江西财经大学2016年硕士学位论文。

的来源方面。[1]行政不作为是指行政主体负有特定的行政作为义务，于法定期限或合理期限内怠于或拒绝履行其作为义务的事实状态或者行为。包括零作为、不予答复、迟延作为、不彻底作为、虚假作为和拒绝作为。而不履行法定职责是指行政主体负有法律、法规以及规章负担设定的职责，有义务、有能力履行而没有履行或不彻底履行的行为或事实状态。[2]其认为行政不作为与不履行法定职责两者区别仅在于义务来源方面，行政不作为之义务来源的外延要大于不履行法定职责的义务来源。不履行法定职责行为的义务来源仅限于法定义务，而行政不作为构成的前提并不局限于法定义务，而是包括基于一定的法律事实和法律原则所产生的作为义务。具体包括：法律、法规及规章明确规定的行政作为义务；行政合同、行政承诺等行政行为所产生的作为义务；公务组织的先行行为引起的作为义务；法律规范的间接规定，即在法律规范并未直接规定作为义务的情况下，可以通过法律解释的方法，从法律规范中导出其隐含的作为义务等；[3]信赖利益保护之必要引发的作为义务等。

笔者认为，不履行法定职责与行政不作为这两个概念确有不同。一是二者适用于不同领域。不履行法定职责与行政不作为因划分标准不同而决定其适用的范畴存在差异。行政不作为侧重于学术理论研究领域，而不履行法定职责源自法律规定，主要适用于司法实务领域，成为司法实务中的规范术语。二是二者在作为义务来源上的巨大差异。不履行法定职责中的"法定职责"，限定在法律、法规、规章为行政主体设定的，在行使行政职权的过程中所应履行的相应义务及承担的相应责任。而行政不作为的作为义务，既包括法定义务，也包括协议、承诺、先行行为等引起的行政义务。但是，不履行法定职责与行政不作为在外在表现形式上，均包括拒绝履行、迟延履行、不正确履行、不完全履行等。且在司法审查中，也都遵循"行政机关有无作为义务——履行作为义务有无现实可能——行政机关是否实质履行了作为义务"的三重

---

〔1〕 参见曹福春、刘鹤："行政不作为与行政不履行法定职责界定"，载《延边大学学报》2008年第1期。

〔2〕 参见白云："论行政不作为的合法性审查：以课以义务诉讼案件审理模式为中心"，载《公民与法（审判版）》2011年第2期。

〔3〕 参见沈岿："论怠于履行职责致害的国家赔偿"，载《中外法学》2011年第1期。

判断基准。[1]因而，对于不履行法定职责的合法性审查，我们仍应严格按照"职权主体资格——职责范围——履职情况"的审查进路，从主客观两个角度进行考察，进而形成较为一致的审理思路，即"行政机关是否具有监督管理职责——要履行哪些具体的职责——已经履行了哪些职责——履职行为是否违法或存在瑕疵——履职效果如何——是否应当继续履职"。[2]

（二）不履行法定职责的实践样态

行政职责具有法定性，当公民、法人或其他组织要求负有行政职责的行政机关履行职责，行政机关以明示或默示的方式否定公民、法人或其他组织的申请时，即构成不履行法定职责。[3]因此，不履行法定职责的表现形式主要包括拒绝履行、迟延履行和不完全履行。

（1）拒绝履行。拒绝履行是指行政主体以明示或默示的方式拒绝履行其职责，其包含有意思表示的成分，故其应当属于不履行法定职责的一种样态而非行政不作为的一种类型。而且，将拒绝履行认定为不履行法定职责，方便适用履行判决来保障相对人权益。

（2）迟延履行。迟延履行体现为行政主体完成依职权提起和接受申请、调查核实、给予回复等程序性行为，但是于法定期限内未对相对人实体性权利义务发生作用。[4]

（3）不完全履行法定职责。不完全履行法定职责是指履行职责不完全、不彻底，未能从实质上完满实现履行职责所应达成的社会效果，使行政相对人所提出的合法合理的预期请求最终落空。

在本案中，织金县政府即构成不完全履行法定职责。具体而言，虽然织金县政府采取了协调案涉企业发放赔偿金、在危险区域设置警示牌、恶劣气候来临前的避险宣传等部分防治措施，但对于不再适合继续在原址居住的村

---

〔1〕 参见章志远："司法判决中的行政不作为"，载《法学研究》2010年第5期。

〔2〕 参见李明超："论行政公益诉讼中'不履行法定职责'的认定规则"，载《社会科学战线》2020年第3期。

〔3〕 参见江必新、邵长茂：《新行政诉讼法修改条文理解与适用》，中国法制出版社2015年版，第270页。

〔4〕 参见李梦琳："行政不作为与不履行法定职责的关系界定"，载《黑龙江省政法管理干部学院学报》2018年第4期。

民未组织搬迁避让。在搬迁安置点的确定、地质评估、设计规划等方面，织金县政府缺乏积极作为。为切实保护人民群众的生命财产安全，对于受灾程度较轻、尚可继续在原址居住的村民，织金县政府应当协调兴荣煤矿发放房屋维修、加固等赔偿金；对于受灾程度严重、已不适合继续在原址居住的村民，织金县政府应当积极组织开展搬迁避让工作；考虑到煤矿开采活动的动态性及其引发的地质灾害具有滞后性，织金县政府应当组织对兴荣村的地质状况持续进行监测，对于后续应当进行搬迁避让的村民，及时组织实施相关的搬迁避让措施。

（三）不履行法定职责的判断标准

对"不履行法定职责"的判定需要遵循"行政机关有无法定职责——履行法定职责有无现实可能——行政机关是否实质履行了法定职责"的三重判断基准。[1]本案作为全国首例不履行地质灾害治理法定责任案，亦基本遵照了上述判断基准，还创造性地提出了其他考量因素，具体阐述如下。

1. 行政机关负有法定职责

行政主体依据法律、行政法规、地方性法规、自治条例和单行条例及规章的规定或授权进行某些行政管理活动，实现其具有行政管理职能所应承担的法定职责。本案中，根据《地质灾害防治条例》第 19 条第 3 款规定："县级以上人民政府应当组织有关部门及时采取工程治理或者搬迁避让措施，保证地质灾害危险区内居民的生命和财产安全。"组织受灾群众进行搬迁避让是地质灾害发生前后县级以上人民政府应当履行的法定职责。该职责的具体内容包括地质灾害发生后，因地质结构发生改变不再适合居住时组织受灾群众进行搬迁避让。2013 年和 2017 年，织金县政府及其职能部门曾两次委托具有地质灾害防治工程勘察甲级资质的毕节天信价格评估有限公司对案涉地质灾害发生的原因及责任进行鉴定。依据第三方出具的 2013 年成因分析论证报告和 2017 年成因分析论证报告，织金县政府制订了灾后治理实施方案，并作出了相关调处意见，明确提出按房屋受损严重等级和轻重缓急进行分批次搬迁至安全地带或加固维修。在分类处理地质灾害纠纷时，应当始终坚持采空区

---

〔1〕 参见章志远："司法判决中的行政不作为"，载《法学研究》2010 年第 5 期。

上、危岩下、滑坡体上必须整体搬迁的基本底线；出现灾害时，根据鉴定或评估的灾害等级，坚持主房"Ⅰ级、Ⅱ级维修，Ⅲ级、Ⅳ级搬迁"的处置原则。根据已查明事实，受兴荣煤矿开采煤矿的影响，兴荣村的部分居民已经出现房屋开裂、地面裂缝、地下水干涸等一系列地质灾害。兴荣村的地质结构已经发生明显改变。按照织金县政府确定的主房"Ⅲ级、Ⅳ级搬迁"的标准，目前全村符合该标准的共计47户，包括张习亮等91人（户）中的5户，且有可能继续增加。织金县政府应当及时组织不再适合继续在原址居住的村民进行搬迁避让。

2. 该项法定职责应属于羁束性义务或裁量性为零的义务

按照行政法原理，若行政主体依法享有自由裁量权，其对于是否履行，以及如何履行可以自行决定。行政主体作出不履行，或者选择不同的履行时间，或者选择不同的履行方案，都不构成不履行法定职责的问题。因此，不履行法定职责更多的是指向履行羁束性的作为义务。然而，行政主体的裁量权不是毫无限制的。当遇有特殊情形发生，特别是当事人生命、健康、财产等重大合法权益遭遇直接侵害时，行政主体的裁量已"压缩至零"，即必须履行作为义务，而无选择权可言了。[1] 此时，不履行、履行不及时或履行不到位，都会构成不履行法定职责。本案二审法院贵州省高级人民法院就认为"织金县政府具体如何履行地质灾害防治职责，如何组织防治，是否确定搬迁避让及如何组织搬迁避让，相关措施是否合理适当，属于履行地质灾害防治职责中的行政自主决策权范围，织金县政府依法有权自主决定"。贵州省高级人民法院正是未能把握地质灾害发生的滞后性和或然性，未能认识到兴荣村部分村民的生命、财产每分每秒都在面临重大危险，行政主体的裁量已压缩为"零"，才作出此错误判断。

3. 实质上不能满足申请人要求其履行法定职责维护合法权益的需要

实质要件主要针对不完全履行法定职责案件而言。行政主体已作出的行政行为不能满足申请人要求其履行法定职责维护其合法权益的需要。对申请人要求履行法定职责的申请，行政机关未能完全按照法律法规规定的职责作

---

〔1〕 关于"裁量压缩至零"的理论，参见［德］哈特穆特·毛雷尔：《行政法学总论》，高家伟译，法律出版社2000年版，第132页。

出相应的行政行为，使申请人要求行政机关履行法定职责维护其合法权益的目的不能实现。主要体现在：一是行政机关未完全履行法定职责致使公民、法人或者其他组织应当享有的合法权益被剥夺，或使其合法权利得不到有效保护；二是行政机关作出的行政行为只部分满足了申请人的请求，剩余未满足部分仍属于法定职责范畴。本案中，案涉地质灾害发生后，织金县政府及其相关职能部门通过调查、走访，委托相关资质单位进行评估鉴定，制订了灾害处置方案，并监督地质灾害责任单位兴荣煤矿落实向受灾群众发放受损房屋搬迁赔偿金、房屋维修赔偿金、田变地、荒芜地赔偿金、坟墓搬迁赔偿金等工作，织金县政府开展的这部分工作应当被肯定。但上述措施并不足以保证兴荣村受灾群众的生命财产安全。一是本案属于因煤矿地下采空引发的地质灾害，兴荣村大部分地质结构已经受到较为严重的破坏，随时可能发生整体或部分沉降，甚至山体垮塌。织金县政府仅通过协调案涉民事主体发放搬迁维修赔偿金、在危险区域设置警示牌、极端气候来临前的避险宣传等措施，无法避免整体或部分沉降，甚至山体垮塌等风险的发生，亦无法保证危险来临时村民生命财产免遭侵害。织金县政府主张，已经获得赔偿的村民可以自行选址另建房屋，但该主张并不具备可操作性，村民自行选址亦不具备安全性。二是根据监测结果，兴荣村所处山体仍旧长期处于低速变形中，不能排除因地下采空进一步发生次生灾害的可能。考虑到中介机构的动态监测不可能完全克服地质灾害发生的滞后性和或然性，亦难以就兴荣村案涉地质灾害影响范围内是否会发生更为严重的次生灾害（如山体滑坡、地壳位移等）作出准确预测。当下，兴荣村绝大部分村民依旧在原址居住和生活，包括受灾程度已达到织金县政府制定的搬迁避让标准的 41 户村民。综上所述，织金县政府所采取的地质灾害防治措施不足以有效保护受灾群众的生命财产安全，属于履行地质灾害治理职责不全面、不充分、不到位。织金县政府应当在有利于群众生产、生活的基础上，积极开展选址安置、搬迁避让等工作，确保受灾群众尽快实现安居乐业。

二、地质灾害责任单位的法律责任

因同一不法行为触犯数个不同法益而产生的法律责任竞合问题，是法律适用中带有普遍性的问题。同一民事主体的违法行为可能同时触犯刑法、行政法以及民法，进而导致刑事责任、行政责任和民事责任竞合状况的出现。当人为造成地质灾害的主体的行为既违反了行政法的规定又侵害了其他民事主体的合法权益时，法律既可以只追究其民事责任或行政责任，又可以要求该行为主体同时承担行政责任和民事责任。在因人为活动引发的地质灾害的场域下，引发地质灾害的民事主体所实施的侵权行为是在其分享公共资源过程中发生的，其承担的治理责任具有较强的公法属性。

《地质灾害防治条例》第35条第1款规定："因工程建设等人为活动引发的地质灾害由责任单位承担治理责任。"该条第2款紧接着规定，"责任单位由地质灾害发生地的县级以上人民政府国土资源主管部门负责组织专家对地质灾害的成因进行分析论证后认定"。据此，国土资源主管部门的责任认定是对引发地质灾害的责任单位承担行政治理责任的认定而不是对责任单位承担民事赔偿责任的认定。[1]地质灾害治理责任认定是国土资源主管部门依法定职权作出的行政行为。责任单位应依据国土资源主管部门作出的责任认定履行对地质灾害的治理责任，否则将承担罚款等行政责任。国土资源主管部门必须依法定职权和程序作出责任认定。根据《地质灾害防治条例》第35条第3款的规定："对地质灾害的治理责任认定结果有异议的，可以依法申请行政复议或者提起行政诉讼。"

又根据《地质灾害防治条例》第5条第3款规定："因工程建设等人为活动引发的地质灾害的治理费用，按照谁引发、谁治理的原则由责任单位承担。"第35条第1款规定："因工程建设等人为活动引发的地质灾害，由责任单位承担治理责任。"地质灾害治理的法定责任既包括案涉企业的义务，又包括行政机关的职责。本案中，根据2013年的成因分析论证报告和2017年的成因分析论证报告，兴荣村的地裂缝、地下水干涸、村民房屋受损等地质灾害，均被认定系由兴荣煤矿的开采活动所引发。兴荣煤矿因其不当开采行为有义务对受灾地域进行灾害治理并承担相应的费用。这一治理责任既具有民法规范中关于恢复原状、赔偿损失的责任性质，也具有行政法规范中关于履行法定职责、承担赔偿义务的责任性质。因此，兴荣煤矿应当作为因地质灾害引发的诉讼案件的适格主体，承担地质灾害的治理责任并负担相关费用。

---

〔1〕 邹胜翔、张娇东："人为活动引发地质灾害的责任认定"，载《中国审判》2012年第12期。

【后续影响及借鉴意义】

行政机关全面履行法定职责是建设法治政府的必然要求，更是建设法治中国的应有之义。近年来，不履行法定职责案件的数量激增以及种类日益繁杂，使得不履行法定职责的合法性审查越发成为行政诉讼中的热点和难点问题。不履行法定职责类行政诉讼案件多涉及灾害防治、环境整治、征收补偿等政府工作的重点领域，其背后反映的都是社会治理的共性问题。行政机关能否在此类关系人民生命财产安全的重要事项面前正确履责，事关服务保障美丽中国建设、推进国家环境治理体系和治理能力现代化。通过地质灾害防治领域不履行法定职责相关裁判规则的引领和发布，一方面，能让行政机关深刻了解自身履职过程中存在的问题和不足，切实考量群众诉求，全面履行法定职责，提升行政效能。在依法行政的同时，始终以保护人民群众的生命财产安全为己任，进一步强化人民群众的认同感和满意度。另一方面，在具体案件中归纳和提炼不履行法定职责的认定标准，能为新时期规范法院行政审判标准、全面保障当事人合法权益提供借鉴。

四 国家赔偿

案例十七 刘书平诉郑东新区管理委员会
拒收国家赔偿申请行为案

王彤 *

【案例名称】

刘书平诉郑东新区管理委员会拒收国家赔偿申请行为案［最高人民法院
（2017）最高法行申 5718 号］

【关键词】

确认诉讼 判决类型 诉的利益 法官释明义务

【基本案情】

刘书平于 2016 年 11 月 23 日向郑东新区管理委员会（以下简称郑东新区
管委会）以邮寄方式提出国家赔偿申请，郑东新区管委会拒收邮件。刘书平
因此向河南省郑州市中级人民法院提起诉讼，请求依法判决郑东新区管委会
拒收行为违法。

河南省郑州市中级人民法院一审认为，刘书平于 2016 年 11 月 23 日向郑
东新区管委会邮寄国家赔偿申请信件，郑东新区管委会虽经中国邮政官网查

---

* 作者简介：王彤，中国政法大学法学院宪法学与行政法学专业硕士研究生。本文的指导教师为
中国政法大学法学院教授、博士生导师成协中。

询显示为本人已签收，但刘书平提交了该信件被中国邮政标注"拒收"而退回的信封原件，故对刘书平所诉郑东新区管委会拒收其国家赔偿申请信件的行为依法予以认可。但郑东新区管委会拒收刘书平国家赔偿申请信件的行为，实质上是拒绝接受刘书平的国家赔偿申请，即拒绝或不予国家赔偿。刘书平可以根据《国家赔偿法》第 14 条的规定直接就郑东新区管委会拒绝或不予国家赔偿的行为向人民法院提起诉讼。据此，河南省郑州市中级人民法院依照 2015 年《最高人民法院关于适用〈中华人民共和国行政诉讼法〉若干问题的解释》第 3 条第 1 款第 10 项、第 2 款之规定，裁定驳回起诉。

刘书平不服，向河南省高级人民法院提起上诉。河南省高级人民法院二审认为，本案中，刘书平向郑东新区管委会邮寄信件的目的是获得国家赔偿，并在信封上写明信件是国家赔偿申请书，该管委会无须拆开信封即可获知邮寄人的目的，一审法院将该拒收行为理解为郑东新区管委会对国家赔偿申请的拒绝，实际上是对刘书平国家赔偿请求权最大限度的保护，经二审庭审调查，刘书平在信件被拒收后再次邮寄了申请，郑东新区管委会已予以受理，相关国家赔偿争议已进入诉讼程序，本案对于刘书平实现国家赔偿的目的没有实际意义。综合以上考虑，一审法院以无须再将郑东新区管委会拒收国家赔偿申请信件的行为作为一个独立的行政行为提请司法审查为由驳回刘书平的起诉，并无不妥。刘书平的上诉理由不能成立，不予支持。一审裁定适用法律正确，依法应予维持。依照《行政诉讼法》第 89 条第 1 款第 1 项之规定，裁定驳回上诉，维持原裁定。

刘书平对此不服，向最高人民法院申请再审。最高人民法院最终裁定驳回刘书平的再审申请。

【裁判要旨】

（1）确认诉讼具有补充性。确认诉讼很像一个装满各种工具的杂物筐。《行政诉讼法》规定的确认判决多达六种，但通说认为，只有请求确认某种法律关系存在或者不存在的一般确认诉讼，才是"真正的"确认诉讼，其他的确认诉讼，比如确认无效之诉、继续确认诉讼，以及情势判决中的违法确认等，都不过是撤销之诉、义务之诉、给付之诉等诉讼类型的变种。正因如此，确认诉讼具有补充性，也就是说，仅当原告不能通过其他诉讼类型达到目的时，才存在提起确认诉讼的可能。

（2）提起再审也要有实际利益。即使原审裁判存在某些瑕疵，如果通过再审并不能实质解决争议，或者在再审之外另有更为便捷的解决途径，那么耗时费力地启动一次再审，也只会是浪费资源，徒劳无益。

（3）人民法院对当事人诉讼类型的选择具有释明义务。选择一个最为适当的诉讼类型，对于当事人来讲并不容易，人民法院就有义务进行必要的释明，建议原告对诉讼请求进行必要的变更，以使双方当事人都能减少诉累，尽早解决行政争议。

【裁判理由与论证】

本案的核心争议焦点为郑东新区管委会拒收刘书平国家赔偿申请信件的行为是否违法，刘书平提起确认违法诉讼是否恰当，法院判决确认拒收行为违法是否有助于案件实质争议的解决，不同法院的论证理由如下。

（1）河南省郑州市中级人民法院认为，郑东新区管委会拒收刘书平国家赔偿申请信件的行为，实质上是拒绝接受刘书平的国家赔偿申请。刘书平可以根据《国家赔偿法》第14条的规定，"赔偿义务机关在规定期限内未作出是否赔偿的决定，赔偿请求人可以自期限届满之日起三个月内，向人民法院提起诉讼。赔偿请求人对赔偿的方式、项目、数额有异议的，或者赔偿义务机关作出不予赔偿决定的，赔偿请求人可以自赔偿义务机关作出赔偿或者不予赔偿决定之日起三个月内，向人民法院提起诉讼"。直接就郑东新区管委会拒绝或不予国家赔偿的行为向人民法院提起诉讼，而无须再将郑东新区管委会拒收国家赔偿申请信件的行为作为一个独立的行政行为提请人民法院对其进行司法审查，以免造成司法资源浪费。因此，根据2015年《最高人民法院关于适用〈中华人民共和国行政诉讼法〉若干问题的解释》第3条之规定，"有下列情形之一，已经立案的，应当裁定驳回起诉：……（十）不符合其他法定起诉条件的。人民法院经过阅卷、调查和询问当事人，认为不需要开庭审理的，可以迳行裁定驳回起诉"，应当裁定驳回起诉。

（2）河南省高级人民法院认为，从逻辑上讲，在刘书平邮寄地址和收件人无误的情况下，郑东新区管委会拒收其信件的行为不符合依法行政的要求。

但法律对于拒收这种申请的后果以及当事人对这种拒收行为的救济渠道已有明确的制度规定，即可以直接通过诉讼解决实质性争议，而不是对拒收行为本身提起行政诉讼。基于判决确认违法对于刘书平实现国家赔偿的目的并无实际意义，因此，根据《行政诉讼法》第89条第1款第1项之规定，"人民法院审理上诉案件，按照下列情形，分别处理：（一）原判决、裁定认定事实清楚，适用法律、法规正确的，判决或者裁定驳回上诉，维持原判决、裁定"。河南省高级人民法院裁定驳回上诉，维持原裁定。

（3）最高人民法院认为，再审申请人向行政机关邮寄信件的目的是要求行政机关作出一个国家赔偿决定，其在信封上也写明信件内容是国家赔偿申请书。由于行政机关无须拆开信封即可获知寄件人的目的，那么"拒收"信件就会明白无误地表明，其在事实上拒绝了这个申请，这样一来，根据《国家赔偿法》第9条规定，"赔偿请求人要求赔偿应当先向赔偿义务机关提出，也可以在申请行政复议或者提起行政诉讼时一并提出"。"赔偿义务机关先行处理"这个前提条件就会成就，再审申请人可以毫无障碍地直接提起请求判令行政机关予以赔偿的诉讼。仅仅要求确认一个"拒收"行为违法，既缺乏"澄清"某种法律关系的需要，也不是最便捷、最能解决实际问题的诉讼类型。因此最终裁定驳回再审申请。

【涉及的重要理论问题】

一、确认诉讼

（一）确认诉讼的起源

在诉讼法史上，确认诉讼这一诉讼类型出现较晚。《行政诉讼法》上的确认诉讼源自民事诉讼法上的确认之诉。在民事诉讼中，狭义的确认之诉或者说一般确认之诉是指原告要求法院确认其主张的法律关系存在或不存在的诉讼。确认之诉的对象仅为法律关系，亦即权利、义务或法律地位。在我国早期的行政法学教材中，也曾参照民事的确认之诉主张建立行政诉讼中的确认判决，即法院通过判决确认某种法律关系成立或不成立、某种法律事实存在或不存在。[1]然而，这种主张并未被我国立法者采纳。与我国民国时期的1914年《行政诉讼法》、1932年《行政诉讼法》一样，我国1989年《行政诉讼法》也没有关于确认判决的规定。在这部法实施后不久，法院便"参照《民事诉讼法》的有关规定"，根据现实需要在实践中发展出了确认违法判决。[2]2000年《最高人民法院关于执行〈中华人民共和国行政诉讼法〉若干问题的解释》（已失效）确认了这一实践中广泛存在的做法，规定了确认合法、有效判决（第57条第1款）；确认违法判决（第50条第3款、第4款，第57条第2款，包括规定情况判决的第58条）；确认无效判决（第57条第2款第3项）。该解释拒绝"机械地将民事确认判决的概念移作行政确认判决的概念。行政诉讼所要解决的问题是被诉具体行政行为的合法性，而不是行政相对人与行政机关之间存在或者不存在某种行政法律关系"。[3]

2014年《行政诉讼法》基本沿袭了2000年《行政诉讼法》解释的这种创新。不过，该法只规定了确认违法判决（第74条第2款，包括规定情况判决的第74条第1款第2项）和确认无效判决（第75条）两种，取消了确认合法判决、确认有效判决，并增加了程序轻微违法不产生实际影响（第74条第1款第1项）这一确认违法判决的具体情形。2014年《行政诉讼法》之所以没有认可确认合法、确认有效两种判决，这或许与废除维持判决是一个道理。因为根据"诉判一致性"的要求，原告通常不会请求确认合法、确认有效，故而也不需要相应的确认合法、确认有效判决的存在。

（二）确认诉讼的补充性地位

行政诉讼体系中，确认诉讼和其他诉讼类型相比较，具有显著的补充性，即一个诉讼中，可以提起其他诉讼的，就不能提起确认诉讼。确认诉讼的这一补充性特征也被称为"后备性"，即唯有其他诉讼无法提供有效救济时，确认诉讼才被运用，[4]这是行政确认诉讼的特质。确认诉讼为何具有后备性的特质呢？从行政诉讼与行政行为的关系来讲，我国行政诉讼的审查标准是审

---

[1] 罗豪才主编：《行政法论》，光明日报出版社1988年版，第456页。

[2] 罗豪才主编：《中国司法审查制度》，北京大学出版社1993年版，第561页。

[3] 蔡小雪："行政确认判决的适用"，载《人民司法》2001年第11期。

[4] 蔡志方：《行政救济与行政法学》，正典出版文化有限公司2004年版，第287页。

查具体行政行为的合法性，当事人提起行政诉讼后，为保护当事人的利益，撤销行政行为当为最佳判决。原因在于撤销诉讼直接削减了行政行为的效力，使得违法行政行为的法律效力因撤销而消失，无疑在极大程度上保障了当事人的合法权益，因此，"撤销诉讼"当为行政诉讼的中心。另外，这也体现了诉讼经济的要求。凡是撤销诉讼可以解决的，则无须其他诉讼，只是在因各种因素不宜撤销之时，确认诉讼才有用武之地。反过来说，确认诉讼具有补充性和后备性的特质，也正是由于诉讼经济和权利保障之完善性而来。[1]因为确认诉讼只是对被诉行政行为作出一种司法宣示意义上的确认，并未在实质层面上改变或者消灭行政主体与当事人之间的法律关系，即确认诉讼本身对行政行为法律效力的影响十分有限，也并未课以行政机关实实在在的义务，所以不管作出何种类型的确认，都无法有效地实现原告实体法上的请求。如果某一行政行为被法院判决确认违法或无效，当事人还需提起后续相关的诉讼来获得实体法上的保障。因此，在可以选择其他诉讼类型的情况下，从保障权利和获得最大程度救济上讲，确认诉讼并非行政相对人的最佳选择。

二、确认判决

我国现行行政法律制度并未规定确认诉讼，而是规定确认判决，《行政诉讼法》第 74 条、第 75 条规定了确认被诉具体行政行为违法或者无效的判决。正如上文所述，撤销判决是为消解违法行政行为的法律效力而设立的，我国现有行政诉讼体制仍以撤销判决为核心。而在行政司法审判中，必然会出现不宜撤销和撤销带来隐患的情形。此时为弥补撤销判决的不足，法院就另辟蹊径作出确认判决。可以说确认判决在合法、违法与维护客观法秩序之间达成了一种微妙的平衡关系。具体而言，确认判决包括以下几种类型。

（一）确认判决的类型

1. 确认违法判决

一是情况判决。我国《行政诉讼法》第 74 条第 1 款第 1 项规定，"行政行为依法应当撤销，但撤销会给国家利益、社会公共利益造成重大损害的"，

---

〔1〕 蔡志方：《行政救济与行政法学》，正典出版文化有限公司 2004 年版，第 288 页。

"人民法院判决确认违法，但不撤销行政行为"。显然，由于原告提起的是撤销诉讼，被诉行政行为经审查发现符合撤销条件的，应当判决撤销。只是法院在利益衡量之后，认为有必要为了维护更高层次或者更大范围的利益不予撤销违法行政行为，而是作出确认行为违法的判决。情况判决包含两项判断内容，一项是确认被诉行政行为违法，另一项是驳回原告撤销的诉讼请求。情况判决较为典型地显示出撤销判决与确认行为违法判决之间的补充关系，同时也集中体现了两者之间的张力。

二是程序轻微违法的确认行为违法判决。我国《行政诉讼法》第74条第1款第2项规定，"行政行为程序轻微违法，但对原告权利不产生实际影响的"，"人民法院判决确认违法，但不撤销行政行为"。就体系解释而言，轻微以上程度的瑕疵适用撤销判决。立法者在此的考量是：程序轻微违法但对原告权利不产生实际影响，足以说明此种情形下权利保护的必要性是不充分的，因此不必撤销后重新来过，以避免造成司法资源的浪费。但对于这种程序瑕疵仍然要确认违法，无疑体现出立法者对此所采取的严格立场。

三是不具有可撤销内容的确认违法判决。我国《行政诉讼法》第74条第2款第1项规定，"行政行为违法，但不具有可撤销内容的"，"人民法院判决确认违法"。该项对应的情形主要有两种。一种是行政行为在判决前已经终结，如已被其他行为取代、执行完毕、期限届满等，已无可供撤销的内容，这时法院判决确认违法属于撤销判决的衍生品。另一种是不可撤销的事实行为。鉴于行政事实行为原本就没有可以撤销的内容，对于这种行为也无法适用撤销判决。所以，这种针对事实行为的确认违法判决具有独立性，与撤销判决之间并不存在补充的关系。我国《行政诉讼法》第74条第2款第2项规定，"被告改变原违法行政行为，原告仍要求确认原行政行为违法的"，"人民法院判决确认违法"。在此种情形下，先前违法的行政行为经过被告的自我纠错已经不复存在，无从撤销，取而代之的是新的行政行为，此时原告仍然主张对原行政行为违法性确认的，法院判决确认违法以支持原告的诉讼请求。

四是履行已无实际意义的确认不作为违法判决。我国《行政诉讼法》第74条第2款第3项规定，"被告不履行或者拖延履行法定职责，判决履行没有意义的"，"人民法院判决确认违法"。此种情形下，由于被告错失了履行法定职责的恰当时机，法院此时判决履行也无济于事，只能对先前的行政不作为行为作出违法性宣示。然而，对相对人而言，法院仅仅在形式上判决确认违法意义不大，尚需与国家赔偿相结合才能形成实效性的救济。我国《行政诉讼法》第 76 条规定："人民法院判决确认违法……的，可以同时判决责令被告采取补救措施；给原告造成损失的，依法判决被告承担赔偿责任。"

2. 确认无效判决

除了确认违法判决，我国《行政诉讼法》上还存在确认无效判决。对违法行政行为作无效和可撤销的二元区分，是大陆法系国家行政法学理论上的一个经典命题，[1]确认无效判决的出现，是回应实质正义的必然需求，也是行政行为瑕疵理论的必然延伸。关于确认无效判决，需要注意的几个问题是：（1）诉请确认无效需客观上有行政行为的存在，且当事人享有确认请求权，即当事人享有法律上的利益，无利益者诉请确认无效没有实际意义，是对司法资源的浪费。（2）诉请确认无效仍需受到诉讼时效的限制，在当事人知道行政行为之日起即享有确认请求权。虽然无效的行政行为自始无效，但法律不保护"权利上的懒汉"，怠于行使确认请求权者将受到不利益的影响。再者，无效行政行为自始无效是基于行政机关角度对其作出的行为效力无效，而不是基于相对人角度对其权利无效，即权利受损者的无效只有在行使确认请求权致使行政行为被宣布无效时才产生无效的后果。[2]（3）关于"无效"的认识，我国通说采重大且明显违法说，但法律规范表述的冲突乃至错误，模糊了其理论指导之意义，给确认无效判决的准确适用带来一定困难。鉴于此，有必要从司法审判中吸取经验，为"重大且明显违法"勾勒出明晰的边界，尽可能周延地归纳出"重大且明显违法"的所有客观情形。由于这部分内容并非本文所讨论的重点，故不再作进一步阐述。

（二）确认判决与其他类型判决的关系

鉴于确认判决是一个较为复杂的判决类型，其对应的诉讼情形纷繁复杂，并且在适用方面存在功能上的局限性，因此确认判决只有与其他判决类型合理分工、相互配合，才能最大限度地发挥行政救济功能。关于确认判决与其

---

〔1〕 章志远：《行政诉讼类型构造研究》，法律出版社 2007 年版，第 202 页。

〔2〕 曾哲、赵钟根："行政确认诉讼的理论基础及其完善"，载《甘肃政法学院学报》2014 年第 2 期。

他类型判决的关系，具体而言包括以下几个方面。

1. 确认行为违法判决与撤销判决

撤销判决是行政诉讼最主要的判决类型，是针对已作出的行政行为的判决。撤销判决是一种形成判决，生效判决一经作出，就能形成撤销被诉行政行为的法律效力，使行政行为恢复到未曾作出的状态。这就是撤销判决所具有的撤销功能，也是一种直接的权利救济方式。然而不可忽视的是，撤销判决还有一项功能，即确认违法功能。从逻辑上讲，法院首先应当确认被诉行政行为违法，但仅仅宣告违法并不充分，这时才根据实际需要将其撤销。确认违法功能是撤销判决发挥撤销功能的基础性前提。与确认行为违法判决相较而言，撤销判决所具有的法律救济效果更为充分和彻底。鉴于确认行为违法判决相对于撤销判决具有补充性，因此只有在不能进一步作出撤销判决时，才能仅作出确认行为违法的判决。

2. 确认不作为违法判决与履行判决

我国《行政诉讼法》第 74 条第 2 款第 3 项规定，"被告不履行或者拖延履行法定职责，判决履行没有意义的"，"人民法院判决确认违法"。由此来看，只有在不适合作出履行判决的时候，才可能作出确认不作为违法判决。在这一意义上，确认不作为违法判决是履行判决的补充。我国《行政诉讼法》第 72 条规定："人民法院经过审理，查明被告不履行法定职责的，判决被告在一定期限内履行。"2015 年《最高人民法院关于适用〈中华人民共和国行政诉讼法〉若干问题的解释》第 22 条规定："原告请求被告履行法定职责的理由成立，被告违法拒绝履行或者无正当理由逾期不予答复的，人民法院可以根据行政诉讼法第七十二条的规定，判决被告在一定期限内依法履行原告请求的法定职责；尚需被告调查或者裁量的，应当判决被告针对原告的请求重新作出处理。"该规定也为 2018 年《最高人民法院关于适用〈中华人民共和国行政诉讼法〉的解释》第 91 条所延续。履行判决至少具有以下三种功能，即撤销功能、不作为违法确认功能和责令履行法定职责功能。鉴于履行判决本身就具有确认不作为违法的功能，因此确认不作为违法判决相对于履行判决而言是较为迂回的救济方式，故而，确认不作为违法判决只能是履行判决的补充，也可以说是课予义务诉讼的衍生品。

3. 确认原行为或不作为违法的确认利益

我国《行政诉讼法》第74条第2款第2项规定，"被告改变原违法行政行为，原告仍要求确认原行政行为违法的"，"人民法院判决确认违法"。《最高人民法院关于适用〈中华人民共和国行政诉讼法〉的解释》第81条第3款规定："被告改变原违法行政行为，原告仍要求确认原行政行为违法的，人民法院应当依法作出确认判决。"第4款规定："原告起诉被告不作为，在诉讼中被告作出行政行为，原告不撤诉的，人民法院应当就不作为依法作出确认判决。"在原违法行政行为已经得到改变或原不作为状态已被新作出的行政行为颠覆之后，侵害原告合法权益的原行为或不作为就消失了，这时原告仍要求确认行为违法或不作为违法的，从监督依法行政的角度来看，法院判决确认其违法未尝不可。然而，行政诉讼制度并非单纯的监督制度，"出气"或者"讨个说法"固然是一种较为重要的国民情感，但它毕竟不是一种法律上的利益，因此原告应当证明自身具有确认利益。

4. 确认无效判决与撤销判决

确认无效判决适用于无效行政行为，即存在无效的行政行为；而撤销判决仅适用于应予撤销的行政行为，即存在违法瑕疵的行政行为。若是从概念上出发，这两种判决泾渭分明，相互独立。然而，即便是无效行政行为，也有行政行为的表象，判别行政行为无效与应予撤销并非轻而易举之事。所以，针对无效行政行为也有提起撤销诉讼的做法。

在德国，一般确认诉讼相对于其他诉讼遵循补充性原则，但确认无效诉讼是补充性原则的例外，即不适用补充性原则。《德国联邦行政法院法》第43条第2款规定："原告的权利依形成诉讼或者给付诉讼得到实现或可能得到实现的，不得提起确认诉讼。但是，请求确认行政行为无效时，不在此限。"确认无效诉讼之所以成为例外，其原因在于："在诉讼开始时常常不能确定，该行政行为究竟是自始无效还是'仅仅'违法。为此，不可以苛求原告自己承担潜在于这个有待澄清的问题中的风险。所以，按照正确的见解，应当首先把这些案例中的撤销之诉视为适当的，即便最终结果是对行政行为之自始无效的确认。故此，在实践中，真正的无效性确认之诉主要出现于辅助请求中，或者它是遵照首席法官的相应指示采取的转换形式。"[1]也就是说，虽然无效行政行为与应予撤销的行政行为是两种不同的行为，但并非必须分别适用确认无效诉讼与撤销诉讼。撤销诉讼可以撤销一般违法的行政行为，也可以撤销无效的行政行为。只有在超过撤销诉讼的起诉期限之后，才能提起确认无效之诉。当然，也正是这种超过一般起诉期限的确认无效诉讼，才彰显了其作为救济方式的特殊意义，否则与撤销诉讼的功能并无二致。而在日本法上，确认无效诉讼仅在两种意义上具有补充性。其一，对于无效行政行为可以提起撤销诉讼。如果因起诉期限、复议前置等制约而不能提起撤销诉讼的，则可以对无效行政行为提起确认无效诉讼。在这一意义上，确认无效诉讼被定位为撤销诉讼的补充。其二，《日本行政案件诉讼法》第36条规定："凡有可能遭受该处分或裁决的后续处分损害者，以及其他对请求确认该处分或裁决等无效具有法律上的利益者，在无法通过以该处分或裁决是否存在或有无效力为前提的现存法律关系诉讼实现目的时，方可提起无效等确认之诉。"

如此，在确认无效诉讼与撤销诉讼的关系上，德、日两国是基本一致的，均不采用补充性的立场。正如法国著名比较法学家达维德教授所言："每个国家依照各自的传统制定自己制度与规范是适当的。但是传统并非老一套的同义语，很多改进可以在别人已有的经验中汲取源泉。"[2]就我国而言，结合德国、日本两国提供的镜鉴，面对请求确认无效的诉讼时，法院首先审查被诉行政行为是否构成无效，不构成无效者，适用一般的起诉期限规则来审查，对超出起诉期限者裁定驳回起诉。若被诉行政行为构成无效，则不适用起诉期限规定，判决确认无效。如此，也不会导致当事人借助主张行政行为无效而逃避起诉期限的一般限制。但对于确认无效的申请仍在一般的起诉期限之内，而法院经审查发现被诉行政行为并未达到确认无效的程度的，根据《最高人民法院关于适用〈中华人民共和国行政诉讼法〉的解释》第94条第2款的规定，"公民、法人或者其他组织起诉请求确认行政行为无效，人民法院审查认为行政行为不属于无效情形，经释明，原告请求撤销行政行为的，应当

---

[1] [德] 弗里德赫尔穆·胡芬：《行政诉讼法》，莫光华译，法律出版社2003年版，第326页。

[2] [法] 勒内·达维德：《当代主要法律体系》，漆竹生译，上海译文出版社1984年版，第2页。

继续审理并依法作出相应判决；原告请求撤销行政行为但超过法定起诉期限的，裁定驳回起诉；原告拒绝变更诉讼请求的，判决驳回其诉讼请求。"法院仅可在释明并得到原告同意改变诉讼请求的情况下才能作出撤销判决。需要注意的是，在前述确认违法判决的案件中，因原告提起的多是撤销诉讼、课予义务诉讼，原告与被诉行政行为之间有利害关系，就有原告资格，并没有必要去证明自己有所谓确认违法的利益。然而，在确认无效判决的案件中，原告申请的就是确认行政行为无效，所以应当具有特殊的确认利益。"这样的确认，必定能使那种产生于一个自始无效行政行为的法律表象得到消除。其前提是，该行政行为至少会触及原告的法律地位，并且被要求的确认能够使原告的法律地位，在更合法、更经济或者更理想的意义上得到改善。"〔1〕

但从现实角度观之，由于行政机关作出行政行为是代表国家行使公权力，其背后所支撑的是国家公权，行政行为作出后通常具有公定力、确定力和拘束力，所以一般不会是无效行为，这一点从行政法上的信赖利益保护原则中便可窥见一斑。与此同时，鉴于确认行政行为无效将直接导致行政行为的法律效力毁于一旦，所以行政行为无效的认定通常需要具备十分严格的要件，司法实践中一般都是借助撤销判决的方式终止其向未来的效力，而不直接宣布该行为自始无效。

5. 确认无效判决与确认行为违法判决

从理论上说，确认无效判决是宣告行政行为无效，而确认行为违法判决是宣告行为违法而保留其有效性，两者之间存在不可弥合的冲突。从我国实定法来看，确认无效判决适用于行政行为重大且明显违法的情形，确认行为违法判决适用于本应撤销但对公益有重大损害、无撤销内容的行为违法、程序轻微违法、不作为违法四种情形。不作为与事实行为均不存在无效的问题，轻微违法也不构成无效。如此，唯一的特别情形就是情况判决。能否在确认无效诉讼中作出情况判决呢？我国实体法并未就此作出规定，而仅规定了撤销诉讼中的情况判决。

在日本法上，根据《日本行政案件诉讼法》第 38 条的规定，情况判决的规定并不准用于确认无效诉讼。其理由在于：当然无效的行政行为在法上是

---

〔1〕 ［德］弗里德赫尔穆·胡芬：《行政诉讼法》，莫光华译，法律出版社 2003 年版，第 327 页。

不存在的，没有应当用情况判决予以存续的行政行为。如果着眼于无效行政行为具有重大且明显的违法性，就没有必要保护因该行为而形成的事态以及利害关系人的信赖。如果行政行为无效，即使料想会带来很大的社会不利，法院也不应回避作出无效的确认。与此相对，也不乏主张在确认无效诉讼中承认情况判决的理由。第一，无论行政行为多么当然无效，在法院作出确认无效判决的时点，既成事实累积起来，也十分有可能形成法院在撤销诉讼中应避免撤销行为的事态。第二，如果是在起诉期限内提起的撤销诉讼，关心维持行为的行政机关和第三人应当在形成既成事实之前预先考虑行为的撤销。确认无效诉讼是在超出撤销诉讼的起诉期限之后提起的，因而，行政机关和第三人应当事前考虑确认无效及相伴的消除既成事实的风险。第三，无效行政行为在撤销诉讼的起诉期限内是能以撤销诉讼进行争议的，其中就有情况判决的适用。[1]如果确认无效诉讼不适用情况判决，就会招致一个不合理的事态，即原告在行政行为作出之后迅速提起撤销诉讼时即承担情况判决的风险，在怠于提起撤销诉讼而只能提起确认无效诉讼时，却不适用情况判决。[2]固然，从体系解释的角度出发，既然在撤销诉讼中能够承认情况判决，那么在确认无效诉讼中只要有作出情况判决的需要，就应当作出情况判决。然而，主张承认情况判决者无非是承认"形势比人强"或者"法不责众"，既成事实要求法院维护更大的"公益"并否定原告的私益，但若此，无异于鼓励将违法之事做大。法院确认无效的同时其实就是确认原告权益的应予救济性，这时若仍适用情况判决，则与确认无效判决的功能相悖。故而，在我国实体法未作明确规定的情况下，解释论上应以确认无效诉讼不适用情况判决的结论为宜。[3]

三、诉的利益

在当代法治社会，诉讼作为维护公民合法权益的重要渠道，在整个社会纠纷解决机制中具有举足轻重的地位。但是，致力于解决社会纠纷的司法资源毕竟相对稀缺甚至匮乏，因此就意味着有相当数量的社会纠纷无法借助司

---

〔1〕 王贵松："论我国行政诉讼确认判决的定位"，载《政治与法律》2018 年第 9 期。

〔2〕 ［日］盐野宏：《行政救济法》，杨建顺译，北京大学出版社 2008 年版，第 152 页。

〔3〕 王贵松："论我国行政诉讼确认判决的定位"，载《政治与法律》2018 年第 9 期。

法途径加以解决。这样一来，势必需要国家预先建立一种筛选机制，过滤出那些最需要以及最值得获得司法救济的社会纠纷进入诉讼程序。法谚有云：利益是衡量诉权的尺度，无利益者无诉权。因此，"诉的利益"便成为这种筛选机制的重要衡量标准，当事人欲借助诉讼程序解决纠纷的，必须证明其具备诉的利益，亦即权利保护的必要性。

（一）"诉的利益"的含义

"诉的利益"是大陆法系国家民事诉讼理论中一个至关重要的概念，民事诉讼理论通说认为，诉的利益指的是当事人诉诸民事诉讼程序对其受到侵害的民事权益予以司法救济的"必要性"，是当事人行使诉权的要件之一。换言之，对于当事人的起诉，法院首先应当审查起诉人是否具有诉的利益，只有具备这种利益，法院才有可能受理起诉，否则将作出驳回起诉的裁定。与单纯以解决个人利益冲突为目的的民事诉讼不同，行政诉讼不仅应保护处于行政管理活动中相对弱势一方的公民、法人和其他组织的合法权益，同时也应依法维护行政机关所代表的公共利益。因此，在行政诉讼中，无论是原告资格的范围，还是值得司法保护的利益范围都应较民事诉讼更为宽泛。在行政诉讼中，诉的利益是指公民、法人或者其他组织认为其受法律保护或调整范围内的利益受到行政机关行政行为的不利影响时，将其与行政机关之间发生的行政争议诉诸法院以寻求司法救济的必要性。概言之，行政诉讼中诉的利益主要包括三个紧密关联、层层递进的方面：一是利益客观存在，这是起诉人提起行政诉讼的事实根据，起诉人不得以假想的利益或者尚未得到的利益作为起诉的根据。二是利益受到行政行为的侵害，这是起诉人提起行政诉讼的基础。三是利益受到侵害的程度达到司法救济的必要性，这是法院受理起诉的前提条件。[1]

（二）确认诉讼中"诉的利益"的认定标准

确认诉讼作为一种独立于形成诉讼、给付诉讼的特殊诉讼种类，其诉讼目的并不在于满足原告的某种公法请求权，而只是为一种现实存在的、实质

---

〔1〕 王珂瑾："行政诉讼中'诉的利益'"，载《法学论坛》2012年第3期。

意义上的请求权提供一种特别形式的权利保护。[1]相对人提起确认诉讼的目的在于防止其合法权益受到行政行为的侵害，因此，相对人必须具备特别值得国家配置司法资源加以保护的利益时才能提起确认诉讼。如果不对确认对象施加必要且合理的限制，就可能出现相对人就大大小小的事情均向法院提起诉讼的局面，使得"法院有悖其本来的职能地位而变成法律问题的咨询或者鉴定部门"。[2]具体而言，确认诉讼中认定诉的利益除要满足一般的诉的利益的认定条件之外，还应当满足以下两个标准。

一是已不能提起其他类型的诉讼。在整个行政诉讼类型体系中，与其他种类的行政诉讼相比较，确认诉讼具有明显的补充性特征。这一点在上文中也已经作出详细阐述。因此，确认诉讼作为一种独立的诉讼类型，只有在其他诉讼种类无法提供有效救济时，才有可能被法院认定为具有诉的利益。这一起诉要件，在德国及等大陆法系国家及地区的行政诉讼法中有直接规定。如《德国行政法院法》第43条第2项明确规定："原告之权利依形成之诉（即撤销诉讼）或给付之诉，得以实现或有实现之可能者，不得提起确认诉讼。"

二是具有即时确定的现实必要性。确认诉讼属于预防性诉讼，相对人通过确认诉讼诉请保护的利益可以源自法律的直接规定，也可以依据法律原则或法律精神推定值得保护的。此外这种利益的保护必须具有时间上的紧迫性，即如果不立即对某种权利或行政法律关系的存在与否作出确认，相对人的利益将直接陷入危险状态。因此，相对人的权利或行政法律关系的不确定法律状态必须已经现实存在或立即到来，法院才可能认定具有诉的利益。[3]

而就本案而言，当事人提起再审并不符合上述有关确认诉讼中诉的利益的认定标准。首先，本案当事人并非已无其他诉讼类型可以选择。虽然在刘书平邮寄地址和收件人无误的情况下，郑东新区管委会拒收其信件的行为不符合依法行政的要求，但拒收行为实际上就意味着行政机关拒绝受理当事人的国家赔偿申请。此时当事人完全可以直接就郑东新区管委会拒绝或不予国

---

〔1〕 陈敏：《行政法总论》，三民书局1999年版，第1208页。

〔2〕 ［德］弗里德赫尔穆·胡芬：《行政诉讼法》，莫光华译，法律出版社2003年版，第318页。

〔3〕 王珂瑾："行政诉讼中'诉的利益'"，载《法学论坛》2012年第3期。

家赔偿的行为向人民法院提起诉讼，请求判令行政机关予以赔偿，而无须再将郑东新区管委会拒收国家赔偿申请信件的行为作为一个独立的行政行为提请人民法院对其进行司法审查。其次，即使本案当事人的合法权益具备司法救济的紧迫性，根据二审庭审调查，刘书平在信件被拒收后再次邮寄了申请，郑东新区管委会已予以受理，相关国家赔偿争议已进入诉讼程序，在诉讼程序已经启动的情况下，当事人提起再审对于其实现国家赔偿的目的并无实际意义。如果通过再审并不能实质解决争议，或者在再审之外另有更为便捷的解决途径，那么耗时费力地启动一次再审，也只会是浪费资源、徒劳无益。

四、法官释明义务与诉讼类型的选择

（一）法官释明义务的必要性

在行政诉讼中，原告对行政诉讼类型的选择往往决定着行政诉讼纠纷能否得到实质性解决，进而影响其诉讼目的的实现。然而行政诉讼类型如同一道道通向救济终点的大门，尽管各种诉讼类型都有其不同的适用条件，但是它们在结构上却存在重叠交错的复杂情形，都包含着部分关于行政行为争议的救济途径，比如撤销之诉包含着对行政行为违法的确认，义务之诉包含行政机关不作为违法的确认等。这于相对人而言无疑增加了救济路径的复杂性，而救济路径的复杂性进一步增加了当事人诉讼类型选择失误的概率。无论是英国的令状制度，还是德国的诉讼类型制度，早期都把路径选择错误的风险施加给当事人，由此导致很多因为误选路径而失去救济机会的情况出现。[1]在我国，由于诉讼类型选择错误的后果往往要由原告自行负责，"如果原告所提起的诉讼类型不正确，或者不具备正确诉讼类型的实体裁判要件，有可能带来败诉的后果，或者权利得不到充分的救济，最终难以达成诉讼目的"。[2]毋庸置疑，诉讼类型的正确选择对于行政行为的认定、不同判决之间的关系与界限的考量至关重要。然而对当事人而言，选择一个最为适当的诉讼类型显然并非轻而易举之事。因此，要克服行政诉讼类型化固有的这一挑战，就

---

[1] 李广宇、王振宇："行政诉讼类型化：完善行政诉讼制度的新思路"，载《法律适用》2012年第2期。

[2] 吴庚：《行政争讼法论》，三民书局2014年版，第145页。

需要加强对诉讼的引导，充分发挥法官释明义务在行政诉讼类型选择中的作用。

（二）法官释明义务的可行性

法官释明义务最初起源于德国的诉讼指挥权制度，是为了克服 1806 年《法国民事诉讼法》的放任自由倾向而提出的，[1] 并于 1877 年在《德国民事诉讼法》中得到首次确立。"二战"以后，英美法系国家逐渐认识到绝对的当事人主义会导致诉讼效率低下、诉讼成本高昂等缺陷，因此开始通过强化法官司法职能的行使来提高诉讼效率。2001 年我国发布的《最高人民法院关于民事诉讼证据的若干规定》第 35 条首次确立了法官释明义务，根据该规定，诉讼过程中，当事人主张的法律关系的性质或者民事行为的效力与人民法院根据案件事实作出的认定不一致的，人民法院应当告知当事人可以变更诉讼请求。而在 2019 年《最高人民法院关于民事诉讼证据的若干规定》的修改中，这一条也基本被第 53 条所沿袭。就行政诉讼领域而言，在 2014 年《行政诉讼法》修改之前，我国对法官释明义务的规定一直付之阙如，直到 2014 年《行政诉讼法》修改才在其第 51 条第 3 款中规定了法官在立案时，对当事人的起诉状问题具有释明和指导的义务。虽然并无与《民事诉讼法》同样的在诉讼过程中可以准许变更诉讼请求的规定，但这一条文仍然为法官在行政诉讼类型选择过程中进行释明提供了法律依据。《最高人民法院关于适用〈中华人民共和国行政诉讼法〉的解释》第 94 条第 2 款同样对法官在相对人提起的确认行政行为无效诉讼与撤销诉讼之间履行必要的释明义务作出了规定。

（三）法官释明义务的边界

法官释明既是法官应当履行的义务，同时也是法官行使权力的表现。一方面，释明权在诉讼类型的选择上确实发挥着举足轻重的作用；另一方面，对于释明权行使的监督和约束同样是必不可少的。因此，准确界定法官释明权行使的边界有助于避免法官释明过度，出现权力滥用的风险。关于法官释明的边界，有学者认为，法官适度释明的最高限度在于当事人主张的线索范围，

---

〔1〕 吴华主编：《行政诉讼类型研究》，中国人民公安大学出版社 2006 年版，第 31 页。

法官不能代替当事人主张、辩论和处分，也不得代替当事人攻击或防御。[1]也有学者认为，可以对法官释明权进行合理扩张，积极释明不以当事人主张线索范围为限度。[2]事实上，释明权也属于法官自由裁量的范畴，因而难以通过立法上的列举方式对法官释明权进行清晰厘定。鉴于此，从最大程度保护当事人合法权益以及提升诉讼效率的角度出发，有必要在行政诉讼中对法官释明义务进行原则性规定，提纲挈领，统率法官释明义务的履行。具体而言，释明权制度应当包括以下基本原则：

第一，中立原则。释明权的行使需要恪守中立原则，首先，行政诉讼的两造对抗机制决定了当事人和行政主体应当平等居于正义天平的两端，诉讼释明的目的仅在于解释相关法律行为和诉讼类型的特征，弥补当事人欠缺相关知识背景的劣势。但尤其需要注意的是，法官不能直接代替当事人进行诉讼进攻和防御，主张和处分权力；其次，法官行使释明权应当在当事人和行政主体双方均在场的情况下进行，唯有如此才能保证诉讼程序的公开公正。

第二，必要性原则。在行政诉讼司法实践中，鉴于当事人的诉讼能力较之经验丰富、专业知识完备的行政主体往往居于劣势，如果机械地遵循司法消极主义的当事人主义诉讼模式，极有可能导致原告仅仅因为诉讼能力欠缺而非在事实上居于不利地位以致败诉的局面，这不仅不利于实质性解决行政纠纷，还会对原告的合法权益造成侵害。因此，在当事人的主张及陈述不明确、提供的诉讼材料不充分、对诉讼程序知之甚少的情形下，法官应当对原告进行一定的解释和引导。但在释明义务履行中同样应当尊重当事人的处分权，不得强行要求当事人按照法官的意志参与诉讼活动。换言之，在诉求的表达、诉讼主体的确定或诉讼程序的选择上应当最大限度地遵从当事人的意愿。

（四）行政诉讼类型选择的考量因素——以原告的诉讼请求为中心

在法官对当事人诉讼类型的选择进行释明时，除却对案件利弊和专业知识的考量，法官首要关注的应当是原告的诉讼请求，即行政相对人针对行政主体向人民法院提出解决行政争议的具体请求。正是行政相对人的特定诉讼

---

[1] 刘泉："行政诉讼释明程度探析"，载《广州社会科学》2013年第3期。
[2] 严仁群："释明的理论逻辑"，载《法学研究》2012年第4期。

请求构成了法院判决之实体内容，也确定了法院的审理对象。如果原告提起行政诉讼的目的在于消灭行政行为的效力，则应当考虑提起撤销之诉或者确认无效之诉；如果原告提起行政诉讼的目的是请求法院判令行政机关作出行政行为，则应当考虑提起义务之诉。因此法官应当在庭审开始之前，通过阅卷准确理解当事人的诉讼请求，为庭审的开始做准备；在当事人对诉讼请求描述不清，不知如何选择诉讼类型之时，法院应当依职权解释各类诉讼类型的审查要件和审理方式，帮助原告选定最为合适的诉讼类型；在当事人有着明确的诉讼请求，但选择了错误的诉讼类型之时，法院不得将诉讼类型选择不当的后果径行加于当事人身上，直接宣告其败诉，而应当告知其可以通过变更诉讼请求转换诉讼类型；在当事人明确拒绝法院提出的转换诉讼类型的释明时，法院还应当根据各诉讼类型之间的内在联系，选择恰当的判决形式解决行政纠纷。[1]

【后续影响及借鉴意义】

从前文的分析可以看出，最高人民法院通过该案释放出"确认诉讼具有补充性地位""提起再审应当具有诉的利益"以及"法官应当充分履行释明义务"的法治信号，本案裁判所提炼出来的这些结论，对于人民法院后续审理行政相对人提起确认诉讼及相关案件，具有重要的借鉴意义和参考价值。

例如在"王继英诉齐齐哈尔市政府行政不作为案"中，[2]再审申请人王继英认为，其向齐齐哈尔市政府寄送申请书提出行政赔偿申请，齐齐哈尔市政府接到申请后不作为、不答复的行政行为违法。最高人民法院认为，本案的争议焦点为王继英要求确认齐齐哈尔市政府不作为违法并针对其申请事项作出行政行为的诉讼请求是否属于人民法院行政诉讼的受案范围。根据《国家赔偿法》的有关规定，在符合提起行政赔偿诉讼要件的情况下，赔偿请求人在向赔偿义务机关提出赔偿申请后，如赔偿义务机关存在拒收申请等情形的，其可以向人民法院提起赔偿诉讼，而不是针对赔偿义务机关拒收申请的行为另行提起确认违法之诉。这种程序设置有利于及时给予赔偿申请人司法

---

〔1〕 钱方："法官释明义务与诉讼类型的选择"，载《牡丹江大学学报》2019 年第 4 期。
〔2〕 最高人民法院（2018）最高法行申 2533 号行政裁定书。

救济，避免程序繁琐冗长，体现了权利保护的经济性。因此最终裁定驳回王继英的再审申请。

显然，这一案件延续了本案裁判要旨中所提出的确认诉讼的补充性地位以及诉的利益的认定思路，充分吸收了本案的借鉴意义和参考价值。在当事人可以直接提起赔偿诉讼的情况下，没有必要提起确认先前的拒收申请行为违法的诉讼。当事人坚持提起确认诉讼的，只会因不具备确认诉讼中诉的利益而被裁定驳回起诉或再审申请。与此同时，司法实践的发展也促进了学术研究的深入，本案裁判文书对于确认诉讼补充性地位的阐释，亦为学界研究确认诉讼提供了实践素材，由此也引发了关于我国行政诉讼类型化的思考。

诚然，判决类型化已在司法实践中产生诸多弊端，其相对于诉讼类型模式来说，的确有其自身缺憾之处。以确认判决为例，行政纠纷诉诸法院后，法官享有判决类型的选择权。鉴于确认判决不具有执行力，并且不会改变实体法律关系，只是形式意义上的宣示，当行政法律关系错综复杂难以厘清，抑或案件牵涉多方利益，为避免将自身置于风险旋涡之中，法官极有可能突破确认判决的补充性和后备性，恣意扩大确认判决的适用范围，规避法定义务。对法官而言，适用确认判决将成为一种最安全的决定，与之相伴，行政相对人的合法权益也将岌岌可危，实质正义和客观法秩序的维护更将沦为空谈。从长久来看，诉讼类型化取代判决类型化的趋势，需要有更加高效简明的司法机制和经验丰富的司法队伍来加以推动，以进一步细化审查判断的规范性命题。但行政诉讼类型化并非局部性的规范，而是贯穿行政诉讼全流程的理念，牵一发而动全身。诉讼类型化制度一旦引入，将对我国立法目的、受案范围、原告资格、起诉与受理流程、审判方式等方面造成前所未有的冲击。尽管当前要求我国引进行政诉讼类型化的呼声盛行学界，但学界不可一味推波助澜，而应当冷静下来探寻行政诉讼制度的完善之道，借助域外学说提供的镜鉴，真正确立起适合我国国情的行政诉讼制度。着眼于当下，要克服行政诉讼类型选择这一固有的挑战，就必须加强对诉讼的引导，强化法官释明义务在行政诉讼类型选择中的作用。